普通高校国际经济与贸易应用型本科系列规划教材
安徽省大学生国际贸易综合技能大赛指定参考用书

国际贸易理论与实务

主　编　徐　磊
副主编　张　晴
编　委　查道中　董桂才　徐　磊　徐洁香
　　　　张　晴　葛秋颖　刘　凡　殷功利
　　　　张文进　方　玲　王春荣　郭　云
　　　　王中涛　周　净　殷贵林　吴庆林

中国科学技术大学出版社

内容简介

本书较系统地阐述了国际贸易的基本理论、政策及操作实务,并特别介绍了《2010年国际贸易术语解释通则》的相关内容。全书分为国际贸易理论与政策以及国际贸易实务两部分:理论与政策部分简明扼要,重点介绍了国际贸易产生与发展的基本理论、贸易政策等;国际贸易实务部分注重基本知识与实际业务操作的结合,特别强调国际贸易业务流程,重点介绍了国际贸易磋商、贸易合同的订立、贸易合同的履行。除此之外,为了顺应国际贸易模式的更新与变化,还特别加入了电子商务部分的内容。

本书体例新颖、内容全面、逻辑性强。可作为高等院校经济管理类专业学生的教材,也可供广大经济贸易工作者学习参考使用。

图书在版编目(CIP)数据

国际贸易理论与实务/徐磊主编. —合肥:中国科学技术大学出版社,2020.1
ISBN 978-7-312-04580-6

Ⅰ.国… Ⅱ.徐… Ⅲ.①国际贸易理论②国际贸易—贸易实务 Ⅳ.F740

中国版本图书馆 CIP 数据核字(2019)第 049430 号

出版	中国科学技术大学出版社
	安徽省合肥市金寨路96号,230026
	http://press.ustc.edu.cn
	http://zgkxjsdxcbs.tmall.com
印刷	合肥华苑印刷包装有限公司
发行	中国科学技术大学出版社
经销	全国新华书店
开本	787 mm×1092 mm 1/16
印张	17.25
字数	442千
版次	2020年1月第1版
印次	2020年1月第1次印刷
定价	48.00元

前　言

本书较系统地阐述了国际贸易的基本理论、政策及操作实务,并特别介绍了《2010年国际贸易术语解释通则》的相关内容。全书分为国际贸易理论与政策以及国际贸易实务两部分,理论及政策部分力求简明扼要,重点介绍了国际贸易产生与发展的基本理论、贸易政策等;国际贸易实务部分注重基本知识与实际业务操作的结合,特别强调国际贸易业务流程,重点介绍了国际贸易磋商、贸易合同的订立、贸易合同的履行。除此之外,为了顺应国际贸易模式的更新与变化,还特别加入了电子商务部分的内容。

本书体例新颖、内容全面、逻辑性强,强调学以致用,体现了国际贸易专业特点,具有较强的实践性、实用性和可操作性,可作为高等院校经济管理类专业学生的教材,也可供广大经济贸易工作者学习参考使用。

本书的编写人员是安徽省内高校从事多年国际贸易专业课程教学的老师,他们教学经验丰富,了解学生的学习心理和学习需要。全书共16章,其中第一章、第二章由查道中老师(淮北师范大学)负责,第三章由董桂才、徐磊老师(安徽财经大学)负责,第四章由徐洁香老师(安徽财经大学)负责,第五章由张晴老师(滁州学院)负责,第六章由葛秋颖老师(安徽财经大学)负责,第七章由刘凡老师(宿州学院)负责,第八章由殷功利老师(安庆师范大学)负责,第九章由张文进老师(淮南师范学院)负责,第十章由方玲老师(巢湖学院)负责,第十一章由王春荣老师(安徽工程大学)负责,第十二章由郭云老师(合肥师范学院)负责,第十三章由王中涛老师(安徽科技学院)负责,第十四章由周净老师(合肥学院)负责,第十五章由殷贵林老师(池州学院)负责,第十六章由吴庆林老师(皖西学院)负责。全书由徐磊老师统稿,徐磊、张晴老师共同审稿。本书编写过程中参考了若干种近年出版的国内外国际贸易教材及专著,借此机会,谨对所参考的教材、专著的版权所有者表示衷心的感谢!在本书的编写过程中,也得到了不少专家学者的指导和帮助,谨对他们的帮助表示衷心的感谢!

由于编者学力有限,不足之处在所难免,恳请广大读者批评指正。

编者
2019年2月

目 录

前言 ·· (i)

第一章　导论 ·· (1)
　第一节　保护贸易理论 ·· (1)
　第二节　自由贸易理论 ·· (5)
　第三节　战略性贸易理论 ·· (10)

第二章　国际贸易政策与措施 ·· (13)
　第一节　国际贸易政策的构成及演变 ·· (13)
　第二节　关税措施 ·· (18)
　第三节　非关税措施 ··· (22)
　第四节　鼓励出口和出口管制措施 ·· (28)

第三章　国际贸易惯例概述 ·· (33)
　第一节　国际贸易惯例的含义及作用 ·· (34)
　第二节　国际贸易惯例的形式及种类 ·· (36)

第四章　国际贸易术语 ·· (45)
　第一节　国际贸易术语及其国际惯例 ·· (45)
　第二节　《2010年国际贸易术语解释通则》中的贸易术语 ················· (47)
　第三节　国际贸易术语的表达和使用 ·· (59)

第五章　商品的品名和品质 ·· (62)
　第一节　商品的品名 ··· (62)
　第二节　商品的品质 ··· (65)

第六章　商品的数量和包装 ·· (74)
　第一节　商品的数量 ··· (74)
　第二节　商品的包装 ··· (82)

第七章　商品的价格 ··· (92)
　第一节　商品价格的掌握 ·· (92)
　第二节　进出口商品的作价办法 ··· (98)
　第三节　计价货币的选择 ·· (101)
　第四节　佣金与折扣的运用 ··· (103)
　第五节　国际贸易合同中的价格条款 ·· (106)

第八章　国际货物运输 (110)
第一节　运输方式 (110)
第二节　装运条款 (115)
第三节　运输单据 (116)

第九章　国际货物运输保险 (119)
第一节　国际货物运输保险的作用及基本原则 (119)
第二节　海上货物运输保险承保的风险与损失 (121)
第三节　我国海洋运输保险条款 (125)
第四节　伦敦保险协会海运货物保险条款 (131)
第五节　进出口货物运输保险实务 (133)

第十章　国际结算 (138)
第一节　票据 (138)
第二节　汇款 (147)
第三节　托收 (150)
第四节　信用证 (154)
第五节　国际保理 (161)

第十一章　检验、索赔、不可抗力与仲裁 (166)
第一节　商品检验 (166)
第二节　索赔 (173)
第三节　不可抗力 (176)
第四节　仲裁 (179)

第十二章　国际商务谈判 (184)
第一节　国际商务谈判的概述 (185)
第二节　国际商务谈判的基本模式与流程 (188)
第三节　国际商务谈判的策略与技巧 (191)
第四节　国际商务谈判的礼仪和风格 (193)

第十三章　国际贸易市场调研 (201)
第一节　国际贸易市场调研概述 (201)
第二节　国际贸易市场调研的内容和类型 (205)
第三节　国际贸易市场调研的程序和方法 (212)

第十四章　国际贸易磋商 (219)
第一节　国际货物买卖合同的含义与生效条件 (219)
第二节　国际货物买卖合同的形式与基本内容 (220)
第三节　国际货物买卖合同的交易磋商 (229)

第十五章 进出口合同的履行 …………………………………………………………（240）
  第一节 出口合同的履行 ……………………………………………………………（240）
  第二节 进口合同的履行 ……………………………………………………………（252）

第十六章 电子商务 ………………………………………………………………………（257）
  第一节 电子商务的概念、特点及功能 ……………………………………………（257）
  第二节 电子商务的分类 ……………………………………………………………（259）
  第三节 电子商务对国际贸易的影响 ………………………………………………（261）

参考文献 …………………………………………………………………………………（264）

第一章 导 论

掌握幼稚工业保护理论、比较优势理论、要素禀赋理论、产业内贸易理论、战略性贸易理论的相关内容;熟悉里昂惕夫之谜与谜解;了解技术差距论、产品生命周期理论与国际贸易的关系。

德国与中国的高铁贸易

据《法兰克福汇报》网站2015年5月26日报道,德国铁路公司董事哈纳加特(Hanagarth)透露,该公司将在北京设立采购办公室,加强与中国南车和中国北车(2015年5月1日,中国南车和中国北车合并)的合作。今后3~5年内,中国将在德国铁路的机车及零部件采购领域占有重要地位。哈纳加特表示,中国政府大力推动铁路工业出口,在高铁列车出口方面可以提供贷款支持,而且产品质量今非昔比。报道指出,南车和北车的合并将使中国高铁供应商具备在西方工业国家中标的实力,其产能将满足全球机车市场一半的需求。德国铁路传统供应商西门子公司已表示将积极应对新的国际竞争对手。德国铁路公司计划从2017年起从中国购买3.5万组高铁轮对。地处鲁尔区中心的波鸿轨道交通技术集团为德国铁路公司生产轮对,该公司生产的轮对每组售价在2000欧元到3000欧元之间。据称,中国太原重工股份有限公司的同样产品售价要低1/3。

试用产业内贸易理论、战略性贸易理论解释这一现象。

国际贸易是各个国家①或地区之间商品和服务的交换活动。国际贸易理论主要回答如下几个问题:国际贸易为什么会发生?一个国家为什么会参与对外贸易?参与对外贸易对国民福利有什么样的影响?为了实现国民福利的最大化,一个国家应该实行什么样的贸易政策?

第一节 保护贸易理论

自由贸易政策和保护贸易政策的选择都有各自的理论基础。西方国际贸易理论的发展是以自由贸易理论为主线的,但是,西方国际贸易理论史上最早的学说——重商主义,却是

---

① 根据《国际贸易货币基金协定》,本书所述及的"国家"为广义的概念,包含通常意义上的独立经济体。

典型的保护贸易理论。其后经汉密尔顿、弗里德里希·李斯特创立了完整意义上的保护贸易理论。在当代,保护贸易理论在新的历史条件下又得到了多方面的发展。

一、重商主义的保护贸易学说

重商主义是15～17世纪欧洲资本原始积累时期代表商业资本利益的经济思想和政策体系。重商主义者认定,货币是财富的唯一形态,一切经济活动的目的都是为了获取金银货币,一国金银货币拥有量的大小,反映了该国的富裕程度和国力的强弱。那么,怎样才能尽可能多地获取金银货币呢?重商主义者认为,除了开采金银矿藏外,发展对外贸易,才是增加一国货币财富的真正源泉。因此,所谓重商主义,实际上是重国际贸易主义。

要通过对外贸易来积累金银货币财富,就必须保持贸易顺差。重商主义者在国际贸易学说史上首创了国际贸易收支差额理论,并着重分析了这个问题。重商主义者认为,在金属货币时代,只有发生贸易顺差,才能使外国的金银财富流入国内。他们还认为,只有通过对外贸易使金银货币发生净流入,才算是获得了贸易利益。

重商主义经历了两个发展阶段:大约从15世纪到16世纪中叶为早期重商主义阶段,16世纪下半叶至17世纪为晚期重商主义阶段。

早期重商主义者主张国家采用行政或法律手段禁止货币出口以防止货币外流。在对外贸易上反对进口,鼓励出口,多卖少买,最好是只卖不买,以便既保有国内原有的货币,又增加从国外输入的货币。由于早期重商主义学说把眼光盯在货币收支上,因此又称重货币主义、重金主义或货币差额论。

晚期重商主义者则与以守财奴眼光看待货币的早期重商主义不同,他们已经能用资本家的眼光看待货币,认识到货币只有在运动和流通中才能增值。因此,晚期重商主义者不反对对外贸易,不但主张多卖,而且主张多买,以扩大对外贸易。但是有一个底线必须守住,即一定要保持贸易顺差,以使金银的净流入成为可能。所以,晚期的重商主义被称作"贸易差额论",是名副其实的重商(即重国际贸易)主义。

重商主义的理论一方面是建立在对国际贸易作用的错误看法基础上的。它把货币看作财富的唯一形态,认为开展对外贸易的目的就是为了获取金银货币,而通过对外贸易,并不能使双方互利,一方之所得必然是另一方之所失。因此,重商主义的保护贸易政策也必然是以损人利己为目的的奖出限入。重商主义的保护贸易学说,财政思想重于经济思想,一心只想着通过对外贸易积累货币财富。这是重商主义者只注重考察流通领域而忽略生产领域所必然出现的现象。另一方面,重商主义的理论和政策在历史上曾起过进步作用。这种理论和政策促进了资本的原始积累,推动了资本主义生产方式的发展。不仅如此,重商主义的思想和政策主张一直影响着后世的经济学家和各国的对外贸易政策。

二、汉密尔顿的保护关税思想

汉密尔顿是美国独立后第一任财政部长。当时美国在政治上虽然独立,但经济上仍属殖民地经济形态,国内产业结构以农业为主,工业方面仅限于农产品加工和手工业品的制造,处于十分落后的水平。美国北方工业资产阶级要求实行保护关税政策,以独立地发展本国的经济;南部种植园主则仍主张实行自由贸易政策,继续向英国、法国、荷兰等国出售小麦、棉花、烟草、木材等农林产品,用以交换这些国家的工业品。

在这样的背景下,汉密尔顿代表工业资产阶级的愿望和要求,于1791年12月向国会提交了《关于制造业的报告》,明确提出实行保护关税政策的主张。他在报告中系统阐述了保护和发展制造业的必要性和重要性,指出:一个国家如果没有工业的发展,就很难保持其独立地位。美国工业起步晚,基础薄弱,技术落后,生产成本高,根本无法同英国、法国等国的廉价商品进行自由竞争。因此,美国应实行保护关税制度,以使新建立起来的工业得以生存、发展和壮大。汉密尔顿还较详细地论述了发展制造业的直接和间接的利益。他认为,制造业的发展,有利于推广机器使用,提高整个国家的机械水平,促进社会分工的发展;有利于扩大就业,诱使移民移入,加速美国国土开发;有利于提供更多的开创各种事业的机会,使个人才能得到充分发挥;有利于消化大批农业原料和生活必需品,保证农产品销路和价格稳定,刺激农业发展等等。

与旨在增加金银货币财富、追求贸易顺差、主张采取保护贸易政策的重商主义不同,汉密尔顿的制造业保护论和政策主张,开创了后起国家保护新兴产业的先河,反映的是经济不发达国家独立自主地发展民族工业的正当诉求和愿望,它是落后国家进行经济自卫并通过经济发展与先进国家进行经济抗衡的保护贸易学说。汉密尔顿保护关税学说的提出标志着保护贸易学说基本形成。

三、李斯特的保护贸易理论

德国经济学家李斯特,于1841年出版了他的名著《政治经济学的国民体系》,发展了汉密尔顿的保护关税学说,建立了一套以生产力理论为基础、以保护关税制度为核心、为后进国家服务的保护贸易理论,又称幼稚产业保护论。

在历史上,由于封建势力的强大和顽固等原因,德国是资本主义起步较晚的国家。19世纪上半期,英国已完成了工业革命、法国近代工业也有长足发展,而德国还是一个政治上分裂、经济上落后的农业国。李斯特代表德国资产阶级的利益,在与流行学派即英国古典学派的论战中,提出了自己系统的保护贸易理论。其理论主要包括以下内容:

(1)普遍的自由贸易理论是无边无际的世界主义经济学,它完全忽视了国家的存在,不考虑如何满足国家利益,而以所谓增进全人类利益为出发点。

(2)流行学派只考虑交换价值,即通过对外贸易增进财富,而没有考虑到国家的精神和政治利益、眼前和长远的利益以及国家生产力。发展生产力是制定国际贸易政策的出发点。

(3)普遍的自由贸易理论是狭隘的本位主义和个人主义,完全抹杀了国家和国家利益的存在。

(4)保护贸易政策只是一种手段,而不是目的。

(5)认为贸易政策要与国家经济发展所处的阶段相适应。

李斯特把各国的经济成长分为5个阶段:原始未开化时期、畜牧业时期、农业时期、农工业时期、农工商业时期。当一个国家由未开化阶段转入畜牧业,转入农业,进而转入工业与海运事业的初期发展阶段时,应当与先进的城市和国家进行自由贸易,这样将会对经济发展和社会进步起强有力的刺激作用。当一个国家已经越过工业发展的初级阶段,已经具备建成一个工业国的精神上和物质上的必要条件,只是由于还存在着一个比它更先进的工业国家的竞争力量,使前进的道路发生阻碍时,那才有理由实行保护贸易政策,以便建立并保护本国的工业。而当一个国家进入农工商业的发展阶段以后,已经具备了对外自由竞争的能力,就应当实行自由贸易政策。

李斯特认为,当时英国已经实现了工业化并处于世界垄断地位,主张自由贸易理所当然。而英国为了发展本国的工业,也曾经使用过保护贸易制度。德国当时则处在第四阶段即农工业时期,工业尚处于建立和发展时期,还不具备自由竞争的能力,因此必须实行保护贸易政策。

如果说汉密尔顿第一个明确提出保护幼稚工业的政策主张,那李斯特则是第一个从理论上探讨在面临国际竞争的条件下,如何运用保护贸易的政策与措施来促进本国的经济发展,建立了具有完整体系的贸易保护理论。与重商主义不同的是,他从保护生产力的高度把贸易和国家经济发展结合起来,形成以国家主义为基调的贸易保护理论,在实施贸易保护政策方面也更加客观实际。

李斯特幼稚产业保护论合理性和进步性在于:建立了贸易保护完整的理论体系,反映了经济发展水平落后的国家独立自主地发展民族工业的正当要求和愿望,促进了德国资本主义经济的发展和封建制度向资本主义制度的过渡。

李斯特幼稚产业保护论的缺陷在于:把政治经济学归结为国家经济学,过分强调了国家对经济发展的决定性作用;其生产力论是泛生产力论;其经济发展阶段论撇开了生产关系这个根本因素,不能反映社会经济形态变化的真实情况。

四、保护贸易理论的发展

李斯特以后,经济学家对保护贸易理论又从以下几方面作了一些补充和发展:一是对李斯特的幼稚产业保护论进行了较为深入的研究,在如何确定幼稚产业方面作具体探讨;二是为对本国失去优势地位的产业提供保护寻找"论据",可称为停滞产业保护论;三是为实施保护主义措施寻找其他经济和非经济论据。

(一) 实行保护贸易政策的经济论据

1. 保护和增加就业机会论

从理论上讲,国际贸易的扩大有利于增加世界的总产量,从而扩大生产规模,增加就业机会。然而,在一国存在就业不足的条件下,国际贸易能使失业在国家之间转移。开展贸易,固然能使出口部门(一般是具有相对优势的部门)的生产扩大,创造出一些就业机会,但进口竞争部门(尤其是失去比较优势的传统工业部门)则会受到外国竞争的冲击,有一些企业甚至可能被淘汰,从而使一些人丧失工作岗位。转换工作需假以时日,有人还要蒙受"摩擦失业"之苦。这时,政府就会在社会压力下采取保护贸易政策,以保护本国劳动者的就业。另一方面,实行"奖出限入"的保护政策,保持贸易顺差,有利于输出失业,增加本国就业机会。

2. 促进本国产业多样化论

这种论点认为,如果一国高度专业化生产一种或几种产品,国内其他需求依赖进口,这样就会形成比较脆弱的经济结构。一旦国际市场发生变动,国内经济就难以适应和调整。通过贸易保护,就可以保护和促进落后产业的发展,形成产业多样化格局,以保持国民经济结构的平衡,减少对外依赖的脆弱性,因此应该使用关税保护政策来促进本国产业的多样化。

3. 不公平贸易论

不公平贸易论又可以分为下列几种情况:

(1) 抵制外国廉价劳动力竞争。这一论点在美国颇为流行。这种论点认为,各国工资水平不同,一些工资水平低的发展中国家所生产的商品成本也低,而工资水平高的发达国家的商品成本则高。如果发达国家自由进口那些发展中国家的低价商品,则本国产品实难与之竞争,其结果会使本国难以维持较高的工资水平与生产水平,从而构成"不公平竞争"。因此,为了维持本国较高的工资水平,避免廉价劳动力成本的产品竞争,必须实行保护措施。

(2) 反对倾销和补贴而采取保护措施。该论点认为倾销和补贴易造成不公平竞争,进口国就有理由对低价倾销的外国商品征收反倾销税和对进口商品征收反补贴税,以抵消其倾销和补贴效果。

(3) 把关税作为报复手段与谈判筹码。当一国的出口因其他国家课征关税而受到损害时,该国可对其他国家的进口也征收关税,这就是报复关税。报复关税的目的,在于使对方国家了解关税对相互贸易的损害,从而促使彼此互相取消或减让关税,即把关税作为谈判的筹码。此外,一国在发生贸易收支或国际收支恶化时,也有理由采取征收关税等限制进口的措施,同时通过各种手段鼓励出口,以求得国际收支的基本平衡。

(二) 保护贸易政策的非经济论据

1. 保障国家安全论

该论点从国防观点出发,强调保护扶植基础产业,强调保护农业、国防工业以及防止自然资源枯竭。这种观点虽然没有经济上的正当理由,但作为实际问题它却有着不可忽视的重要性。有些生产部门,如粮食、棉花、武器等,并非所有国家都具有比较优势,然而这些部门具有非常重要的意义,必须保持必要的生产规模。这是因为,在平时通过国际贸易来获得这些商品很方便,价格也低,但一旦发生战争或出现了敌对状态,就会面临缺乏生存必需品供应的危险。因此,对这一类产业加以保护,对于保证国家安全是非常重要的。

2. 调整社会收入的分配论

该论点认为自由贸易会引起本国经济结构的调整,从而导致社会的收入分配格局发生变化,由此可能衍生出一系列的社会矛盾。为了"公平的收入分配",防止因自由贸易带来收入分配格局变动而引起的社会震荡,对某些产业(尤其是停滞产业)实行保护贸易政策,就被认为是正当和合理的了。

3. 保护国民身体健康论

有些商品的质量问题直接关系到人身的健康和安全,如食品、医药制品等,如果自由进口和销售这些商品,就有可能传播疾病。因此,政府对威胁人民健康和卫生的贸易产品加以管制的做法是明智的。比如,美国禁止从有口蹄疫史的国家进口新鲜或冷冻牛肉。

第二节 自由贸易理论

自由贸易理论创始者是英国经济学家亚当·斯密,其核心是自由贸易可使参与贸易的双方均获得贸易利益。自由贸易理论自诞生以来,就一直是国际贸易的核心理论,成为整个国际贸易理论发展的主线,甚至成为国际贸易理论的理念和目标,对后世各种不同类型国家的贸易理论和政策选择产生了深远的影响。

一、古典的国际贸易理论

古典的国际贸易理论产生于18世纪中叶,是在批判重商主义的基础上发展起来的。在18世纪60年代到19世纪60年代的资本主义自由竞争时期,第一次产业革命使得自由贸易理论开始出现。这一时期的自由贸易理论通常被称为古典学派的自由贸易理论。古典学派的自由贸易理论以亚当·斯密的绝对成本论、大卫·李嘉图的比较成本论和约翰·穆勒的相互需求原理为发展主线。古典贸易理论从劳动生产率的角度说明了国际贸易产生的原因、结构和利益分配。

（一）绝对优势理论

亚当·斯密(1723—1790)是英国产业革命前夕工场手工业转向机械大工业时期的经济学家。封建主义和重商主义是实现这一过渡的障碍。他在1776年出版的《国民财富的性质及原因的研究》一书中猛烈抨击了重商主义，鼓吹自由放任，系统地提出了国际贸易的绝对优势理论。

亚当·斯密作为自由贸易理论的创始者，首创性地提出了分工学说。他的绝对利益论认为，国际贸易的基础在于各国商品之间存在劳动生产率和生产成本的绝对差异，而这种差异来源于自然禀赋和后天的生产条件。在国际分工中，每个国家应该专门生产自己具有绝对优势的产品，并用其中一部分交换其具有绝对劣势的产品，这样就会使各国的资源得到最有效的利用，更好地促进分工和交换，使每个国家都获得最大利益。而分工和专业化的发展需要自由贸易的国际市场。自由贸易是增加国民财富的最佳选择。

但亚当·斯密的绝对利益论无法解释当一国在所有产品的生产成本上较之另一国均处于绝对优势或绝对劣势时，仍能进行互利贸易的原因。

（二）比较优势理论

1815年英国政府为维护土地贵族阶级利益而修订实行了《谷物法》。《谷物法》的颁布对地主贵族有利，但严重地损害了产业资产阶级的利益。大卫·李嘉图(1772—1823)在1817年出版的《政治经济学及赋税原理》一书中提出了著名的比较优势说，基于绝对成本论的研究成果和重大陷阱，李嘉图以相对成本论补充和发展了这一学说，回答了绝对成本理论所没有解决的问题。李嘉图针对绝对优势理论的局限性，继承和发展了斯密的理论。

李嘉图认为国际贸易分工的基础不限于绝对成本差异，即使一国在所有产品的生产中劳动生产率都处于全面优势或全面劣势的地位，只要有利或不利的程度有所不同，该国就可以通过生产劳动生产率差异较小的产品参加国际贸易，各国通过出口相对成本比较低的产品，进口相对成本比较高的产品就可以实现贸易互利，从而获得比较利益。

比较优势理论遵循"两优相权取其重，两劣相权取其轻"的原则，认为国家间技术水平的相对差异产生了比较成本的差异，构成国际贸易的原因，并决定着国际贸易的模式。

李嘉图的比较利益理论成为以后国际贸易理论发展的基石，为自由贸易政策提供了强有力的理论根据。此后，国际贸易理论的主流学派就一直倡导自由贸易，并将其作为贸易政策追求的理想目标。而在贸易实践上，随着工业革命的发展，19世纪中期以后到第一次世界大战前，以英国为主的各主要西方国家都实行了自由贸易政策。二战后迅速发展的经济全球化，区域经济一体化，贸易、投资的自由化，以及GATT和WTO所建立的多边贸易体制，都深受此理论的影响。

（三）相互需求原理

李嘉图的比较优势理论只论证了建立在各国专业化生产前提下的互利贸易基础和利益所在，没有说明总的贸易利益如何在贸易双方进行分配。英国经济学家约翰·穆勒(1806—1873)在《政治经济学原理》中，从相互需求角度出发，确定了国际间商品交换的价格问题，以解释两国间贸易利益是如何分配的。

首先,他运用比较优势原理,说明实际贸易条件必定介于两国国内两种商品交换比例所确定的上下限之间,超出上限或下限,国际贸易不会发生。

其次,他得出结论,实际的贸易条件取决于贸易国各自对对方商品的相对需求强度。外国对本国商品的需求强度大于本国对外国商品的需求强度,实际贸易条件就接近于外国国内这两种商品的交换比例,这个实际的贸易条件对本国就有利。反之,如果本国对外国商品的需求强度大于外国对本国商品的需求强度,则实际贸易条件就接近于本国国内这两种商品的交换比例,这个实际的贸易条件对外国就有利。

该理论用两国商品交换比例的上下限解释双方获利的范围;用贸易条件说明在利益的分配中双方各占的比例;用相互需求强度来解释贸易条件的变动。相互需求理论实质上是指由供求关系决定商品价值的理论,是对比较优势理论的完善和补充。

二、现代学派自由贸易理论

在19世纪中叶到第二次世界大战结束,资本主义进入垄断时期,第二次产业革命的发生使自由贸易理论的发展出现了重大转折,这一时期的自由贸易理论可称为现代学派的自由贸易理论;现代学派的自由贸易理论以赫克歇尔和俄林提出的生产要素禀赋理论以及其后提出的与生产要素禀赋说相背离现象的里昂惕夫之谜为发展主线。

(一) 生产要素禀赋论

1919年,瑞典经济学家埃利·赫克歇尔提出了要素禀赋论的基本观点,指出产生比较优势差异必备的两个条件。1930年,这一论点被他的学生伯尔蒂尔·俄林所充实论证,其代表作《地区间贸易和国际贸易》进一步发展了生产要素禀赋理论,因而这一理论又称为H-O理论。

与古典贸易理论的单要素投入不同,H-O理论以比较优势为贸易基础并有所发展,在两种或两种以上生产要素框架下分析产品的生产成本,用总体均衡的方法探讨国际贸易与要素变动的相互影响。其主要内容是:不同商品的生产需要投入不同的生产要素比例,而不同国家所拥有的生产要素是不同的,因此,一国应生产那些能密集地利用其较充裕的生产要素的商品并出口,以换取那些需要密集地使用其较稀缺的生产要素的进口商品,各种要素的价格将会因商品和生产要素的移动以及进一步发展或因其中一种遇到较小阻力而趋于均等化。这样的贸易模式使参与国的福利都得到改善。

20世纪40年代,保罗·萨缪尔森用数学方式演绎了H-O理论,指出国际贸易对各国收入差距的影响,必然将使不同国家间生产要素相对价格和绝对价格均等化,这也称为生产要素价格均等化定理或H-O-S定理(赫克歇尔-俄林-萨缪尔森理论)。这一定理认为,在没有要素跨国流动的条件下,仅通过商品的自由贸易也能实现世界范围内生产和资源的有效配置。

赫克歇尔-俄林的要素禀赋理论被认为是现代国际贸易的理论基础,它继承了比较优势理论,又有新的发展。

(二) 里昂惕夫悖论

该理论于20世纪50年代初由美籍苏联经济学家里昂惕夫提出。在早期,里昂惕夫对H-O理论确信不疑,按照这个理论,一国拥有较多的资本,就应生产和输出资本密集型产品,而输入较稀缺的劳动力要素生产的劳动密集型产品。基于以上认识,他利用投入-产出分析方法对美国1947年200个行业的统计数据的对外贸易商品结构进行具体计算,其目的是对赫-俄原理进行验证。结果发现,作为世界上资本最充裕的国家,美国出口的却是劳动密集型产品,而进口的是资本密集型产品,即要素充裕度差异不能有效地决定贸易方式。由里昂惕夫发现的 H-O 理论与贸易实践的巨大背离现象使美欧国际贸易学术界大为震惊,被人们称为里昂惕夫之谜或里昂惕夫悖论。里昂惕夫之谜引发了西方经济学界大规模的辩论和验证,由此带来了二战以后自由贸易理论的创新和发展。

三、国际贸易的当代理论——新贸易理论

第二次世界大战以后,第三次科技革命的出现带来了自由贸易理论的创新和全面发展。国际贸易的产品结构和地理结构出现了一系列新变化。同类产品之间以及发达工业国之间的贸易量大大增加,产业领先地位不断转移,跨国公司内部化和对外直接投资兴起,这与传统比较优势理论认为的贸易只会发生在劳动生产率或资源禀赋不同的国家间的经典理论是相悖的。古典与新古典国际贸易理论都假定产品市场是完全竞争的,这与当代国际贸易的现实也不相吻合,在这样的国际环境下,新贸易理论应运而生。二战以后的自由贸易理论根据其成因可以分成两大类:第一类是为解释里昂惕夫之谜而产生的,被称为新要素贸易论;第二类是为解释新的国际贸易格局而产生的,可称之为国际贸易新理论。

(一)生产要素理论

新生产要素理论赋予了生产要素除土地、劳动和资本以外更丰富的内涵,认为它还包括自然资源、技术、人力资本、研究与开发、信息、管理等新型生产要素,从新要素的角度说明国际贸易的基础和贸易格局的变化。

1. 自然资源理论

1959 年,美国学者凡涅克提出了以自然资源的稀缺解释里昂惕夫悖论的观点,认为美国进口自然资源的开发或提炼是耗费大量资本的,会使进口替代产品中的资本密集度上升。排除资源的影响,美国资本密集型产品的进口就会小于其出口。

2. 人力资本理论

人力资本理论以基辛、凯南、舒尔茨为代表,对 H-O 理论作了进一步扩展,将人力资本作为一种新的生产要素引入。通过对劳动力进行投资,提高其素质和技能,进而提升劳动生产率。人力资本充裕的国家在贸易结构和流向上,往往趋于出口人力资本或人力技能要素密集的产品。

3. 研究与开发学说

格鲁伯、维农等认为研究与开发也是一种生产要素,一个国家出口产品的国际竞争能力和该种产品中的研究与开发要素密集度之间存在着很高的正相关关系。各国研究与开发能力的大小,可以改变它在国际分工中的比较优势,进而改变国际贸易格局。

(二)偏好相似理论

1961 年林德在《论贸易和转变》一书中提出了偏好相似理论,第一次从需求方面寻找贸易的原因。他认为,要素禀赋学说只适用于解释初级产品贸易,工业品双向贸易的发生是由相互重叠的需求决定的。偏好相似理论的基本观点有:

(1) 产品出口的可能性决定于它的国内需求。

(2) 两国的贸易流向、流量取决于两国需求偏好相似的程度,需求结构越相似则贸易量越大。

(3) 平均收入水平是影响需求结构的最主要因素。

(三) 动态贸易理论

动态贸易理论主要从动态角度分析国际贸易产生与发展的原因。

1. 技术差距理论

技术差距理论又称创新与模仿理论,M·V·波斯纳和胡弗鲍尔将技术作为一个独立的生产要素,侧重从技术进步、创新、传播的角度分析国际分工的基础,扩展了资源禀赋论中要素的范围。技术差距指一国以技术创新和控制技术外流而形成的一种动态贸易格局,会对各国要素禀赋的比率产生影响,从而影响贸易格局的变动。

2. 产品生命周期理论

雷蒙德·弗农将市场营销学中的产品生命周期理论与技术进步结合起来阐述国际贸易的形成和发展。1966年他在《生命周期中的国际投资与国际贸易》一文中指出,美国企业对外直接投资与产品生命周期有密切关系。这一产品生产的国家转移理论,假设国家间信息传递受到一定的限制,生产函数可变以及各国的消费结构不同,则产品在其生命周期的不同阶段对生产要素的需要是不同的,而不同国家具有的生产要素富饶程度决定了该国的产品生产阶段和出口状况。产品生命周期理论将比较优势论与资源禀赋论动态化,很好地解释了战后一些国家从某些产品的出口国变为进口国的现象。

(四) 产业内贸易理论

1975年格鲁贝尔和劳埃德合著了题为《产业内贸易:异质产品国际贸易的理论及测量》一书,系统地论述了产业内贸易的理论,提出了产业内同类产品贸易增长特点和原因,对产业内贸易理论的研究做出了开创性的贡献。格鲁贝尔等人认为,在当代国际贸易中的产品结构上,主要有产业间贸易和产业内贸易两大类,前者是指不同产业间的贸易,后者指产业内部同类产品之间的贸易,即一个国家同时出口和进口同类产品。

1. 产业内贸易的种类

(1) 相同商品的产业内贸易。相同商品的产业内贸易是指完全可以替代的商品之间的贸易。这类商品具有很高的需求交叉弹性,消费者对这些商品的偏好完全相同。

以下情况会发生产业内贸易:边境交叉贸易;季节性贸易;转口贸易;跨国公司的内部贸易;相互倾销。

(2) 差异商品的产业内贸易。差异商品的产业内贸易是指相似但不完全相同、也不能完全相互替代的商品之间的贸易。它的交叉需求弹性小于前一类商品。

水平差异:同一类商品具有一些相同属性的不同组合称为水平差异。这一类差异在烟草、化妆品和制鞋等行业比较普遍。这种差异的产生是由于消费和生产两方面的因素引起的。

垂直差异:指产品质量上的差异。在汽车行业比较普遍。

2. 产业内贸易水平的衡量

产业内贸易水平用产业内贸易指数(Intra-industry Trade Index)来衡量,它是由格鲁贝尔(Grubel)和劳埃德(Lloyd)于1975年在《产业内贸易:差别产品的国际贸易理论和衡量》一文中提出的。计算公式为:

$$T = 1 - \frac{|X-M|}{X+M}$$

其中,T表示产业内贸易指数,X和M分别表示某一种特定产业或某一类商品的出口额和进口额。

3. 需求偏好相似与产业内贸易

又称为重叠需求理论,由瑞典经济学家林德在1961年发表的《贸易和转移支付》一书中提出。该理论主要从需求的角度分析国际贸易的原因,认为产业内贸易是由需求偏好相似导致的。

其基本观点为:国际贸易是国内贸易的延伸,在本国消费或投资生产的产品才能够成为潜在的出口产品;两个国家的消费者需求偏好越相似,一国已有的产品也就越容易打入另一个国家的市场,因而这两个国家之间的贸易量就越大。

4. 规模经济与产业内贸易

20世纪70年代,格雷和戴维斯等人对发达国家之间的产业内贸易进行了实证研究,发现产业内贸易主要发生在要素禀赋相似的国家,产生的原因是规模经济和产品差异之间的相互作用。以规模经济和非完全竞争市场为两大支柱的国际贸易理论体系,被称为新贸易理论。

(五) 国家竞争优势理论

哈佛大学教授迈克尔·波特提出的这一理论,从企业参与国际竞争这一微观角度解释国际贸易,弥补了比较优势理论在有关问题论述中的不足。

波特认为,一国的竞争优势就是企业与行业的竞争优势,一国兴衰的根本原因在于它能否在国际市场中取得竞争优势。而竞争优势的形成有赖于主导产业具有优势,关键在于能否提高劳动生产率,其源泉就是国家是否具有适宜的创新机制和充分的创新能力。

波特提出的"国家竞争优势四基本因素、两辅助因素模型"中,生产要素、需求状况、相关产业和支持产业、企业战略、结构和竞争对手、政府、机遇都是国家竞争优势的决定因素。

波特根据以上各大要素建立了钻石模型,说明了各个因素间如何相互促进或阻碍一个国家竞争优势的形成。从发展阶段来看,一个国家优势产业的发展可分为4个不同阶段,即生产要素推动阶段、投资推动阶段、创新推动阶段和财富推动阶段。该理论对当今世界的经济和贸易格局进行了理论上的归纳总结。

第三节 战略性贸易理论

战略性贸易理论是1981年由伯兰特和斯本塞在发表的一篇题为"潜在进入条件下的关税与外国垄断租金的提取"的论文中率先提出,后经过保罗·克鲁格曼等人的进一步研究,现已形成比较完善的理论体系。

一、战略性贸易理论的产生背景

传统国际贸易理论是建立在规模收益不变和完全竞争的理想境界上的,它们用国家之间在自然环境、技术、劳动生产率和要素禀赋等方面的差异来解释国际贸易的发生。由于贸易能改善双方的资源配置状况并使双方的国民福利得以提高,因此自由贸易政策也就是最优的选择。但是在现实经济生活中,不完全竞争和规模经济却是普遍存在的现象。在规模收益递增和不完全竞争的情况下,市场本身的运行处于一种"次优"的境界,这种次优的境界并不能保证潜在的收益一定能得以实现,适当的政府干预或许有可能改进市场的运行结果。

由于工业制成品的世界市场是不完全竞争的,产品的差异性使得各国厂商都可能在某些工业产品上具有一定的垄断力量,并凭借这种力量将产品价格定在高于其边际成本的水平上,以获得超额利润。显然,这种利润是通过操纵价格从消费者身上赚取的,在国际贸易中,则是进口国的消费者支付的。由于不完全竞争的上述性质,特别是本国进口产品被外国厂商所垄断时,政府应该运用关税将外国厂商从本国消费者身上赚取的超额利润转移到国内;再者,由于不完全竞争和规模经济的存在,市场份额对各国厂商变得更为重要,市场竞争变成了一场少数几家企业之间的博弈,一些产品特别是高科技产品具有"领先一步"的优势,谁能赢得主动,谁就能占领市场,从而获得超额利润。在这场博弈中,政府能够通过提供补贴或关税保护来帮助本国企业在国际竞争中获胜。贸易政策通过影响本国厂商及其竞争对手的决策行为而产生了转移经济利益和扩大本国市场份额的效果,而政府政策起到了如同许多寡头竞争模型中的战略性行动(如投资于生产能力或研究和开发等)相同的作用,因此,该理论被称为战略性贸易理论。

二、战略性贸易政策理论的主要内容

(一)利润转移论

该理论认为,在规模经济和不完全市场竞争的条件下,一国政府可以用出口补贴为本国寡头厂商夺取市场份额;用关税来抽取外国寡头厂商的垄断利润;用进口保护作为出口促进的手段,以此来加强本国厂商的竞争地位,扩大本国厂商的国际市场份额,从而实现垄断利润由外国向本国的转移,增加本国的国民净福利。

(二)外部经济论

该理论认为,某些产业和厂商能够产生巨大的外部经济,促进相关产业的发展和出口扩张,但由于这些外部经济不能够完全被有关厂商占有,这些厂商或产业就不能发展到社会最优状态。如果政府能够对这些产业或厂商给予适当的支持与保护,则能够促进这些产业和相关产业的发展,提高其国际竞争优势,获得长远的战略利益。

战略性贸易理论是在不完全竞争和规模经济前提下主张政府干预的贸易政策理论。无论是利润转移论还是外部经济论,都认为在充满不完全竞争和贸易壁垒的世界里,单个国家有理由从本国利益出发,实行偏离自由贸易的政策,并使贸易政策发挥促进本国产品竞争力提高和经济增长的战略性作用,强调在适当条件下政府对贸易干预的合理性。

三、对战略性贸易理论的评价

传统国际贸易理论都假定,自由竞争或完全竞争是国际贸易的基本前提,然而现实中完全竞争的情况几乎不存在。战略性贸易理论概括了寡头垄断市场结构下厂商参与国际贸易的形式,这是对传统国际贸易理论的突破。战略性贸易理论从理论上阐述了政府干预外贸、刺激本国出口的基本动力,但是容易导致贸易报复。

本 章 小 结

◆ **内容提要**

本章追溯国际贸易理论发展的历史进程、沿袭各理论发展的逻辑线索,通过详细梳理贸易保护理论、自由贸易理论和战略性贸易理论,解释了国际贸易发生的原因、国家参与对外贸易对国民福利的影响,以及为了增进国民福利国家应采取的贸易政策。

◆ **关键词**

重商主义　保护关税学说　幼稚产业保护学说　生产要素禀赋论　里昂惕夫悖论　绝对优势理论　相对优势理论　技术差距论　产品生命周期理论　国家竞争优势理论　战略性贸易理论

◆ **思考题**

1. 国际贸易政策的类型有哪些?
2. 幼稚工业保护论包括哪些内容?
3. 新贸易保护主义有哪些特征?
4. 绝对优势说与比较优势说的共同点、不同点是什么?
5. 要素禀赋理论与产业内贸易理论的不同点有哪些?
6. 产业内贸易理论的基本观点有哪些?
7. 战略性贸易理论的基本观点与不足之处有哪些?

第二章 国际贸易政策与措施

了解关税措施的含义、特征及其性质和作用,掌握关税的种类和征收依据与方法;了解非关税措施的基本概念与特点,掌握主要非关税措施的含义及非关税措施的发展趋势;掌握鼓励出口各种措施的含义及具体规定要求,懂得出口管制的目的及内容方式;掌握经济特区的类别和作用。

中美轮胎特保案

2009年9月12日,美国总统奥巴马宣布对中国进口轮胎实施惩罚新关税,即在4%原有关税的基础上,在今后三年加征35%、30%和25%的附加关税。比美国国际贸易委员会原先提出的税率有所降低。在这场"中美轮胎特保案"的背后,是在金融危机下,美国整车销量急速下降,轮胎用量出现了前所未有的锐减。据统计,2008年美国整车销售仅为1300万辆,而2007年,美国整车销量为1700万辆。因此,美国钢铁工人联合会(USW)上书美国政府要求对本国轮胎行业进行"特殊保护"。世界贸易组织(WTO)12月13日宣布,美国对从中国进口的轮胎采取的过渡性特保措施并未违反贸易规则。2011年5月24日中国决定提出上诉,9月5日,世界贸易组织上诉机构判定美国对中国输美轮胎征收惩罚性关税符合世贸规则。

美方这一做法是对贸易救济措施的滥用,诸如此类新贸易保护主义政策的实施严重破坏了国际贸易环境,干扰了正常的国际贸易秩序。

第一节 国际贸易政策的构成及演变

一、国际贸易政策的含义和构成

(一)国际贸易政策的含义

国际贸易政策是一国政府在一定时期内为实现一定的政策目的而对进出口贸易所制定和实行的政策。它是一国总的经济政策的组成部分,规定了该国对外贸易活动的指导方针和原则,是为该国经济基础和政策服务的。

（二）国际贸易政策的构成

1. 对外贸易总政策

即一国根据本国国民经济的整体状况及发展战略，并根据其在世界经济总体格局中所处地位而制定的政策，通常会在一个较长时期内加以贯彻执行。比如一国某一时期实行的是相对自由的贸易政策或倾向于保护性的贸易政策。它是一国对外经济关系的基本政策，是整个对外贸易活动的立足点。

2. 进出口商品政策

以对外贸易总政策为基础，根据本国的经济结构和国内市场的供求状况而制定的政策，主要表现为对不同的进出口商品给予不同的待遇。如使用关税或非关税壁垒来限制某些商品进口，有意识地扶植某些出口部门以扩大本国此种商品的出口。

3. 对外贸易国别政策

即区别对待政策，指一国根据对外贸易总政策，结合国际经济格局及社会政治、经济和外交关系，对不同的国家和地区制定的不同政策。

国际贸易政策三个方面的内容是相辅相成、不可分割的。进出口商品政策和国别政策离不开对外贸易总政策的指导，而对外贸易总政策也只有通过具体的进出口商品政策和国别政策才能体现出来。各国对外贸易政策因各国经济体制、发展水平、产品竞争力等不同而各有不同，并随着经济实力的变化而不断变化，但其对外贸易政策的基本目的大体上是一致的，主要有：保护本国市场，扩大本国产品的出口市场，促进本国产业结构的改善，积累资金及维护本国对外的政治关系。

二、国际贸易政策的基本类型

从国际贸易产生和发展的实践来看，国际贸易政策总体上可分为两种基本类型：自由贸易政策和保护贸易政策。

（一）自由贸易政策

自由贸易政策指国家取消进出口贸易的各种限制和障碍及进出口商品的各种特权和优待，使商品自由进出，在国内外市场上自由竞争，从而使资源得到最合理配置，其实质上是"不干预政策"。

（二）保护贸易政策

保护贸易政策指国家为保护本国商品免受外国商品的竞争，广泛利用各种限制进口的措施，同时对本国出口商品给予优待和补贴以鼓励商品出口。保护贸易政策以维护本国民族利益为目的，其实质是"奖出限入"。

三、发达国家对外贸易政策的演变

一国的国际贸易政策随着世界政治、经济与国际关系的变化，本国在国际分工体系中地位的变化，以及本国产品在国际市场上的竞争能力的变化而不断变化。因此，在不同时期，一个国家往往实行不同的对外贸易政策；在同一时期的不同国家，也往往实行不同的对外贸易政策。

（一）资本主义生产方式准备时期：保护贸易政策

16～18世纪是资本主义生产方式准备时期，也是西欧各国开始走向世界市场的时代。在这一时期，为了促进资本的原始积累，西欧各国在重商主义的影响下，实行强制性的贸易保护政策,通过限制货币(贵金属)的输出和扩大贸易顺差的办法来积累财富。重商主义最早出现于意大利,后来在西班牙、葡萄牙和荷兰实行,最后英国、法国和德国也先后实施,其中以英国实行得最彻底。

(二)资本主义自由竞争时期:自由贸易政策

在资本主义自由竞争时期,资本主义生产方式占统治地位,自由贸易政策是这一时期国际贸易政策的基调。自由贸易的政策主张是从18世纪末开始形成的,19世纪70年代达到高峰。但由于各国资本主义发展的不平衡,西方国家在这一时期实行的贸易政策也有差别。最早完成工业革命的英国和航海业发达的荷兰是全面实行自由贸易政策的国家。这一时期英国采取的自由贸易政策措施主要有:逐步降低关税税率、减少纳税的商品项目和简化税法;取消外贸公司的特权,对广大民营企业开放外贸经营领域;废除航海法;与外国签订贸易条约。

与此同时,一些后进的资本主义国家如美国和德国等,由于经济发展起步较晚,则先实行一段时期的贸易保护政策,待本国经济有了较大发展之后,才转向自由贸易政策。

从总体上说,自由竞争资本主义时期,西方国家的对外贸易政策是以自由贸易为特征的。

(三)战前的垄断资本主义时期:超保护贸易政策

当垄断代替了自由竞争以后,市场问题日益尖锐。各主要资本主义国家纷纷转向侵略性的保护贸易政策。

从19世纪70年代末到20世纪30年代,资本主义世界出现过两次保护主义的浪潮。第一次是1875年前后开始,除比利时、荷兰和美国之外,西方工业国家都较大幅度地提高了关税。德国在这方面起了带头作用,它在1879年首先提高进口关税,随后又于1885年、1887年、1902年连续三次提高关税,使农产品的平均进口税率达到36%,工业品平均进口税率达到25%。大约同一时期内法国也连续三次修订关税。英国在这一时期却仍然奉行自由贸易的政策,因为英国内部的垄断形成较晚,伦敦是国际贸易和国际金融的中心,又拥有广大的殖民地,实行自由贸易比较有利。然而在保护主义浪潮的冲击下,英国也不得不逐步扩大关税的征收范围。

第二次保护主义浪潮是在1929年的世界经济危机之后。空前严重的经济萧条使市场问题进一步尖锐,导致许多国家大幅提高关税,并广泛采用外汇管制、数量限制等手段,阻止外国商品的输入。另一方面,英国和德国等都加强了奖励出口的政策。在激烈的商品战中,各国政府在对外贸易方面无所不用其极,禁止性关税、外汇战争等纷纷登场。1930年,美国把关税税率首先提升到极高的水平,进口商品的平均税率达53.2%,由此引发世界主要国家间的一场关税战。与此同时,世界主要国家间也爆发了一场货币战,1931年英国放弃金本位之后先后形成了好几个排他性的货币集团,如英镑集团、德国双边清算集团等。国际经济中各种矛盾激化,最终爆发了二战。

这种政策与以前的保护贸易政策有明显的不同:它不是保护国内的幼稚工业,而是保护国内高度发展起来或正出现衰落的垄断工业;它不是为了培养自由竞争的能力,而是巩固和加强对国内外市场的垄断;它不是防御性地限制进口,而是在垄断国内市场的基础上向国外市场进攻;它的保护措施不只限于关税和贸易条约,还广泛采用各种非关税壁垒和奖出限入的措施。简而言之,保护政策成为争夺世界市场的手段,成为攻击而不是防卫的武器。因此,这种侵略性的贸易保护政策又称为超保护贸易政策。

(四) 第二次世界大战后至20世纪70年代中期：贸易自由化

二战后初期，发达国家，尤其是西欧、日本等国为经济重建，一度实行保护贸易政策，严格限制商品进口，以保护本国市场。但是，由于美国在战后一直致力于推动贸易自由化，并促使成立了关税与贸易总协定，在各缔约方间进行关税减让，以打开别国市场。因此，在美国的压力下，加之经济的恢复和发展，西欧和日本等主要发达国家也开始推行贸易自由化，自由贸易在20世纪60年代末达到了高峰。

这一时期西方发达国家对外贸易政策的自由化特征主要表现在以下两个方面：一是大幅度减让关税，1947年到20世纪70年代中期，在关税与贸易总协定的主导下，已举行了7轮多边贸易谈判，各缔约方的平均进口最惠国关税税率已从50%左右降低到5%以下；二是尽力降低或撤销非关税壁垒。

战后的贸易自由化与自由竞争资本主义时期的自由贸易有着本质的区别，其实质是为垄断资本服务的，并呈现出以下特点：① 战后贸易自由化是垄断资本对外扩张的要求，代表了垄断资本利益。② 战后贸易自由化是有选择的贸易自由化。③ 在实行贸易自由化的同时，各发达国家还根据不同时期的具体情况结合使用贸易保护主义。

(五) 20世纪70年代以来：新贸易保护主义

20世纪70年代中期以后，随着西欧和日本经济迅速赶超美国，发达国家经济发展不平衡加剧，而两次石油危机使发达国家经济陷入滞胀和衰退，更使它们对世界市场的争夺日益激烈，市场矛盾日益突出。在此情况下，以美国为首推动的贸易自由化到20世纪70年代中期逐渐停顿下来，国际贸易中非贸易自由化倾向日趋加强。特别是随着外贸逆差的不断扩大，美国国内贸易保护的呼声增加，以美国为代表的新贸易保护主义因此兴起。

与传统的贸易保护主义相比，新贸易保护主义具有以下特征：

(1) 被保护的商品范围不断扩大。保护对象由传统产品、农产品扩大到服务商品、高级工业品。在服务贸易方面，很多发达国家在签证申请、投资条例、收入汇回等方面作出保护性限制，以培育和确保自己的优势。在工业品方面，从纺织品、鞋、陶瓷、胶合板等"敏感商品"直到钢铁、彩电、汽车、计算机、数控机床等皆被列入保护范围。

(2) 限制进口的措施从关税壁垒转向以非关税壁垒为主。发达国家强化非关税壁垒的主要表现：一是非关税措施的种类日益繁杂和增多，非关税措施从20世纪70年代末的800多种增加到80年代末的2500多种。1989年主要工业化国家的进口商品有24%左右受到一种以上的非关税措施的影响；二是一些国家纷纷给予非关税措施法律地位。如美国1974年的《贸易改革法》是战后美国第一部具有严重贸易保护主义倾向的立法，它首次确定了各种非关税壁垒如例外条款、反倾销、反补贴条款等在法律上的地位。1979年的《贸易协定法》则增加了反倾销、反补贴专章，并规定了司法审查及其程序。

(3) 奖出限入措施的重点由限制进口转向鼓励出口。这些措施包括：实行出口补贴、出口信贷及出口信贷国家担保制，实施商品倾销和外汇倾销，设立出口加工区；国家设立各种促进出口的行政机构，协助本国出口商对国外市场的扩张。有的国家还设立各种评奖制度，奖励在出口方面作出成绩的出口商等。

(4) 从贸易保护制度转向系统化的管理贸易制度。管理贸易是一种介于自由贸易与保护贸易之间、以协调为中心、以政府干预为主导、以磋商为手段，政府对对外贸易进行干预、协调和管理的贸易制度。有人称之为"不完全的自由贸易"和"不断装饰的保护贸易"。20世纪70年代中期以后，在世界各国各地区贸易保护主义色彩日益浓厚、而又没有谁公开声明反对自由贸易的情况下,管理贸易便在国际贸易中逐渐盛行。

总的来看,新贸易保护主义使贸易活动在政府的干预下,借助立法、磋商、双边和多边的协调等手段,一定程度上有利于缓解国际贸易矛盾,保护各国的新兴产业,但它也对全球经济和贸易带来诸多不利影响。首先,它削弱了国际多边贸易体系,不利于资源的合理配置。新贸易保护主义打着公平贸易的招牌,实则带有歧视性、排他性和不平等性,它保护国内落后工业,改变了国际贸易商品合理的地理流向。其次,它损害了消费者利益。因为新贸易保护主义有时限制国外低成本产品的进入,使本国厂商免遭国外竞争的压力,不利于国内生产成本的降低。如第二个多种纤维协定使英国服装零售价平均提高20%,英国消费者不得不为此付出额外的代价。再次,新贸易保护主义一方面限制发展中国家劳动密集型产品进入发达国家的市场,另一方面又通过保护使发展中国家为获得先进技术、设备支付越来越昂贵的费用,这加速了南北差距的扩大。最后,由于有的国家动辄运用反倾销、反补贴武器,使20世纪90年代以来反倾销反补贴案件上升,不利于国际贸易秩序的稳定。因此,如何克服新贸易保护主义的不利影响、维护合理有序的国际贸易秩序,是当代国际贸易的一个重要课题。

四、发展中国家的对外贸易政策的演变

第二次世界大战以前,亚洲、非洲、拉丁美洲的大多数国家都是殖民地或半殖民地国家,长期以来形成了单一、畸形的经济结构,经济发展水平很低,人们生活贫困。战后他们在政治上获得独立,并开始致力于工业化和民族经济的发展,由于经济发展水平落后于发达国家,为了保护国内市场和工业发展,发展中国家在对外贸易方面一般都奉行保护贸易政策,其具体表现是实行了进口替代与出口替代等不同类型的工业化战略。对外贸易政策大致有三个阶段:

(一)初级产品出口导向战略

初级产品出口导向战略是指发展中国家通过出口农、矿等初级产品以换取外汇进口制成品,从而推动经济增长。提出该战略的发展经济学家认为,发展中国家工业基础薄弱,制成品缺乏国际竞争力,农矿产品生产在国民经济中占举足轻重的地位,所以发展中国家应根据这种实际情况,大力发展初级产品出口,使国民收入、国民投资、国民消费及政府税收都随之增加,从而推动经济增长。二战后直到20世纪60年代以来,有很多发展中国家采用这种贸易战略。

但是,初级产品出口导向战略,只能作为外向型经济的起步而在短期内采用。由于初级产品需求弹性较小,且合成替代品及生产技术的提高也使初级产品的需求大大减少,因而初级产品的出口面临贸易条件恶化的境况。片面依赖初级产品出口不但经济增长潜力有限,而且不利于发展中国家的工业化,难以享受工业化所带来的动态利益。因此,到20世纪50年代末至60年代初,很多发展中国家已开始改变这种战略。发展中国家要彻底摆脱贫穷和落后,在国际市场上与发达国家展开竞争,就必须实现工业化和现代化,其围绕工业化所采取的贸易战略可分为进口替代战略和出口替代战略。

(二)进口替代战略

所谓进口替代战略就是在保护本国工业的前提下,通过引进必要的技术和设备,在国内建立生产能力,发展本国的工业制成品以替代同类商品进口,实现本国的工业化,带动经济增长,改善国际收支状况。进口替代战略的实施可以对发展中国家的经济发展起到积极的

推动作用：

(1) 有利于扶植、培育发展中国家的幼稚产业。由于进口替代战略采用贸易保护政策，为本国幼稚产业提供了一个有保护的、有利可图的市场，使其工业得以迅速成长，将潜在的比较优势转化为现实优势，有利于发展中国家建立独立的工业体系和国民经济体系。

(2) 有利于发展中国家获得工业化所带来的动态利益。一国经济的工业化可以促进管理人员、技术人员的培养，发明、创新的增加，人均收入水平的提高，等等，因而可以不断地为发展中国家带来动态发展的利益。

(3) 有利于发展中国家引进外资。进口替代战略的贸易保护政策主要是限制工业制成品进口，因而会促使发达国家为了绕过贸易壁垒而对发展中国家进行直接投资。外资的流入对发展中国家的经济发展会起到积极的推动作用。

从20世纪50年代开始，很多发展中国家相继采用了进口替代战略，也取得了一定的成就，但随着工业化的进一步发展，进口替代面临着一系列严重的问题。因此，很多发展中国家在实践中认识到出口工业制成品的重要性，开始转向了出口替代战略。

(三) 出口替代战略

所谓出口替代战略是指采取各种放宽贸易限制和鼓励出口的措施，大力发展工业制成品和半制成品的出口以代替传统的初级产品，以增加外汇收入，带动工业体系的建立和国民经济的持续发展。出口替代战略的贸易保护措施比较宽松，并且与鼓励出口措施相结合。与进口替代相比，出口替代战略的开放度要大一些。出口替代战略一般也经历两个阶段：第一阶段以劳动密集型制成品替代初级产品出口；第二阶段转向机器设备、电子仪器等技术密集型工业制成品。

20世纪60年代中期前后，东南亚和东亚的一些国家和地区如新加坡、韩国、台湾，都开始实行出口替代战略。此后，巴西、墨西哥、菲律宾、马来西亚、泰国、印度、巴基斯坦、土耳其等，也先后不同程度地转向出口替代战略。

总之，从初级产品出口到进口替代，再到出口替代，具有由低级到高级的阶段性。由于每一种战略各有利弊，各发展中国家在历史背景、自然条件、经济发展水平、政治体制等方面的情况不同，因此所走的道路也不尽相同。一国一定时期内采取何种贸易战略，反映了其在这一时期对外贸易政策的总趋势。

第二节 关税措施

一、关税的含义与特点

关税(Customs Duties/Tariff)，是指一国政府从本国的经济利益出发，依据本国的海关法和海关税则，进出口货物经过一国关境时，由政府设置的海关向本国进出口商课征的一种税收。

关税是世界各国普遍征收的一个税种。早在欧洲古希腊和雅典时代关税就已经出现，我国在西周时开始设立"关卡"，对来自其他属地的产品征收内地关税。但统一国境关税是在第一次产业革命后，封建社会开始解体，资本主义生产方式建立以后产生的。这种关税制度一直延续至今。长期以来一直是各国最主要的国际贸易措施之一。

关税作为国家税收的一种，一方面具有和其他税赋相同的特点，即强制性、无偿性和固定性等；另一方面，关税又有其自身的特点。第一，关税是以进出境货物为征收范围；第二，关税是一种间接税。因为关税虽由进出口商交纳，但作为纳税人的进出口商可以将关税额作为成本的一部分，分摊在商品的销售价格上，当货物售出时收回这笔垫款，由此可见关税最终将转嫁给买方或消费者承担；第三，关税具有涉外性，是国家对外贸易政策的重要手段；第四，关税的征收范围是以关境为界，海关是关税征收的管理机关。海关是设立在关境上的对进出口金银、行李、邮件和运输工具等进行监督管理、征收关税、查禁走私、临时保管通关货物和编制进出口统计等的政府职能部门。海关执行其职能的领域叫关境。一般情况下，关境和国境是一致的，但也有不一致的情况，如有些国家在国境内设有自由贸易区、出口加工区或保税仓库，此时，关境小于国境；另一种情况是几个国家结成关税同盟，成员国内部取消关税，而对外实行统一的关税，这些成员国的关境就大于国境。

二、关税的作用

（1）征收关税可以增加本国财政收入，这种以增加本国财政收入为目的而征收的关税称为财政关税（Revenue Tariff）。

（2）保护作用。以保护本国的产业和国内市场为目的而征收的关税称为保护关税（Protective Tariff）。保护关税税率都很高，越高越能达到保护的目的，有时高到百分之几百，称为禁止关税（Prohibited Duty）。

（3）涉外作用。为了配合外交政策的需要，以示区别对待，这叫外交关税。

三、关税的种类

（一）进口税

进口税（Import Duty）是指进口商品进入一国关境时或者从自由港、出口加工区、保税仓库进入国内市场时，由该国海关根据海关税则对本国进口商所征收的一种关税。进口税又称正常关税（Normal Tariff）或进口正税，是关税中最主要的一种，是执行关税保护职能的主要工具。所谓关税壁垒（Tariff Barrier）是指对进口商品征收高额的关税，以此提高其成本，进而削弱其竞争力，起到限制进口的作用。一般来说，进口税税率可分为普通税率、特惠税率、普惠制税率和最惠国税率四种。

（二）出口税

出口税（Export Duty）是出口国家的海关在本国产品输往国外时对出口商所征收的关税。目前大多数国家对绝大部分出口商品都不征收出口税。因为征收出口税会抬高出口商品的成本和国外售价，削弱其在国外市场的竞争力，不利于扩大出口。

（三）过境税

过境税（Transit Duty）又称通过税或转口税，是一国海关对通过其关境再转运第三国的外国货物所征收的关税。其目的主要是增加国家财政收入。过境税在重商主义时期盛行于欧洲各国。随着资本主义的发展，交通运输事业的发达，各国在货运方面的竞争激烈，同时，过境货物对本国生产和市场没有影响，于是，到19世纪后半期，各国相继废除了过境税。二战后，《关税与贸易总协定》规定了"自由过境"的原则。目前，大多数国家对过境货物只征收少量的签证费、印花费、登记费、统计费等。

(四) 进口附加税

进口附加税(Import Surtax)是指进口国海关对进口的外国商品在征收进口正税之外，出于某种特定的目的而额外加征的关税。这类进口附加税主要有反倾销税、反补贴税等。

1. 反倾销税

反倾销税(Anti-dumping Duty)是对于实行商品倾销的进口商品所征收的一种进口附加税。其目的在于抵制商品倾销，保护本国产品的国内市场。

正常价格是指相同产品在出口国用于国内消费时在正常情况下的可比价格。如果没有这种国内价格，则是相同产品在正常贸易情况下向第三国出口的最高可比价格；或产品在原产国的生产成本加合理的推销费用和利润。不得因抵消倾销或出口补贴而同时对它既征收反倾销税又征收反补贴税。

2. 反补贴税

反补贴税(Countervailing Duty)是对于直接或间接地接受奖金或补贴的外国商品进口所征收的一种进口附加税，一般按照"补贴数额"征收。凡进口商品在生产、制造、加工、买卖、运输过程中直接或间接地接受奖金或补贴都构成征收反补贴税的条件。不管这种奖金或补贴来自政府或同业工会，税额一般按奖金或补贴数额征收，征收的目的在于通过进口商品的价格，抵消其所享受的补贴金额，削弱其竞争力，使它不能在国内市场上低价竞争和倾销。

《关税与贸易总协定》第6条有关反补贴税方面的规定主要有：① 反补贴税是为了抵消商品于制造、生产或输出时所直接或间接接受的任何奖金或补贴而征收的一种特别关税。但仅当补贴的后果会对国内某项已建的工业造成重大损失或产生重大威胁，或在严重阻碍国内某一工业的建立时，才能征收反补贴税。反补贴税的征收不得超过"补贴数额"。② 对产品在原产国或输出国所征的捐税，在出口时退还或因出口而免税，进口国对这种退税或免税不得征收反补贴税。

(五) 差价税

差价税(Variable Levy)又称差额税。当某种国内生产的产品国内价格高于同类进口商品的价格时，为了削弱进口商品的竞争能力，保护国内工业和国内市场，按国内价格与进口价格之间的差额征收的关税，就叫差价税。由于差价税是随着国内外价格差额的变动而变动的，因此它是一种滑动关税。

四、关税的征收

(一) 海关税则

各国征收关税的依据是海关税则(Customs Tariff)，又称关税税则，是一国对进出口商品计征关税的规章和对进出口应税与免税商品加以系统分类的一览表。海关税则是关税制度的重要内容，是国家关税政策的具体体现。海关税则一般包括两个部分：一部分是海关课征关税的规章条例及说明，另一部分是关税税率表。其中，关税税率表主要包括税则号列(Tariff No. 或 Heading No. 或 Tariff Item，简称税号)、商品分类目录(Description of Goods)及税率(Rate of Duty)三部分。

1. 海关税则的商品分类

国际通用的商品分类目录有《布鲁塞尔税则目录》(Brussels Tariff Nomenclature, BTN)、《国际贸易标准分类》(Standard International Trade Classification, SITC)和《协调商

品名称和编码制度》(The Harmonized Commodity Description and Coding System, HS)。

2. 海关税则的分类

海关税则按税率栏目的多少可分为单式税则(Single Tariff)和复式税则(Complex Tariff);海关税则按制定方式的不同,可分为自主税则(Autonomous Tariff)和协定税则(Conventional Tariff)。

(二) 关税的征收标准

关税的征收标准又称征收方法,一般来说,可分为从量税、从价税、混合税。

1. 从量税

从量税(Specific Duty)是以进口货物的重量、数量、长度、容量和面积等计量单位为标准计征的关税。其中,重量单位是最常用的从量税计量单位。例如,美国对薄荷脑的进口征收从量税,普通税率为每磅50美分,最惠国税率为每磅17美分。

采用从量税计征关税有以下特点:① 手续简便。不需审定货物的规格、品质、价格,便于计算,可以节省大量征收费用。② 税负并不合理。同一税目的货物,不管质量好坏、价格高低,均按同一税率征税,税负相同。因而对质劣价廉进口物品的抑制作用比较大,不利于低档商品的进口,对防止外国商品低价倾销或低报进口价格有积极作用;对于质优价高的商品,税负相对减轻,关税的保护与财政收入作用相对减弱。③ 不能随价格变动作出调整。当国内物价上涨时,税额不能随之变动,使税收相对减少,保护作用削弱;物价回落时,税负又相对增高,不仅影响财政收入,而且影响关税的调控作用。④ 难以普遍采用。征收对象一般是谷物、棉花等大宗产品和标准产品,对某些商品如艺术品及贵重物品(古玩、字画、雕刻、宝石等)不便使用。

2. 从价税

从价税(Ad Valorem Duty)是以货物价格作为征收标准的关税。从价税的税率表现为货物价格的百分值。例如,美国规定对羽毛制品的进口,普通税率为60%,最惠国税率为4.7%。又如,2006年中国的汽车关税率为25%,如果进口一辆价值2万美元的汽车,关税额为5000美元。

征收从价税有以下特点:① 税负合理。同类商品质高价高,税额也高;质次价低,税额也低。加工程度高的商品和奢侈品价高,税额较高,相应的保护作用较大。从价税额与商品的价格有直接的关系,它与商品价格的涨落成正比关系,它的保护作用也与商品的价格直接相关。② 物价上涨时,税款相应增加,财政收入和保护作用均不受影响。但在商品价格下跌或者别国蓄意对进口国进行低价倾销时,财政收入就会减少,保护作用也会明显减弱。③ 各种商品均可适用。与从量税相比其优越性在于能适应各种不同的商品,尤其是不同规格的工业制成品。如对一辆价格为1万美元和一辆为5000美元的汽车就能在征税时把质量和价格的差别反映出来。④ 从价税率按百分数表示,便于与别国进行比较。

完税价格(Dutiable Value)是经海关审定作为计征关税的货物价。

3. 混合税

混合税(Mixed Duty)是在税则的同一税目中订有从量税和从价税两种税率,征税时混合使用两种税率计征。混合税又可分为复合税和选择税两种。

复合税(Compound Duty)是指征税时同时使用从量、从价两种税率计征,以两种税额之和作为该种商品的关税税额。如美国对男士开司米羊绒衫(每磅价格在18美元以上者)征收混合税,从量税为每磅37.5美分,从价税为15.5%。

选择税(Alternative Duty)是指对某种商品同时订有从量和从价两种税率,征税时由海关选择其中一种征税,作为该种商品的应征关税额。一般是选择税额较高的一种税率征收。

(三)关税的征收程序

关税的征收程序即通关手续,或称报关手续,是指进出口商品向海关申报进口或出口,接受海关的监督与检查,履行海关所规定的手续。通关手续通常包括申报、查验和征税放行三个基本环节。现以进口为例说明其具体程序。

1. 申报

当货物运抵进口国港口、车站或机场时,进口商应向海关提交有关单证和填写海关所发的表格。申报时需提交的单证主要有进口报关单、提单、商业发票或海关发票、原产地证书、进口许可证或进口配额证书、品质证书和卫生检验证书等。

2. 查验

进口商提交了有关单证和填写了海关的表格后,海关按照有关法律规定,审核有关单证是否真实完整,是否符合法律规定,然后查验货物是否与单证相符。查验货物一般在码头、车站或机场的仓库等场所进行。

3. 征税放行

海关审核单证、查验货物后,照章办理收缴税款和其他费用,海关在有关单证上签章,以示放行,进口货物即此通关。一般情况下,货物到达后,进口商应在规定的时间内办理通关手续。对于易腐商品,如鲜鱼、水果等,可以在货到之前办理提货手续,将货从海关立刻提出,日后再结算进口税。如果进口商想延期提货,则可以在办理有关报关手续后将货存进保税仓库。如该货物再转出口,不需支付进口税;如运往国内市场销售,则应交纳进口税。进口税款既可用本国货币交纳,也可用外币交纳。

第三节 非关税措施

一、非关税措施的含义及特点

(一)非关税措施的含义

非关税措施(Non-Tariff Barriers,NTBs)是指一国或地区在限制进口方面采取的除关税以外的所有措施。它是相对于关税措施而言的。这种措施可以通过国家法律、法令以及各种行政措施的形式来实现,它和关税壁垒一起充当政府干预贸易的政策工具。

非关税措施在资本主义发展初期就已出现,但到了20世纪30年代资本主义世界性经济危机爆发时,它才被作为贸易壁垒的重要组成部分盛行于世。关税是进口保护的最基本手段,但二战以后,尤其是20世纪60年代后期以来,在关贸总协定的推动下,关税总体水平大幅度下降,因而关税的保护作用越来越弱,这使得非关税壁垒的运用越来越重要和广泛。到20世纪70年代中期,非关税壁垒已成为贸易保护的主要手段。

非关税壁垒越来越趋向采用处于总协定法律原则和规定的边缘或之外的歧视性贸易措施(如自动出口限制等),从而成为"灰色区域措施(Gray Area Measurements)",以绕开关贸总协定的直接约束。目前,越来越多的西方发达国家使用灰色区域措施,这在一定程度上构成了对国际贸易体系的威胁。

在WTO成员之间,一成员对其他成员实施的完全符合世贸组织规则的非关税措施一般不视为"非关税壁垒",这类措施通过世贸组织的谈判进行削减。

（二）非关税措施的特点

非关税壁垒与关税壁垒都有限制进口的作用。但是,与关税壁垒进行比较,非关税壁垒具有以下特点:

1. 灵活性和针对性强

一般来说,各国关税税率的制定必须通过立法程序,并要求具有一定的延续性。如要调整税率,需要通过繁琐的法律程序和手续,在遇到紧急情况时往往难以适应。同时关税的调整还要受到世界贸易组织或其他贸易条约或协定的约束,因此关税壁垒的灵活性很弱。而非关税壁垒的制定和实施往往采用行政程序,制定和修改都比较迅速、简单,能随时针对某个国家或某种商品采取或更换相应的限制进口措施,因此具有较大的灵活性和时效性。

2. 有效性强

关税壁垒是通过征收高额关税,提高进口商品的成本和价格,削弱其竞争能力,间接地达到限制进口的目的。当面临出口国生产成本降低或进行商品倾销、出口补贴等情况时,关税就会显得作用乏力。而有些非关税措施如进口配额,事先规定进口的数量或金额,超过量绝对不准进口,因而其限制作用是绝对的,比关税更加直接和有效。

3. 隐蔽性强

一般来说,关税税率确定后,往往以法律形式公布于众,依法执行。而非关税壁垒措施往往不公开,或者规定极为繁琐复杂的标准,使出口商难以适应,因而具有极大的隐蔽性。

4. 歧视性强

每个国家只能有一部海关税则,对所有国家的进口商品一样适用。而非关税壁垒可以针对某个国家或某种商品制定相应的措施,因而具有差别性和歧视性。1989年欧共体宣布禁止进口含有荷尔蒙的牛肉这一做法,就是针对美国作出的,美国为此采取了相应的报复措施。英国生产的糖果在法国市场上曾经长期有很好的销路,后来法国在食品卫生法中规定禁止进口含有红霉素的糖果,而英国糖果正是普遍使用红霉素染色的,这一来,英国糖果大大失去了其在法国的市场。

二、非关税壁垒的主要种类

（一）进口配额制

进口配额制(Import Quotas System)又称进口限额制,是一国政府在一定时期(通常为一年)之内,对某些商品的进口数量或金额加以直接的限制。在规定的期限内,配额以内的货物可以进口,超过配额不准进口,或者征收更高的关税或罚款后才能进口。它是实行进口数量限制的重要手段之一。进口配额制主要有以下两种:

1. 绝对配额

绝对配额(Absolute Quotas)是在一定时期内,对某些商品的进口数量或金额规定一个最高额数,达到这个额数后,便不准进口。这种进口配额在实施中,又有以下两种方式:

(1) 全球配额(Global Quotas; Unallocated Quotas),属于世界范围的绝对配额,对于来自任何国家或地区的商品一律适用。

(2) 国别配额(Country Quotas),是在总配额内按国别或地区分配给固定的配额,超过规定的配额便不准进口。

进口国有时为了加强垄断资本在对外贸易中的垄断地位和进一步控制某些商品的进口,将某些商品的进口配额在少数进口厂商之间进行分配,称进口商配额(Importer Quota),如日本食用肉的进口配额就是在29家大商社间分配的。

2. 关税配额

关税配额(Tariff Quotas)是对商品进口的绝对数额不加限制,而对在一定时期内,在规定配额以内的进口商品,给予低税、减税或免税待遇;对超过配额的进口商品则征收较高的关税,或征收附加税或罚款。

按征收关税(优惠性质)的目的,可分为优惠性关税配额和非优惠性关税配额。

关税配额与绝对配额的不同之处在于,绝对配额规定一个最高进口额度,超过就不准进口,而关税配额在商品进口超过规定的最高额度后,仍允许进口,只是超过部分被课以较高关税。可见,关税配额是一种将征收关税同进口配额结合在一起的限制进口的措施。两者的共同点是都以配额的形式出现,可以通过提供、扩大或缩小配额向贸易伙伴施加压力,使之成为贸易歧视的一种手段。

(二)"自愿"出口配额制

"自愿"出口配额制("Voluntary" Export Quotas)又称"自动"出口限制("Voluntary" Restriction of Export),也是一种限制进口的手段。所谓"自动"出口配额制是出口国家或地区在进口国的要求或压力下,"自动"规定某一时期内(一般为3~5年)某些商品对该国的出口限制,在限定的配额内自行控制出口,超过配额即禁止出口。

"自愿"出口配额制和进口配额制虽然从实质上来说都是通过数量限制来限制进口,但仍有许多不同之处:从配额的控制方面看,进口配额制由进口国直接控制进口配额来限制商品的进口,而"自愿"出口配额制则由出口国直接控制配额,限制一些商品对指定进口国家出口,因此是一种由出口国家实施的为保护进口国生产者而设计的贸易政策措施。从配额表现形式看,"自愿"出口配额制表面上好像是出口国自愿采取措施控制出口,而实际上是在进口国的强大压力下才采取的措施,并非真正出于出口国的自愿,"自动"出口配额制带有明显的强制性。

(三)进口许可证制

进口许可证制(Import Licence System)是指进口国家规定某些商品必须事先领取许可证才可进口,否则一律不准进口的制度。它实际上是进口国管理其进口贸易和控制进口的一种重要措施。

从进口许可证与进口配额的关系上看,进口许可证可以分为定额的进口许可证和无定额的进口许可证。从进口商品的许可程度上看,进口许可证一般又可分为公开一般许可证(Open General License, OGL)和特种商品进口许可证(Specific License, SL)。

为了区分这两种许可证所进口的商品,有关当局通常定期分别公布有关的商品项目并根据需要随时进行调整。

(四)进口最低限价制

有些国家采用所谓最低限价的办法来限制进口。最低限价(Minimum Price)就是一国政府规定某种进口商品的最低价格,凡进口货价低于规定的最低价格则征收进口附加税或禁止进口以达到限制低价商品进口的目的。

(五)进口押金制

进口押金制(Advanced Deposit)又称进口存款制。在这种制度下,进口商在进口商品时，必须预先按进口金额的一定比率和规定的时间，在指定的银行无息存入一笔现金，才能进口。这样就增加了进口商的资金负担，影响了资金的周转，从而起到了限制进口的作用。例如，第二次世界大战后意大利政府曾规定某些进口商品无论从任何国家进口，必须先向中央银行交纳相当于进口货值一半的现款押金，无息冻结6个月。

（六）外汇管制

外汇管制(Foreign Exchange Control)是指一国政府通过法令对国际结算和外汇买卖实行限制来平衡国际收支和维持本国货币的汇价稳定的一种制度。利用外汇管制来限制进口的方式有四种：

1. 数量性外汇管制

即国家外汇管理机构对外汇买卖的数量直接进行限制和分配，旨在集中外汇收入，控制外汇支出，实行外汇分配，以达到限制进口商品品种、数量和国别的目的。一些国家实行数量性外汇管制时，往往规定进口商必须获得进口许可证后，方可得到所需的外汇。

2. 成本性外汇管制

即国家外汇管理机构对外汇买卖实行复汇率制度(System of Multiple Exchange Rates)，利用外汇买卖成本的差异，间接影响不同商品的进出口。所谓复汇率制也称多重汇率，是指一国货币的对外汇率不只有一个，而是有两个以上的汇率，分别适用于不同的进出口商品。其作用是，根据出口商品在国际市场上的竞争力，为不同商品规定不同的汇率以加强出口；根据保护本国市场的需要，为进口商品规定不同的汇率以限制进口或鼓励某些商品进口或出口。

3. 混合性外汇管制

即同时采用数量性和成本性的外汇管制，对外汇实行更为严格的控制，以影响控制商品进出口。

4. 利润汇出限制

即国家对外国公司在本国经营获得的利润汇出加以管制。例如，德国对美国石油公司在德国赚钱后汇给其母公司的利润按累进税制征税，高达60%。又比如有的国家通过拖延批准利润汇出时间表来限制利润汇出。

（七）各种国内税

国内税(Internal Taxes)是指在一国的国境内，对生产、销售、使用或消费的商品所应支付的捐税，如周转税、零售税、消费税、销售税、营业税等。一些国家往往采取国内税制度直接或间接地限制某些商品进口。这是一种比关税更灵活、更易于伪装的贸易政策手段。

（八）海关程序

海关程序(Customs Procedures)一般包括申报、征税、查验及放行四个环节。海关程序本来是正常的进口货物通关程序，但通过滥用却可以起到歧视和限制进口的作用，从而成为一种有效的、隐蔽的非关税壁垒措施，这可以体现在几个方面：

1. 海关对申报表格和单证作出严格要求

比如要求进口商出示商业发票、原产地证书、货运提单、保险单、进出口许可证、托运人报关清单等，缺少任何一种单证，或者任何一种单证不规范，都会使进口货物不能顺利通关。

2. 通过商品归类提高税率

即海关武断地把进口商品分类在税率高的税则项下，以增加进口商品关税负担，从而限制进口。

3. 通过海关估价制度限制进口

海关估价制度(Customs Valuation System)原本是海关为了征收关税而确定进口商品价格的制度,但在实践中它经常被用作一种限制进口的非关税壁垒措施。

4. 从进口商品查验上限制进口

海关查验货物主要有两个目的:一是看单据是否相符,即报关单是否与合同批文、进口许可证、发票、装箱单等单证相符;二是看单货是否相符,即报关所报内容是否与实际进口货物相符。为了限制进口,查验的过程可以变得十分复杂。一些进口国家甚至改变进口关道,即让进口商品在海关人员少、仓库狭小、商品检验能力差的海关进口,拖长商品过关时间。

(九) 进口和出口国家垄断

进口和出口国家垄断(State Monopoly),也称国营贸易(State Trade),是指在对外贸易中,对某些或全部商品的进、出口规定由国家机构直接经营,或者是把某些商品的进口或出口的专营权给予某些垄断组织。经营这些受国家专控类垄断的商品的企业,称为国营贸易企业(State Trading Enterprises)。国营贸易企业一般为政府所有,但也有政府委托私人企业代办。

各国国家垄断的进出口商品主要有烟酒、农产品、武器和石油四大类。

(十) 歧视性政府采购政策

歧视性政府采购政策(Discriminatory Government Procurement Policy)是指国家制定法令,规定政府机构在采购时要优先购买本国产品的做法。有的国家虽未明文规定,但优先采购本国产品已成惯例。这种政策实际上是歧视外国产品,起到了限制进口的作用。

美国从1933年开始实行,并于1954年和1962年两次修改的《购买美国货法案》(Buy American Act)就是一例。

(十一) 技术性贸易壁垒

技术性贸易壁垒(Technical Barriers to Trade,TBT)是指进口国在实施贸易进口管制时,以维护国家安全、维护生产、消费以及人民健康为理由,保障人类和动植物的生命和健康、保护生态环境或防止欺诈行为、保证产品质量等为由,通过颁布法律、法令、条例、规定等方式,对进口产品制定过分苛刻的技术标准、卫生检疫标准、环境标准、商品包装和标签包装,从而提高商品的技术要求,以限制进口的一种非关税措施。技术性贸易壁垒包括:

1. 技术标准

技术标准(Technical Standard)是指经公认机构批准的、非强制执行的、供通用或重复使用的产品或相关工艺和生产方法的规则、指南或特性的文件。有关专门术语、符号、包装、标志或标签要求也是标准的组成部分。欧盟规定,进口商品必须符合ISO 9000国际质量标准体系。美国的技术标准和法规更是多得不胜枚举,而且大多数技术标准要求非常苛刻,让发展中国家望尘莫及。

2. 卫生检疫规定

一些国家更加广泛地利用卫生检疫规定(Health and Sanitary Regulation)限制商品的进口,要求卫生检疫的商品越来越多,卫生检疫规定越来越严。主要适用于农副产品、食品、药品及化妆品等。例如,花生:日本、加拿大、英国等要求花生黄曲霉素含量不超过百万分之二十,花生酱不超过百万分之十,超过者不准进口。茶叶:日本规定茶叶农药残留量不得超过百万分之零点二至零点五。美国规定其他国家或地区输往美国的食品、饮料、药品及化妆品,必须符合美国的《联邦食品、药品及化妆品法》(Federal Food, Drug and Cosmetic Act)。

3. 商品包装和标签的规定

一些国家对于在国内市场上销售的商品,规定了种种包装和标签条例(Packaging and Labelling Regulation)。这些规定内容复杂,手续麻烦且经常变换,进口商必须符合这些规定,否则不准进口或禁止在其市场上销售。

(十二) 绿色壁垒

绿色壁垒(Green Barriers)也称环境壁垒,是一种新兴的非关税壁垒措施,是指一国以保护有限资源、生态环境和人类健康为名,通过制定苛刻的环境保护标准,来限制国外产品的进口。绿色壁垒的内容较为广泛,主要包括以下相关内容:

1. 绿色技术标准

绿色技术壁垒是指那些为了保护环境而直接或间接采取的限制甚至禁止贸易的措施。国际标准化组织(ISO)专门技术委员会正式公布了 ISO 14000 系列标准,对企业的清洁生产、产品生命周期评价、环境标志产品、企业环境管理体系加以审核,要求企业建立环境管理体系,这是一种自愿性标准。目前,ISO 14000 已成为企业进入国际市场的绿色技术壁垒。主要发达国家还先后在空气、噪声、电磁波、废弃物等污染防治、化学品和农药管理、电力资源和动植物保护等方面制定了多项法律法规和许多产品的环境标准。

2. 绿色环境标志制度

由政府管理部门或民间团体按严格的程序和环境标准颁发"绿色通行证",并要求付印于产品包装上,以向消费者表明,该产品从研制开发到生产使用,直至回收利用的整个过程均符合生态环境要求。例如,德国的"蓝色天使"、加拿大的"环境选择"、日本的"生态标志"、欧盟的"欧洲环保标志"等,要将产品出口到这些国家,必须经审查合格并拿到"绿色通行证"。

3. 绿色包装制度

绿色包装指能节约资源,减少废弃物,用后易于回收再用或再生,易于自然分解,不污染环境的包装。虽然这些"绿色包装"法规有利于环境保护,但却为发达国家制造"绿色壁垒"提供了可能。

4. 绿色卫生检疫制度

国家有关部门对产品是否含有毒素、污染物及添加剂等进行全面的卫生检查,防止超标产品进入国内市场。发达国家对食品的安全卫生指标十分敏感,尤其是农药残留、放射性残留、重金属含量的要求日趋严格。

(十三) 社会壁垒

社会壁垒是指以劳动者劳动环境和生存权利为借口采取的贸易保护措施。它由社会条款演变而来。社会条款并不是一个单独的法律文件,而是对国际公约中有关社会保障、劳动者待遇、劳工权利、劳动标准等方面规定的总称,它与公民权利和政治权利相辅相成。企业的社会责任,包括遵守商业道德、保护劳工权利、保护环境等。这已不是空洞的口号,如劳工标准和环保标准已成为很多跨国公司选择供货商时要考虑的重要条件。

第四节　鼓励出口和出口管制措施

一、鼓励出口的措施

鼓励出口的措施是指出口国政府通过经济、行政和组织等方面的措施，促进本国商品的出口，开拓和扩大国外市场。目前绝大多数国家对本国的大部分产品采取鼓励出口的政策。

(一) 出口信贷

出口信贷(Export Credit)是一个国家的银行为了鼓励商品出口，加强商品的竞争能力，对本国出口厂商或外国进口厂商提供的贷款。这是一国的出口厂商利用本国银行的贷款扩大商品出口，特别是金额较大、期限较长，如成套设备、船舶等出口的一种重要手段。出口信贷利率一般低于相同条件资金贷放的市场利率，利差由国家补贴，并与国家信贷担保相结合。出口信贷是在WTO框架下合理使用的一种鼓励出口的手段，因而为各国普遍采用。

出口信贷按借贷关系可以分为卖方信贷和买方信贷两种。

1. 卖方信贷

卖方信贷(Supplier's Credit)是指出口方银行向出口商(即卖方)提供的贷款。其贷款合同由出口商与银行签订。卖方信贷通常用于那些金额大、期限长的项目。因为这类商品的购进需用很多资金，进口商一般要求延期付款，而出口商为了加速资金周转，往往需要取得银行的贷款。卖方信贷正是银行直接资助出口商向外国进口商提供延期付款，以促进商品出口的一种方式。但由于卖方信贷风险较大，手续也较繁琐，因此较少使用。

2. 买方信贷

买方信贷(Buyer's Credit)是指出口方银行直接向进口商(即买方)或进口方银行提供的贷款，其附加条件就是贷款必须用于购买债权国的商品，这就是所谓约束性贷款(Tied Loan)。买方信贷由于具有较强约束性可以较好地起到扩大出口的作用。

在出口信贷中，利用买方信贷较卖方信贷为多。发达国家一般都设立专门银行来办理此项业务，如美国进出口银行、日本输出入银行、法国对外贸易银行、加拿大出口开发公司等。这些专门银行除对成套设备、大型交通工具的出口提供出口信贷外，还向本国私人商业银行提供低利率贷款或给予贷款补贴，以资助这些商业银行的出口信贷业务。我国于1994年7月1日正式成立了中国进出口银行，作为一家政策性银行，其任务主要是对国内机电产品及成套设备等资本品货物的进出口给予必要的政策性金融支持。

(二) 出口信贷国家担保制

出口信贷国家担保制(Export Credit Guarantee System)就是国家为了扩大出口，对于本国出口商或商业银行向国外进口商银行提供的信贷，由国家设立的专门机构出面担保。当外国债务人由于政治原因(如进口国发生政变、革命、暴乱、战争以及政府实行禁运、冻结资金或限制对外支付等)，或由于经济原因(如进口商或借款银行因破产倒闭无力偿付、货币贬值、通货膨胀等)而拒绝付款时，这个国家机构即按照承保的数额给予补偿。

出口信贷国家担保制的担保对象主要有两种：

(1) 对出口厂商的担保。出口厂商输出商品时所需的短期或中长期信贷均可向国家担保机构申请担保。有些国家的担保机构本身不向出口厂商提供出口信贷，但可为出口厂商取得出口信贷提供有利条件。

(2) 对银行的直接担保。通常银行所提供的出口信贷均可申请担保。这种担保是担保机构直接对供款银行承担的一种责任。有些国家为了鼓励出口信贷业务的开展和提供贷款安全保障,往往给予银行更为优厚的待遇。

担保的项目包括政治风险和经济风险两大类。政治风险的承包金额一般为合同金额的85%～95%,经济风险的承保金额一般为合同金额的70%～80%。担保的期限一般与贷款的期限一致。

(三) 出口补贴

出口补贴(Export Subsidy)又称出口津贴,是一国政府为了降低出口商品的价格,增强其在国外市场的竞争力,在出口某商品时给予出口商的现金补贴或财政上的优惠待遇。

出口补贴有两种形式:一是直接补贴(Direct Subsidy),即由国家对出口厂商给予现金补贴。补贴的金额大小视出口商的实际成本与出口后获得的实际收入的差距而定。二是间接补贴(Indirect Subsidy),即政府对出口商品给予种种财政上的优惠。这是由于对工业品的直接出口补贴受到有关国际条例的限制,一些国家不得不纷纷寻求变相的补贴形式。

世界贸易组织《补贴与反补贴协议》将补贴分成三类:禁止使用的补贴(Prohibited Subsidy)、可诉的补贴(Actionable Subsidy)和不可诉的补贴(Non-actionable Subsidy)。

(四) 商品倾销

商品倾销(Dumping)是指以低于国内市场的价格甚至低于生产成本的价格,在国外市场抛售商品,打击竞争者以占领市场。按照倾销的具体目的和时间的不同,商品倾销可分为三种:

(1) 偶然性倾销(Sporadic Dumping)。这种倾销通常是因为销售旺季已过,或因公司改营其他业务,在国内市场上不能售出"剩余货物",而以较低的价格在国外市场上抛售。这种倾销对进口国的同类生产当然会造成不利的影响,但由于时间短暂,进口国家通常较少采用反倾销措施。

(2) 间歇性或掠夺性倾销(Intermittent or Predatory Dumping)。这种倾销是以低于国内价格甚至低于生产成本的价格在国外市场销售商品,挤垮竞争对手后再以垄断力量提高价格,以获取高额利润。这种倾销的目的是占领、垄断和掠夺国外市场,获取高额利润。这种倾销严重地损害了进口国家的利益,因而许多国家都采取反倾销税等措施进行抑制。

(3) 持续性倾销(Persistent Dumping),又称长期性倾销(Long-run Dumping)。这种倾销是无限期地、持续地以低于国内市场的价格在国外市场销售商品。

(五) 外汇倾销

外汇倾销(Foreign Exchange Dumping)是指一国降低本国货币对外国货币的汇价,使本国货币对外贬值,从而达到提高出口商品价格竞争力和扩大出口的目的。一个国家的货币贬值后,进口商品的价格就上涨,从而又起到限制进口的作用。外汇倾销是向外倾销商品和争夺国外市场的一种特殊手段。

外汇倾销必须具备一定的条件才能起到扩大出口和限制进口的作用:① 本国货币对外贬值的幅度大于国内物价上涨的程度;② 其他国家不同时实行同等程度的货币贬值和采取其他报复性措施的情况下方能奏效;③ 不宜在国内通货膨胀严重的背景下贸然采用。一国货币的对内价值与对外价值是互为联系、彼此影响的。一国货币汇价下跌(即对外价值下跌)迟早会推动其对内价值的下降,从而加剧严重的通货膨胀。

（六）促进出口的行政组织措施

二战后，多数国家为了促进出口贸易的扩大，在制定一系列的鼓励出口政策的同时，还不断加强出口行政组织措施。这些措施主要有：

（1）成立专门组织，研究与制定出口战略。例如，美国1960年成立了"扩大出口全国委员会"，其任务是向美国总统和商务部长提供有关改进和鼓励出口的各项措施的建议和资料；1978年成立了"出口委员会"（Export Council）和"跨部门的出口扩张委员会"（Inter-Agency Committee on Export Expansion），附属于总统国际政策委员会。日本、欧盟国家也有类似的组织。

（2）建立商业情报网，加强国外市场情报工作，及时向出口商提供商业信息和资料。

（3）设立贸易中心，组织贸易博览会，以推销本国商品。贸易中心是永久性设施，可提供商品陈列展览场所、办公地点和咨询服务等，而贸易博览会是流动性的展出，许多国家都十分重视这项工作。

（4）组织贸易代表团出访和接待来访，以加强国际间经贸联系。许多国家为了推动和发展对外贸易，组织贸易代表团出访，其费用大部分由政府支付。此外，许多国家还设立专门机构接待来访团体。

（5）组织出口厂商的评奖活动。美国设立了总统"优良"勋章和"优良"星字勋章，得奖厂商可以把奖章样式印在它们公司的文件、包装和广告上。日本政府把每年6月28日定为贸易纪念日，在每年贸易纪念日，由通商产业大臣向出口贸易成绩卓著的厂商和出口商社颁发奖状。

二、出口管制措施

出口管制（Export Control），是指国家通过法令和行政措施，对本国出口贸易实行管理和控制。一些国家出于某些政治、军事和经济目的，对某些商品，特别是战略物资与先进技术资料，实行限制出口或禁止出口，于是就要实行出口管制。

（一）出口管制的对象

实行出口管制的商品一般主要有以下几类：

（1）战略物资及其有关的尖端技术和先进技术资料。
（2）国内的紧缺物资。
（3）历史文物和艺术珍品。
（4）需要"自动"限制出口的商品。
（5）本国在国际市场上占主导地位的重要商品和出口额大的商品。
（6）跨国公司的某些产品。
（7）受国际组织表决决议的要求，对某些国家实施经济制裁而限制出口的商品。

（二）出口管制的形式

1. 单方面出口管制

单方面出口管制是一国根据本国的出口管制法案，设立专门的执行机构对本国某些商品出口进行审批或颁发出口许可证，实行出口管制。例如美国政府根据国会通过的有关出口管制法案在美国商务部设立了贸易管制局，专门办理出口管制的具体事务。绝大部分受出口管制的美国商品都可在该局办理出口许可证。

2. 多边出口管制

即几个国家政府,出于共同的政治和经济目的,通过一定的方式建立国际性的多边出口管制机构,商讨和编制多边出口管制货单和出口管制国别,规定出口管制的办法等,以协调彼此的出口管制政策和措施。然后由各参加国依据上述精神,自行办理出口商品的具体管制和出口申报手续。较为著名的国际性的多边管制机构有三个:一是巴黎统筹委员会;二是瓦森纳协定;三是"导弹及其技术控制制度"(Missile Technology Control Regime, MTCR)。

(三)出口管制的手段

1. 出口许可证

一般而言,发达国家发放出口许可证一般先由其有关机构根据出口管制的有关法案制定出口管制货单(Commodity Control List)和输往国别分组管制表(Export Control Country Group)而列入出口管制的商品,必须办理出口申报手续,获取出口许可证后方可出口。

2. 出口关税

出口关税是针对某些特殊商品出口征收的税赋。出口关税限制产品出口,但同时会对本国的生产、消费和社会福利带来影响,其影响也会因各国在世界市场上地位的不同而不同。

3. 出口配额

实行出口配额是政府限制出口的又一种政策,即控制出口商品的数量。

4. 禁止出口与贸易禁运

禁止出口一般是一国对其战略物资或急需的国内短缺物资进行严格控制的主要手段。贸易禁运(Trade Embargo)则是一些国家为了制裁其敌对国家而实行的贸易控制措施。前者往往针对所有或多数贸易伙伴,禁止只涉及本国出口,并不限制进口。而贸易禁运往往只针对某个或某些目标国家,所禁止的不仅是出口,同时还禁止从这些国家进口。

本 章 小 结

◆**内容提要**

本章主要介绍国际贸易政策的含义、构成、历史演变进程以及制定国际贸易政策的主要依据;详细梳理了关税措施、非关税措施以及鼓励出口和出口管制措施的主要内容和具体形式。

◆**关键词**

自由贸易政策 保护贸易政策 出口导向战略 进口替代战略 出口替代战略 反倾销税 反补贴税 差价税 海关税则 绝对配额 关税配额 自愿出口配额制 进口许可证制 进口押金制 外汇管制 海关估价制度 技术性贸易壁垒 绿色贸易壁垒 社会壁垒 出口信贷 出口信贷国家担保制 出口补贴 商品倾销 外汇倾销 出口管制

◆**思考题**

1. 关税的征收有几种方法?
2. 非关税壁垒同关税壁垒相比有什么特点?
3. 什么是"自动"出口配额制?进口配额与"自动"出口配额的主要区别是什么?
4. 什么是绿色壁垒?其主要内容是什么?
5. 鼓励出口措施有哪些?

 思考案例

对中国出口美国的光伏产品的反补贴裁决

2012年3月20日,美国商务部对晶体硅光伏电池组件作出初裁。同一天,美国商务部作出裁决,认定中国输美化学增白剂、镀锌钢丝、钢质车轮存在倾销和补贴行为。这样,仅仅在24小时之内,美国就针对中国产品作出4次反倾销或反补贴裁决,中美贸易摩擦进一步加剧。上述4项裁决中,对中国光伏企业初步调查结果尤为值得关注,美国商务部认定中国政府存在非法出口补贴行为,补贴幅度为2.9%至4.73%。其中天合光能被认定的补贴幅度最高,为4.73%;尚德电力最低,为2.9%;其他中国企业为3.61%。上述企业被征收同等幅度的反补贴税。

分析该事件对中美两国的影响。

第三章 国际贸易惯例概述

了解国际贸易法律的适用、国际贸易惯例的定义、作用及其具体表现形式,熟悉一些常见的国际贸易惯例,重点掌握关于国际贸易术语的国际贸易惯例。

国际贸易惯例与合同条款的法律效力问题

某年6月,马来西亚A公司与中国B公司签订了一份购销中国东北大豆的合同。合同规定:A公司向B公司购买中国东北大豆5万公吨,价格条件是FOB大连,目的港为尼日利亚某港口城市;合同规定,买方保证该合同项下的中国大豆运往坦桑尼亚销售,不转销其他地区。合同签订后不久,B公司获悉A公司将中国大豆运往香港一家公司,再转销巴基斯坦。B公司立即去电要求A公司提供将大豆运往尼日利亚的保函,或将价格条件改为CIF或CFR。A公司矢口否认有转销的事实,并指出,按照国际贸易惯例,FOB合同意味着目的地不受限制,继而拒绝开具保函或修改价格条件。后B公司提出解除双方贸易合同,但遭A公司拒绝,因而产生纠纷。

本案的关键问题是国际贸易惯例与具体合同条款的效力问题。

本案是以FOB价格条件成交的合同。按照《国际贸易术语解释通则2010》,FOB合同下,对目的港并没有严格的要求。在本案例中,好像卖方不应该对买方将合同下的货物转销巴基斯坦一事表示异议。但事实上,该合同中双方已经对货物销售的地区做出了明确规定,因此问题的关键的是国际贸易术语与具体的合同条款,哪个更具有强制性。

国际贸易惯例不是国家制定的法律,也不是国际条约,不属于强制性的规范。国际贸易惯例的适用是以当事人的意思自治为基础的,通常只有当事人在合同中明确表示使用某一惯例时,该惯例才对当事人具有约束力。而且,当事人在使用某一惯例时,还可以对它作某些修改、补充,在合同中作出与某项惯例不符的规定。只要合同有效成立,双方均要遵照合同的规定履行,一旦发生争议,法院和仲裁机构也要维护合同的有效性。本案中,A公司从FOB贸易术语推导出货物的目的港不受限制,并以国际贸易惯例来推翻双方所签订的合同条款,显然是错误的。本案中,该买方保证该合同项下大豆运往坦桑尼亚销售,不转售其他地区,是合同中的具体条款,也是买方的义务。合同依法成立以后,该条款即发生法律效力,作为买方的A公司必须履行此项义务,否则即构成违约。因此,买方以FOB为理由,规避法律义务的做法是错误的。

最终,B 公司在与对方协商不能解决的情况下,依据合同规定向中国对外经济贸易仲裁委员会申请仲裁。中国对外经济贸易仲裁委员会经过调查取证,证实 A 公司欲将合同下的货物转销巴基斯坦。经中国对外经济贸易仲裁委员会从中调解,B 公司与 A 公司达成协议,A 公司出具将大豆运往尼日利亚的保函,使双方纠纷得以圆满解决。

第一节 国际贸易惯例的含义及作用

一、国际贸易惯例的含义

国际贸易惯例是指在长期的国际贸易实践中形成的一些规范化、成文化并具有指导意义的确定性行为规范以及一些习惯做法。它们来源于国际贸易实践,又反过来影响和指导国际贸易实践。作为历史发展的产物,国际贸易惯例的内容并非一成不变,随着国际贸易环境以及操作模式的更新与发展,国际贸易惯例也随之不断修改与完善。

这里需要指出的是,构成国际贸易惯例必须具备两个要件:第一,该规则具有具体确定的内容,即包含了规范国际商事活动当事人的权利和义务的规则;第二,它是各国长期商事活动中反复使用并已经被普遍承认具有约束力的惯例。

二、国际贸易惯例的作用

(一)消除各国之间法律分歧,促进贸易合同的达成

国际贸易的交易双方分属于不同的国家或地区,不同国家或地区的法律、法规和和习惯做法也各有不同。虽然各国在不断努力缩小国别之间法律体系的差别,但要达到统一的目标仍任重道远。采用何种法律与惯例来指导和规范国际贸易中交易双方的行为,是国际贸易中的一个核心问题。

面对不同的法律法规,合同当事人都愿意选择本国的法律法规来对双方之间的合同进行规制,而不愿使合同受对方或他国法律管辖,最终往往会阻碍合同的订立。如果双方当事人都统一放弃适用本国法律而采用某项国际贸易惯例,既可使分歧消除,也可以使合同不受其他国家法律制约,从而起到促进贸易合同达成,交易顺利开展的作用。

(二)作为合同条款的有益补充,国际贸易惯例可以成为裁决或判决的依据

通常情况下,在拟定贸易合同时,买卖双方都会尽可能地把所有的贸易条款都在合同中加以约定,但因种种原因,不是每一份合同都能做到面面俱到。如果贸易双方在合同中对某一问题没有作出明确具体的约定,如交货时间、开立信用证的时间等,同时又未订明合同采用的惯例,在履行合同的过程中,又恰巧在这些方面出现了争议或纠纷,同时也无法从合同所适用的法律中找到依据时,则有关仲裁机构或法院往往会引用具有一定影响性的国际贸易惯例,作为裁决或判决的依据,解决贸易当事人之间的争议或纠纷。

(三)弥补了国际贸易法律的不足,是国际贸易法律的重要渊源之一

国际贸易法的渊源主要有国际条约、国际贸易惯例和各国国内有关贸易方面的法律规定。其中国际条约具有约束力强、制订过程有明确的程序、形成时间短等优点,但由于"条约必须信守"的原则,各国在批准条约时,总会估计到国家政治、经济方面的主权,并因此选择不愿成为条约的缔约国,因此,条约的覆盖面和适用范围有限。

国际贸易惯例则不存在这些问题,它适用灵活,不会损害国家政治、经济利益,因而在国际贸易领域大受欢迎,起着十分重要的作用。当前各国都在积极谋求国际贸易法律统一化的过程中,有关货物买卖的国际贸易惯例的作用更为显著。尤其是随着国际商会对《国际贸易术语解释通则》的不断修订,有效地促进了国际贸易惯例的发展。国际贸易惯例日益受到各国政府、法律界和贸易界的重视,在国际立法和许多国家的立法中,都明文规定了国际贸易惯例的效力。

综上所述,足见国际贸易惯例具有重要的地位,它既是国际贸易法的重要渊源,也弥补了国际贸易法的不足,它同国际贸易法起着相辅相成的作用。因此,在国际商务活动中,人们不仅要了解法律,严格依法行事,而且也要了解惯例,严格按国际贸易惯例办事。只有这样,才能有效地开展国际商务活动和维护正常的国际经济贸易秩序。

三、国际贸易惯例的性质与特点

(一) 国际贸易惯例本身不是法律和国际公约,不具有强制性或法律约束力

尽管国际贸易惯例是国际贸易法的渊源之一,具有类似法律规范的性质,但严格地说,国际贸易惯例本身并不是法律和国际公约,其对贸易双方当事人不产生法律性质的约束力。国际贸易惯例的采纳与适用完全以当事人的意思自治为基础。运用国际贸易惯例时,合同当事人完全可以根据自己的意愿,决定采用或排除某项国际贸易惯例,也可以通过双方当事人的约定修改某项国际贸易惯例。

(二) 只有在特定条件下,国际贸易惯例才产生法律约束力,具有强制性

1. 通过国际立法,将国际贸易惯例引入公约或条约中

如果一个国家参加了某项国际公约或者条约,则该条约的内容必须遵守;若国际贸易惯例成为该条约的一部分,则该国家也应遵守该惯例。

2. 通过国内立法,将国际贸易惯例引入国内法中,或者在国内法明文规定适用国际惯例

当国际贸易惯例引入国内法后,它就具有了一定的强制性,即当事人在这种情况下,实际上是适用了国内法,因为国际贸易惯例在此时已成为国内法的组成部分了,其性质已经发生了改变。

3. 在合同中直接引用某一国际贸易惯例

这是最常见的适用国际贸易惯例的情况。如果贸易双方当事人在签订合同时,同意对某一问题适用某项国际贸易惯例,并将该惯例引入合同,则该惯例就称为合同的有效组成部分,即合同的条款之一。此时,该惯例对双方当事人就具有了强制性的约束力,任何一方违反该惯例的有关规定,都构成违约,要承担相应的法律责任。

4. 在司法实践中引用国际贸易惯例

这在国际仲裁和诉讼中比较常见。当事人若没有在合同中对某个问题作出明确规定,也未说明应适用何种法律以及采用某项惯例,则在发生争议时,从合同中无法找到解决争议的依据及原则,此时,法院或仲裁庭通常会引用某些公认的或影响较大的国际贸易惯例,作为判决或裁决的依据。

5. 默示适用国际贸易惯例

在国际贸易中,有时还可能推定当事人以默示的方式选择适用某项国际贸易惯例,此时该惯例应被视为具有约束力。例如,《联合国国际货物销售合同公约》第九条规定,双方当事人应受他们业已统一的任何惯例的约束,除另有协议外,双方当事人应视为默示同意受他们

已经或理应知道的惯例的约束。这表明,对于同类交易中的惯例,只要当事人没有相反的约定,便视为已被当事人默示采纳,从而便可以适用于他们订立的合同。

(三) 国际贸易惯例对贸易双方的约束力是任意性的,贸易双方有权在合同中达成不同于惯例规定的贸易条件

国际贸易惯例对贸易双方当事人的约束力是任意性的,只有通过国家或国际立法或当事人的认可,才会产生强制性的法律约束力。即使贸易双方在合同中明确约定采用某项国际贸易惯例,双方仍然有权在合同中做出某些与惯例不符的规定。这种合同中对某项惯例的修改或变更,只要与当事人国家的法律不矛盾,同样可受到有关国家法律的承认和保护。若合同有效成立,贸易双方都要遵照合同的规定履行义务,一旦发生争议,法院和仲裁机构也将维护合同的有效性。

如双方约定采用《2010 年国际贸易术语解释通则》中的 CIF 贸易术语,但在合同中加入了"货不到,不成交"的字句。这种修改或变更则与《2010 年国际贸易术语解释通则》中关于 CIF 的规定完全不同了。也就是说贸易双方在合同中约定了与该惯例相抵触的条款,在合同的履行过程中,应以修改或变更后的内容或条款为准,因为这种修改或变更后的内容构成了合同的条款,因而对贸易双方具有约束力。

第二节 国际贸易惯例的形式及种类

一、国际贸易惯例的表现形式

(1) 国际经济组织收集编纂、制订的国际贸易统一条件。如国际商会《2010 年国际贸易术语解释通则》以及《跟单信用证统一惯例》等。这方面的内容是惯例成文化的表现,其目的是统一惯例的含义,克服因对惯例解释的不统一所带来的适用上的困难,但并非严格意义上的成文国际法。

(2) 国际经济组织制订的提供给当事人选用的标准合同。如国际保险业有 S. G. 保险单格式,国际航运业有标准定期租船合同格式等。

(3) 一般交易条件。它一般是在没有交易的统一条件且没有标准合同的情况下,由当事人协商选定的,即当事人发出要约或签订合同时,在报价单、价目表或合同上记载的交易条件,一经对方当事人认可,即为有效。

(4) 长期通行于某些行业的国际惯例。如国际纺织品贸易的一项惯例"纺织品一经开剪,即不考虑赔偿"的原则。

(5) 特定贸易方式下形成的一些习惯性做法。以各国拍卖行的传统做法、规章制度为代表,如拍卖中的"击槌成交方式"。

(6) 港口、码头惯例。世界主要港口在装运货物等方面都有自己的惯例,如果当事人在协商中未对有关风险、费用和责任等做出规定,一般按其相关港口、码头惯例处理。

(7) 国际商事仲裁机构做出的典型仲裁裁决案例。

二、主要国际贸易惯例及其内容

(一)有关贸易术语的国际贸易惯例

1.《1932年华沙-牛津规则》

《1932年华沙-牛津规则》由国际法协会(International Law Association)制定。该协会于1928年在华沙举行会议,制定了关于CIF买卖合同的统一规则,共22条,称为《1928年华沙规则》。后又经过1930年纽约会议、1931年巴黎会议和1932年牛津会议修订为21条,定名为《1932年华沙-牛津规则》(Warsaw-Oxford Rules 1932,简称 W. O. Rules 1932)。这一规则比较详细地解释了CIF合同的性质、买卖双方所承担的风险、责任和费用的划分以及货物所有权的转移方式等问题。《1932年华沙-牛津规则》的制定和公布,不仅有利于买卖双方订立CIF合同,也利于解决CIF合同履行当中出现的争议,当合同当事人发生争议时,一般都参照或引用此项规则的规定与解释来处理。

2.《1941年美国对外贸易定义修订本》

《1941年美国对外贸易定义修订本》是美国用来解释对外贸易中几种价格术语的重要国际贸易惯例。1919年美国九大商业团体以FOB贸易条件为基础制定了"美国出口报价及其缩写条例",1941年在美国第27届全国对外贸易会议上对其作了补充和修订,更名为"1941年美国对外贸易定义修正本"。这一修正本对以下6种贸易术语作了解释:

(1) EX(Point of Origin)——产地交货价。

(2) FOB——运输工具上交货价。FOB又分为6种,其中第五种为装运港船上交货价——FOB Vessel (Named Port of Shipment)。

(3) FAS——船边交货价。

(4) C&F——成本加运费(目的港)价。

(5) CIF——成本加保险费、运费(目的港)价。

(6) EX DOCK——目的港码头交货价。

该惯例在美洲国家影响较大。在与采用该惯例的国家贸易时,要特别注意与其他惯例的差别,双方应在合同中明确规定贸易术语所依据的惯例。

3.《国际贸易术语解释通则》

《国际贸易术语解释通则》(International Rules for the Interpretation of Trade Terms) (INCOTERMS),是国际商会为了统一对各种贸易术语的解释而制定的。最早的通则产生于1936年,即《1936年国际贸易术语解释通则》(INCOTERMS 1936),该通则分别于1953年、1967年、1974年、1976年、1980年、1990年、2000年和2010年进行了多次修订,现行的通则为《2010年国际贸易术语解释通则》(INCOTERMS 2010),2011年1月1日生效。

《2010年国际贸易术语解释通则》和《2000年国际贸易术语解释通则》的主要区别有:

(1) 贸易术语的数量由原来的13种变为11种。删除《2000年国际贸易术语解释通则》中4个D组贸易术语,即DDU、DAF、DES、DEQ,只保留D组中的DDP;另外,新增2个D组贸易术语,即DAT与DAP;用DAP取代了DAF、DES和DDU 3个术语,DAT取代了DEQ,且扩展至适用于一切运输方式。

(2) 对贸易术语分类的调整。由原来的E、F、C、D 4组分为适用于各种运输方式和水运两类。第一类包括那些适用于任何运输方式,包括多式运输的7种术语:EXW、FCA、CPT、CIP、DAT、DAP和DDP术语这类。这些术语可以用于没有海上运输的情形。第二类实际上包含了比较传统的只适用于海运或内河运输的4种术语。这类术语条件下,卖方交货点和货物运至买方的地点均是港口,所以"唯海运不可"就是这类术语标签。FAS,FOB,CFR和CIF属于本类术语。11种术语的分类及各术语所适用的运输方式如表3.1所示。

表3.1 11种术语的分类以及各术语所适用的运输方式

类别	术语缩写	术语英文含义	术语中文含义	适用的运输方式
一类	EXW	Ex Works	工厂交货	任何方式
	FCA	Free Carrier	货交承运人	
	CPT	Carriage Paid To	运费付至目的地	
	CIP	Carriage and Insurance Paid To	运费、保险费付至目的地	
	DAP	Delivered At Place	目的地交货	
	DDP	Delivered Duty Paid	完税后交货	
	DAT	Delivered At Terminal	目的地或目的港的集散站交货	
二类	FAS	Free Alongside Ship	装运港船边交货	水上运输
	FOB	Free On Board	装运港船上交货	
	CFR	Cost and Freight	成本加运费	
	CIF	Cost, Insurance and Freight	成本、保险加运费	

(3)《2010年国际贸易术语解释通则》取消了"船舷"的概念。卖方承担货物装上船为止的一切风险,买方承担货物自装运港装上船后的一切风险。

(4)新通则不仅适用国际销售合同,也适用国内销售合同。贸易术语在传统上被运用于货物跨越国界传递的国际销售合同。然而,世界上一些地区的大型贸易集团,像东盟和欧洲单一市场的存在,使得原本实际存在的边界通关手续变得不再那么有意义。《2010年国际贸易术语解释通则》的编撰委员会认识到这些术语对国内和国际销售合同都是适用的,所以,《2010年国际贸易术语解释通则》在一些地方做出明确说明,只有在适用的地方,才有义务遵守出口/进口所需的手续。

(5)使用指南。《2010年国际贸易术语解释通则》中的每一种术语在其条款前面都有一个使用指南。指南解释了每种术语的基本原理:何种情况应使用此术语;风险转移点是什么;费用在买卖方是如何分配的。这些指南并不是术语正式规则的一部分:它们是用来帮助和引导使用者准确有效地为特定交易选择合适的术语。

(6)赋予电子单据与书面单据同样的效力。通则的早期版本已经对需要的单据做出了规定,这些单据可被电子数据交换信息替代。不过现在《2010年国际贸易术语解释通则》赋予电子通信方式完全等同的功效,这一规定有利于新的电子程序的演变发展。

(7)保险。《2010年国际贸易术语解释通则》在涉及运输和保险合同的A3/B3条款中罗列了有关保险责任的内容,原本它们属于内容比较泛化而且有着比较泛化标题"其他义务"的A10/B10款。在这方面,为了阐明当事人的义务,对A3/B3款中涉及保险的内容做出修改。

(8)有关安全的核准书及这种核准书要求的信息。如今对货物在转移过程中的安全关注度很高,因而要求鉴定货物,不会因为除其自身属性外的原因而造成对生命财产的威胁。因此,在各种术语的 A2/B2 和 A10/B10 条款内容中包含了取得或提供帮助取得安全核准的义务,比如货物保管链。

(9) 码头装卸费。按照"C"组术语,卖方必须负责将货物运输至约定目的地;表面上是卖方自负运输费用,但实际上是由买方负担,因为卖方早已把这部分费用包含在最初的货物价格中。运输成本有时包括货物在港口内的装卸和移动费用,或者集装箱码头设施费用,而且承运人或者码头的运营方也可能向接受货物的买方收取这些费用。譬如,在这些情况下,买方就要注意避免为一次服务付两次费,一次包含在货物价格中付给卖方,一次单独付给承运人或码头的运营方。《2010 年国际贸易术语解释通则》在相关术语的 A6/B6 条款中对这种费用的分配做出了详细规定,旨在避免上述情况的发生。

(10) 连环贸易。在商品的销售中,有一种和直接销售相对的销售方式即连环贸易,货物在沿着销售链运转的过程中频繁地被销售好几次。在这种情况下,在一连串销售中间的销售商并不将货物"装船",因为它们已经由处于这一销售串中的起点销售商装船。因此,连环贸易的中间销售商对其买方应承担的义务不是将货物装船,而是"设法获取"已装船货物。着眼于贸易术语在这种销售中的应用,《2010 年国际贸易术语解释通则》的相关术语中同时规定了"设法获取已装船货物"和将货物装船的义务。

(11) 贸易术语的使用解释。《2000 年国际贸易本语解释通则》中,按照镜像原则,A 条款下反映的是卖方的义务,相应地,B 条款下反映的是买方的义务。但是由于一些短语的使用贯穿整个文件,《2010 年国际贸易术语解释通则》在其正文中对以下被列出来的词语不再作解释,以以下注解为准。

承运人:就《2010 年国际贸易术语解释通则》而言,将承运人定义为缔约承运人,即指签署运输合同的一方。

出口清关:遵照各种规定办理出口手续,并支付各种税费。

交货:这个概念在贸易法律和惯例中有着多重含义,但是《2010 年国际贸易术语解释通则》中用其来表示货物缺损的风险从卖方转移到买方的点。

电子数据:由一种或两种以上的和相应纸质文件功效等同的电子信息组成的一系列信息。

(二) 有关货物运输的国际贸易惯例

1.《海牙规则》

海牙规则(Hague Rules),全称为《统一提单的若干法律规定的国际公约》(International Convention for the Unification of Certain Rules of Law Relating to Bills of Lading,1924),于 1924 年 8 月 25 日在比利时首都布鲁塞尔签订,1931 年 6 月 2 日起生效。《海牙规则》旨在统一世界各国关于提单的不同法律规定,并确定承运人与托运人在海上货物运输中的权利和义务,是关于提单法律规定的第一部国际公约。

但是《海牙规则》的局限性仍然十分突出。首先,公约只适用于缔约国内签发的提单,适用范围十分有限。第二,《海牙规则》无论是对承运人义务的规定,还是免责事项,索赔诉讼,责任限制,均是体现着承运方的利益。而对货主的保护则相对较少。这也是船货双方力量不均衡的体现。

2.《维斯比规则》

《维斯比规则》(Visby Rules),全称为《修改统一提单若干法律规定的国际公约议定书》

(Protocol to Amend the International Convention for the Unification of Certain Rules of Law Relating to Bills of Lading),于1968年2月23日在布鲁塞尔外交会议上通过,自1977年6月23日生效。

较之《海牙规则》,《维斯比规则》的适用范围进一步扩大,明确了提单的证据效力,有利于进一步保护提单的流通与转让,也有利于维持提单受让人或收货人的合法权益;强调了承运人及其受雇人员的责任限制,有利于保护船东的利益;同时,为了适应集合运输方式的发展,增加了"集装箱条款"。

3. 《汉堡规则》

《汉堡规则》全称为《联合国海上货物运输公约》(United Nations Convention on the Carriage of Goods by Sea,1978),于1978年3月6日至31日在德国汉堡举行由联合国主持的,78国代表参加的海上货物运输大会讨论通过,1992年11月1日生效。该规则除保留了《维斯比规则》对《海牙规则》修改的内容外,对海牙规则进行了根本性的修改,是一个较为完备的国际海上货物运输公约,明显地扩大了承运人的责任。

4. 《鹿特丹规则》

2008年12月11日,在纽约举行的联合国大会上,《联合国全程或部分海上国际货物运输合同公约》正式得到通过,并且大会决定在2009年9月23日于荷兰鹿特丹举行签字仪式,开放供成员国签署,因而该公约又被命名为《鹿特丹规则》。从内容上看,《鹿特丹规则》是当前国际海上货物运输规则之集大成者,不仅涉及包括海运在内的多式联运、在船货两方的权利义务之间寻求新的平衡点,而且还引入了如电子运输单据、批量合同、控制权等新的内容,此外公约还特别增设了管辖权和仲裁的内容。从公约条文数量上看,公约共有96条,实质性条文为88条,是《海牙规则》的9倍,《汉堡规则》的3.5倍。因此,该公约被称为一部"教科书"式的国际公约。《鹿特丹规则》与现在国际上普遍采用的《海牙规则》《海牙-维斯比规则》以及我国的《海商法》相比较,改变了承运人的责任基础,扩大了承运人责任期间,取消了传统的承运人免责事项,提高了承运人责任限额。如果该规则生效,将大大加重承运人的责任,可以预见其对航运业及保险业将会带来重大影响,尤其是对一些经营船龄较大、管理水平不高的中小航运企业带来的冲击。

5. 《国际铁路货物联运协定》

《国际铁路货物联运协定》(Agreement On International Railroad through Transport Of Goods)简称《国际货协》,是于1951年11月由原苏联、捷克、罗马尼亚、东德等8个国家共同签订的一项铁路货运协定。

《国际货协》是缔约各国发货人、收货人以及过境办理货物联运所共同遵循的基本文件。该协定适用于缔约国铁路方面之间的国际直通货物联运,协定对铁路部门、发货人、收货人都有拘束力。该协定不适用于如下三类情况:第一,发、到站都在同一国内,而用发送国列车只通过另一国家过境运送货物;第二,两国车站间,用发送国或到达国列车通过第三国过境运送的;第三,两邻国车站间,全程都用某一方列车,并据这一铁路的国内规章办理货物运送。

6. 《1990年国际海事委员会海运单统一规则》

《1990年国际海事委员会海运单统一规则》(CMI Uniform Rules for Sea Waybills,1990),于1990年6月24日至29日国际海事委员会在巴黎召开的第34届大会上通过。该规则系民间规则,供当事人自愿采纳。

该规则规定,托运人订立运输合同,不仅代表其自己,同时作为收货人的代理人也代表收货人,并且向承运人保证他有此权限。收货人承担的责任,不得超过当运输合同由提单或类似的物权凭证包含时,他应承担的责任。运输合同应受适用于该合同的、或者当运输合同由提单或类似的物权凭证包含时,强制适用于该合同的国际公约或国内法的制约。

(三) 有关货物运输保险的国际贸易惯例

1.《伦敦保险协会海运货物保险条款》

《伦敦协会海运货物保险条款》,一般简称为《协会货物条款》(Institute Cargo Clause, I.C.C.)。由于国际贸易事业的发展、运输方式的改变,原条款已经不适合于形势发展的需要,于1982年1月1日修改为《伦敦协会货物条款(A)》[Institute Cargo Clauses(A)]、《伦敦协会货物条款(B)》[Institute Cargo Clauses(B)]和《伦敦协会货物条款(C)》[Institute Cargo Clauses(C)],一般统称它们为《伦敦协会货物保险条款》。

原旧条款的结构主要依附于英国S.G.保险单。新条款以自己独立的一种条款,适用于新的海上保险单格式(For Use Only With The New Marine Policy Form)。新条款改变了原旧条款的一切险、水渍险和平安险的名称,以(A)(B)(C)条款分别代替之。

2.《约克-安特卫普规则》

《约克-安特卫普规则》是国际上通用的共同海损理算规则。这一民间规则虽然不具有强制约束力,但由于当事人普遍采用,成为海商法领域典型的国际航运惯例。自1877年产生以来,经历了1890年、1924年、1950年、1974年、1990年、1994年、2004年修改,目前使用最多的是1994年版本。2016年5月6日,国际海事委员会在纽约举行的第41届大会上通过了2016年《约克-安特卫普规则》(YAR 2016)。其中,拖带或顶推船舶之间的共同海损、举证和提供材料的时限、货物转运、救助报酬、驶往和停留在避难港等地的船员工资、给养和其他费用、修理费用的扣减、临时修理、货物因牺牲所受损失的补偿金额、分摊价值、共同海损利息、保险金的处理等方面做出了补充或删减。

(四) 有关贸易结算的国际贸易惯例

1.《托收统一规则》(URC522)

为统一托收业务的做法,减少托收业务各有关当事人可能产生的矛盾和纠纷,国际商会于1958年草拟《商业单据托收统一规则》。为了适应国际贸易发展的需要,在总结实践经验的基础上,国际商会于1978年对该规则进行了修订,改名为《托收统一规则》(The Uniform Rules for Collection, ICC Publication No. 322);1995年再次修订,称为《托收统一规则》国际商会第522号出版物(简称《URC522》),1996年1月1日实施。《托收统一规则》自公布实施以来,被各国银行所采用,已成为指导托收业务的国际惯例。

2.《跟单信用证统一惯例》(UCP600)

为了调和信用证各当事人之间的矛盾,也为了推动国际贸易的进一步发展,国际商会于1930年拟定了一套《商业跟单信用证统一惯例》(Uniform Customs and Practice for Commercial Documentary Credits),并于1933年以国际商会第82号出版物的名称正式公布,建议各国银行采用。随着国际贸易的变化,新的运输技术和运输方式的出现和广泛运用,以及在使用《统一惯例》过程中暴露的问题,国际商会又对其作过多次修改,颁布过多种版本。首次修订本颁布于1951年,编号为151号出版物,自1962年颁布的第2次修订本第222号出版物起,改称为《跟单信用证统一惯例》(Uniform Customs and Practice for Documentary Credits, UCP)。此后,又先后于1974年、1983年、1993年和2007年分别以第290号、第400

号、第500号和第600号4个出版物颁布第3、第4、第5和第6个修订本。UCP600即国际商会第600号出版物,适用于任何在正文中明确表明按本惯例办理的跟单信用证(包括在其适用范围内的备用信用证)。除非在信用证中明确对其适用予以修改或排除,该惯例的条款对有关各方都有约束力。

3.《国际标准银行实务》(ISBP)

《国际标准银行实务》(ISBP),全称为《关于审核跟单信用证项下单据的国际标准银行实务》(International Standard Banking Practice for the Examination of Documents under Documentary Credits)。ISBP提供了一套审核适用UCP600的信用证项下的单据的国际惯例,它对于各国正确理解和使用UCP600、统一和规范各国信用证审单实务、减少拒付争议的发生具有重要的意义。

国际商会银行委员会于2000年5月成立了一个专门工作组对世界主要国家审单惯例加以统一编纂和解释。专门工作组以美国国际金融服务协会制订的惯例为基础,收集了世界上有代表性的50多个国家的银行审单标准,结合国际商会汇编出版的近300份意见并邀请了13个国家的贸易融资业务专家和法律专家,于2002年4月完成了ISBP的初稿并向全世界的银行征询意见。2003年1月,ISBP作为国际商会第645号出版物正式出版,并于2007年更新为ISBP681。

(五)有关商事仲裁的国际贸易惯例

1.《联合国国际贸易法律委员会仲裁规则》

《联合国国际贸易法律委员会仲裁规则》(UNCITRAL Arbitration Rules)于1976年4月26日由联合国第31次大会正式通过。该规则适用于国家与私人间的投资争议仲裁、多方仲裁、第三人加入仲裁程序、仲裁员的指定、仲裁员责任的豁免、仲裁费用的控制等问题。规则对各国并不具有普遍的约束力,仅供合同双方当事人自愿以书面方式约定。但当事人也可在书面协议中指定一个常设仲裁机构,委员会负责关于仲裁的行政管理工作。

2.《承认和执行外国仲裁裁决的公约》

《承认及执行外国仲裁裁决公约》(the New York Convention on the Recognition and Enforcement of Foreign Arbitral Awards)于1958年6月10日在纽约召开的联合国国际商业仲裁会议上签署。该公约处理的是外国仲裁裁决的承认和仲裁条款的执行问题。

(六)有关货物买卖合同的国际贸易惯例

1.《联合国国际货物销售合同公约》

《联合国国际货物销售合同公约》是由联合国国际贸易法委员会主持制定的,1980年在维也纳举行的外交会议上获得通过并于1988年1月1日正式生效。建立国际经济新秩序、平等互利、兼顾不同社会、经济和法律制度是该公约的基本原则。这些基本原则是执行、解释和修订公约的依据,也是处理国际货物买卖关系和发展国际贸易关系的准绳。

需要注意的是:第一,公约只适用于国际货物买卖合同,即营业地在不同国家的双方当事人之间所订立的货物买卖合同;第二,公约适用于当事人在缔约国内有营业地的合同;第三,双方当事人可以在合同中明确规定不适用该公约。

本公约不适用于以下的销售:

(1)购供私人、家人或家庭使用的货物的销售,除非卖方在订立合同前任何时候或订立合同时不知道而且没有理由知道这些货物是购供任何这种使用。

(2)经由拍卖的销售。

(3) 根据法律执行令状或其他令状的销售。

(4) 公债、股票、投资证券、流通票据或货币的销售。

(5) 船舶、船只、气垫船或飞机的销售。

(6) 电力的销售。

2.《国际商事合同通则》

《国际商事合同通则》由国际私法协会于1994年制定通过，2004年4月对其作出修订和增补。该通则不是国际公约，不具有强制性，由合同当事人自愿选择适用。通则旨在为国际商事合同确定一般规则，用于解释或补充国际统一法律文件，也可用作国家或国际立法的范本。

本 章 小 结

◆ **内容提要**

本章作为国际贸易实务学习的入门，首先剖析了国际贸易惯例的含义、性质及其作用；其次介绍了国际贸易惯例的主要表现形式；然后详细介绍了有关国际贸易术语、国际货物运输、国际货物运输保险、国际结算、国际商事仲裁以及国际货物买卖合同的主要国际贸易惯例。

◆ **关键词**

国际贸易惯例　《联合国国际货物销售合同公约》　国际贸易术语

◆ **思考题**

1. 什么是国际贸易惯例？其性质和作用如何？
2. 在何种情况下，国际贸易惯例对合同当事人产生强制法律约束力？
3. 与国际贸易术语有关的国际贸易惯例有哪些？
4. 与国际货物运输有关的国际贸易惯例有哪些？

某年1月，我国A公司与美国B公司签订了出口1万公吨CIF ZONGZHIWEI 72万美元的水镁石的合同，该合同明确规定：货款的80%以即期信用证支付，另外的20%在货到洛杉矶经买方检验合格后以电汇方式支付。合同还规定，进口佣金率为货款的5%，由我方在收到货款后直接寄到其香港某银行账户。当年2月底，我方收到美方通过其开证行开来的即期信用证。我方审证无误后于3月初装运了货物，制作了信用证要求的全套单据，顺利地收到了80%的货款。但货到洛杉矶不久，买方即通知我方货物中掺有石头，并寄来石头的照片。买方还声称已经把部分劣质货物倒入大海，从而拒付其余20%的货款，并要求我方赔偿其损失18万美元。索赔理由：① 由于货物中掺有石头，导致买方费城的客户在粉碎水镁石的过程中打坏了机器的齿轮，损失达8万美元。② 由于齿轮损坏，该加工厂停产一周，停产损失达4万美元。③ 因为加工厂未能及时向当地一电厂输送水镁石，电厂又向加工厂赔6万美元。

为了查明事实，我方人员直飞美国费城，向加工水镁石的客户取证。经该客户证实，货物中确实有石头，也的确损坏了齿轮，但齿轮的损失共计0.8万美元，并让我方查看了实物；

同时也证实该工厂确实停工一周,损失为3万美元,但没有向水镁石进口商索赔。在掌握了第一手资料后,我方与美商联系,美商虽然知道我方已经取道费城完成取证,但仍坚持损失金额为18万美元,并强调根据美国的《产品责任法》要求我方应给予足额赔偿。

我方回复如下:① 中美之间的贸易纠纷应适用《联合国国际货物销售合同公约》。该公约第86条第1款规定:"如果买方已经收到货物,但打算行使合同或公约规定的任何权利而把货物返回,他必须按情况采取合理措施,以保全货物。"而美商擅自将我方货物倒入大海,已经违背了公约保全货物的规定,侵犯了我方权益,应给予我方赔偿。② 经调查,由于货物掺有石头而给费城加工厂造成的损失只有0.8万美元,美商却称8万美元,故意夸大损失。③ 经向费城加工厂调查,电厂无索赔行为。④ 根据以上情况,我方只负担3.8万美元。

请问,请问此案的法律适用如何?我方可从此案中总结何种经验或教训?

第四章 国际贸易术语

了解3种与国际贸易术语有关的国际贸易惯例,熟悉《2010年国际贸易术语解释通则》中规定的11种贸易术语买卖双方的基本义务,重点掌握装运港交货的3种贸易术语及货交承运人的3种贸易术语,知道在每种术语下,卖方的交货地点、风险转移的界限、双方各自承担的主要责任和费用以及采用该种贸易术语买卖双方应注意的问题等。

CIF合同性质问题

法国某卖方按照CIF条件向英国某买方出口一批货物,装运港为法国的加来,目的港在英国的多佛尔。卖方在合同规定的装运期备妥了货物并安排好了船只。但在办理装运时,卖方考虑到装运港到目的港距离很近,风平浪静,估计不会发生什么意外,就没有办理保险。载货船舶起航后也很快平安抵达目的港。当卖方通过银行向买方提示单据,要求买方付款赎单时,买方发现其中缺少保险单,就以此为由拒绝接受单据和支付货款。卖方则以货物完全合格,且安全抵达,保险单已失去效用为由进行抗辩。

本案交易双方采用CIF术语成交,根据国际贸易惯例,卖方的基本义务之一就是自负风险和费用办理从装运港到目的港的海运货物保险,而卖方实际没有办理货运保险,显然构成重大违约。另外,CIF属于象征性交货方式,即卖方凭单交货,买方凭单付款。也就是说,衡量卖方完成交货义务与否的标准不是货物,而是单据。通常在合同的相关条款中,都要规定卖方须提交合格的保险单,特别是在信用证支付方式下。即使非信用证支付方式,或者合同中未明确规定须提交保险单,卖方也有义务办理保险,并提交相关的保险单。所以说,卖方的抗辩没有道理。

第一节 国际贸易术语及其国际惯例

国际货物买卖中,交易双方分处两国,相距遥远,所交易的商品在流转过程中往往需要经过储存、装卸、长途运输,可能遭受自然灾难、意外事故和其他各种外来风险,需要办理进出口清关手续。因此,交易双方除了在成交时卖方要交货,买方要付款,并各自承担自己控制货物时的风险外,还有许多应该分别承担的责任、费用和风险。如果每笔业务都要求买卖双方对上述手续、费用和风险逐项反复洽商,将耗费大量的时间和费用,并影响交易的达成。为此,在国际贸易的长期实践中,逐渐形成了各种不同的贸易术语,以明确上述问题。

一、国际贸易术语的含义

国际贸易术语是用简短的概念或英文缩写字母来表示商品的价格构成、说明交易地点、确定买卖双方的责任、费用、风险划分等问题的专门用语。

在国际贸易中采用某种专门的贸易术语,主要是为了确定交货条件,即说明买卖双方在交接货物方面彼此承担责任、费用和风险的划分。例如,装运港船上交货条件(FOB)成交与完税后交货条件(DDP)成交,由于交货条件不同,买卖双方各自承担的责任、费用和风险就有很大区别。同时,贸易术语也可用来表示成交商品的价格构成因素,特别是货价中所包含的从属费用。由于其价格构成因素不同,所以成交价应有区别。

不同的贸易术语表明买卖双方各自承担不同的责任、费用和风险,而责任、费用和风险的大小又影响成交商品的价格。一般来说,凡使用出口国国内交货的各种贸易术语,如工厂交货(EXW)和装运港船边交货(FAS)等,卖方承担的责任、费用和风险都比较小,所以商品的售价就低;反之,凡使用进口国国内交货的各种贸易术语,如目的地交货(DAP)和完税后交货(DDP)等,卖方承担的责任、费用和风险则比较大,这些因素必然要反映到成交商品的价格上。所以,在进口国国内交货比在出口国国内交货的价格高,有时甚至高出很多。由于贸易术语体现出商品的价格构成,所以有些人便称其为"价格术语"。

由此可见,贸易术语具有两重性:即一方面表示交货条件;另一方面表示成交价格的构成因素。我们必须从贸易术语的全部含义来理解它的性质。

二、国际贸易术语的作用

贸易术语在国际贸易中的作用,有下列几个方面:

1. 有利于买卖双方洽商交易和订立合同

由于每种贸易术语都有其特定的含义,因此,买卖双方只要商定按何种贸易术语成交,即可明确彼此在交接货物方面所应承担的责任、费用和风险。这就简化了交易手续,缩短了洽商交易的时间,从而有利于买卖双方迅速达成交易和订立合同。

2. 有利于买卖双方核算价格和成本

由于贸易术语表示价格构成因素,所以,买卖双方确定成交价格时,必然要考虑采用的贸易术语中包含哪些从属费用,这就有利于买卖双方进行比价和加强成本核算。

3. 有利于解决履约当中的争议

买卖双方商订合同时,如对合同条款考虑欠周,使某些事项规定不明确或不完备,致使履约当中产生的争议不能依据合同的规定解决,在此情况下,可以援引有关贸易术语的一般解释来处理。因为,贸易术语的一般解释已成为国际惯例,它是买卖双方所遵循的一种类似行为规范的准则。

4. 有利于其他有关机构开展业务活动

业务活动中,离不开船运公司、保险公司和银行等机构,而贸易术语及有关解释贸易术语的国际惯例的相继出现,便为这些机构开展业务活动和处理业务实践中的问题提供了客观依据和有利条件。

第二节 《2010年国际贸易术语解释通则》中的贸易术语

一、FOB术语

FOB的全文是 Free On Board(…named port of shipment)——装运港船上交货(……指定装运港),习惯称为装运港船上交货。它是指卖方应在合同规定的装运港按约定日期将货物装到买方指定的船上,卖方即完成交货,并承担货物到装上船为止的一切责任、费用和风险。买方必须自该交货点起负担一切费用和货物灭失或损坏的风险。FOB术语要求卖方办理货物出口清关。本术语只适用于海运和内河运输。

例如,中国甲公司与美国乙公司按照FOB条件订立了一份货物买卖合同。合同中的价格条款规定:USD 9.70 per piece FOB Shanghai。表明,由买方美国乙公司负责派船到装运港上海,卖方中国甲公司在上海港口的船上交货。

(一) 卖方的主要义务

卖方的主要义务体现在以下方面:

(1) 货物交付:负责在合同规定的日期或期限内,在指定装运港,将符合合同的货物按港口惯常方式交至买方指定的船上,并给予买方充分的通知。

(2) 办理通关:负责取得出口许可证或其他核准书,办理货物出口所需的一切海关手续。

(3) 风险转移:卖方承担货物装上船为止的一切风险。

(4) 单据提供:负责提供商业发票、官方及其他正式出口文件、证明货物已交至船上的通常单据或协助买方取得运送单据、协助买方取得进口及过境他国之相关文件。如果买卖双方约定采用电子通信,则所有单据均可被具有同等效力的电子数据交换信息(EDI message)所替代。

(5) 费用负担:承担交货前一切成本和所涉及的各项费用,包括办理货物出口所应交纳的关税和其他通关费。

(二) 买方的主要义务

买方的主要义务体现在以下方面:

(1) 负责按合同规定支付价款。

(2) 负责租船或订舱,支付运费,并给予卖方关于船名、装船地点和要求交货时间的充分的通知。如果没有依规定发出通知或所指定船只未能准时抵达或承载货物,一切损害及费用均归买方负责。

(3) 自负风险和费用取得进口许可证或其他核准书,并办理货物进口以及必要时经由另一国过境运输的一切海关手续。

(4) 待货装上买方指定船只后,一切风险及费用全归买方负担。

(5) 收取卖方按合同规定交付的货物,接受与合同相符的单据。

(三) 采用FOB术语时需注意的问题

1. FOB合同属"装运合同"

在FOB术语下,卖方在装运港将货物装上船,即完成了交货义务。装运合同与到达合同是完全不同的。所谓"装运合同"就是只管按时装运，不管货物何时到达；所谓"到达合同"则是既要按时装运，又要按时到达。

2. FOB 是象征性交货方式

从交货方式来看，有象征性交货（Symbolic Delivery）和实际交货（Physical Delivery）。象征性交货是指卖方只要按期在约定地点完成装运，并向买方提交合同规定的包括物权凭证在内的有关单证，就算完成了交货义务；实际交货是指卖方要在规定的时间和地点，将符合合同规定的货物提交给买方或其指定人，而不能以交单代替交货。由此可见，在象征性交货方式下，卖方是凭单交货，买方是凭单付款，只要卖方如期向买方提交了合同规定的全套合格单据，即使货物在运输途中损坏或灭失，买方也必须履行付款义务。反之，如果卖方提交的单据不符合要求，即使货物完好无损地运达目的地，买方仍有权拒绝付款。

FOB 是一种典型的象征性交货，FOB 合同的卖方可通过向买方提交货运单据（主要包括提单和商业发票）来完成其交货义务。卖方提交单据，可推定为交付货物，而买方则必须凭符合合同要求的货运单据支付价款。但是，必须指出，按 FOB 术语成交，卖方履行其交单义务，只是得到买方付款的前提条件，除此之外，他还必须履行交货义务。如果卖方提交的货物不符合要求，买方即使已经付款，仍然可以根据合同的规定向卖方提出索赔。

3. "装上船"的要求和风险转移

卖方及时将货物装上船，是 FOB 术语的要素（Essence）。按《2010 年国际贸易术语解释通则》规定，FOB 合同的卖方必须及时在装运港将货物"交至船上"（Deliver on Board）或"装上船"（Load on Board）。《2010 年国际贸易术语解释通则》取消了"船舷"的概念，卖方承担货物装上船为止的一切风险，买方承担货物自装运港上船后的一切风险。《2010 年国际贸易术语解释通则》作为惯例，其规定并不是强制性的，它允许买卖双方按实际业务的需要，对该规则的任何规定做必要的改变。

4. 船货衔接

在 FOB 合同中，买方必须负责租船或订舱，并将船名和装船时间通知卖方，而卖方必须负责在合同规定的装船期和装运港，将货物装上买方指定的船只。这里有个船货衔接的问题。买方在合同规定的期限内安排船只到合同指定的装运港接受装货。如果船只按时到达装运港，因卖方货未备妥而未能及时装运，则卖方应承担由此而造成的空舱费（Dead Freight）或滞期费（Demurrage）。反之，如果买方延迟派船，使卖方不能在合同规定的装运期内将货物装船，则由此而引起的卖方仓储、保险等费用支出的增加以及因迟收货款而造成的利息损失，均需由买方负责。因此，在 FOB 合同中，买卖双方对船货衔接事项，除了在合同中应做明确规定外，在订约后，应该加强联系，密切配合，防止船货脱节。

在按 FOB 术语订约的情况下，如成交货物的数量不大，只需部分舱位而用班轮装运时，卖方往往按照买卖双方之间明示或默示的协议，代买方办理各项装运手续，包括以卖方自己的名义订舱和取得提单。除非另有协议或根据行业习惯，买方应负责偿付卖方由于代办上述手续而产生的任何费用，诸如货运商和装船代理的装船手续费。订不到舱位的风险也由买方负担。

5. 装货费用的负担

按照《2010 年国际贸易术语解释通则》的解释，卖方要承担将货物装上船之前的一切费用，但由于各国对于"装船"的概念并没有统一而明确的解释，在实际装船业务中涉及的各项具体费用，如将货物运至船边的费用、吊装入舱的费用、理舱费、平舱费等，究竟由谁负担，各个国家的惯例也不相同。为了避免买卖双方在装船等费用的负担问题上发生争议,在国际贸易中形成了 FOB 贸易术语的变形,这种变形可以在合同中用文字做出具体规定,也可以采用在 FOB 术语后加列字句或缩写,以明确装船费用由谁负担的问题。常见的 FOB 术语变形有:

(1) FOB 班轮条件(FOB liner terms),装船的有关费用按照班轮的做法办理,卖方不予承担。由于船舶是买方租订的,因而该笔费用实际上是买方负担的。

(2) FOB 吊钩下交货(FOB under tackle),卖方仅负责把货物交到买方指派船只的吊钩所及之处,以后的装船费用则由船方或买方负担。

(3) FOB 理舱费在内(FOB stowed),卖方负责将货物装船并负担包括理舱费在内的装船费用。

(4) FOB 平舱费在内(FOB trimmed),卖方负责将货物装入船舱,并承担平舱费在内的装船费用。

以上 FOB 贸易术语的变形,只是为了明确装船费用由谁负担的问题而产生的,并不改变 FOB 贸易术语的交货地点以及风险划分的界限。

6. 美国对 FOB 术语的特殊解释

《1941年美国对外贸易定义修正本》将 FOB 术语分为6种,其中前3种是在出口国内陆指定地点的内陆运输工具上交货,第四种是在出口地点的内陆运输工具上交货,第五种是在装运港船上交货,第六种是在进口国指定内陆地点交货。第四种和第五种在使用时应加以注意,因为这两种术语在交货地点上有可能相同,例如,都是在纽约交货,如果买方要求在装运港的船上交货,则必须加"Vessel"字样,如"FOB Vessel NEW YORK",否则,卖方有可能按第四种情况在纽约市的内陆运输工具上交货。

第五种"指定装运港船上交货"[FOB Vessel(named port of shipment)]虽然与《2010年国际贸易术语解释通则》解释的 FOB 术语相近。但是在办理出口手续问题上也存在分歧。按《1941年美国对外贸易定义修正本》规定,只有在买方提出请求,并由买方负担费用的情况下,FOB Vessel 的卖方才有义务协助买方取得由出口国签发的、为货物出口或在目的地进口所需的各种证件,并且,出口税和其他税捐费用也需由买方负担。这些规定与《2010年国际贸易术语解释通则》FOB 术语关于卖方负责取得出口许可证,并负担一切出口税捐及费用的规定,有很大不同。

【课堂讨论】
FOB 术语下买方违约延迟派船案

中国 A 公司与非洲 B 公司签订了出口小麦的 FOB 术语的合同。合同规定分4批交货。合同中的装运条款规定:"买方接货船只必须于装船前8日内到达装运港口,否则,由此引起的卖方的任何损失和费用由买方承担。"同时还规定:"买方必须于船只到达港口前5天将船名和估计到达装运港的时间以电讯方式通知卖方。"在合同的执行过程当中,前三批均按合同顺利执行,但最后一批,买方迟迟不派船,A 公司反复催促,B 公司回电称船源紧张,租不到船只,要求推迟2个月交货。A 公司立即复电指出:"按照合同规定,B 公司必须派船接运,如确有困难,我方可例外同意你方延期装运,但 B 公司应当赔偿合计达20万美元。"此后 A 公司和 B 公司展开了讨价还价,将赔偿金额降到了15万元,B 公司得以缓期2个月派船。

分析:采用 FOB 术语订合同,按时派船接货是买方的义务。《INCOTERMS 2010》规定:"买方应自付费用订立从指定装运港接货的合同。"同时还规定:"买方应给予卖方关于船名、装货和所要求交货时间和充分的通知。"如果买方指定的船只未能按时到达,或未能接受货物,或比规定时间提前停止装货,则自规定的交付货物的约定日期或期限届满之日起,承担货物灭失和损坏的一切风险。

事后得知,合同标的小麦在最后一批的执行期间,国际市场小麦的价格大幅下跌,B公司小麦的销路受到巨大影响,因而试图取消最后一批小麦的交货,于是采取拖延战术,试图使A公司自行提出取消合同,但A公司正确地坚持自己的利益,采取得当的措施,有理有据地运用FOB术语,使得B公司的预谋失败,并得到了合理的赔偿。

二、CIF 术语

CIF 贸易术语的全称是 Cost, Insurance and Freight(... named port of destination)——成本加保险费、运费(……指定目的港),是指当货物装上指定装运港船只后,卖方即完成交货。CIF 合同也属于装运合同,是象征性交货。卖方必须支付将货物运至指定目的港所必需的费用和运费,但交货后货物灭失或损坏的风险以及由于发生事件而引起的任何额外费用,自卖方转移至买方。然而,在 CIF 术语中卖方还必须为货物在运输中灭失或损坏的买方风险取得海上保险。因此,卖方须订立保险合同,并支付保险费。但买方应注意,在 CIF 术语下卖方只需按最低责任的保险险别投保。如买方要得到更大责任保险险别的保障,他需与卖方明示地达成协议,或者自行安排额外保险。CIF 术语要求卖方办理货物出口清关。

本术语只适用于海运和内河运输。如果双方当事人不以货物装上船作为完成交货,则应采用 CIP 术语。

(一)卖方的主要义务

(1) 货物交付:负责在合同规定的日期或期限内,在装运港将符合合同的货物交至运往指定目的港的船上,并给予买方充分的通知。

(2) 办理通关:负责办理货物出口手续,取得出口许可证或其他核准书。

(3) 租船订舱:负责租船或订舱,并支付到达目的港的运费。

(4) 办理保险:负责办理货物运输保险,支付保险费。

(5) 费用负担:货物装上装运港船上之前的一切成本、费用、出口通关费、主运费及保险费。

(6) 风险转移:负担货物送至装运港船上之前的一切风险。

(7) 单据提供:负责提供商业发票、官方及其他正式文件、保险单、标明"运费已付"的货物运往约定目的港的运输单据和协助买方取得货物进口及过境他国之相关文件。如果买卖双方约定采用电子通信,则所有单据可由具有同等效力的电子数据交换信息所替代。

(二)买方的主要义务

(1) 负责按合同规定支付价款。

(2) 负责办理货物进口手续,取得进口许可证或其他核准书。

(3) 负担货物在装运港上船之后的除了主运费及保险费之外的其他所有费用及风险(如过境费)。

(4) 收取卖方按合同规定交付的货物,接受与合同相符的单据。

(三)采用 CIF 术语时需注意的问题

(1) 与 FOB 一样,CIF 合同也属于装运合同,是象征性交货。

(2) 卖方租船或订舱的责任。CIF 合同的卖方为按合同规定的时间装运出口,必须负责自费办理租船或订舱。如果卖方不能及时租船或订舱,而不能按合同规定装船交货,即构成违约,从而需承担被买方要求解除合同及/或损害赔偿的责任。在业务中如果买方提出关于限制船舶的一些要求(如船籍、船型、船龄等),卖方均有权拒绝接受。

(3) 卖方办理保险的责任。在CIF合同中,卖方是为了买方的利益办理货运保险的,因为此项保险主要是为了保障货物装船后在运输途中的风险。最低保险金额应为合同规定的价款加10%(即按CIF的发票金额加10%),并以合同货币投保。但在买方要求时,并由买方承担费用的情况下,可加保战争、罢工、暴乱和民变险。有关保险责任的起讫期限必须与货物运输相符合,并必须至买方需负担货物灭失或损坏的风险时(即自货物在装运港装上船时)起对买方的保障生效。该保险责任的期限必须展延至货物到达约定的目的港为止。如果发生意外,买方可凭保险单直接向保险公司索赔,至于能否得到赔偿卖方概不负责。

(4) 卸货费用的负担。在费用划分上,CIF贸易术语下卖方只支付承运人从装运港至目的港的正常运费,至于运输途中遭遇风险而产生的额外费用,则应由买方负担。此外,从该贸易术语对于卖方承担费用的规定上来看,对于在目的港卸货时产生的费用究竟由谁来承担并不能清楚地判定,不同港口的习惯做法也有所不同。为了避免在这一问题上产生歧义,在国际上已经形成了一系列该贸易术语的变形。

① CIF班轮条件(CIF liner terms),班轮运费包括装运港的装货费用和在目的港的卸货费用。因此,如货物系用班轮运输,运费由CIF合同的卖方支付,在目的港的卸货费用实际上由卖方负担。

② CIF卸到岸上(CIF landed),卖方负担到岸上为止的卸货费,包括轮船到码头转运时可能发生的驳船费、码头费、卸货费等。

③ CIF舱底交货(CIF ex ship's hold),卖方不承担卸货费、码头费、驳船费,只负责支付将货物运到目的港的费用,买方承担由启舱费开始的各项费用。

④ CIF吊钩下交货(CIF ex tackle),卖方负责在目的港将货物从船舱吊起卸到船舶吊钩所及之处的费用。在船舶不能靠岸的情况下,租用驳船的费用和货物从驳船卸至岸上的费用,概由买方承担。

CIF贸易术语的变形,只是为了明确货物到达目的港后的卸货费由谁支付,不涉及货物风险和所有权转移的问题。

【课堂讨论】

改变CIF贸易术语性质致损案

中国某出口公司对加拿大魁北克某进口商出口500公吨三路核桃仁,合同规定价格为每公吨4800加元CIF魁北克,装运期不得晚于10月31日,不得分批和转运,并规定货物应于11月30日前到达目的地,否则买方有权拒收,支付方式为90天远期信用证。

加方于9月25日开来信用证。我方于10月5日装船完毕,但船到加拿大东岸时已是11月25日,此时魁北克已开始结冰。

承运人担心船舶驶往魁北克后出不来,便根据自由转船条款指示船长将货物全部卸在哈利法克斯文,然后从该港改装火车运往魁北克。待这批核桃仁运到魁北克已是12月2日。于是进口商以货物晚到为由拒绝提货,提出除非降价20%以弥补其损失。几经交涉,最终以中方降价15%结案,我公司共损失36万加元。

本案中的合同已非真正的CIF合同。CIF合同是装运合同,卖方只负责在装运港将货物装上船,装上船之后的一切风险、责任和费用均由买方承担。本案在合同中规定了货物到达目的港的时限条款,改变了合同的性质,使装运合同变成了到达合同,即卖方须承担货物不能按期到达目的港的风险。

吸取的教训:① 在 CIF 合同中添加到货期等限制性条款将改变合同性质。② 像核桃仁等季节性很强的商品,进口方往往要求限定到货时间,卖方应采取措施减少风险。③ 对货轮在途时间估算不足;对魁北克冰冻期的情况不了解。

三、CFR 术语

CFR 贸易术语的全称是 Cost and Freight (… named port of destination)——成本加运费(……指定目的港),是指卖方把货物送达指定装运港的船上时,卖方即完成交货。CFR 术语要求卖方办理出口清关。CFR 与 CIF 不同之处仅在于:CFR 合同的卖方不负责办理保险手续和不支付保险费,不提供保险单据,有关海上运输的货物保险由买方自理。除此之外,CFR 和 CIF 合同中买卖双方的义务划分基本上是相同的。

本术语只适用于海运和内河运输。如果双方当事人不以货物装上船作为完成交货,则应采用 CPT 术语。

(一) 卖方的主要义务

(1) 承担货物装上船以前的一切风险和费用。

(2) 将货物交到自己安排的船上,并支付到目的港的运费,装船后通知对方。CFR 是象征性交货,属于装运合同。卖方必须支付将货物运至指定目的港所必需的费用和运费,但交货后货物灭失或损坏的风险以及由于发生事件而引起的任何额外费用,自卖方转移至买方。

(3) 自担风险、自负费用办理出口海关手续。

(4) 向买方提供相关单据或相等电子信息。

(二) 买方的主要义务

(1) 承担货物装上船以后的一切风险。

(2) 办理保险,支付保险费。

(3) 接受卖方提供的单据,支付货款。

(4) 自担风险、自负费用办理进口海关手续。

(三) 采用 CFR 术语时需注意的问题

按 CFR 术语订立合同,需特别注意的是装船通知问题。因为,在 CFR 术语下,卖方负责安排在装运港将货物装上船,而买方须自行办理货物运输保险,以就货物装上船后可能遭受灭失或损坏的风险取得保障。因此,在货物装上船前,即风险转移至买方前,买方及时向保险公司办妥保险,是 CFR 合同中一个至关重要的问题。卖方在货物装船之后必须及时向买方发出装船通知。虽然《2010 年国际贸易术语解释通则》对卖方未能给予买方通知的后果没有做出具体的规定,但是根据有关货物买卖合同的适用法律,卖方可因遗漏或不及时向买方发出装船通知,而使买方未能及时办妥货运保险所造成的后果,承担违约责任。为此,在实际业务中,出口企业应事先与海外买方就如何发给装船通知商定具体做法;如果事先未曾商定,则应根据双方已经形成的习惯做法,或根据订约后、装船前买方提出的具体请求(包括在信用证中对装船通知的规定),及时用电讯向买方发出装船通知。上述做法也适用于我方出口的 FOB 合同。

此外,在 CIF 术语中述及的关于租船或订舱的责任和在目的港卸货费用负担的问题,同样适用于 CFR 术语。为明确卸货费用负担,也可采用 CFR 术语的变形,例如:CFR 班轮条件(CFR liner terms)、CFR 舱底交货(CFR ex ship's hold)、CFR 吊钩交货(CFR ex tackle)和 CFR 卸到岸上(CFR landed)。上述 CFR 术语的各种变形,在关于明确卸货费用负担的含义方面,与前述 CIF 术语变形中所说明的是相同的。

综上所述,FOB、CIF、CFR 这三种常用的价格术语都是第一类价格术语,都是水上运输,都是在装运港交货,其风险的划分都以装上船为界。此类合同都属于装运合同,是象征性交货。采用这样的贸易术语成交,除了对买方的资信状况要有总体的把握,并且在结算方式等方面进行必要的控制外,在贸易术语的选择和交货环节,还应该注意防范买方不按时派船的风险(使用 FOB 术语)、船货衔接不当的风险(使用 FOB 术语)、买方不凭正本提单提货的风险(使用 FOB 术语)、漏保及运输途中的风险(使用 FOB 或 CFR 术语)。

四、FCA 术语

FCA 贸易术语的全称是 Free Carrier(… named place)货交承运人(……指定地),是指卖方在指定地将经出口清关的货物交给买方指定的承运人,即完成了交货。FCA 合同也属于装运合同,是象征性交货。《2010 年国际贸易术语解释通则》将承运人定义为缔约承运人,即指签署运输合同的一方。

本术语适用于任何运输方式,包括公路、铁路、江河、海洋、航空运输以及多式联合运输。FCA 是在 FOB 原则的基础上发展起来的,适用于各种运输方式,特别是集装箱运输和多式联合运输的一种贸易术语。

(一) 卖方的主要义务

(1) 风险转移:卖方只要将货物在指定的地点交给由买方指定的承运人,并办理了出口清关手续,即完成了交货。卖方承担的风险均于货物交给承运人时转移。风险转移之后,与运输、保险相关的责任和费用也相应转移。

(2) 费用负担:货物交运送人接管前一切成本费用及出口通关费。

(3) 单据提供:商业发票、官方及其他正式出口文件、一般交货证明或运送单据、协助买方取得进口及过境他国之相关文件。

(4) 货物交付:卖方须于规定期限内办妥货物出口通关事宜并负责一切风险及费用直到货交买方指定交货地之运送人接管。

(二) 买方的主要义务

承担货物交付买方指定运送人后的一切风险及费用。

(三) 在采用此术语时需注意的事项

1. 交货点和风险转移

由于 FCA 可适用于各种运输方式,它的交货点需按不同的运输方式和不同的指定交货地而定。具体可以分为以下两种情况:

(1) 如合同中所规定的指定交货地为卖方所在处所,则当货物被装上由买方指定的承运人的收货运输工具上,卖方即完成了交货义务。

(2) 在其他情况下,当货物在买方指定的交货地,在卖方的送货运输工具上(未卸下,Not Unloaded),被交由买方指定的承运人处置时,卖方即完成了交货义务。

由此可见,在以上第(1)种情况下,FCA 的交货点是在卖方所在处所(工厂、工场、仓库等)由承运人提供的收货运输工具上;在第(2)种情况下,FCA 的交货点是在买方指定的其他交货地[铁路终点站、启运机场、货运站、集装箱码头或堆场、多用途货运终点站(Terminal)或类似的收货点]卖方的送货运输工具上。当卖方按合同规定,在卖方所在处所将货物装上承运人的收货运输工具,或者,在其他指定交货地,在卖方的送货运输工具上,将货物置于承运人处置之下时,货物灭失或损坏的风险,即转移至买方。

2. 买方安排运输

FCA 合同的买方必须自负费用订立自指定地运输货物的合同,但是,如果买方提出请求,或按照商业惯例,在与承运人订立运输合同时(如在铁路或航空运输的情况下)需要卖方提供协助的话,卖方可代为安排运输,但有关费用和风险由买方负担。

五、CPT 术语

CPT 贸易术语的全称是 Carriage Paid to(… named place of destination)——运费付至(……指定目的地),是指卖方负责订立将货物运至目的地指定地点的运输合同并支付运费,在合同规定的时间内将货物交给承运人(在多式联运情况下,则交给第一承运人)处置之下,即完成交货任务。CPT 合同也属于装运合同,是象征性交货。卖方交货后要及时通知买方,卖方承担货物交给承运人之前的一切风险。买方自货物交付承运人处置时起,承担货物灭失或损坏的一切风险,买方还要在双方所约定的目的地指定地点受领货物,支付货款,并承担除运费以外的货物自交货地点到达目的地为止的各项费用以及卸货费和进口税捐。在 CPT 条件下,卖方交货的地点可以在出口国的内地,也可以在出口国的港口,不论在何处,卖方都要负责货物出口报关的手续和费用。

上述承运人与 FCA 术语中的承运人相同。如果为了将货物运至指定目的地需要利用后续承运人,风险也自货物交付给第一承运人接受监管时转移。

CPT 是在 CFR 原则的基础上发展起来的,适用于任何运输方式,包括公路、铁路、江河、海洋、航空运输以及多式联合运输,特别是集装箱运输和多式联合运输的一种贸易术语。

(一) 卖方的主要义务

(1) 风险转移:承担将货物交给承运人之前的一切风险。

(2) 费用负担:货物交承运人接管之前的一切成本、费用、出口通关费、主运费。

(3) 单据提供:商业发票、官方及其他正式出口文件、一般交货证明或运送单据、协助买方取得进口及过境他国之相关文件。

(4) 货物交付:卖方须于规定期限内将货物送至指定约定地点交承运人(如有相继承运人,则交第一承运人),其后风险由买方负责。

(二) 买方的主要义务

待货物交与承运人后,除了主运费由卖方负责外其他所有的费用及风险均归买方负责(如过境费)。至于货物于运送途中若有任何损害或损失则由买方负责照料及索赔。

在 CPT 合同中,卖方负责安排运输,而买方负责货物运输保险。为了避免两者脱节,造成货物装运(货物交承运人接受监管)后,失去对货物必要的保险保障,卖方应及时向买方发出装运通知。关于这一问题的重要性及其处理方法,在前文 CFR 中所做的说明,也同样适用于按 CPT 和 FCA 术语达成的交易。

六、CIP 术语

CIP 贸易术语的全称是 Carriage and Insurance Paid to(… named place of destination)——运费、保险费付至(……指定目的地),是指卖方除了须承认在 CPT 术语下同样的

义务外,还须对货物在运输途中灭失或损坏的买方风险取得货物保险,订立保险合同,并支付保险费。

(一) 卖方的主要义务

(1) 风险转移:承担将货物交给承运人之前的一切风险。

(2) 费用负担:货物交承运人接管之前的一切成本、费用、出口通关费、主运费及保险费。

(3) 单据提供:商业发票、官方及其他正式出口文件、标明"运费已付"之运送单据及保险单据、协助买方取得进口及过境他国之相关文件。

(4) 货物交付:卖方须于规定期限内将货物送至指定约定地点交承运人(如有相继承运人,则交第一承运人),其后风险由买方负责。

(二) 买方的主要义务

待货物交与运送人后,除了主运费及保险费由卖方负责外其他所有的费用及风险均归买方负责(如过境费)。至于货物于运送途中若有任何损害或损失则由买方负责照料及索赔。

按 CIP 术语成交的合同,卖方要负责办理货运保险,并支付保险费,但货物从交货地运往目的地的运输途中的风险由买方承担。所以,卖方的投保属于代办性质。一般情况下,卖方要按双方协商确定的险别投保。如果买卖双方事先未在合同中规定保险险别和保险金额,卖方只需按最低责任的保险险别投保,保险金额一般是在合同价格的基础上加成10%,即 CIP 合同价款的 110%,并以合同货币投保。保险责任的起讫期限必须与有关货物的运输相符合,并必须自买方需负担货物灭失或损坏的风险时(即自货物在发货地被交付给承运人时)起开始生效,直至货物到达约定的目的地为止。

CIP 与 CPT 术语相比较,它们在交货地点、风险划分的界限、适用的运输方式等方面都是相同的,差别在于采用 CIP 时,卖方增加了保险的责任和费用。所以,卖方提交的单据中增加了保险单据。

CIP 与 CIF 术语相比较,CIP 是在 CIF 原则的基础上发展起来的,它们的价格构成中都包括运费和约定的保险费,合同均属于装运合同。主要区别是运输方式不同,CIF 只适用于水上运输,而 CIP 适用于任何运输方式,包括公路、铁路、江河、海洋、航空运输以及多式联合运输,特别是集装箱运输和多式联合运输。

(三) FOB、CFR、CIF 术语与 FCA、CPT、CIP 术语的相同点和不同点

1. 相同点

FCA、CPT、CIP 三种贸易术语都是属于第二类贸易术语,是分别在 FOB、CFR、CIF 三种传统贸易术语的基础上发展起来的,买卖双方责任划分的基本原则是相同的,主要表现在三个方面:

(1) 都是象征性交货,属于装运合同性质。

(2) 均由卖方负责办理出口清关手续,买方负责进口报关。

(3) 两组贸易术语下,买卖双方所承担的运输和保险责任相互对应。

2. 不同点

这两组贸易术语的区别:

(1) 适用的运输方式不同。FOB、CFR 和 CIF 术语只适用于海洋运输和内河航运,其承

运人一般仅限于船公司；而 FCA、CPT 和 CIP 术语则适用于包括海洋运输在内的各种运输方式以及多式联合运输方式，其承运人可以是船公司、航空公司或多式联运的联合运输经营人。

(2) 交货和风险转移的地点不同。FOB、CFR、CIF 的交货点均为装运港船上，风险均以货物在送到装运港船上时从卖方转移至买方；而 FCA、CPT、CIP 的交货地点需视不同的运输方式和不同的约定而定，它可以是在卖方所在处所由承运人提供的运输工具上，也可以是在铁路、公路、航空、内河、海洋运输承运人或多式运输承运人的运输站或其他收货点卖方的送货运输工具上。至于货物灭失或损坏的风险，则于卖方将货物交给承运人时，即自卖方转移至买方。

(3) 装卸费用负担不同。按 FOB、CFR、CIF 术语，卖方承担货物送到装运港船上为止的一切费用，但由于货物装船是一个连续作业，各港口的习惯做法又不尽一致，所以，在使用租船运输的 FOB 合同中，应明确装货费用由何方负担，在 CFR 和 CIF 合同中，则应明确卸货费用由何方负担，而在 FCA、CPT、CIP 术语下，如涉及海洋运输，并使用租船装运，卖方将货物交给承运人时所支付的运费(CPT、CIP 术语)，或由买方支付的运费(FCA 术语)，已包含了承运人接管货物后在装运港的装货(装船)费用和目的港的卸货(卸船)费用。这样，在 FCA 合同中的装货(装船)费用的负担和在 CPT、CIP 合同中的卸货(卸船)费用的负担问题就不再存在。

(4) 运输单据不同。在 FOB、CFR、CIF 术语下，卖方一般应向买方提交已装船清洁提单；而在 FCA、CPT、CIP 术语下，卖方提交的运输单据则视不同的运输方式而定。如在海运和内河运输方式下，卖方应提供可转让的提单，有时也可提供不可转让的海运单和内河运单；如在铁路、公路、航空运输或多式联运方式下，则应分别提供铁路运单、公路运单、航空运单或多式联合运输单据。

FCA、CPT 和 CIP 这组贸易术语比 FOB、CFR 和 CIF 术语具有明显的优越性，尤其在出口业务中，以集装箱船、滚装船或多式联运方式运输货物的情形下：一是减少了卖方承担的风险范围；二是提前获得运输单据，从而提前了卖方交单结汇的时间，有利于卖方的资金周转。因此，随着集装箱运输和国际多式联运的广泛运用和发展，FCA、CPT 和 CIP 三种贸易术语将会替代 FOB、CFR 和 CIF 三种传统的贸易术语。

七、EXW 术语

EXW 贸易术语的全称是 Ex Works(…named place)——工厂交货(……指定地点)，是指卖方在其所在处所(工厂、工场、仓库等)将货物置于买方处置之下时，即履行了交货义务。卖方不负责将货物装上买方备妥的车辆，也不负责出口清关。买方负担自卖方所在处所提取货物至目的地所需的一切费用和风险。本术语属于第一类，适用于任何运输方式。

(一) 卖方的主要义务

(1) 风险转移：在卖方营业场所内将货物交买方处置为止。
(2) 费用负担：货物在卖方营业场所交买方处置之前一切成本及费用。
(3) 单据提供：商业发票、协助买方取得货物出、进口及过境他国等相关文件。
(4) 货物交付：卖方只需于约定期限内将货物备妥置于自己营业场所、工厂或仓库内，不负责把货物装上买方之运输工具，亦不负责出口通关手续。

（二）买方的主要义务

待卖方交货给买方后，买方即必须自行负担一切风险及费用将货物装上其所备的收货交通工具，同时办理货物出口签证通关及装运事宜。

EXW条件下，卖方负担最小义务，买方所负的责任最大，故若买方不便在出口国办理相关事宜则不宜采此贸易术语。

如果买方要求卖方在发货时将货物装上收货车辆，并负担一切装货费用和风险，则应在合同中用明确的词句对此加以规定。

八、FAS术语

FAS贸易术语的全称是Free Alongside Ship（…named port of shipment）——船边交货（……指定装运港），是指卖方在装运港将货物放置码头或驳船船边，即完成了交货。这是指买方必须自该时刻起，负担一切费用和货物灭失或损坏的一切风险。FAS术语是象征性交货，属于装运合同。FAS术语属于第二类贸易术语，只适用于海运或内河运输。

（一）卖方的主要义务

（1）风险转移：货物送至装船港买方指定船旁边。

（2）费用负担：货物交指定船边之前的一切成本、费用及出口通关费。

（3）单据提供：商业发票、官方及其他正式出口文件、一般交货证明或协助买方取得运送单据、协助买方取得进口及过境他国之相关文件。

（4）货物交付：卖方须办妥货物出口通关事宜并负责一切风险及费用直到货物送至装运港买方所指定的船边。

（二）买方的主要义务

买方负责货交买方指定船边后一切风险费用及装运事宜。若买方怠于告知指定船边地点或指定船无法适时抵达则所产生的费用及损失将均归买方负责。

FAS术语要求卖方办理货物出口清关。在实际业务中，货物出口清关，由出口人（卖方）办理，较为方便。但是，如卖方要求由买方办理货物出口清关，则应在合同中对此用明确的词句做出规定。

九、DAT术语

DAT贸易术语的全称是Delivered at Terminal（…named terminal at port or place of destination）目的地或目的港的集散站交货（……指定目的地），指卖方在指定的目的地或目的港的集散站卸货后将货物交给买方处置即完成交货。DAT术语是实际交货术语，属于到达合同。该术语中的目的地也包括港口。本术语是《2010年国际贸易术语解释通则》新增加的，取代了《2000年国际贸易术语解释通则》的DEQ术语，且扩展至适用于一切运输方式。

（一）卖方的主要义务

（1）风险转移：卖方承担将货物交至指定目的地或目的港的集散站之前的一切风险。

（2）费用负担：货物运抵目的地或目的港的集散站交买方处置前一切成本及费用。

（3）单据提供：商业发票、官方及其他正式出口文件、小提单及/或一般运送单据、协助买方取得输入货物而须由发货国签发的文件。

（4）货物交付：卖方应于规定的期限内负担所有风险及费用直到货物运抵"指定目的

或目的港的集散站"交买方处置为止。

（二）买方的主要义务

买方负责货物交买方处置后的一切风险及费用。

十、DAP 术语

DAP 贸易术语的全称是 Delivered At Place(…named place of destination)——目的地交货(……指定目的地)，是指卖方在指定的目的地交货，只需做好卸货准备无需卸货即完成交货。DAP 术语是实际交货术语，属于到达合同。术语所指的到达车辆也包括船舶，目的地也包括港口。卖方应承担将货物运至指定目的地的一切风险和费用（除进口费用外）。本术语是《2010 年国际贸易术语解释通则》新增加的，取代了《2000 年国际贸易术语解释通则》的 DAF、DES 和 DDU 三个术语，且扩展至适用于一切运输方式。

（一）卖方的主要义务

(1) 风险转移：卖方承担将货物交至指定目的地之前的一切风险。

(2) 费用负担：货物运抵指定目的地交买方处置之前的一切成本及费用。

(3) 单据提供：商业发票、官方及其他正式出口文件、小提单及/或一般运送单据、协助买方取得输入货物而须由发货国签发的文件。

(4) 货物交付：卖方应于规定的期限内负担所有风险及费用直到货物运抵"指定目的地"交买方处置为止。

（二）买方的主要义务

买方负责货物交买方处置后的一切风险及费用。

十一、DDP 术语

DDP 贸易术语的全称是 Delivered Duty Paid(…named place of destination)——完税后交货(……指定目的地)，是指卖方将货物运至进口国的指定地，办理完进口清关手续，将在交货运输工具上尚未卸下的货物交与买方，完成交货。DDP 术语是实际交货术语，属于到达合同。卖方必须负担货物运至该处的风险和费用，包括关税、税捐和其他费用，并办理货物进口的清关。与 EXW 相反，DDP 是卖方负担最多义务的术语。本术语可适用于任何运输方式。本术语是《2010 年国际贸易术语解释通则》保留《2000 年国际贸易术语解释通则》中唯一 D 组术语。

（一）卖方的主要义务

(1) 风险转移：货物在目的地于送达之运输工具上交买方处置为止。

(2) 费用负担：货物运抵指定目的地于送达之运输工具上，税讫交买方处置前一切成本及费用。

(3) 单据提供：商业发票、官方及其他正式出口、进口过境他国文件、小提单及/或一般运送单据。

(4) 货物交付：卖方应于规定的期限内负担所有风险及费用直到货物运抵指定目的地于送达之运输工具上，并办妥货物进口通关手续及缴清各种进口税费后，交买方或其指定人处置。

（二）买方的主要义务

买方仅须负责将货物自送达之运输工具上卸下。

第三节　国际贸易术语的表达和使用

一、国际贸易术语的表达

国际贸易术语应在货物单价中得到表达。在国际贸易合同中，单价由计价单位、价格、使用的货币及贸易术语4部分构成。其中应注意在贸易术语的缩写字母后面写上装运地（港）或目的地（港）。

例如：我国从美国进口长绒棉，国际贸易术语可以表达为：每公吨1000美元FOB纽约。

二、国际贸易术语的使用

在国际贸易中，贸易术语是确定合同性质、决定交货条件的重要因素，不同的贸易术语买卖双方承担不同的义务，采用何种贸易术语，既关系到双方的利益所在，也关系到能否顺利履约，所以在洽谈交易时，双方应恰当地选择贸易术语。

作为交易的当事人，在选择使用贸易术语时主要应考虑以下因素：

（一）考虑运输条件

买卖双方采用何种贸易术语，首先应考虑采用何种运输方式运送。《2010年国际贸易术语解释通则》中第二类4种术语适用于水运。尽管水运速度较慢，风险相对较大，但其最大特点是运费低廉，特别是运送大宗货物时，可以有效降低单位商品的运费。第一类7种贸易术语适合于各种运输方式。由于运输技术的进步，新型运输方式被普遍地应用于国际货物运输，因此，这些贸易术语被越来越广泛地使用。

在本身有足够运输能力或安排运输无困难，而且经济上又合算的情况下，可争取由自身安排运输的条件成交（如按FCA、FAS或FOB进口，按CIP、CIF或CFR出口）；否则，应酌情争取按由对方安排运输的条件成交（如按FCA、FAS或FOB出口，按CIP、CIF或CFR进口）。

总之，买卖双方采用何种贸易术语成交，必须要考虑其采用何种运输方式，要考虑该运输方式的运输能力、运输速度、运价高低以及运输安排的难易程度等。

（二）考虑货源情况

在选择国际贸易术语时，货源也是需要考虑的因素之一，货源离港口的远近对采用何种贸易术语有着直接的影响。如果货源离港口近，就可以考虑选择适合水上运输方式的贸易术语，如果货源离港口比较远，那么就要考虑适合多种运输方式的贸易术语，降低卖方在运输过程中的风险。此外，成交量的大小，也直接涉及安排运输的难易程度和经济成本。当成交量太小，又无班轮通航的情况下，负责安排运输的一方势必会增加运输成本，故选用贸易术语时也应予以考虑。

（三）考虑运费因素

运费是货价构成因素之一，在选用贸易术语时，应考虑货物运输的运费收取情况和运价变动趋势。一般来说，当运价看涨时，为了避免承担运价上涨的风险，可以选用由对方安排运输的贸易术语成交，如因某种原因不得不采用自身安排运输的条件成交，则应将运价上涨的风险考虑到货价中去，或在合同中订明以现行费率为准。

（四）考虑运输途中的风险

在国际贸易运输过程中，可能遇到各种自然灾害、意外事故等风险，特别是在遇到战争或正常的国际贸易遭到人为障碍与破坏的时期和地区，则运输途中的风险更大。因此，买卖双方洽商交易时，必须根据不同时期、不同地区、不同运输路线和运输方式的风险情况，并结合购销意图来选用适当的贸易术语。

（五）考虑办理进出口货物的结关手续难易程度

在国际贸易中，关于进出口货物的结关手续，有些国家规定只能由结关所在国的当事人安排或代为办理，有些国家则无此项限制。因此，当出口国政府规定，买方不能直接或间接办理出口结关手续，不宜按 EXW 条件成交，而应选用 FCA 条件成交；若进口国当局规定卖方不能直接或间接办理结关手续，此时则不宜采用 DDP，而选用其他术语成交。

本 章 小 结

◆ **内容提要**

本章首先剖析了贸易术语的含义、作用；其次简单介绍了贸易术语的产生和发展、有关贸易术语的三个国际贸易惯例；然后详细介绍了《2010 年国际贸易术语解释通则》对各贸易术语的解释，概括了各贸易术语的特点及买卖双方的责任和义务；最后简要介绍了国际贸易术语的表达和使用，以及在使用过程中应该考虑的因素。

◆ **关键词**

国际贸易术语　国际贸易惯例　国际贸易术语解释通则　FOB　CIF　CFR　FCA　CPT　CIP

◆ **思考题**

1. 简述 FOB、CFR、CIF 与 FCA、CPT、CIP 的主要异同点。
2. 什么是贸易术语？为什么要在国际贸易中使用贸易术语？
3. 什么是象征性交货？其主要特征是什么？
4. 什么是到达合同？它与装运合同有何区别？
5. 《2010 年国际贸易术语解释通则》有哪些新变化？

某年 5 月，美国某贸易公司（以下简称进口方）与我国江西某进出口公司（以下简称出口方）签订合同购买一批日用瓷具，价格条件为 CIF LOS-ANGELES，支付条件为不可撤销的跟单信用证，出口方需要提供已装船提单等有效单证。出口方随后与宁波某运输公司（以下简称承运人）签订运输合同。8 月初，出口方将货物备妥，装上承运人派来的货车。途中由于驾驶员的过失发生了车祸，耽误了时间，错过了信用证规定的装船日期。得到发生车祸的通知后，我出口方即刻与进口方洽商要求将信用证的有效期和装船期延展半个月，并本着诚信原则告知进口方两箱瓷具可能受损。美国进口方回电称同意延期，但要求货价应降 5%。我出口方回电据理力争，同意受震荡的两箱瓷具降价 1%，但认为其余货物并未损坏，不能降价。但进口方坚持要求全部降价。最终我出口方还是做出了让步，受震荡的两箱降价 2.5%，其余降价 1.5%，为此受到货价、利息等有关损失共计达 15 万美元。

事后,出口方作为托运人又向承运人就有关损失提出索赔。对此,承运人同意承担有关仓储费用和两箱受震荡货物的损失,利息损失只赔50%,理由是自己只承担一部分责任,主要是由于出口方修改单证耽误时间,但对于货价损失不予理赔,认为这是由于出口方单方面与进口方的协定所致,与己无关。出口方却认为货物降价及利息损失的根本原因都在于承运人的过失,坚持要求其全部赔偿。3个月后经多方协商,承运人最终赔偿各方面损失共计5.5万美元。出口方实际损失9.5万美元。

请问此案产生损失的原因,如何避免损失的发生以及在损失发生以后如何尽可能减少损失?

第五章 商品的品名和品质

明确国际贸易商品名称和品质的重要性,熟悉品名和品质条款的基本内容,掌握品名与品质的表示方法及规定技巧,熟练制订合同中的品名、品质条款。

KM 公司要求 BR 公司提供"山东大蒜",合理吗?

韩国 KM 公司向我 BR 土畜产公司订购大蒜 650 公吨,双方当事人几经磋商最终达成了交易。但在缮制合同时,由于山东胶东半岛地区是大蒜主要产区,通常我公司都以此为大蒜货源地,所以 BR 公司就按惯例在合同品名条款上打上了"山东大蒜"。可在临近履行合同时,大蒜产地由于自然灾害导致欠收,货源紧张,BR 公司紧急从其他省份征购,最终按时交货。但 KM 公司来电称,所交货物与合同规定不符,要求 BR 公司做出选择,要么提供山东大蒜,要么降价,否则将撤销合同并提出贸易赔偿。试问,KM 公司的要求是否合理?并评述此案。

启示:本案是由于品名、品质条款所引发的贸易争议。结合案例可以看出 KM 公司的要求合理。本案中所采用的是以商品的产地的命名方法,不同产地的同种商品品质可能存在较大的差别,因此,KM 公司要求提供山东大蒜的做法是合理的。由此案可知,品名、品质条款一旦确立,卖方必须严格按照合同的约定交货,否则买方有权拒收、要求索赔甚至撤销合同。

资料来源:冷柏军.国际贸易实务[M].北京:对外经济贸易大学出版社,2005.

第一节 商品的品名

国际货物买卖中,双方当事人分属不同国家和地区,一手交钱一手交货的情况较少,从谈判磋商到合同的签订,只能通过对商品的必要描述来实现。因此,在国际贸易合同中,非常有必要列明商品的品名。

一、品名条款的重要性

(一) 品名的含义

商品的名称(Name of Commodity),简称"品名",是指能使某种商品区别于其他商品的概念或称呼。品名即为实物形式的合同标的物,一定程度上可表现为商品的自然属性、用途、性能及特征。一般来说,加工程度越低的商品,其品名较多地体现该商品的自然属性;加工程度越高的商品,其品名较多地体现其性能及特征。

(二) 约定品名的重要意义

在国际货物买卖中,明确约定品名具有重要意义,主要表现如下:

第一,从商贸角度来看,列明商品的品名是买卖合同成立的最基本条件。品名是构成商品说明的重要组成部分,是买卖双方进行交接货物的基本依据。

第二,从法律角度,列明商品的品名是明确买卖双方权利和义务的重要依据。正如《联合国国际货物销售合同公约》规定,卖方交付的货物不符合合同约定的名称或说明,买方有权提出损害赔偿,甚至拒收货物或撤销合同。

第三,从实务角度来看,品名是双方后续交易赖以开展的前提。品名是磋商、托运、投保、报关、索赔、仲裁等业务操作与实务收费的依据,也是外贸统计的依据。

二、品名条款的基本内容

合同中的品名条款并无统一的格式要求,通常在"货物名称"(Name of Commodity)的标题下,列明成交货物的名称即可。有时也可不加标题,直接在合同的开头部分,列明双方同意买卖的某种商品。例如:

品名:中国桐油

Name of Commodity:Chinese Tong Oil

品名:女式裙子

Name of Commodity:Lady Skirt

部分商品具有各种不同的型号、等级、规格及品种,为了更为明确的表达,往往将商品的品名与品质条款合并,即有必要把品名与具体的型号、等级、规格及品种等描述都纳入同一条款中,以达到方便识别同一品名下的不同商品的目的。例如:

商品品名:"耐克"牌运动鞋,货号:3A51

Name of Commodity:Sports Shoes Art. No. 3A51,"NIKE" Brand.

商品品名:男式"金利来"衬衣,货号:3218

Name of Commodity:Men's Shirts Style No. 3218, "Goldlion" Brand.

三、表示商品品名的方法

表示商品品名的目的是使其区别于其他商品。目前,国际上通用的命名方法如表5.1所示。

表 5.1　商品品名的规定方法

规定方法	作用	示例
以商品的主要成分命名	突出商品的内涵,提升商品的价值	桑蚕丝睡衣、鹿茸酒、人参珍珠霜
以商品的主要原材料命名	突出反映商品的质量,体现与同类商品的差异性	棉布、羊毛衫、藤椅、羽绒服
以商品的主要用途命名	突出商品的功能,便于买方按需选购	杀虫剂、赛车、推土机、洗发水
以商品的外观造型命名	方便从字义了解商品的外观特征	喇叭裤、绿豆、高跟鞋、圆桌
以商品的制作工艺命名	突出加工工艺,增强买方对商品的信任	浮法玻璃、蒸馏水、非转基因大豆、手工水饺
以褒义词命名	突出商品的使用功效,激发买方的购买欲望	青春宝、脑轻松、太阳神口服液、黄金搭档
以商品的产地命名	突出商品的地方特色,增强产品吸引力	贵州茅台酒、西湖龙井、青岛啤酒
以人物的名字命名	引起买方注意和兴趣	东坡肉、孔府家酒
以商品的色彩命名	突出商品的视觉感受	白巧克力、黑麦面包

品名是出口商品的无声宣传,其命名方法的选择关系到商品在国际市场中的竞争力。合理、恰当的商品命名方法,既能概括出商品的特征,又能最大程度的刺激买方的购买欲望。另外,为了使生产或销售的商品与同类其他厂家区别开来,商品的命名又常常与牌名相融合,构成描述、说明商品的重要部分。

四、规定品名条款的注意事项

品名条款虽然简单,但务必给予足够的重视,订立品名条款需注意以下问题:

(一) 明确、具体反映交易商品的特点

品名条款的文字规定,务必订明标的物的具体名称,尽量避免空泛、笼统或含糊,以达到明确反映商品的用途、性能的目的,便于合同的达成与履行,避免买卖双方的贸易纠纷。

(二) 实事求是规定商品的具体情况

品名条款务必真实反映商品的客观情况,务必确保是卖方能够提供的实际产品,但凡做不到或者过分夸大的描述性词汇,都不应列入品名,否则易导致合同履行困难。

【课堂讨论】

2016 年,我国某出口公司对外签订一份合同,合同规定:商品品名为"手工制造书写纸"(Handmade Writing Paper)。买方收到货物后,经查验发现货物部分制造工序为机械操作,而我方提供的所有单据均表示为"手工制造"。对方要求我方赔偿,而我方拒赔,主要理由是:第一,该商品的生产工序基本是手工操作,而且关键工序完全采用手工;第二,该交易是经买方当面先看样品成立的,并且实际货物品质又与样品一致。因此,应认为所交货物与商

定的品质一致。试讨论:此次争议的责任方在哪方?原因是什么?

分析:责任在我方。因为出口合同规定的商品品名为"手工制造书写纸",而我方实际所交货物仅部分制造工序为机械操作,违反了合同的规定。尽管该交易是经买方当面看样品成立的,但此交易并非凭样品买卖,只能算是参考样品。我方应承担交货不符的责任,并赔偿因此造成的买方损失。

案例改编自:李平.国际贸易规则与进出口业务操作实务[M].北京:北京大学出版社,2011:98-99.

(三)尽可能使用国际通用的名称

部分产品有学名、俗名等,合同中的品名力求易懂、规范,遵从国际上的习惯称呼和相关国家的政策、法规使用的通用名。应避免使用地方性称呼,除非买卖双方就其含义事先取得共识。翻译商品品名时需考虑中文与英文的差异,译名应准确,切记"生译"。目前,多数国家按照《协调商品名称及编码制度》(H.S.编码制度)对商品进行分类,因此,尽量遵循 H.S.协调制度、本国海关税则,使商品的品名与相应的编码相匹配。

(四)选择合适的品名,以利于降低关税或方便进出口

同样的商品若具有不同的名称,卖方在确定商品品名时,可从节约成本、方便履约的角度来科学命名。注意部分国家的海关关税的有关规定,尽量在不违反有关政策的情况下,选择有利于降低关税的品名作为合同的品名。同时,由于商品的品名不统一,存在着同一商品因名称不同而收取的运费与仓储费率不同的现象。部分商品若冠以贵重原材料,如"鹿茸"等,往往要付出较高的运输、仓储费用。此外,尽量不去触碰部分国家对某些商品的贸易壁垒。例如某些国家为保护某些动物,做出禁止使用动物器官作为原料的规定,此时,商品的品名应尽量避免出现类似"犀角珍珠粉""虎骨酒"中的动物器官。

【课堂讨论】

我国某公司与美国签订了一份出口合同,商品名称为"熊猫",结果在出口报关时受阻,海关没有在报关单上盖章放行,因为熊猫是国家的珍稀动物,受到国家的管制。然而,我方欲出口的真正货物是"玩具熊猫",后来,经过周转,买卖双方重新修改有关的单据,最后顺利通关。试问,从这个案例中我们可以吸取什么教训?

案例分析:通过本案,我们可以吸取的教训有:

第一,国际货物买卖合同中,对商品的名称的约定要实事求是,要反映实际情况。

第二,商品命名选择要结合贸易管制的规定,考虑是否能顺利通关。

资料来源:张炳达,王晓静.国际贸易实务与案例[M].上海:立信会计出版社,2006:56.

第二节 商品的品质

在国际货物买卖中,商品的品质既是主要的交易条件,也是买卖双方开展交易磋商的首要条件,必须认真对待。

一、品质条款的重要性

(一)品质的含义

商品的品质(Quality of Commodity),又称为商品质量,是商品的外观形态与内在质量

的综合。前者指商品的色泽、款式、长短、光彩、轻重、透明度、嗅觉、味觉等,通过人们的感觉器官可直接获得。后者指商品的物理性能、化学性能、技术指标、生物特征等,需借助各种仪器、设备分析测试才能获得。在国际市场中,外观和内在质量均十分重要。

(二) 约定品质的重要性

第一,商品的品质是国际货物买卖合同的重要条款。合同中的品质条款是商品说明的重要组成部分,即使是同一种商品,品质方面也可能因自然条件、技术和工艺水平等因素的影响而存在种种差别,务必在合同订立时做出明确规定。根据《联合国国际货物销售合同公约》规定,卖方交付货物必须与合同所约定的质量相符,如果所交货物与合同不符,即构成"根本违反合同"。

【课堂讨论】

我国一生产企业向马来西亚客户出口汽车配件,型号为 YZ-8303R/L,但生产企业提供了 YZ-8301R/L,两种型号的产品上非常相似,但却用在不同的车型上,因为客户不能接受,要求我方调换产品或降低价格。我方考虑到退货相当麻烦,费用很高,因此只好降价15%,了结此案。

分析:商品的品质是买卖合同中不可缺少的要件之一。按照《联合国国际货物销售合同公约》的规定,卖方交付的货物必须符合合同所约定的质量,如卖方交货不符约定的品质条件,买方有权要求损害赔偿,也可要求修理或交付替代货物,甚至拒收或撤销合同。

资料来源:丁行政,罗艳.国际贸易实务[M].北京:中国海关出版社,2003:81-82.

第二,商品的品质是激发贸易争议的主要原因。品质是买卖双方交接货物的依据,关系到买卖双方的切身利益。国际货物买卖双方产生贸易争议的原因多样,但大多数争议来自货物品质问题。明确商品的品质,对于避免可能发生的品质纠纷具有重要意义。

第三,品质是提升商品国际竞争力的重要手段。商品品质的优劣关系到商品的价值与使用价值,在空前激烈的国际市场竞争中,品质是企业之间非价格竞争的主要方式。同时,商品的品质在"按质论价"的市场规律下,成为影响价格的重要因素。因此,提升商品品质成为扩大出口、加强对外竞销的重要措施之一。

二、表示品质的方法

合同中明确商品品质的关键在于选用表示品质的方法。而国际货物贸易中的商品种类繁多,不同的商品具有不同的加工情况、市场交易习惯及特色,商品品质的表示方法也多种多样,归纳起来可分为两大类,如表5.2所示。

表5.2 商品品质的规定方法

规定方法	具体规定方法	
以实物表示商品品质	看货买卖	
	凭样品买卖	凭卖方样品买卖
		凭买方样品买卖

续表

规定方法	具体规定方法
以文字说明表示商品品质	凭规格买卖
	凭等级买卖
	凭标准买卖
	凭商标或品牌买卖
	凭产地买卖
	凭说明书和图样买卖

(一) 以实物表示商品品质

以实物表示商品品质,具体做法包括凭成交商品的实际品质(Actual Quality)和凭样品(Sample)两种表示法。前者称之为"看货买卖",后者称之为"凭样品买卖"。

1. 看货买卖

看货买卖(Sale by Actual Quality)也称为"看货成交",即买方或代理人在卖方存放货物的场所进行现场查看,并按质论价。一旦达成交易,卖方需按查验过的商品交货,且只要卖方交付的是被查验过的商品,买方无权对品质提出异议。

看货买卖方式具有许多局限性,既需要卖方存有现货,又需要买方或代理人亲临现场,而看货时也无法做到逐一查看,实际操作意义不强。因此,采用看货买卖的情况较少,多适用于一些具有独特性的商品中,如古玩、珠宝、玉雕等。另外寄售、拍卖和展卖业务中多采用该方式。

2. 凭样品买卖

样品(Sample)是指从一批商品中抽取的,或有设计部门加工、设计出来的足以能够代表整批商品的少量实物。但凡以样品作为买卖和交货依据的,即为"凭样品买卖"(Sale by Sample)。

在实务中,根据样品的提供主体不同,分为以下几种:

(1) 凭卖方样品买卖。

凭卖方样品买卖(Sale by Seller's Sample)是指由卖方向买方提供样品,经买方确认并以此作为交货的品质依据。国际货物买卖合同中应注明"品质以卖方提供样品为准",日后卖方所交所有货物,必须与卖方样品保持一致。

凭卖方样品买卖时,应注意以下问题:

第一,提供的样品要具有代表性,品质不要偏高,也不要偏低。品质太高易造成履约困难,品质太低影响商品竞争力。

第二,卖方在寄送样品之前,应留存一份或多份同样的样品,作为"复样"(Duplicate Sample),以备将来交验货物或处理品质争议。

第三,注意区分"参考样品"(Type Sample)和"标准样品"(Sample for Reference)。"标准样品",是指样品一经买卖双方同意,即成为交货和验货的依据。正如《联合国国际货物销售合同公约》第35条规定:"货物的质量与卖方向买方提供的货物样品与样式相同。"而"参考样品"是指买卖双方相互寄送,以供对方了解的商品,不能作为交货的依据。注意参考样品在寄送时,要注明"仅供参考"字样。

【课堂讨论】
　　2016年末,我国某出口公司向英商推销干瓜条,为了介绍该商品的情况向客户寄送样品,双方经磋商达成50公吨干瓜条的交易,并于2017年2月装船。货物达目的港后,买方来电:货已到达,但所收到的干瓜条色泽发黄,与样品不一致,样品色泽洁白;经检验货物的二氧化硫超出标准,英国海关不准放行,不许进口。卖方指出,当时所寄的样品是用来介绍商品的,仅供参考。但买方力争是标准样品。最后,在一切费用和风险由卖方负担的条件下,原货退回卖方。讨论:从本案中可以吸取什么教训?

　　(2) 凭买方样品买卖。
　　凭买方样品买卖(Sale by Buyer's Sample)是指买方为订购得到符合自身要求的商品,即由买方提供样品,并依此作为交货的品质依据。国际货物买卖合同中若注明"品质以买方提供样品为准",日后卖方所交所有货物,必须与买方样品保持一致。
　　凭买方样品买卖时,需注意以下问题:
　　第一,在对买方样品确认前,卖方需考虑自身的技术工艺、原材料供应等是否具备买方样品的生产要求。
　　第二,若卖方无法确认买方样品是否存在侵犯第三方的工业产权与其他知识产权时,为避免纠纷,最好在合同中加注:"凡由买方样品引起工业产权等第三方权利的纠纷时,概由买方负责。"
　　(3) 凭对等样品买卖。
　　国际贸易中,谨慎的卖方或认为按照买方样品供货没有把握,往往不愿意承接凭买方样品交货,可按买方来样加工复制出类似的样品,并交由买方确认,这种经买方确认的样品,称为"对等样品"(Counter Sample)或"回样"。
　　无论采用哪种样品买卖方式,应注意以下问题:
　　第一,凭样品买卖,容易产生交易过程中的品质争端。但凡能用客观的指标来表示产品品质时,尽量不要采用凭样品买卖。除非难以用客观指标表示质量的商品,可考虑采用样品买卖,或者凭样品来表示商品的某些方面的质量指标。如用"色样"表示纺织品的色泽,用"款式"表示服装的造型等。
　　第二,凭样品买卖一般适用于难以规格化、等级化、标准化的商品,如农副产品、某些工艺品、轻工业产品等。对于难以做到"货""样"完全一致的交易,为避免不必要的品质争议,或当卖方对所交货物无绝对把握时,可在合同中加列"品质与样品大致相同"的条款,以防止被动。
　　第三,应尽量争取对我方有利的凭样品成交方式。凭样品成交,可在一定程度上提升企业在国际上的竞争力。但为了避免客户故意挑剔,作为卖方,我们可以制作"回样"寄给客户,其实质即由"凭买方样品买卖"转换成了"凭卖方样品买卖",从而使卖方处于比较有利的地位。

（二）以文字说明表示商品品质
　　国际货物贸易中,大多数商品均可采用文字说明来表示其品质,具体方法如下:
　　1. 凭规格买卖
　　商品规格(Specification of Goods)是指用以反映商品品质的主要指标,包括大小、尺寸、成分、纯度、含量、粗细等。凡交货质量用规格来指明的,均称为"凭规格买卖"(Sale by Spec-

ification)。由于该方法明确、简单、易行,故在国际货物买卖中被广泛使用。例如:"跳鲤"花布,纱支30×36,密度每英寸72×69,幅阔35/36英寸;芝麻的出口规格是水分最高含量8%,杂质最高含量2%,含油量最低52%。

2. 凭等级买卖(Sale by Grade)

同一类商品,按照其规格上的差异,用文字、数字或符号来表示商品品质上的优劣不同的级别和档次。如甲、乙、丙,A、B、C等的等级分类。同类商品的不同等级分类是长期生产与外贸实践的结果,而不同等级的商品具有不同的规格,为了履行合同的便利与减少争议,在品质条款列明等级时,最好一并规定每一等级的具体规格。如:

乌砂	三氧化钨	锡	砷	硫
	最低	最高	最高	最高
特级	70%	0.2%	0.2%	0.8%
一级	65%	0.2%	0.2%	0.8%
二级	65%	1.5%	0.2%	0.8%

【课堂讨论】

山东某出口公司向英国出口一批苹果。合同及来证上均写的是三级品,但到发货时才发现,三级苹果库存告罄,于是该出口公司改以二级品交货,并在发票上加注:"二级苹果仍按三级计价。"请讨论:这种以次订好的做法是否妥当?

3. 凭标准买卖

标准是指在一定范围内统一化的商品的规格和等级及其检验方法。在国际货物买卖中,交易双方以某一标准作为规定和衡量商品品质的依据,即为"凭标准买卖"(Sale by Standard)。

商品的标准一般由国际标准化组织、国家或政府部门规定,或者由行业团体、同业公会、交易所或国际化的工商组织规定。在凭标准买卖时,合同中应注明采用标准的版本名称及其年份,以免引起争议。

在国际贸易中,针对某些品质变化较大,且难以规定统一标准的农副产品,往往引用以下两种标准:

(1) 良好平均品质。所谓良好平均品质(Fair Average Quality,FAQ),是指一定时期内某地出口货物的平均品质状况,一般即指中等货。在农产品的出口中,若采用FAQ,则意味着该交货产品的品质为我国产区当年该农副产品的平均品质水平,即通常所说的"大路货"。FAQ的交货水平一般由生产国在农产品收货后,经过官方抽样,从中制定该年度的FAQ的标准和样品。另外,为了品质条款更为明确,除了在合同中注明FAQ字样外,建议加列该产品的主要规格。例如:2017年安徽花生,良好平均品质,含水量最高12%。

(2) 上好可销品质。所谓上好可销品质(Good Merchantable Quality,GMQ),是指卖方所交货物"品质尚好,合乎商销"。此时,卖方只需保证所交货物品质良好,适合销售即可。而该标准所做规定较为模糊、笼统,不建议使用。

4. 凭商标或品牌买卖(Sale by Trade Mark or Brand Name)

"商标"(Trade Mark)是指生产者或商号用来识别其所生产或出售商品的标志,它可由一个或多个文字、字母、图案等组成。"品牌"(Brand)是指工商企业给其制造或销售的商品所冠以的名称,以便与其他企业的同类产品相区别。

国际市场上,某些品质稳定、口碑良好或知名度较高的品牌商品,买卖双方在交易时,可采用其商标、品牌代表交货品质。尽管如此,基于同一商标品牌下的具体产品品种的多样性和复杂性,除规定商标、品牌外,还需订明具体的规格或型号,以达到更为明确的目的。

5. 凭产地买卖(Sale by Origin)

某些产品因其所处不同产区,而受到独特的自然条件、加工工艺等因素的影响,在品质方面具有不同于其他产区产品的独特风格。对于该类产品,尤其是一些农副产品,多用产地名称作为交货依据,这就是"凭产地买卖"。如以某一国家为标志的"法国香水""德国啤酒";或以某一地区为标志的"中国东北大豆""法国干邑葡萄酒";或以某国家某一地区的某一地方为标志的"龙口粉丝""北京烤鸭""黄山毛峰"等。

6. 凭说明书和图样买卖(Sale by Descriptions and Illustrations)

国际贸易中某些商品,有些机械、电器、仪表、设备等技术密集型产品,因其结构复杂、型号繁多、性能多样,难以用个别指标来完整表示其品质。对于该类产品,买卖双方除了要规定其名称、商标、型号外,通常以说明书、图样、设计图纸等来说明产品品质的全貌,介绍商品的结构、材料、性能、结构及使用方法,并以此作为双方交接货物的依据,这就是"凭说明书和图样买卖"。同时,为维护买方利益,建议在合同中增加"卖方品质保证条款"和"技术服务条款"。

三、合同中的品质条款

(一) 品质条款的基本内容

合同中的品质条款是一项主要条款,是买卖双方就货物的质量、等级、货号、规格、商标等内容的具体规定。卖方必须按照合同中的品质交货,否则买方有权提出索赔或拒收,甚至撤销合同。

不同商品其表示品质的方法不一,品质条款的繁简,应视商品的具体特性而定。凭样品买卖时,最好列明样品编号或寄送日期,并规定"交货品质与样品相同"或"交货品质与样品大致相符"等语句。

例:样品号 WO178,26 英寸长毛绒熊猫玩具,品质与××日期航寄的样品相同。
Sample WO178 Plush Toy Panda 26, Quality same as sample airmailed on ×× (date).

在凭说明书和图样买卖时,应在合同中列明说明书、图样的名称、份数等。

例:2422 型多梭箱织机,详细规格如所附文字说明与图样。
Multi-shuttle Box Loom Model 2422
Detail Specifications as per attached descriptions and illustrations.

在凭标准买卖时,应列明所引用的标准和版本的年份。

例:柠檬酸钠规格。(1) 符合 2013 年版英国药典标准;(2) 纯度:不低于 99%。
Sodium Citrate
Specifications. (1) In conformity with B. P. 2013; (2) Purity: Not less than 99%.

(二) 品质机动幅度与品质公差

在国际货物买卖实践中,部分产品如农产品、手工艺品等,受其生产工艺、自身特点等多种原因的影响,难以保证其质量与合同规定的品质完全一致,此时,如果品质条款规定过死或者绝对化,势必给卖方带来交货困难或不必要的争议。为了避免该状况的发生,可以在品质条款中规定"品质公差"或"品质机动幅度"。

1. 品质机动幅度条款

所谓品质机动幅度(Quality Latitude),是指允许卖方所交货物的品质在规定的幅度内机动。只要卖方所交货物在规定的范围内,买方不得拒收货物。常见的规定方法有三种:

(1) 规定一定范围。表示商品的品质允许有一定的机动范围。

例:素面缎,幅宽 34/35 英寸。

      Plain Satin Silk   Width 34/35″

(2) 规定极限。对某些商品的质量规格,规定上下极限,如最大、最小、最高、最多等。在实际外贸业务中,为体现按质论价的原则,往往在合同中规定根据交货品质情况来调整价格,此为"品质增减价条款"。

例:中国芝麻:含水量最高8%,杂质最高2%,含油量52%基础。如实际装运时货物的含油量高或者低1%,价格相应减增1%。

China sesame seed: Moisture(max)8%, Admixture(max)2%, Oil Content 52% basis. Should the oil of the goods actually shipped be 1% higher or lower, the price will be accordingly increased or decreased by 1%.

(3) 规定上下差异。即在规定某一具体指标的同时,规定必要的上下变化幅度。

例:鱼粉,含水量12%,允许1%上下。

      Fish Meal, Moisture: 12%, allowing 1% more or less.

2. 品质公差

所谓品质公差(Quality Tolerance),是指允许交付的工业制成品在公认的范围内所产生的误差。受科学技术水平及行业加工能力所限,买卖双方约定或国际同行所认可的误差。例如,机械手表每天误差若干秒;圆形物体直径误差百分之若干毫米等。只要交货质量在品质公差范围内,买方无权拒收货物或要求调整价格。但为了避免争议,对于非国际上公认的误差,最好在合同中做进一步明确的规定。

四、规定品质条款的注意事项

第一,根据商品的特点,选择合适的表示品质的指标。凡能用科学指标表明品质的商品,更适用于凭规格、等级或标准买卖;对于难以规格化或标准化的商品,可适用于凭样品买卖;对于质量好或具体地方特色的商品,可适用于凭商标、品牌或产地买卖;对于性能复杂的机械或仪器,适用于凭说明书和图样买卖。同时,但凡能用一种方法表示品质的,不宜用两种或两种以上的方法表示。

【课堂讨论】

我国某出口公司向德国商人出口大麻一批,合同中的品质条款如下:含水(最高)15%,含杂质(最高)3%。在谈判过程中,我方曾向买方寄送样品,订约后又电告对方成交货物与样品相似。货到德国后经检验,虽然品质达到合同规定的规格要求,但买方拿出货物的品质规格比样品低7%的检验证明,要求我方赔偿损失600英镑。我方出口公司陈述说,该笔交易在交货时商品是经过挑选的,且为农产品,不可能做到与样品完全相符,但不至于比样品低7%。由于我方出口公司已将留存的样品遗失,对自己的陈述无法加以证明,仲裁机构难以处理。最后只好赔付了一笔品质差价了结此案。

分析:此案涉及两个问题:第一,此笔交易究竟是凭规格买卖,还是凭样品买卖,或者是既凭规格又凭样品买卖;第二,卖方是否需要负品质与样品不符的责任。

从以上案情来看,我方已在合同中明确了以规格表示的品质条款,本应属于凭规格买卖的合同。但在成交前又向德方寄去样品,而且没有声明为参考样品,订约后又通知对方货物与样品相似,使得该项交易变成了既凭规格又凭样品买卖,使自己受到双重标准的约束。

资料来源:夏合群,周英芬.国际贸易实务[M].北京:北京大学出版社,2012:110.

第二,实事求是地规定品质指标。订立品质条款时,既要考虑国外市场的实际需要,又要兼顾卖方的生产能力。务必从实际条件出发,防止出现偏高或偏低的情况。对于国外客户提出的过高品质要求,例如豆类要彻底消灭死虫、皮鞋要求彻底消灭皱纹等实际做不到的规定,不能接受。而品质条件符合国外市场需要的商品,品质条款不应低于实际商品,以免影响成交价格和信誉。

第三,注意各品质条款间的内在关联。各个指标同时表示出口商品质量时,要通盘考虑,注意指标间的一致性,以免个别指标规定过高或过低而影响其他指标的完成,造成经济损失。如在荞麦品质条款中规定:"水分不超过17%,不完善颗粒不超过8%,杂质不超过3%,矿物质不超过0.15%。"显然此品质规定不合理,对矿物质的过高要求,与其他指标不相符,仅为了降低矿物质含量,需反复加工,势必大大减少杂质和不完善颗粒的含量,产生不必要的经济损失。

第四,品质条款的制定做到科学性与灵活性的统一。为明确买卖双方的责任与义务,规定品质条款时务必明确、具体、简洁,应避免采用类似"大约""左右"等含糊笼统字眼。然而,对于矿产品、农副产品等,应根据商品特性和实际情况规定品质机动幅度和品质公差,要有一定的灵活性,以利于合同的顺利履行。

本 章 小 结

◆ **内容提要**

本章主要介绍了国际货物买卖合同中的两个基本条款,即品名条款和品质条款。商品的品名和品质条款是国际贸易买卖合同的主要条款之一,务必给予充分的重视,若卖方提交货物不符合合同中的品名与品质规定,买方有权提出损害赔偿,甚至拒收货物或撤销合同。品名条款务必订明标的物的具体名称,尽量避免空泛、笼统或含糊;务必真实反映商品的客观情况,务必确保是卖方能够提供的实际产品;尽可能使用国际通用的名称;选择合适的命名,以利于降低关税或方便进出口。品质条款的表示方法主要有两类,一是以实物表示;一是以文字说明表示。品质条款要求根据商品的特点,实事求是地规定品质指标;注意各品质条款间的内在关联,做到科学性与灵活性的统一。

◆ **关键词**

品名　品名条款　品质　品质条款　良好平均品质　上好可销品质　品质机动幅度　品质公差

◆ **思考题**

1. 品名条款的基本内容有哪些?规定品名条款有哪些注意事项?
2. 表示品名的方法有哪些?
3. 表示品质的方法有哪些?

4. 品质条款的基本内容有哪些？规定品质条款需要注意哪些问题？

 思考案例

中国 A 公司同新加坡 B 公司签订合同，出口一批童装。洽谈中，B 看过 A 提供的样品，同意以此作为交货的品质标准。而出口合同的品质说明中只简单写明了规格、质料、颜色。商检条款为"货到港 30 天后外商有复检权"。货到新加坡后买家提出"颜色不正、缝制工艺粗糙"，并且提交了新加坡一家检验机构的检验证书作为依据要求退货和赔偿。

A 公司辩解货物是凭样品成交，样品经新加坡 B 公司确认过。B 指出合同中并没有写明"凭样品成交"字样，也没有写明样品的编号；况且，A 公司没有封存样品作为证物。A 公式解释纺织品按常识会存在色差问题。B 公司回应合同的品质说明中没有注明所交货物会有色差。

A 公司又表示不接受 B 公司的检验证书，认为 B 公司所找的检验机构不具权威性，没有征得 A 公司的同意。B 公司辩解合同中只承诺 B 有复检权，并没有指明检验机构的名称或者必须经由 A 公司同意。A 意识到即使提交仲裁机构，自己也无法提交有力证据。

思考以下问题：

1. 你认为此案争议将如何解决？结果如何？
2. 该案例合同中的品质条款为凭样品成交还是凭规格成交？
3. A 公司在此次买卖中，哪些条款的具体内容有一定的漏洞？

第六章　商品的数量和包装

了解国际贸易买卖合同中的两个主要交易条件,即合同标的的数量和包装的相关知识;掌握国际贸易合同中有关商品数量的计量方法和计算方法,运输包装、销售包装和包装标志等知识;熟悉《联合国国际货物销售合同公约》和《跟单信用证统一惯例》(UCP600)中有关数量和包装的规定。能够解读和拟定国际贸易合同中的数量和包装条款。

发货数量与合同规定不符

我国某公司出口驴肉到日本,合同规定,每箱净重16千克,共2000箱,总重量应为32公吨。卖方在备货时,发现我方生产企业的标准包装重量为每箱20千克,由于装运期临近,卖方在未与买方做任何沟通的情况下,擅自将每箱装箱20千克,总箱数仍为2000箱,实际装箱40公吨,但所有单据仍注明为32公吨。货物运抵日本港口后,日本海关发现单证不符,进口商以多报少涉嫌走私,要对进口货物进行扣留或罚没。进口商要求我方对海关进行解释并对相关损失进行赔偿。最后,我方对海关做了相关说明并得到海关的认可,但我方只能以单据标注的32公吨向买方收款,造成经济损失。

该案例表明,世界上许多国家的海关一般对进口货物都实行严格的监管,如进口商申报进口商品的数量与到货数量不符,进口商必然受到询查,如属到货数量超过报关数量,就有走私舞弊之嫌,海关不仅可以扣留或没收货物,还可追究进口商的刑事责任。该案例中由于我方的失误,不仅给自己造成损失,还给进口商带来麻烦。出口公司应当引以为戒,加强在履约过程中严格按照合同的规定发货,认真做好单证和单货的复核工作,杜绝差错的发生。

第一节　商品的数量

在国际货物买卖中,商品的数量不仅是国际货物买卖合同中的主要交易条件之一,而且是构成有效合同的必备条件。合同中的数量条款是双方交接货物的数量依据。如果不明确卖方应交付货物的数量,除无法确定买方应该支付多少金额的货款以外,商品的不同数量有时还会影响到价格以及其他的交易条件。

一、约定进出口商品数量的意义

商品数量是指对合同标的物的计量,是以数字和计量单位来表示商品的重量、个数、长度、面积、体积、容积的量。商品数量的多少不仅决定着交易的总金额,还能在一定程度上影响商品的单价。买卖双方约定的商品数量是交接货物的法律依据,也是衡量合同当事人权利和义务大小的尺度。

影响买卖双方成交数量的因素很多。商品的生产、供应能力,目标市场上的实际需要和销售情况,市场供求以及商品价格可能变动的趋势,客户或买方的资信及其经营实力,生产厂商或销售商的生产供货能力和营销意图,商品的包装、运输条件等等,都是卖方在确定具体销售数量时要考虑的因素。如果卖方忽视对上述经济因素的分析,一味追求扩大销量,不仅会对卖方顺利履约、收汇产生负面作用,还有可能影响到卖方在目标市场上的售价与利润。买方在商订进口数量时,则要考虑适应当地市场的需求及需求的变化,并符合其实际的支付能力等。除此之外,买卖双方商品成交数量的多寡,还常常受到各国政府进出口商品管理政策、产业政策等宏观经济因素的影响;有时还要受到买卖双方所在国政府的某些限制,如配额制度的约束和限制。因此,正确把握成交数量,对于买卖双方顺利达成交易,合同的履行以及今后交易的进一步发展,都具有十分重要的意义。

二、计量单位

在进出口业务中,商品的种类繁多、特点各异,各国市场传统习惯不同,商品的计量单位千差万别,各国采用的度量衡制度也不一致,故采用的计量单位和计量方法多种多样。在不同的计量方式下,通常采用的计量单位名称以及适用的商品,有如下几类:

(一) 计量单位的确定方法

国际贸易中不同类型的商品,需要采用不同的计量单位。通常使用的有下列几种:

1. 按重量计算

按重量(Weight)计算是当今国际贸易中广为使用的一种计量方法,许多农副产品、矿产品和工业制成品,都按重量计量,如矿砂、钢铁、化肥、水泥、羊毛、油类、农产品等;贵重商品如黄金、白银、金刚钻等也采用重量单位计算。

按重量计量的单位有千克(kilogram,或 kg.)、公吨(metric ton,或 m/t)、长吨(long ton,或 l/t)、短吨(short ton,或 s/t)、公担(quintal,或 q.)、公分(gram,或 gm.)、磅(pound,或 lb.)、盎司(ounce,或 oz.)、克(gram)、克拉(carat)等。

2. 按数量计算

大多数工业制成品,尤其是日用消费品,轻工业品,机械产品以及一部分土特产品,如服装、文具、纸张、玩具、五金工具、机器、仪器、零件、汽车等,均习惯于按数量(Number)进行买卖。所使用的计量单位有件(piece)、双(pair)、套(set)、打(dozen,或 doz.)、卷(roll)、令(ream,或 rm.)、罗(gross,或 gr.)、大罗(great gross,或 g. gr.)、袋(bag)、包(bale)、部(unit)、箱(case)、桶(barrel, drum)等。

3. 按长度计算

在金属绳索、丝绸、布匹、钢管等商品的交易中,通常采用米(meter,或 m.)、厘米(centimeter,或 cm.)、英尺(foot,或 ft.)、码(yard,或 yd.)、英寸(inch)等长度(Length)单位来计量。

4. 按面积计算

在玻璃板、地毯、皮革、塑料地板等商品的交易中，一般习惯于以面积（Area）作为计量单位，常用的有平方米（square meter，或 m^2）、平方英尺（square foot，或 ft^2）、平方码（square yard，或 yd^2）等。

5. 按体积计算

按体积（Volume）成交的商品品种有限，仅限于木材、天然气和化学气体等。属于这方面的计量单位有立方米（cubic meter，或 m^3）、立方英尺（cubic foot，或 ft^3）、立方英寸（cubic inch，或 ih^3）、立方码（cubic yard，或 yd^3）等。

6. 按容积计算

各类谷物以及部分液体、气体商品的交易，往往按容积（Capacity）计量。其中，美国以蒲式耳（Bushel，或 bu.）作为各种谷物的计量单位。但蒲式耳所代表的重量则因谷物不同而有差异，例如，每蒲式耳亚麻籽为 56 磅，燕麦为 32 磅，大豆和小麦为 60 磅。公升（liter，或 l.）、加仑（gallon，或 gal.）则用于酒类、油类商品的计量。

（二）国际贸易中的度量衡制度

世界各国的度量衡制度不同，因此计量单位上就存在差异，以致造成同一计量单位所表示的数量不同。

在国际贸易中，通常采用公制（the Metric System）、英制（the Britain System）、美制（the U.S. System）和国际标准计量组织在公制基础上颁布的国际单位制（the International System of Unit，简称 SI）。国际标准计量组织大会在 1960 年通过的在公制基础上发展起来的国际单位制，已为越来越多的国家所采用，这有利于计量单位的统一，标志着计量单位制度的日趋国际化和标准化，从而对国际贸易的进一步发展起到推动作用。

表 6.1　常见度量衡制度的区别

常见度量衡制度	基本单位	使用范围
国际单位制	千克、米、秒、摩尔、坎德拉、安倍、开尔文等 7 种	除美国、缅甸、利比里亚以外的世界大多数国家
英制	磅、码	英联邦国家。另外，国际上在航空管制方面，仍使用英制为主（例如飞行高度以英尺为单位）
公制	千克、米	欧洲大陆及世界大多数国家
美制	磅、码	美国

我国采用的是以国际单位制为基础的法定计量单位。根据《中华人民共和国计量法》规定："国家采用国际单位制。国际单位制计量单位和国家选定的其他计量单位，为国家法定计量单位。"目前，除个别特殊领域外，一般不允许再使用非法定计量单位。我国出口商品，除照顾对方国家贸易习惯约定采用公制、英制或美制计量单位外，应使用我国法定计量单位。我国进口的机器设备和仪器等应要求使用法定计量单位，否则，一般不许进口，如确有特殊需要，也必须经有关标准计量管理机构批准，才能使用非法定计量单位。

不同的度量衡制度导致同一计量单位所表示的数量有差异。例如，就表示重量的吨而言，实行公制的国家一般采用公吨，每公吨为 1000 千克；实行英制的国家一般采用长吨，每长吨为1016千克;实行美制的国家一般采用短吨,每短吨为907.2千克。此外,有些国家对某些商品还规定自己习惯使用的或法定的计量单位。以棉花为例,许多国家都习惯于以包(bale)为计量单位,但每包的含量各国解释不一。如美国棉花规定每包净重为480磅,巴西棉花每包净重为396.8磅,埃及棉花每包净重为730磅。又如糖类商品,有些国家习惯采用袋装,古巴每袋糖重规定为133千克,巴西每袋糖重则规定为60千克等。

了解和熟悉各种不同度量衡制度下各计量单位的含量及其计算方法是十分重要的,这关系到国际贸易中货物计量单位是否符合进口国有关计量单位使用习惯和法律规定等问题。因此,在签订国际贸易合同时对于计量单位的使用一定要谨慎。

三、计算重量的方法

在国际货物买卖中,采用按重量计算的商品很多。用件数计量的商品,由于有固定的包装,比较容易计量,大宗散装货物和无包装或者简单包装的货物,则采用衡器检重。依重量单位为例,根据一般商业习惯,计算重量的方法有以下几种:

(一) 按毛重计

毛重(Gross Weight)是指商品本身的重量加皮重(Tare),即商品连同包装的重量。有些单位价值不高的商品(例如,用麻袋包装的大米、蚕豆、饲料等产品)可采用按毛重计量,即以毛重作为计算价格和交付货物的计量基础。这种计重方法在国际贸易中被称为"以毛作净"(Gross for Net)。

由于这种计重方法直接关系到价格的计算,因此,在销售上述种类商品时,不仅在规定数量时,需明确"以毛作净",在规定价格时,也应加注此条款,例如,"每公吨300美元,以毛作净(US$300 per metric ton, gross for net)"。

(二) 按净重计算

净重(Net Weight)是指商品本身的重量,即毛重减去包装物后的实际重量。按照国际惯例,如合同中对重量的计算没有其他规定,则应以净重计量。如果需以净重计算,则必须从毛重中减去皮重。计算可扣除皮重主要有下列几种做法:

(1) 按实际皮重(Real tare 或 Actual tare)计算。即将整批商品的包装逐一过称,称量每件包装物的重量和总重量。

(2) 按平均皮重(Average Tare)计算。如果商品所使用的包装比较整齐划一,重量差别不大,可从全部商品中抽取一定件数的包装物,称出其皮重,求出平均每件包装物的重量,再乘以总件数,即可算出全部包装的重量。近年来,随着技术的发展和包装材料及规格的标准化,采用平均皮重的情况比较普遍,故平均皮重被称为标准皮重(Standard Tare)。

(3) 按习惯皮重(Customary Tare)计算。有些材料和规格比较定型的商品包装,其重量已为市场所公认,在计算其皮重时,就无须对包装逐件过秤,而按公认的皮重乘以总件数即可。这种公认的皮重称为习惯皮重。如装运粮食的机制麻袋公认重量为2.5磅,约1千克。

(4) 按约定皮重(Computed Tare)计算。买卖双方以事先约定的单件包装重量,乘以商品的总件数,求得该批商品的总皮重。

在采用净重计重时,究竟采用哪一种方法来求得皮重,应根据商品的性质、所使用包装的特点、合同数量的多寡以及交易习惯,由双方当事人在合同中订明,以免事后引起争议。

(三) 按公量计重

公量计重(Conditioned Weight)是指用科学的方法抽去商品中的水分,再加上标准水分所求得的重量。有些商品,如羊毛、生丝、棉花等有较强的吸湿性,其所含的水分受客观环境的影响较大,故其重量很不稳定。为了准确计算这类商品的重量,国际上通常采用按公量计算的方法。计算公式有下列两种:

(1) 公量＝干量×(1＋标准回潮率)。

(2) 公量＝实际重量×(1＋标准回潮率)/(1＋实际回潮率)。

其中,实际重量为货到目的地的实际净重;回潮率是指水分与干量之比;标准回潮率为合同约定的标准含水量占干量的比重;实际回潮率是货到目的地时的含水量占干量的比重。如羊毛、生丝等商品国际公认的标准回潮率为11%。

【课堂讨论】

我国某出口公司出口10公吨羊毛,用科学的方法去掉水分,干量为8公吨,公定回潮率为11%,求该批货物的公量。

(四) 按理论重量计重

对一些按照固定规格生产和买卖的商品,只要其规格一致,每件重量大体是相同的,一般可从件数推算出总重量,这是根据理论数据算出来的重量,被称为理论重量(Theoretical Weight)。理论重量应用于有固定规格的商品的重量计算,如钢板以其体积推算重量,测量出钢板的长度、宽度及厚度就可以算出其重量。在实际业务中,理论重量常作为计算实际重量的参考。

(五) 法定重量和净净重

法定重量(Legal Weight)是纯商品的重量加上直接接触商品的包装材料,如内包装等的重量。按照一些国家海关法的规定,在征收从量税时,商品的重量是以法定重量计算的。净净重(Net Net Weight)是商品的法定重量除去直接接触商品的包装物料,如销售包装等的重量,所表示出来的纯商品的重量,也称为实物净重或纯净重。净净重的计量方法主要也是为海关征税时使用。

在国际货物买卖合同中,如果货物是按重量计量和计价,而未明确规定采用何种方法计算重量和价格时,根据惯例,应按净重计量和计价。

四、合同中的数量条款

(一) 数量条款的基本内容

进出口合同中的数量条款,主要包括成交商品的具体数量和计量单位。按重量成交的商品还需订明计算重量的方法。由于商品种类很多,其性质、特点均有差异,加之各国度量衡制度不同致使计算单位和计量方法也多种多样。因此,数量条款内容的繁简主要决定于商品的种类和特性。

按照合同规定的数量交付货物是卖方的基本义务。某些国际法律规定履行合同时所交货物数量必须与买卖合同中约定的数量一致,否则买方有权提出索赔,甚至拒收货物。如英国《1979年货物买卖法》第30条规定"当卖方所交货物少于合同订立的数量时,买方可以拒收货物,但是一旦买方接受了这样交付的货物,就必须按合同价格支付货物价款。当卖方所交货物多于合同订立的数量时,买方可以接受合同中订立的部分而拒收其余货物,或也可拒收全部货物。如买方接受了这样交付的全部货物,就必须按合同价格支付货物价款。"《联合国国际货物销售合同公约》第35条、37条和52条规定,按照约定的数量交付货物是卖方的一项基本义务。如卖方交货数量少于合同规定,卖方应在规定的交货期内补交不足部分,但不得给买方造成不合理的不便或承担不合理的开支,即便如此,买方也保留要求损害赔偿的权利。如果卖方交付货物数量大于合同约定的数量,买方可以拒收多交的部分,也可以收取多交部分中的一部分或全部,但应按合同价款执行。因此,合同中的数量条款应该完整准确,买卖双方对数量条款的理解应保持一致,以保证交货数量和合同数量一致。

数量条款示例如下:

(1) 中国东北大豆,每公吨 300 美元,以毛作净。

Chinese Dongbei soybean, 300 US dollars per metric ton, gross for net.

(2) 海尔彩色电视机,型号 SC588,5000 台。

"Haier" Color Television, model LS55AL88C51Λ3, 5000 sets.

(3) 中国大米 1000 公吨,麻袋装,以毛作净。5% 溢短装,由卖方选择,按合同价格计算。

Chinese Rice 10 000 metric tons in gunny bags, gross for net, with 5% more or less at seller's option.

(4) 单层新麻袋,每袋净重 100 公斤,皮重不少于 5kg。

In new single jute bags, each containing 100kg net, tare weight not less than 5kg.

(二) 数量机动幅度

数量条款是国际货物买卖合同的重要条款之一,尽管卖方承担按合同规定数量交货的义务,但在实际履约过程中,有些商品可以加以准确计量,如机械设备、医药制品、金银等。而有些商品的数量在交货时不易精确计算,如大宗散装的农副产品、矿产品、煤炭以及一些工业制品等,由于受到商品本身特性、货源变化、生产条件、运输工具的承载能力、包装方式以及计量工具等因素的限制,卖方要做到严格按量交货会存在一定的困难。例如,买卖双方成交铁矿石两万公吨,卖方在装船交货时,要想做到分毫不差,几乎是不可能的。为了便于顺利履行合同,减少争议,买卖双方通常在合同中规定一定的数量机动幅度,允许卖方按买卖双方约定的某一具体数量多交或少交若干的幅度,以避免因卖方实际交货不足或超过合同规定而引起的法律责任,方便合同的履行。

1. 数量机动幅度的规定方法

买卖合同中的数量机动幅度条款一般就是数量溢短装条款(More or Less Clause)。数量溢短装条款,也可称为增减条款(Plus or Minus Clause),是指在规定具体数量的同时,再在合同中明确规定卖方交货货物的数量可以按照一定比例增减,卖方交货数量只要在允许增减的范围内即为符合合同有关交货数量的规定,但增减幅度不能超过规定数量的百分比。同时,明确由何方来行使此项机动幅度的选择权,多装或少装部分的计价方法等。凡是做出这类规定的合同,卖方的交货数量只要在增减幅度范围之内,即为按合同规定交货,买方不得以交货数量与合同不符为由而提出拒收或索取损失赔偿。在进出口业务中,其大致有以下几种规定方法:

(1) 合同中明确具体地规定数量的机动幅度。这种做法一般适用于矿产品、煤炭、粮谷、化肥等大宗交易,只简单地规定机动幅度,例如,10000 公吨,卖方可溢短装 5%(10000, with 5% more or less at seller's option)。按此规定,为适应船舱容量需要,卖方实际交货数量如果为 9500 公吨,或 10500 公吨,买方不得提出异议。溢短装条款,在使用时可简单地在增减幅度前加上"±"符号。

(2) 在交易数量前加上"约"字。有时在合同数量条款中也可使用"约"数(Approxi-

mately or About)条款来表示实际交货数量可有一定幅度的伸缩,即在合同规定的某一具体数量前加上"约"字或类似含义的文字,意思是卖方交货的数量可以有一定范围的灵活性。例如,约 10000 米(about 1000 meters)。由于"约量"的字眼笼统含糊,各国和各行业在国际贸易中对"约"有各种不同的解释,有的解释为 2%,有的解释为 5%,也有的解释为 10%,所以容易引起争议。为了明确责任和便于合同的执行,最好在合同数量条款中不采用"约量",而规定明确的溢短装幅度。

如果合同中采用信用证支付方式,按照国际商会《跟单信用证统一惯例》(UCP 600)第 30 条 a 款的规定,"凡约、大约或类似意义的词语用于信用证金额或信用证所列的数量或单价时,应解释为允许对有关金额或数量或单价有不超过 10%的增减幅度"。如果买卖双方一定要使用"约"数条款时,双方应事先在合同明确允许增加或减少的百分比,或在"一般交易条件"协议中加以规定,否则不宜采用。

(3) 合同中未明确规定数量机动幅度。在这种情况下,卖方交货的数量原则上应与合同规定的数量完全一致。但在采用信用证支付方式时,根据《UCP 600》第 30 条 b 款的规定,"在信用证未以包装单位件数或货物自身件数的方式规定货物数量时,货物数量允许有 5%的增减幅度,只要总支取金额不超过信用证金额"。据此,以信用证支付方式进行散装货物的买卖,交货的数量可有 5%的机动幅度。

2. 数量机动幅度的选择权

在合同规定中有机动幅度的条件下,还必须约定由谁行使这种选择权。具体伸缩量的掌握大都明确由卖方行使多交或少交的选择权(at Seller's Option),但有时特别是在由买方派船装运时,也可规定由买方决定(at Buyer's Option)。

如果涉及海洋运输,由于交货量的多少与承载货物船只的舱容关系非常密切,为了充分利用船舱容积,便于船长根据具体情况,考虑装运数量,也可授权船方掌握并决定装运货物的增减量。在此情况下,买卖合同应明确由承运人决定伸缩幅度(at Carrier's Option 或 at Ship's Option)。例如,采用 FOB 条件成交,由买方负责签订运输合同,安排租船订舱,则数量的机动幅度一般就由买方和船方共同协商予以确认;如果采用 CIF 或 CFR 条件成交,由卖方负责安排租船订舱,故数量的机动幅度一般由卖方和船方来决定。

此外,当成交某些价格波动剧烈的大宗商品时,为了防止卖方或买方利用数量机动幅度条款,根据自身的利益故意增加或减少装船数量,也可在机动幅度条款中加订:"此项机动幅度条款只是为了适应船舶实际装载量的需要时,才能适用。"

3. 数量溢短装的计价方法

合同中机动幅度范围内超出或低于合同数量的多装或少装部分,一般是按合同价格结算货款,多交多收,少交少收。但是,由于数量是计算货款的基础,数量机动幅度的作用在一定程度上关系着买卖双方的商业收益。有些商品从签订合同到实际履行合同需要相当长的一段时间,买卖双方所约定的商品价格可能会发生较大的波动,尤其是那些商品价格较敏感或季节性较强的商品更是如此。就卖方而言,在市场价格下跌时,大都按照最高约定数量交货,相反,在市场价格上涨时,则往往尽量争取少交货。这样,按合同价格计算多交或少交货款,对买方不利。而如由买方决定时,根据市场价格情况,选择上限还是下限交货,则可能会对卖方不利。为了防止拥有数量增减选择权的当事人根据市场价格情况变化,有意多装或少装货物,以获取额外的收益,买卖双方可在合同中规定,多装或少装数量的价款不按合同价格计算,而按装运日的行市或目的地的市场价格计算。

五、规定数量条款时应注意的事项

国际贸易中的争议涉及合同的各项条款,数量条款的各项规定也是经常引起纠纷和索赔的主要内容之一。

(一) 正确掌握成交货物的数量

1. 对于出口商品数量的掌握应考虑的因素

(1) 国外市场的供求情况。要正确运用市场供求变化规律,按照国外市场实际需要合理确定成交量,以保证我国出口商品卖得较好的价格,对于我主销市场和常年稳定供货的地区与客商,应经常保持一定的成交量,防止因成交量过小,或供应不及时,使得国外竞争者乘虚而入,从而使我们失去原来的市场和客户。

(2) 国内货源情况。在有生产能力和货源充足的情况下,可适当扩大成交量。反之,则不应盲目成交,以免给生产企业和履行合同带来困难。

(3) 国际市场的价格动态。当价格看跌时,应多成交,快脱手;价格看涨时,不宜急于大量成交,应争取在有利时机出售。

(4) 国外客户的资信状况和经营能力。对资信情况不了解和资信欠佳客户,不宜轻易签订成交数量较大的合同,对小客户也要适当控制成交数量,而大客户成交数量过小,将缺少吸引力。总之要根据客户的具体情况确定适当的成交数量。

2. 对进口商品数量掌握要考虑的因素

(1) 国内的实际需要。应根据国内生产建设和市场的实际需要来确定成交量,以免盲目成交。

(2) 国内的支付能力。当外汇充裕而国内又有需要时,可适当扩大进口商品数量。如外汇短缺,应控制进口数量,以免浪费资金和出现不合理的过量进口。

(3) 市场行情的变化。当行情对我有利时,可适当扩大成交数量;反之,应适当控制成交数量。

(二) 数量条款的各项内容应当明确具体

在规定商品数量条款时,对成交商品的具体数量、使用何种计量单位、计量方法、数量机动幅度的大小及其选择权由谁掌握、溢短装部分的作价方法等内容,都应注意用词明确、具体。对成交数量一般不宜采用大约、近似、左右(about, circa, approximate)等带有伸缩性的词语来说明。对计量单位的规定,以"吨"计量时,要订明是长吨、短吨还是公吨;以罗为单位时,要注名每"罗"的打数,避免使用笼统含糊的字眼,以免在合同履行时引起不必要的纠纷。

(三) 合理规定数量机动幅度条款

在数量条款中规定交货数量的机动幅度条款能有效帮助买卖双方顺利履行合同。在约定数量的机动幅度内容时要谨慎,注意数量机动幅度的多少是否适合商品特性、行业或贸易习惯和运输方式等因素,机动幅度选择权的规定是否合理恰当,溢短装部分计价方法规定是否公平合理,以体现公平合理的原则。

第二节　商品的包装

国际贸易中的商品种类繁多，性质、特点和形状各异，大多数商品都需要有一定的包装，以保证商品在流通和销售过程中质量完好和数量完整，为货物的运输、交接和保管等各环节的操作提供方便。在国际贸易合同的磋商过程中，买卖双方应就包装条件进行洽谈，并在合同当中具体订明。

一、包装的重要性及合同约定商品包装的意义

国际贸易中，对于难以包装或根本没有必要包装的少数商品，通常会采取裸装或散装的方式。裸装（Nude Packing）是指将货物用铁丝、绳索等加以捆扎或以其自身捆扎成捆、堆或束，不加任何额外的包装物料。适用于品质比较稳定、可自成件数、能抵抗外界影响、难于包装或不需要包装的商品，如车辆、钢材、木材等。散装（Bulk Packing）是指直接将货物置于舱体、车体或船体的一定部位内，不加任何其他包装，适用于大宗不易碰损商品。它们一般不易包装或不值包装，如煤炭、矿砂、油类等。在特定运输工具、特定港口装卸设备和特定仓储条件，配合机械化装卸工作，散装既降低了成本，又加快了速度。包装（Packing）是针对货物特性，选择适当物料、采用特定方法对商品进行覆盖、包裹、捆绑等处理，以达到在流转过程中保护商品、装卸方便以及在销售时宣传商品等目的。

（一）包装的重要性

商品包装是商品生产的继续，凡需要包装的商品，只有通过包装，才算完成生产过程，商品才能进入流通领域和消费领域，实现商品的使用价值和价值。这是因为，包装是保护商品在流通过程中质量完好和数量完整的重要措施，有些商品甚至根本离不开包装，它与包装成为不可分割的统一体。例如，矿泉水必须使用塑料瓶或玻璃瓶加以包装，才能保持其效用，以实现其使用价值。

在商品生产过程中，包装是最后一道主要的工序，而在流通领域中，经过适当包装的商品，不仅便于运输、装卸、搬运、储存、保管、清点、陈列和携带，还能宣传美化商品，提高商品身价，吸引顾客，扩大销路，增加售价，并在一定程度上显示出口国家的科技、文化艺术水平。在当前国际市场竞争十分激烈的情况下，许多国家都把改进包装作为加强对外竞销的重要手段之一。

（二）合同约定商品包装的意义

国际货物买卖合同中的包装条款是一项主要交易条件，按照合同约定的包装提交货物，是卖方的主要义务之一。《联合国国际货物销售合同公约》第 35 条第（2）款规定："货物按照同类货物通用的方式装箱或包装，如果没有此类通用方式，则按照足以保全和保护货物的方式装箱或包装。"按照某些国家的法律规定，如卖方交付的货物未按约定的条件包装，或者货物的包装与行业习惯不符，买方有权拒收货物。如果货物虽按约定的方式包装，但与其他货物混杂在一起，买方可以拒收违反规定包装的那部分货物，甚至可以拒收整批货物。所以，在国际货物买卖合同履行过程中，如果一方违反了所约定的包装条件，另一方有权提出索赔，甚至可以拒收货物。例如，我国某公司出口一批货物，合同中约定的包装条件是用牛皮纸包装，但在合同履行时，卖方没有找到足够的包装材料，于是就用价格较贵的塑料纸代替，

货物完好无损地抵达了目的地,但此时适逢该商品市场价格暴跌,对方在检查货物后,以我方违反包装条件为理由,拒收该批货物,使我方蒙受较大损失。

近年来,许多国家出于保护生态环境、保护消费者利益或限制进口的目的,制定了有关包装的政策、法令、条例对进口商品包装及其标识进行严格的规定。如一些国家规定禁止用稻草、干草、藤条、木丝、报纸等做衬垫,澳大利亚等国家规定凡用木箱包装(包括托盘木料)的货物进口均需提供熏蒸证明,阿拉伯国家规定进口商品的包装禁用六角星图案,利比亚对进口商品的包装禁止使用猪的图案和女性人体图案,加拿大政府规定进口商品必须英法文对照等等。

根据包装在流通过程中所起作用的不同,商品包装可分为运输包装和销售包装两类。为了充分发挥包装的作用,扩大商品的出口并提高经济效益,我国进出口企业应努力适应国际市场对商品包装的要求,力求做到科学、经济、牢固、美观和适销。

二、运输包装

运输包装(Shipping/Transport Packing),又称大包装或外包装(Outer Packing),主要作用在于保护商品,防止在储存、运输和装卸过程中发生货损货差。

(一) 对运输包装的要求

国际贸易商品所需要的运输包装远比国内贸易要求的高。在对出口商品进行包装时,应当体现以下要求:第一,必须适应商品的特性。第二,必须适应各种不同运输方式的要求。第三,必须考虑有关国家的法律规定和客户的要求。第四,要在保证包装牢固的前提下节省费用,便于各环节有关人员进行操作,以免使货物遭受损失。

(二) 运输包装的分类标准和种类

运输包装的方式和造型多种多样,包装材料和质地各不相同,包装程度也千差万别,导致运输包装具有多样性。

(1) 根据包装方式的不同,可分成单件运输包装和集合运输包装。单件运输包装是指货物在运输过程中作为一个计件单位的包装。如适用于不能紧压的货物的木箱、漏孔箱等,适用于液体、半液体以及粉状、粒状货物的桶,适用于粉状、颗粒状、块状的农产品及化学原料的袋,以及适用于羽毛、羊毛、棉花、生丝、布匹等可以紧压的商品的包,等等。集合运输包装是指将若干个单件运输包装组合成一件大包装,以便更有效地保护商品,提高装卸效率和节省运输费用。在国际贸易中,常见的集合运输包装有托盘、集装箱、集装包和集装袋等。

(2) 按其包装造型不同,可分为箱、袋、桶、包、篓、罐等。

(3) 按其包装材料不同,可分为纸制包装、金属包装、木制包装、塑料包装、麻制品包装、玻璃制品包装、陶瓷制品包装以及竹、柳、草制品包装等。

(4) 按其包装质地不同,可分为软性包装、半硬性包装和硬性包装。

(5) 按其包装程度不同,可分为全部包装和局部包装。

在国际贸易中,买卖双方究竟采用何种包装,应根据商品特性、形状、贸易习惯、货物运输路线的自然条件、运输方式和各种费用开支大小等因素,在洽谈交易时谈妥,并在合同中具体订明。

(三) 运输包装的标志

运输包装的标志是指在商品的外包装上标明、压印或刷写简单的图形、文字和数字的标志,主要作用是在储运过程中方便货物交接、防止错发、错运、错提货物,方便货物的识别、运输、仓储以及方便海关、检验检疫等有关部门对货物的依法查验等。按照国际贸易惯例,运输标志可以由卖方提供,而且不需要在合同中作具体规定,但是,若买方要求由其指定,卖方也可接受。运输包装上的标志按其用途的不同,可分成运输标志、指示性标志、警告性标志、重量体积标志和产地标志等。

1. 运输标志

运输标志(Shipping Mark)又称唛头,是一种识别标志,也是国际货物买卖合同、货运单据中有关货物标志事项的基本内容。它一般是由一个简单的几何图形和一些字母、数字及简单的文字组成。运输标志必须简洁、字体大、易读,通常刷印在运输包装的明显部位,以便货物在装卸、运输、保管过程中容易被有关人员进行货物辨认、核对单据。

鉴于运输标志的内容差异较大,有的过于繁杂,各个国家和各种运输方式之间对运输标志的要求差异较大,为适应货运量增加、运输方式变革和电子计算机在运输和单据流转方面的需要,联合国欧洲经济委员会简化国际贸易程序工作组,在国际标准化组织和国际货物装卸协调协会的支持下,制定了一套标准化的运输标志向各国推荐使用。该标准运输标志包括以下四项内容:

(1) 收货人或买方名称的英文缩写或简称。
(2) 参考号码,如买卖合同号码、订单、发票或运单号码、信用证号码等。
(3) 目的地,货物运送的最终目的地或目的港名称。
(4) 件数号码,本批每件货物的顺序号和该批货物的总件数,一般用 m/n 或 m-n 表示,n 表示该批货物的总件数,m 表示在整批货物中每件的顺序号。

现列举两个运输标志实例如下:

例1 标准化的运输标志
DTEM··收货人代号
SK 389···参考号
SAN FRANCISCO ·· 目的地
1/25···件数代号

例2

ROTTERDAM
MADE IN CHINA
GW:300kg
NW:295kg
V:70cm×80cm×90cm
NO.:3/16

2. 指示性标志

指示性标志(Indicative Mark)是提示人们在装卸、运输和保管过程中需要注意的事项,一般都是以简单、醒目的图形和文字在包装上标出,故又称其为操作标志或注意标志。如在易碎商品的外包装上标以"小心轻放",在受潮后易变质的商品外包装上标以"防止受潮",并配以图形指示。

为了统一各国运输包装指示性标志的图形和文字,一些国际组织,如国际标准化组织(ISO)、国际航空运输协会(IATA)和国际铁路货运会议(RID)分别制定了包装储运指示性标志,并建议各会员国予以采纳。我国制定有运输包装指示性标志的国家标准,所用图形与国际上通用的图形基本一致。至于在运输包装上标打哪种标志,应根据商品性质正确选用。在文字使用上,最好采用出口国和进口国的文字,但一般使用英文的居多。一些常用的指示性标志如图 6.1 所示。

标志名称及含义	标志图形	标志名称及含义	标志图形
易碎物品:运输包装件内装易碎品,因此搬运时应小心轻放		此端向上:表明运输包装件的正确位置是竖直向上	
怕晒:表明运输包装件不能直接照射		堆码层数极限:相同包装的最大堆码层数,n 表示层数极限	
重心:表明一个单元货物的重心		堆码重量极限:表明该运输包装间所能承受的最大重量极限	

图 6.1 指示性标志例图

3. 警告性标志

警告性标志(Warning Mark),又称危险货物包装标志(Dangerous Cargo Mark),是指在装有爆炸品、易燃物品、有毒物品、腐蚀物品、氧化剂和放射性物资等危险货物的运输包装上用图形或文字标明各种危险品的标志,以示警告,便于装卸、运输和保管人员按货物特性采取相应的防护措施,以保护物资和人身的安全。一些主要的警告性标志如图 6.2 所示。

标志名称	标志图形	标志名称	标志图形
爆炸品 符号:黑色 底色:橙红色		有毒气体 符号:黑色 底色:白色	

标志名称	标志图形	标志名称	标志图形
易燃液体 符号：黑色或白色 底色：正红色		自燃物品 符号：黑色 底色：上白下红	
遇湿易燃物品 符号：黑色或白色 底色：蓝色		腐蚀品 符号：上黑下白 底色：上白下黑	

图 6.2 警告性标志例图

上述运输包装上的各类标志，都必须按有关规定标打在运输包装上的明显部位，标志的颜色要符合有关规定的要求，防止褪色、脱落，使其一目了然，容易辨认。

此外，联合国政府间海事协商组织也规定了一套《国际海运危险品标志》，这套规定已被许多国家采用，有的国家进口危险品时，要求在运输包装上标打该组织规定的危险品标志，否则不准靠岸卸货。因此，在我国出口危险货物的运输包装上，要标打我国和国际海运组织所规定的两套危险品标志。

4. 体积和重量标志（Certificate of Volume and Weight）

这类标志是用来在运输包装上表示每一包件的体积和重量，以便计算运费、安排装卸、作业和舱位。

5. 产地标志（Certificate of Origin）

原产地标志通常是用来标明制造、生产或加工的国别，是海关统计和征税的重要依据。现在有不少国家的海关要求进口货物都必须标明原产国，否则不允许进口。例如，我国出口商品包装上均注明"MADE IN CHINA"。

三、销售包装

销售包装（Selling Packing），又称小包装或内包装（Inner Packing），是在商品制造出来以后以适当的材料或容器所进行的初次包装，直接接触商品并随商品进入零售网点面对消费者的包装。其特点是便于分配、销售和消费。随着国际市场竞争的日益加剧，超级市场和连锁商店的迅速发展，商品的销售包装可以起到"无声售货员"的作用，因此各国厂商无不竞相改进销售包装，以扩大销路，争夺市场。在包装设计上不仅要别具匠心，力求包装美观新颖以激发消费者的购买欲望，而且还要重视介绍使用商品的知识，以期赢得顾客的赞许而乐于选用。

（一）销售包装的种类

销售包装可根据商品的特点和形状，采用不同的包装材料和不同的造型结构与式样，常见的销售包装有以下几种：

（1）挂式包装。是指可以在商场销售区域悬挂展示的包装。一般包装上带有吊钩、吊带、挂孔等，可以充分利用卖场的空间陈列展示商品。

（2）堆叠式包装。是指商品的顶部和底部设有吻合部分，增强商品堆叠时的稳定性，如罐、盒等,其优点是便于大量堆叠摆设,节省货位。常用于超市等大型卖场。

(3) 便带式包装。是指包装造型和包装规格的设计比较适合消费者携带。这类包装上常常附有提手装置。

(4) 易开包装。对要求封口严密的销售包装,标有特定的开启部位,易于打开封口,使用者不需要另备工具,如易拉罐、易开瓶等。

(5) 喷雾包装。是指销售包装本身带有自动喷出流体的装置,它如同喷雾器一样,使用相当便利,如空气清新剂、药品、杀虫剂包装等。

(6) 配套包装。是对某些使用上相关联的商品搭配成套包装,即将不同品种、不同规格的商品配套装入同一包装,如餐具包装、化妆品包装等。

(7) 礼品包装。是指专门为送礼用的包装,其销售包装外观华美,具有较高的艺术性,以显示礼品的名贵。

(8) 复用包装。这种包装除了用作待售商品的包装外,还可用于存放其他商品或供人们观赏。

(二) 销售包装的装潢、设计和文字说明

在销售包装上的装潢和文字说明,是美化商品、吸引消费者,使消费者了解商品特性和妥善使用商品的必要手段。装潢、图案和文字说明通常直接印刷在商品包装上,也有采用在商品上粘贴、加标签或挂吊牌等方式。

销售包装的装潢画面要力求美观大方,富有艺术上的吸引力,并突出商品特点。装潢画面的图案和色彩应适应有关国家的民族习惯和爱好,以利于扩大出口。

在销售包装上应有必要的文字说明,如商品的名称、商标、品牌、产地、数量、规格、成分、用途和使用方法等。这些文字说明要同装潢画面紧密结合,互相衬托,彼此补充,以达到宣传和促销的目的。使用的文字必须简明扼要,并让销售市场的顾客能看懂,必要时也可以中外文同时并用。在销售包装上使用文字说明或制作标签时,还应注意有关国家的标签管理条件的规定。

(三) 条形码

条形码(Bar Code)是一种代码,将宽度不等的多个黑条和空白,按照一定的编码规则排列,用以表达一组信息的图形标识符。条形码是利用光电扫描阅读设备为计算机输入数据的特殊代码语,只要将条形码对准光电扫描器,计算机就能自动识别条形码信息,确定商品的名称、品种、生产国、制造厂家、生产日期、数量等许多信息,并据此在数据库中查询其单价,进行货款结算,打出购货清单,有效地提高了结算的准确性。

目前,许多国家的超级市场都使用条形码技术进行自动扫描结算,如果商品包装上没有条形码,即使是名优商品,也不能进入超级市场而只能当作低档商品进入廉价商店。有些国家规定,对某些商品包装上无条形码标志的不予进口。

全球统一标志系统(GSI 系统)最初起源于美国,由美国统一代码委员会(UCC,于 2005 年更名为 GS1 US)于 1973 年创建。UCC 创造性地采用 12 位的数字标识代码(UPC)。1974 年,标识代码和条码首次在开放的贸易中得以应用。继 UPC 系统成功之后,欧洲物品编码协会,即早期的国际物品编码协会(EAN International,2005 年更名为 GS1),于 1977 年成立并开发了与之兼容的系统并在北美以外的地区使用。EAN 系统设计意在兼容 UCC 系统,主要用 13 位数字编码。随着条码与数据结构的确定,GS1 系统得以快速发展。2005 年 2 月,EAN 和 UCC 正式合并更名为 GS1。该规范简明定义并解释了在自动识别和数据采

集技术(AIDC)领域内如何使用 GS1 系统标准。

为了适应国际市场的需要和扩大出口，1988年12月我国建立了"中国物品编码中心"（简称 GSI China），负责推广条形码技术并对其进行统一管理。条形码代码一般由前缀部分、制造厂商代码、商品代码和校验码组成。商品条形码中的3位前缀码是用来标识国家或地区的代码，赋码权在国际物品编码协会，如754-755代表加拿大，460-469代表俄罗斯。中国物品编码中心于1991年4月代表中国加入国际物品编码协会，分到的国别号为"690-699"，以这些前缀码开始的厂商识别代码都是由中国物品编码中心分配和管理。471代表我国台湾地区，489代表香港特区，958代表我国澳门地区，以其他前缀码开始的则由国外 GS1 成员组织负责，一般称为"国外条码"。

四、定牌、无牌和中性包装

定牌、无牌和中性包装是国际贸易常用的习惯做法。

（一）定牌和无牌

定牌生产是指卖方按买方的要求，在其出售的商品或包装上标明买方指定的商标和牌号。当前，世界上许多国家的超级市场、大百货公司和专业商店，对其经营出售的商品，都要在商品上或包装上标有本商店使用的商标或品牌，以扩大本店知名度和显示该商品的身价。许多国家的出口厂商，为了利用买主的经营能力及其商业信誉和品牌声誉，以提高商品售价和扩大销路，也愿意接受定牌生产。但应警惕有的外商利用向我方订购定牌商品来排挤使用我方商标的货物销售，从而影响我国产品在国际市场上树立品牌。使用定牌对卖方来说，为避免产权纠纷，应要求买方提供产权证书，并订立必要的救济条款。

无牌是指买方要求在卖方出口商品和(或)包装上不标注任何商标或牌名的做法。它主要用于一些尚待进一步加工的半制成品，如供印染用的棉坯布，或供加工成批服装用的呢绒、布匹和绸缎等。其目的主要是避免浪费，降低费用成本。此外，国外一些大型超市、百货公司向我方订购低值易耗的日用消费品时，也会要求采用无牌包装方式，以降低成本，薄利多销。

除非另有约定，采用定牌和无牌时，在我国出口商品或包装上均须注明"中国制造"字样。

（二）中性包装

中性包装(Neutral Packing)是指商品和内外包装上均无生产国别、原产地、商标和生产厂商名称等可能识别商品来源的包装。这种中性包装的做法是国际贸易中常见的方式，在买方的要求下，可酌情采用。

国际贸易中主要有无牌中性包装和定牌中性包装两种。无牌中性包装是指商品和包装上既没有生产国别、原产地和生产厂商等相应标识，也没有进口商的商标或牌号等标识，需经买方重新包装后再销往最终的销售市场。定牌中性包装是指在商品和包装上不注明生产国别、原产地、生产厂商等相应标识，但有买方指定的商标或牌号。

中性包装是出口国厂商加强对外竞销和扩大出口的一种有效方式，利于避开进口国家或地区的配额限制、关税和非关税壁垒，或适应国际市场的特殊需求，如商品经过重新包装和整理后，通过转口贸易方式将商品出口到第三国，再出口到目标市场国。

但是，近年来中性包装的做法在国际上屡遭诟病，有的国家海关要求进口商品一定要印上生产国的国别，如果没有，可能拒绝放行，商品被退回。因此，如果外商要求对其所采购的货物采用中性包装时,我国出口企业应谨慎从事,以避免自己的利益遭受损失。

【课堂讨论】

某外商欲购我国"永久"牌自行车,但要求改用"健"牌商标,并在包装上不得注明"Made in China"字样,问我方是否可以接受?并应注意什么问题?

五、包装条款的基本内容

国际货物买卖合同中的包装条款是国际货物买卖合同的主要内容之一,买卖双方必须认真洽商,取得一致意见,并在合同中予以明确约定。合同中包装条款的内容一般包括包装材料、包装方式、包装规格、包装标志和包装费用的负担等内容。

包装材料即包装所用材料,可分为纸制包装、金属包装、木制包装、玻璃制品包装和陶瓷包装等。不同的商品、不同的运输条件都要求商品使用不同的包装材料。包装方式多种多样,其选择应满足商品特点、运输状况以及销售的要求等。包装规格即包装尺寸的大小,应根据成交商品的现状、特点和适合运输与销售等方面的要求来确定。包装标志可以由卖方决定,也可以由买方提供。如果由卖方决定,可不计入合同,或只订明"卖方标志",由卖方设计后通知买方。如由买方提供,一般规定买方提供的时间。

包装条款示例如下:

(1) 纸箱装,每箱净重 40 公斤,然后装托盘。

In cartons of 40 kg net each, then on pallets.

(2) 每个 OPP 袋装,1000 个装一纸箱,纸箱大小规格(35×31×25)cm。

1 pc/opp bag, 1000pcs/carton, carton size(35×31×25cm).

(3) 布包装,每包 80 套,每套塑料袋装。

In cloth bales of 80 sets each, each set packed in a poly bag.

(4) 每只包纸,并套塑料袋,每一打装一坚固新木箱,并刷信用证规定的唛头。共计 400 箱。

Each piece to be wrapped with paper and to a plastic bag, each dozen then to a new strong wooden case brushed with the marks specified in the relevant L/C. Total 400 cases only.

六、规定包装条款时应注意的事项

在国际贸易中,合同的包装条款直接涉及买卖双方的利益,为订明合同中包装条款的内容,须谨慎考虑以下事项:

(一) 考虑商品特点和运输方式的要求

进出口商品品类繁多,其特性、形状和使用的运输方式各不相同,对于包装的要求就会不同。因此,在洽谈约定包装材料、包装方式、包装规格、包装标志时,需要从交易商品的运输、存储和销售的实际出发,使合同中的包装条款科学合理,以满足商品安全到达、适用和适销的要求。

(二) 明确具体地规定包装材料和包装方式

约定包装时,应明确具体,不宜笼统规定。一般不宜对包装条款作笼统的、含义模糊的规定,例如,"卖方惯用包装"(Seller's Usual Packing)、"适合海运包装"(Seaworthy Packing)、"习惯包装"(Customary Packing)等。因为各国法律规定和商业习惯会有差异,对此类规定缺乏一致解释,容易引起纠纷和争议。除非买卖双方事先已对此予以规定,或在长期的业务合作中取得一致的认识,一般在合同中不宜采用此方法。世界许多国家对包装材料、包装的文字说明等内容有着自己特殊的规定,在订立包装条款时必须加以注意,如美国、英国、澳大利亚、新西兰等国禁止使用稻草作为包装材料,一经海关发现,当场销毁,并支付由此产生的相关费用。

(三) 明确包装费用由谁负担

包装费用一般包括在商品货价之中,在合同中不另计收,但有时也可能不计入货价内,规定由买方另行支付。如买方要求卖方对货物进行特殊包装,除非事先明确包装费用包含在货价内,其超出的额外包装费用原则上应由买方负担,或由买方提供包装或包装物料,采用此种做法时,应在合同中具体规定买方提供包装或包装物料的时间、负担的费用和支付方法,以及由于未及时履行义务所负担的责任。

(四) 注意对方国家有关部门商品销售包装及标签的具体规定和要求

许多国家对市场销售的商品规定了有关包装和标签管理条例,其内容十分繁杂和具体,凡进口商品必须遵守其规定,否则,不准进口或禁止在市场上销售。例如,有些国家规定,凡直接接触食品的包装、标签纸上,只要发现荧光物质,一律禁止进口。对于这类情况,交易双方在商定包装条款时,均应予以考虑。

本 章 小 结

◆ **内容提要**

在国际贸易中,许多国家的合同法或货物买卖法都把数量和包装条款认定为国际货物买卖合同中的主要条件或交易中必不可少的条件。合同中的数量条款主要由成交商品的具体数量和计量单位构成。通常不同商品的性质和特点会有差异,且各国度量衡制度不同,以致使不同商品的计算单位和计量方法也不完全相同。对于在交货时不易精确计算的商品,应在合同中规定数量机动幅度条款,允许交货数量具有一定范围内的灵活性。合同中包装条款一般包括包装材料、包装方式、包装规格、包装标志和包装费用的负担等内容。根据包装在流通过程中所起作用的不同,可分为运输包装和销售包装两类。包装标志可分成运输标志、指示性标志、警告性标志、重量体积标志和产地标志等。

◆ **关键词**

以毛作净　公量　溢短装条款　运输包装　运输标志　指示性标志　警告性标志　销售包装

◆ **思考题**

1. 为什么在国际贸易中要规定货物数量机动幅度条款?数量机动幅度条款是如何规定的?

2. 在合同中规定"About 500 M/T"或"500 M/T 5％ more or less at seller's option"条款,对买卖双方有无区别?为什么?在后一种规定情况下,卖方最多可以交多少公吨?最少可以交多少公吨?如何计价?

3. 什么是运输标志?标准化的运输标志包括哪些内容?试按一般要求设计一个运输标志。

4. 什么是定牌、无牌包装以及中性包装?中性包装的作用有哪些?

5. 进出口合同中的包装条款一般包括哪些内容？在规定包装条款时应注意哪些问题？

 思考案例

我国某出口企业与国外 A 国的 M 公司签订了一份出口烤花生的合同。合同规定出口数量为 40 公吨，采用纸箱装，每箱装 10 袋，每袋 450 克。合同中的付款方式为即期信用证，交货时间为当年的 4 月 30 日之前，目的港为 A 国的 S 港。由于 M 贸易公司对货物的内包装纸袋子不太满意，认为太粗糙，图案不理想，于是签约时决定使用自己的包装袋。因此，在合同的包装条款中附带了一句："内包装由买方提供"。合同签订后，中方抓紧时间组织加工，同时催促 M 公司抓紧运送包装袋。中方于 4 月 15 日将货物加工完毕，只待 M 公司包装袋到位。但 M 公司包装袋始终未到。中方多次催促之后，M 公司提供的内包装终于在 4 月 24 日到货。中方立即组织装袋打包，但货物终于没能赶上 28 号的船期，中方于 28 日致电 M 公司，指出由于 M 公司内包装袋的迟交，导致了中方公司不能按时交货，因此要求将交货期改为 5 月 15 日之前。试分析该案例中我方应该吸取的教训是什么？

第七章 商品的价格

了解进出口商品价格的制定原则和方法,熟悉出口换汇成本、出口盈亏率及成品出口创汇率的计算;理解主要贸易术语的价格换算、佣金与折扣的含义及计算方法;掌握国际货物买卖合同中价格条款的规定办法和计价货币的选择。

价格调整条款

某公司在国际贸易活动中遇到了这样一件事情:根据预测分析,油价每上涨1%,公司产品每打成本将增加1美元。为避免因油价上涨而受损,公司决定在报价上加注油价调整条款,此条款应如何表达?合同签订后,国际市场价格大涨,货源供应紧张,卖方推迟装运。买方要货心切,同意推迟十天装运,并修改了信用证。卖方又提出,国内采购成本又提高,要求加价20%,这又该如何处理?

启示:这些情况在国际贸易中都是常见的问题,价格问题关系到买卖双方的核心利益,十分敏感,因此国际贸易活动中,应十分重视。

商品的价格是国际货物买卖的主要交易条件之一,价格条款是买卖合同中必不可缺的合同条款。价格条款的确定不仅直接关系到买卖双方的利益,而且与合同中的其他条款也有密切联系。商品的价格是根据不同的定价依据、定价目标、定价方法和定价策略来制定的,商品价格的构成一般受商品成本、商品质量、成交数量、供求关系、竞争条件、运输方式和价格政策等多种因素的影响。因此,对于外贸业务人员而言,掌握商品的价格是一项复杂而又十分艰巨的工作。为了做好这项工作,外贸业务人员只有熟悉进出口商品的作价原则及影响因素,了解进出口商品的作价方法,掌握主要贸易术语的价格构成和换算方法以及出口商品的成本核算,才能合理地制定国际货物买卖合同中的价格条款。

第一节 商品价格的掌握

一、进出口商品作价原则

在确定进出口商品的成交价格前,必须正确贯彻以下进出口商品的作价原则:

(一) 按照国际市场价格水平作价

国际市场价格受供求关系的影响,围绕着商品的价值上下波动。国际市场价格是指一种商品在国际贸易中,在一定时期内具有代表性的成交价格,通常是指:

(1) 商品在国际集散中心的市场价格,如纽约市场的棉花价格,伦敦市场的茶叶价格,芝加哥的小麦价格等。

(2) 主要进口国家或地区对某商品的进口价格。

(3) 主要出口国家或地区对某商品的出口价格。

(4) 某些重要商品的拍卖价格、开标价格等。

有时某些商品一时没有国际市场价格,则可参照该国市场上类似商品的价格或邻近地区的价格,作为制定对该国的进出口价格的参考。有些商品在国外市场上无相同或类似的商品可以比照,则可根据国外市场的需求情况,先定出试销价,然后逐步调整。

(二) 结合国别、地区政策作价

一般情况下,商品要按国际市场价格水平作价,但有时为了配合我国的外交政策,对有些国家或地区的价格,可以略低于国际价格水平出售,也可以略高于国际市场价格购买。

(三) 结合购销意图作价

滞销积压商品可考虑适当降低价格以刺激需求,畅销商品则应稳价上调。有些商品为了开拓市场、打开销路,价格也可适当低于当地的价格水平。

二、影响价格的各种具体因素

由于价格构成因素不同,影响价格变化的因素也多种多样。因此,在确定进出口商品价格时,除应遵循上述作价原则外,还必须充分考虑影响价格的各种因素。

(一) 商品的质量因素

在国际市场上,一般都贯彻按质论价的原则,即好货好价、次货次价,品质的优劣、档次的高低、包装的好坏、样式的新旧、商标品牌的知名度等都影响着商品的价格。

(二) 市场供求因素

商品的价格受市场供求状况的影响。当商品供过于求时,价格就会下跌;反之,商品价格就会上涨。商品作价时应根据商品在市场上现在和将来的需求状况进行定价。另外,谈判人员还要考虑该商品的市场生命周期、市场定位、市场购买力等因素,判断市场供求变化趋势和签约后可能发生的价格变动,来确定商品交易价格。

(三) 运输因素

国际货物买卖,一般都要通过长途运输。运输距离的远近,影响运费和保险费的开支,从而影响商品的价格。因此,确定商品价格时,必须核算运输成本,做好比价工作,以体现地区差价。

(四) 销售季节因素

在国家市场上,某些节令性商品,如赶在节令前到货,就能卖上好价,过了节令的商品,其售价往往很低,甚至以低于成本的价格出售。因此,应充分利用季节性需求的变化,切实掌握好季节性差价,争取按对己方有利的价格成交。

(五) 成交数量因素

按国际贸易的习惯做法,成交量的大小影响价格的高低。如成交量大时,在价格上应给予适当优惠,或者采用数量折扣的办法;反之,如成交数量过少,甚至低于起订量时,也可以适当提高出售价格。

(六) 支付条件因素

支付条件是否有利往往影响商品的价格。例如,同一商品在其他交易条件相同的情况下,采取预付货款或货到付款的支付条件下,其价格应当有所区别。

(七) 货币与汇率变动因素

确定商品价格时,买卖双方还应该明确规定使用何种货币,要注意所采用货币的安全性及币值的稳定性、可兑换性(见表7.1)。一般应争取采用对自身有利的货币成交,出口商品应争取选择保持上浮趋势的硬币,进口商品则应选择有下浮趋势的软币支付。如被迫采用不利自身的货币成交时,应当把汇率变动的风险考虑到货价中去,即适当提高出售价格或压低购买价格,或采用订立保值条款的办法来避免汇率变动可能产生的风险。

表7.1 出口交易中常用的计价货币

货币名称	货币符号	货币代码
英镑	£	GBP
美元	US$	USD
港币	HK$	HKD
瑞士法郎	SF	CHF
加拿大元	Can. $	CAD
澳大利亚元	$A	AUD
日元	J¥	JPY
欧元	€	EUR

此外,交货期的远近、新老客户、市场销售习惯和消费者的喜好等因素,对确定价格也有不同程度的影响,在制定商品价格时,也要予以认真考虑。总之,国际贸易的从业人员必须在调查研究的基础上,切实注意上述影响进出口商品成交价格的各种因素,通盘考虑、权衡得失,然后确定适当价格。

三、加强成本核算

为了合理确定成交价格以提高经济效益,在价格掌握上,应认真核算成本,计算盈亏,防止出现单纯追求成交量的现象。在加强出口成本核算工作中,要掌握一些相关指标,包括出口商品盈亏率、出口商品换汇成本和出口创汇率等。

(一) 出口商品盈亏率

出口商品盈亏率是指出口商品盈亏额与出口总成本的比率。其计算公式为:

$$出口商品盈率 = \frac{出口商品盈亏额}{出口总成本} \times 100\%$$

$$= \frac{出口销售人民币净收入 - 出口成本}{出口总成本} \times 100\%$$

其中,出口盈亏额是指出口销售人民币净收入与出口总成本的差额。出口总成本是指出口商品的进货成本(或生产成本)加上出口前的一切费用和税金,计算公式如下:

出口总成本 = 出口商品的进货成本(或生产成本) + 定额费用 − 出口退税收入

定额费用＝出口商品的进货成本（或生产成本）×费用定额率（依不同的商品略有不同，通常维持在5％～20％）

$$出口退税收入 = \frac{出口商品的进货成本（或生产成本）}{1+增值税率} \times 退税率$$

出口销售人民币净收入是指出口商品外汇收入扣除外汇费用（如运费、保险费、码头捐、驳船费等）后的外汇净收入按照结汇银行的现汇买入价折成人民币的金额，即按FOB价出售所得的人民币净收入。出口商品盈亏率的计算公式表明：如果出口商品盈亏率大于零，则出口盈利；反之，则亏损。

例7.1 某产品每件的进货成本是28元人民币，一共1000件。其中包括17％的增值税，13％的退税，如果该产品的定额费用是6％，则该产品出口总成本（退税后）应该是多少？

解析：
出口商品总成本（退税后）＝｛28＋28×6％－[28/(1＋17％)]×13％｝×1000＝26570（元）。

例7.2 我国某公司向韩国出口某商品，共25公吨，纸箱包装。每公吨货物的出口总成本为1250.00元人民币，外销价格为每公吨240.00美元CFR釜山。经过计算，该批货物的运费为每公吨47.13美元。汇率为1美元＝6.8425元人民币。问该商品的出口盈亏率是多少？

解析： 每公吨货物出口外汇净收入＝240.00－47.13＝192.87（美元）；
出口销售人民币净收入＝192.87×6.8425＝1319.71（元人民币）；
出口商品盈亏率＝（1319.71－1250.00）÷1250.00×100％＝5.58％；
所以，企业预计盈利5.58％。

（二）出口商品换汇成本

出口商品换汇成本，又称出口商品换汇率，是指以某种商品的出口总成本与出口所得的外汇收入之比，得出用多少人民币换回1外币。其计算公式如下：

$$出口商品换汇成本 = \frac{出口总成本}{出口销售外汇净收入}$$

这里的出口销售外汇净收入是指出口商品外汇收入减去外汇费用（如运费、保险费、码头捐、驳船费等）的外汇净收入，即按FOB价出售所得的外汇净收入。

出口商品换汇成本反映了出口商品的盈亏情况，它是考察出口企业有无经济效益的重要指标，其衡量的标准是人民币对外币的汇价。该公式表明，如果出口商品换汇成本高于银行的现汇买入价，则出口为亏损；反之，则盈利。因此，要避免亏损，必须准确测算换汇成本。准确测算出商品换汇成本除了应正确计算运费、保险费及保险免赔外，还应根据不同国家、不同银行的银行费用水平，再结合合同规定的条款来全面地测算银行费用。

例7.3 中国某公司向澳大利亚出口某商品，价格为每公吨500美元CIF悉尼港，且每公吨支付运费70美元、保险费6.5美元、佣金15美元。假设该公司收购该商品的收购价格为每公吨1800元人民币，且国内直接与间接费用为收购价格的17％。则该商品的换汇成本为多少？

解析：
每公吨该商品的出口总成本＝1800×（1＋17％）＝2106（元人民币）；
每公吨该商品出口销售外汇净收入＝500－（70＋6.5＋15）＝408.5（美元）；

出口商品换汇成本＝2106元人民币÷408.5美元＝5.155(元人民币/美元)。

(三) 出口创汇率

出口创汇率,又称外汇增值率,是指加工后成品出口的外汇净收入与原料外汇成本的比率。该指标主要用于核算用国外原材料或国产原材料加工再出口的业务。其计算公式如下:

$$出口创汇率 = \frac{成品出口外汇收入 - 原料外汇成本}{原料外汇成本} \times 100\%$$

需要说明的是,如原材料为出口国产品,其外汇成本可按原料的FOB出口价计算。如原材料是进口的,则按该原料的CIF价计算。通过出口的外汇净收入和原料外汇成本的对比,则可看出成品出口的创汇情况,从而确定出口成品是否有利。特别是在进料加工的情况下,更有必要核算出口创汇这项指标。

例7.4 某企业进口原料每吨CIF上海是22600美元,加工后成品的出口价FOB上海为每打117.52美元,已知每公吨原材料可加工250打成品,则出口创汇率是多少?

解析:
出口创汇率＝(117.52×250－22600)/22600×100％＝30％。

例7.5 我国某企业向新加坡某公司出售一批货物,出口总价为11.15万美元CIF新加坡,其中从大连港运至新加坡的海运运费为4000美元,保险费按CIF总价的110％投保一切险,保险费率1‰,这批货物的出口总成本为72万元人民币。结汇时,银行外汇买入价为1美元＝6.8425元人民币。试计算这笔交易的换汇成本和盈亏额。

解析:
出口外汇净收入:FOB价＝CIF价－运费－保险费＝111500－4000－(1115000×110％×1‰)＝106273.50(美元);

出口换汇成本＝出口总成本(元人民币)/出口外汇净收入(美元)＝720000/106273.50＝6.7750(元人民币/美元);

出口盈亏额＝出口销售人民币净收入－出口总成本＝106273.50×6.8425－720000＝7176.42(元人民币);

出口盈亏率＝出口商品盈亏额/出口总成本×100％＝7176.42/720000×100％＝1.00％。

四、进出口商品的价格构成和价格换算

(一) 进口商品的价格构成

进口商品的价格构成主要包括进口货物的FOB价、运费、保险费、进口税费、目的港码头捐税、卸货费、检验费、仓储费、国内运杂费、其他杂费、佣金和预期利润等。

(二) 出口商品的价格构成

出口商品的价格构成主要包括收购成本、包装费、国内运费、仓储费、检验费、运费、出口税费、起运港码头捐税、装货费(驳船费)、其他杂费、佣金和预期利润等。

(三) 主要贸易术语的价格构成

1. FOB、CFR 和 CIF

这三种贸易术语仅适用于海上或内河运输,价格构成包括进货成本、各项费用开支和净利润三方面内容,其中费用开支包括国内费用开支和国外费用开支两个部分。三种术语的

价格关系如表7.2所示。

表7.2 FOB、CFR、CIF三种贸易术语的价格关系

CIF价	CFR价	FOB价格	实际成本	生产成本	自产自销的投入
				加工成本	进料或半产品加工的投入
				采购成本	进货成本
			国内总费用	国内运输费、认证费、仓储费、港口杂费、报关费、业务费、银行费用等	
			预期利润	一般为货价的10%	
		国际运费			
	国际保险费＝CIF价×(1＋投保加成率)×保险费率				

(1) 国内费用：① 加工整理费用；② 包装费用；③ 保管费用(包括仓租、火险等)；④ 国内运输费用；⑤ 证件费用(包括商检费、公证费、领事签证费、产地证费、许可证费、报关单费等)；⑥ 装船费(装船、起吊费和驳船费等)；⑦ 银行费用(贴现利息、手续费等)；⑧ 预计损耗(耗损、短损、漏损、破损、变质等)；⑨ 邮电费(电报、电传、邮件等费用)。

(2) 国外费用：① 国外运费(从装运港至目的港的海上运输费用)；② 国外保险费(海上货物运输保险)；③ 如有中间商，还包括支付给中间商的佣金。

计算公式如下：

FOB价＝进货成本价＋国内费用＋净利润

CFR价＝进货成本价＋国内费用＋国外运费＋净利润

CIF价＝进货成本价＋国内费用＋国外运费＋国外保险费＋净利润

2. FCA、CPT和CIP

这三种贸易术语适用于任何运输方式，包括国际多式联运，其价格构成与上述三种贸易术语相类似，但由于这些贸易术语的适用的运输方式不同，交货地点与交货方式也有区别，故其发生的具体费用也不同。

(1) 国内费用：① 加工整理费；② 包装费用；③ 保管费用(包括仓租、火险等)；④ 国内运输费用；⑤ 拼箱费(如果货物不成一个整的集装箱)；⑥ 证件费用(包括商检费、公证费、领事签证费、产地证费、许可证费、报关单费等)；⑦ 银行费用(贴现利息、手续费等)；⑧ 预计损耗(耗损、短损、漏损、破损、变质等)；⑨ 邮电费(电报、电传、邮件等费用)。

(2) 国外费用：① 自出口国内陆起运地至国外目的地的运输费用；② 国外保险费；③ 在有中间商介入时，还应包括支付给中间代理商的佣金。

计算公式如下：

FCA价＝进货成本价＋国内费用＋净利润

CPT价＝进货成本价＋国内费用＋国外运费＋净利润

CIP价＝进货成本价＋国内费用＋国外运费＋国外保险费＋净利润

(四) 主要贸易术语的价格换算

在磋商交易过程中，交易双方都希望选用于己有利的贸易术语，如一方对另一方提出的贸易术语不同意，而要求改用其他贸易术语时，则可采用下列价格换算方法：

1. FOB、CFR 和 CIF 三种贸易术语的价格换算

CIF 的价格构成为：CIF 价＝FOB 价＋国外运费＋国外保险费

这里要特别注意的是，国外保险费是以 CIF 价格为基础计算的。所以，如果写明保险费的计算办法，则：

CIF 价＝FOB 价＋CIF 价×(1＋保险加成率)×保险费率＋国外运费

(1) FOB 价换算为其他价：

CFR 价＝FOB 价＋国外运费

CIF 价＝(FOB 价＋国外运费)/[1－(1＋投保加成率)×保险费率]

(2) CFR 价换算为其他价：

FOB 价＝CFR 价－国外运费

CIF 价＝CFR 价/[1－(1＋投保加成率)×保险费率]

(3) CIF 价换算为其他价：

FOB 价＝CIF 价×[1－(1＋投保加成率)×保险费率]－国外运费

CFR 价＝CIF 价×[1－(1＋投保加成率)×保险费率]

2. FCA、CPT 和 CIP 三种贸易术语的价格换算

(1) FCA 价换算为其他价：

CPT＝FCA 价＋国外运费

CIP 价＝(FCA 价＋国外运费)/[1－(1＋投保加成率)×保险费率]

(2) CPT 价换算为其他价：

FCA 价＝CPT 价－国外运费

CIP 价＝CPT 价/[1－(1＋投保加成率)×保险费率]

(3) CIP 换算为其他价：

FCA 价＝CIP 价×[1－(1＋投保加成率)×保险费率]－国外运费

CPT 价＝CIP 价×[1－(1＋投保加成率)×保险费率]

例 7.6 我国某公司对某种货物对外报价为每公吨 1000 美元 CIF 新加坡，而外商还盘为 902 美元 FOB 中国口岸。经查该货物由中国香港运至新加坡每公吨运费为 88 美元，保险费率合计为 0.95%。试问单纯从价格角度上讲，我方可否接受该项还盘？

解析：

将我方报价 CIF 新加坡换算成 FOB 中国口岸，其结果是：

FOB 中国口岸价＝1000－88－1000×110%×0.95%＝901.55(美元)；而外商还盘为 FOB 中国口岸 902 美元，两者相差无几，可以接受外商还盘。

第二节 进出口商品的作价办法

在国际贸易中，定价方法多种多样，由交易双方当事人磋商确定，通常采用的定价办法，可归纳为下列几种。

一、固定价格

这种做法在国际货物买卖中采用得较为普遍。具体做法是：交易双方通过协商就计量单位、计价货币、单位价格金额和适用的贸易术语达成一致,在合同中以单价条款的形式规定下来。例如,USD 58.50 per dozen CIF London(每箱 58.50 美元 CIF 伦敦),其中,USD 为计价货币,58.50 为单位价格金额,per dozen 为计量单位,CIF London 为贸易术语。按照《联合国国际货物销售合同公约》的有关规定,合同中的价格可以由当事人用明示的方法规定,也可以用默示的方法规定。只要当事人根据合同或事先约定,可以将价格明确、具体地确定下来,即可称为固定价格。按照各国法律,合同价格一经确定,就必须严格执行;除非合同中另有约定,或经双方当事人一致同意,任何一方不得擅自更改。例如"每公吨 500 欧元,CIF 鹿特丹",如合同中无其他规定,则被认为是固定价格。

在我国进出口业务中,一般多采用这种定价方法。固定价格的做法具有明确具体、便于核算的优点。但是,由于国际商品市场受各种因素的影响,商品市场行情瞬息万变,价格涨落不定,因此在国际货物买卖合同中规定固定价格,就意味着买卖双方要承担从订约到交货付款以至转售时价格变动的风险。况且,如行市变动过于剧烈,这种做法还可能影响合同的顺利履行。一些不守信用的商人很可能为逃避巨额利益损失,而寻找各种借口撕毁合同。为了减少风险,在采用固定价格时,必须注意下列事项:

(1) 综合分析影响商品供需的各种因素,对价格的变动趋势做出准确判断,以此作为确定合同价格的依据。

(2) 审慎选择合适的交易对象。签订合同前必须对客户资信进行深入了解和认真研究,尤其是当业务人员获得的信息不充分时,必须进行专业的资信调查,以免在市场价格剧烈波动时出现外商违约或毁约的情况。

(3) 对价格一直相对稳定的商品,以及对成交量不大或近期交货的商品,一般可以按固定价格成交。如属远期交货、大量成交或市场价格起伏不定的商品,则不宜轻易采用固定价格的做法,以减少价格变动的风险。

(4) 大宗交易一般应订立保值条款。由于各种货币汇价动荡不定、商品市场变动频繁,在此情况下,固定价格往往会给买卖双方带来巨大风险。因此,为了减小风险,促成交易,提高履约率,在合同价格的规定方面,可以采用订立外汇保值条款。主要有以下三种方法:

第一,计价货币和结算货币均为同一"软币",确定订约时这一货币与另一"硬币"的汇率,折算成硬币,支付时按当日汇率折算成原货币支付。

第二,"软币"计价,"硬币"支付,即将成品单价或总金额按照计价货币与结算货币当时的汇率,折合成另一种"硬币",按另一种货币支付。

第三,"硬币"计价,"软币"支付。由双方协商同意确定这一货币与另几种货币的算术平均汇率,或用其他计算方式的汇率,按支付当日与另几种货币算术平均汇率或其他汇率的变化作相应的调整,折算成原货币支付。这种保值也称"一揽子汇率保值"。几种货币的综合汇率可有不同的计算方法,如简单平均法、加权平均法等。

二、非固定价格

非固定价格习惯上又称"活价"。在国际货物贸易中,为了减少价格波动的风险、促成交易和提高履约率,在合同价格的规定方面,往往采用一些灵活变通的做法,具体做法又分为:

(一) 待定价格

待定价格是指商品价格待定,买卖双方只在合同中约定未来确定价格的依据和方法。这种定价方法又可以分为以下两种具体做法:

(1) 在价格条款中明确规定定价时间和定价方法。如规定"在装船月份前 40 天,参照当地及国际市场该商品的价格水平,协商议定正式价格"或"按照提单日期的国际市场价格计算"。

(2) 只规定作价时间。例如:"由双方在某年某月某日协商确定价格"。这种方式由于未就作价方式作出规定,容易给合同带来较大的不稳定性,双方因缺乏明确的作价标准,而在商定价格时可能会产生争议,导致合同无法执行。因此,这种方式一般只适用于双方有长期交往并已形成比较固定的交易习惯的合同。

(二) 暂定价格

在合同中先约定一个初步价格,作为开立信用证和初步付款的依据,待双方签订最后价格后,再进行最后清算,多退少补。例如:"单价暂定 CIP 神户,每公吨 1000 美元,定价方法:以××交易所 3 个月期货,按装船月份月平均价加 5 美元计算。买方按本合同规定的暂定价开立信用证。"由于国际市场价格瞬息万变,买卖双方在合同中的价格仅供参考,因此由于没有定明定价依据,这种做法有可能导致合同无法履行。

(三) 部分固定价格,部分非固定价格

为了兼顾买卖双方的利益,也可采用部分固定价格,部分非固定价格的做法,或是分批作价的方法,即在一些长期分批交货的交易中,双方可以协商规定,对于近期内交货的部分采用固定价格,其余采用非固定作价办法。

非固定价格是一种变通做法,在行情变动剧烈或双方未能就全部货物的价格取得一致意见时,采用这种作价办法有下列好处:

(1) 有利于暂时解决双方在价格方面的分歧,先就其他条款达成协议,早期签约。

(2) 有助于解除客户对价格风险的顾虑,使之敢于签订交货期长的合同。数量、交货期的早日确定,不但有利于巩固和扩大出口市场,也有利于生产、收购和出口计划的安排。

(3) 对交易双方,虽不能完全排除价格风险,但对卖方来说,可以不失时机地做成生意,对买方来说,可以保证一定的转售利润。

但是,也应当看到,由于非固定价格的做法是先签约后定价,合同的关键条款即价格条款,是在签约之后由双方按一定的方式来确定的。这就不可避免地给合同带来较大的不稳定性,存在着双方在定价时不能取得一致意见而使合同无法执行的可能,以及由于合同定价条款规定不当而使合同失去法律效力的危险。

在采用非固定价格作价时,应注意以下问题:

第一,要明确规定作价方法。为了减少非固定价格条款给合同带来的不稳定性,消除双方在作价方面的矛盾,明确订立作价方法就是一个重要的、必不可少的前提,作价标准可根据不同商品酌情做出规定。例如,以某商品交易公布的价格为准,或以某国际市场价格为准等。

第二,要明确规定作价时间。关于作价时间的确定,可以采用下列几种做法:

(1) 在装船前作价。一般是规定在合同签订后若干天或装船前若干天作价。采用此种作价办法,交易双方仍要承担从作价至付款转售时的价格变动风险。

(2) 装船时作价。一般是指按提单日期的行市或装船月的平均价作价。这种做法实际上只能在装船后进行,除非有明确的客观作价标准,否则卖方不会轻易采用,因为其怕承担风险。

(3) 装船后作价。一般是指在装船后若干天,甚至在船到目的地后作价,采用这类做

法,卖方承担的风险也较大,故一般很少使用。

三、价格调整条款

在国际贸易中,有的合同除规定具体价格外,还规定有各种不同的价格调整条款。例如:"如卖方对其他客户的成交价高于或低于合同价格5%,对本合同未执行的数量,双方协商调整价格。"这种做法的目的是,把价格变动的风险限定在一定范围之内,以提高客户经营的信心。

值得注意的是,在国际上,随着某些国家通货膨胀的加剧,有些商品合同,特别是加工周期较长的机器设备合同,都普遍采用所谓"价格调整条款"(Price Adjustment Clause),要求在签约时只规定初步价格(Initial Price),同时规定,如原料价格、工资发生变化,卖方保留调整价格的权利。在价格调整条款中,通常使用下列公式来调整价格:

$$P = P_0 \left(A + B \frac{M}{M_0} + C \frac{W}{W_0} \right)$$

在上述公式中:
P 代表商品交货时的最后价格;
P_0 代表签合同时约定的初步价格;
M 代表计算最后价格时引用的有关原料的平均价格或指数;
M_0 代表签合同时引用的有关原料的价格或指数;
W 代表计算最后价格时引用的有关工资的平均数或指数;
W_0 代表签合同时引用的工资平均数或指数;
A 代表经营管理费用和利润在价格中所占的比重;
B 代表原料在价格中所占的比重;
C 代表工资在价格中所占的比重。
A、B、C 所分别代表的比例,在签合同时确定后固定不变。

如买卖双方在合同中规定,按上述价格调整公式计算出来的最后价格与约定的初步价格相比,其差额不超过约定的范围(如百分之若干),则初步价格可以不予调整,合同原定价格对双方当事人仍有约束力,双方必须严格执行。

上述价格调整条款的基本内容,是按原料价格和工资的变动来计算合同的最后价格。在通货膨胀的情况下,它实质上是出口厂商转嫁国内通货膨胀、确保利润的一种手段。但值得注意的是,这种做法已被联合国欧洲经济委员会纳入它所制定的一些"标准合同"之中,而且其应用范围已从原来的机械设备交易扩展到一些初级产品交易,因而具有一定的普遍性。由于这类条款是以工资和原料价格的变动作为调整价格的依据,因此,在使用这类条款时必须注意工资指数和原料价格指数的选择,并在合同价格条款中具体写明。

第三节 计价货币的选择

一、规定计价货币与支付货币的意义

计价货币(Money of Account)是指合同中规定用来计算价格的货币,支付货币(Money

of Payment)是指合同中规定用于支付货款的货币。实践中,可在合同中只规定一种货币,既用于计价也用于支付,也可分别规定计价货币和支付货币。

计价货币可以是出口国货币、进口国货币或双方同意的第三国货币,由买卖双方协商确定。国际货物买卖通常的交货期都比较长,从订约到履行合同往往需要有一个过程。在此期间,如果计价货币的币值不稳定,甚至可能会波动很大,将直接影响进出口双方的经济利益。因此,如何选择合同的计价货币是买卖双方在确定价格时必须关注的问题。

二、汇率制度对国际贸易实务的影响

(一) 固定汇率制度和浮动汇率制度

汇率制度分为固定汇率制和浮动汇率制。前者指两国之间的货币比价基本固定,或把两国汇率的波动幅度规定在一定的界限之内。后者指政府对汇率不加固定,也不规定其上下波动的界限,汇率变动由外汇供求情况决定。当今世界上多数国家实行浮动汇率制。浮动汇率制在一定程度上可保持西方国家货币制度的稳定,防止国际游资对主要货币的冲击,避免外汇储备的流失;但汇率频繁与剧烈的波动使进行国际贸易、国际信贷和国际投资等国际经济交易的经济主体难以核算成本和利润,并使其面临较大的汇率波动所造成的外汇风险损失。

(二) 浮动汇率制度下的计价货币选择与对外报价

浮动汇率存在着一定的风险,对进出口贸易实务有一定的影响。但只要掌握其运行规律与发展趋势,在合同中正确选择计价货币,做好对外报价,就能降低进口成本,增加外汇收入。具体做法有以下几个方面:

1. 掌握外币汇率浮动规律,选定进出口支付货币

例如,2015年年底,某进口商从日本进口一批钢材,每公吨价格300美元,从成交到付款需要半年时间,支付货币可采用美元或人民币。该进口商持有的货币为人民币。但是否采用美元支付,需看它汇率浮动的趋势。如果2015年年底,美元对人民币汇率为1美元=6.8元人民币;到了2016年年初,美元汇率下浮,调整为1美元=6.5元人民币;2016年下半年美元汇率上浮,又调整为1美元=6.9元人民币。那么在2015年年底时,这个进口商选择以人民币支付,2016年年初,到货时每公吨钢材需支付300×6.8=2040元人民币。假如该进口商预见到美元汇率可能下浮,而采用美元支付,则到货时,每公吨钢材只需支付300×6.5=1950元人民币,从而每公吨可少支付2040−1950=90元人民币。

假如该进口商未考虑汇率浮动因素,也没有估计到下半年美元汇率会上浮,又签订合同在2016年下半年进口钢材,以美元支付,那么到货时,由于美元汇率上浮,每公吨钢材要付300×6.9=2070元人民币,比按人民币计价多付2070−2040=30元人民币。所以,在进口时要选择汇率具有下浮趋势的货币作为计价货币;相反,在出口时应选择汇率具有上浮趋势的货币作为计价货币。

2. 根据外币汇率浮动情况,确定出口价格的计算标准

如出口商应进口商的要求,同时发出本币与外币的报价,应保持本币报价的上调或下调幅度与外币报价的上调或下调幅度相一致。

例如,某出口商出口羊绒,在2015年春对日本某进口商报价为每千克39.00元本币,当时美元处下浮期,按牌价折合每千克20.27美元。当年秋季,出口商调高羊绒价格至每千克41.10元本币,若按当时牌价为每千克19.89美元。从春季到秋季,该产品按本币计算升值

5.4%,但换成美元报价,反而降低了1.9%。因此,该出口商在2015年秋以美元报价时,应在每千克20.27美元的基础上,提高5%~6%,即对外报价每千克21.28~21.49美元,这样才不至于遭受损失。

3. 根据不同货币的浮动情况,调整对外报价

(1) 以本币对外报价:在一定时期内,出口商品的本币报价未变,但本币升值了,如仍以本币对外报价,则应适当降价,否则会削弱出口商品的竞争能力;如果本币贬值了,在不影响成交的情况下,则可适当提高本币的对外报价。

(2) 以外币对外报价:国家的外汇储备只有"软币"(即在付款期内呈现贬值趋势的币种),所以只能以"软币"向出口商进行支付。如果不影响成交,出口商也可以以该种"软币"对外报价,但要将货价向上进行一定幅度(即从成交到支付时该货币的下浮幅度)的调整,以弥补汇率下跌的损失。如果用具有上浮趋势的货币对外报价,结合市场情况与出口商的库存情况可以不降价或适当降价。

三、选择计价货币应考虑的因素

(1) 尽可能选择汇率比较稳定的可自由兑换的货币。

(2) 从理论上讲,出口合同采用"硬币"(即在付款期内呈现升值趋势的币种)计价比较有利,进口合同采用"软币"(即在付款期内呈现下浮趋势的币种)计价比较有利。但是,在实际业务中,以什么货币作为计价货币,还应视双方的交易习惯、经营意图和具体价格而定。

(3) 为了避免可能发生的经济损失,可以在合同中订立考虑汇率变动的附加条款。常用方法有以下几种:

第一,订立黄金条款。这是国际贸易中常见的一种保值方法,即买卖双方的货款支付按签订合同时黄金的价值计算。在合同中明确订约时该种货币的法定含金量或黄金平价,并约定在交货付款时,该法定含金量或黄金平价如有变化,合同价格也必须按比例相应调整。

第二,订立汇率变动的价格调整条款。在签订合同时,明确定明计价货币与另一种货币的汇率,付款时,该汇率如有变动,则按比例调整合同价格。

第四节 佣金与折扣的运用

在进出口合同的价格条款中,有时会涉及佣金与折扣的应用。价格条款中所规定的价格,可以分为包含有佣金或折扣的价格和不包含这类因素的净价(Net Price)。包含有佣金的价格,在实际业务中,通常称为"含佣价"。

一、佣金

(一) 佣金的含义

在国际贸易中,有些交易是通过中间代理商进行的。中间代理商因介绍生意或代卖代买而需要收取一定的酬金,此项酬金叫佣金(Commission),它具有劳务费的性质。凡在合同价格条款中,明确规定佣金的百分比,叫做"明佣"。如不标明佣金的百分比,甚至连"佣金"字样也不标出来,有关佣金的问题由双方当事人另行约定,这种暗中约定的佣金,叫做"暗佣"。国外中间商为了赚取"双头佣"(即中间商从买卖双方都获取佣金),或为了达到逃汇或逃税的目的等,往往要求采取"暗佣"的做法。佣金直接关系到商品的价格,货价中是否包括佣金和佣金比例的大小,都影响着商品的价格。显然,含佣价比净价要高。正确运用佣金,有利于调动中间商的积极性和扩大交易。

(二) 佣金的表示方法

在价格条款中,对于佣金的规定,有以下几种方法:

(1) 凡在价格中包括佣金的,即为"含佣价"。例如:每公吨1000美元,CIF香港,包括佣金3%。

(2) 用英文字母"C"代表佣金,并注明佣金的百分比。例如:每公吨1000美元,CIFC 3%,香港。

(3) 佣金也可以用绝对数表示。例如:每公吨支付佣金50美元。

(三) 佣金的计算方法

1. 计算方法

在国际贸易中,计算佣金的方法不同,有的按成交金额约定的百分比计算,也有的按成交商品的数量来计算,即按每一单位数量收取若干佣金计算。按成交金额计算时,有的以发票总金额作为计算佣金的基数,有的则以FOB价作为基数来计算佣金。如按CIF成交,而以FOB价作为基数计算佣金时,则应从CIF价中减去运费和保险费,求出FOB价,然后以FOB价乘佣金率,即得出佣金额。

佣金的计算公式为

$$单位货物的佣金额 = 含佣价 \times 佣金率$$

净价的计算方法为

$$净价 = 含佣价 - 单位货物佣金额 = 含佣价 \times (1 - 佣金率)$$

如果已知净价,则含佣价的公式为

$$含佣价 = 净价 / (1 - 佣金率)$$

例7.7 卖方报价为某货物每公吨1000美元,CIFC 3%,则:

每公吨货物应支付的佣金 $= 1000 \times 3\% = 30$(美元)

卖方每公吨实际收入 $= 1000 - 30 = 970$(美元)

例7.8 已知某商品对外报价为不含佣CIF价2000美元,外商要求报CIFC 4%。若保持我方的净收入不变,则对外改报的含佣价应为多少?

解析:

含佣价 $= 2\,000 / (1 - 4\%) = 2083.83$(美元)

也就是说,在此情况下,对外报价每单位2083.83美元,这样才能保证我方净收入不变。

2. 实例说明

(1) 以FOB净价为基数计算。例如,一批出口商品的成交金额按FOB条件为200000美元,佣金率为3%,则佣金为:$200000 \times 3\% = 6000$(美元)。显然,采用FOB净价为基数计算时,如果成交价格条件是CFR或CIF,则需将其转为FOB净价,再计算佣金。

① 采用CFR价格条件成交时佣金计算方法:佣金 = (CFR成交金额 − 运费) × 佣金率。

例如:某笔交易中,采用CFR价格条件成交,出口货物金额为100万美元,运费占发票金额的10%,佣金率为5%,那么以FOB净价为基数计算出来的佣金应为:佣金 $= (100 - 100 \times 10\%) \times 5\% = 4.5$(万美元)。

② 采用CIF价格条件成交时佣金的计算方法:佣金 = (CIF成交金额 − 保险费 − 运费)

×佣金率。

例如,某笔出口交易中,采用 CIF 价格条件成交,金额为 100 万美元,其中运费占总金额的 10%,保险费占 5%,佣金率为 3%,则以 FOB 净价为基数计算的佣金应为:佣金=[100－100×(10%＋5%)]×3%＝85×3%＝2.55(万美元)

(2) 以买卖双方的成交金额为基数计算。例如,某笔交易中买卖双方以 CIF 价格条件成交,金额为 12000 美元,佣金率为 3%,则:佣金＝CIF 成交金额×佣金率＝12000×3%＝360(美元)。

佣金的支付一般有两种做法:一种是由中间代理商直接从货价中扣佣金;另一种是在委托人收清货款之后,再按事先约定的期限和佣金比率,另行付给中间代理商。在支付佣金时,应防止错付、漏付和重付等事故发生。按照一般惯例,在独家代理情况下,如委托人同约定地区的其他客户达成交易,即使未经独家代理经手,也得按约定的比率付给其佣金。

二、折扣

(一) 折扣的含义

折扣(Discount, Rebate, Allowance)是指卖方给予买方一定的价格减让。从性质上看,即在价格上给予适当的优惠。在我国对外贸易中,使用折扣主要是为了照顾老客户、确保销售渠道与扩大销售等。在实际业务中,应根据具体情况,针对不同客户,灵活运用各种折扣方法:为了扩大销售,使用数量折扣(Quantity Discount);为发展同客户的关系或为实现某种特殊目的而给予的特别折扣(Special Discount)以及年终回扣(Turnover Bonus)等。凡在价格条款中明确规定折扣率的,叫做"明扣";凡交易双方就折扣问题已达成协议,而在价格条款中却不明示折扣的,叫做"暗扣"。折扣直接关系到商品的价格,在货价中是否包括折扣和折扣率的大小,都影响商品价格。折扣率越高,则价格越低。折扣如同佣金一样,都是市场经济的必然产物,正确运用折扣,有利于调动采购商的积极性和扩大销路。在国际货物贸易中,它是出口厂商加强对外竞销的一种手段。

(2) 折扣的表示方法

(1) 在国际货物贸易中,折扣通常在约定价格条款时用文字明确表示出来。例如:"CIF 伦敦每公吨 200 美元,折扣 3%(US $200 per Metric ton CIF London including 3% discount)。"此例也可以这样表示:"CIF 伦敦每公吨 200 美元,减 3%折扣(US $200 per Metric ton CIF London Less 3% discount)。"

(2) 此外,折扣也可以用绝对数来表示。例如,"每公吨折扣 6 美元"。在实际业务中,也有用"CIFR"来表示 CIF 价格中包括折扣。这里的"D"和"R"是"Discount"和"Rebate"的缩写。鉴于在贸易往来中加注的"D"或"R"含糊不清,可能引起误解,故最好不使用此缩写。

(三) 折扣的计算方法

折扣通常是以成交额或发票金额为基础计算出来的。其计算方法如下:

$$单位货物折扣额 = 原价(或含折扣价) \times 折扣率$$
$$卖方实际净收入 = 原价 - 单位货物折扣额$$

例 7.9 某商品报价 CIF 伦敦,每公吨 2000 英镑,折扣 2%,卖方的实际净收入为多少?

解析:

折扣额=2000×2%＝40(英镑/公吨)
卖方实际净收入=2000－40＝1960(英镑/公吨)

折扣一般是在买方支付货款时预先予以扣除。也有的折扣金额不直接从货价中扣除,而按双方当事人暗中达成的协议,由卖方以给"暗扣"或"回扣"的方式另行支付给买方,这种做法在实际业务中也常被采用。

第五节 国际贸易合同中的价格条款

合同中的价格条款,一般包括商品的单价和总值两项基本内容,有时还包括作价方法及佣金和折扣的运用。

一、合同中价格条款的内容

合同中价格条款对单价的规定通常包括四个组成部分:计量单位(如每公吨或每件等)、单位价格金额(如 100 或 1000 等)、计价货币名称(如美元或欧元等)和贸易术语(如 CIF 或 FOB 等)。例如,在价格条款中可规定:每公吨 100 美元 FOB 上海(USD 100 per metric ton FOB Shanghai)。

(1)计量单位。一般来说,计量单位应该与数量条款所使用的计量单位一致,并要注意使用同一度量衡。

(2)单位价格金额。单位价格金额应按双方协商一致的价格,正确填写在书面合同中,不得有误。

(3)计价货币。应该明确使用哪国货币,单价和总值所使用的货币应该一致。

(4)贸易术语。贸易术语在使用时,应该根据不同的含义加注不同的地点,如有重名地点问题,应该加注国别或地区名称。

单价一经买卖双方约定,履约时,则按此价格结算货款,即使订约后价格发生变动,任何一方都不得要求变更原定价格。由于各种因素的影响,有些商品的价格容易发生波动,为确保合同的顺利履行,有时买卖双方订约时即在合同中明确规定:"合同成立后,不得提高价格或调整价格"。

总值是指单价与成交商品数量的乘积,即一笔交易的货款总金额。总值项下一般同时列明贸易术语,总值所使用的货币必须与单价货币名称一致。例如,FOB 新加坡每公吨 12.00 美元,包括理舱费和平舱费,总价 1200000.00 美元(USD 12.00 per M/T FOB stowed and trimmed Singapore, total USD 1200000.00)。

【课堂讨论】

因合同价款与信用证价款不一致产生纠纷

2015 年 3 月 30 日,大连千森公司与日本朱航有限公司签订进口机器设备合同,双方约定,大连千森公司购买日本朱航公司进口地板加工机器设备,一组共 6 台。设备总价值 91304.35 美元,其中大连千森公司开出信用证付款 65000.00 美元,余额部分 26304.35 美元由日本朱航公司垫付。机器设备到大连港十日内,由大连千森公司返还给日本朱航公司垫付款,如大连千森公司在三个月内未能还清设备垫付款,按年利率 13% 支付利息。日本朱航公司负责该设备的安装、调试和试生产指导。合同签订的当天,即 2015 年 3 月 30 日,日本朱航公司发运机器设备,报关单记载设备明细及价格为:地板加工机 1 台,单价 10000.00 美元;开槽机 2 台,单价 23000.00 美元;砂光机 1 台,单价 11000.00 美元;电挖锯及台锯 2 台,单价21000.00美元。机器设备共6台,总价款65000.00美元。2015年4月3日,大连千森公司提货收到6台设备,报关单和发票均明码标价总价款65000.00美元。大连千森公司以日本朱航公司履行合同不符合约定的设备和价格,该合同已实际履行完结,不存在设备垫付款偿还的事实,不予支付合同规定由日本朱航公司垫付的26304.35美元。日本朱航公司遂诉至法院。

资料来源:冷柏军. 国际贸易实务[M]. 北京:高等教育出版社,2015.

评析:本案涉及合同规定的价格条款与信用证、发票及报关单实际记载的价格条款不一致时,何者应该支付货款的问题。对于一个合法有效的买卖合同来说,如果当事人就合同价格条款已经做出了约定,则除非当事人之间达成了新的约定,修改了合同,否则原约定对双方依旧具有约束力。本案中,无论是信用证、发票还是报关单,均不代表日本朱航公司对于价格条款的意思表示,双方没有协商一致达成修改合同价格条款的新协议。法院经审理后认为,双方当事人订立的合同合法有效,日本朱航公司已经履行了约定义务;大连千森公司的所有抗辩均不能成立,其应按照2015年3月30日合同之约定向日本朱航公司清偿欠款及约定利息。最终判决大连千森公司向日本朱航公司支付欠款26304.35美元及利息,并承担所有诉讼费用。

二、规定价格条款的注意事项

为了约定好合同中的价格条款,外贸从业人员对外洽商价格和约定价格条款时,必须注意下列事项:

第一,应在充分调查研究的基础上,根据国际市场供求状况和价格走势,并遵循我国出口商品作价原则和每笔交易的经营意图,合理约定适当的成交价格,防止盲目定价而导致成交价格偏离国际市场价格的情况出现。

第二,单价中涉及的计量单位、计价货币、装卸地名称等,须书写正确清楚。

第三,根据经营意图和船源、货源实际情况,在权衡利弊的基础上选用适当的贸易术语,以明确买卖双方的权利义务。多年来,我国各外贸公司习惯于使用FOB、CFR和CIF三种常用的贸易术语,一般来说,在出口贸易中,我方应争取选用CIF和CFR术语;在进口贸易中,应争取选用FOB术语。对FCA、CPT和CIP术语的选用也应按上述原则掌握。这样有利于节省运费和保险费的外汇支出,并有利于促进我国对外运输和保险事业的发展。但随着集装箱运输的发展,出现了一些新的贸易术语,故在选用贸易术语时,我们也应随机应变采取较为灵活的做法。例如,按装运港交货条件成交,在采用滚装、滚卸或集装箱运输,或者要求卖方在船舶到港前即将货物交到港口货站时,由于货物风险和费用以船舷为界来划分已失去意义,故在此情况下,就不宜继续沿用FOB、CFR或CIF三种贸易术语。就卖方而言,明智的做法应当是按照《2010年国际贸易术语解释通则》规定,分别选用FCA、CPT或CIP贸易术语更为适宜。这是因为,在按FCA、CPT或CIP贸易术语成交时,只要卖方将其出售的货物交给承运人处置,风险即随之转移。如仍沿用FOB、CFR或CIF贸易术语,实际上,卖方多承担将货物交给承运人处置之时起至货物装上船为止这段时间与空间的费用与风险。若单价相同,显然这是对卖方不利的。

第四,争取有利的计价货币,以免遭受币值变动带来的风险,必要时可加订保值条款。计价货币是指合同中规定用来计算价格的货币。在国际货物买卖合同价格条款中,必须对计价货币作出明确规定。用来计价的货币,可以是出口国家货币,也可以是进口国家货币或双方同意的第三国货币,一般由买卖双方协商确定。在出口业务中,一般尽可能争取多使用在成交期内汇率比较稳定且有上升趋势的货币,即"硬币";而在进口业务中,则应争取多使用在成交期内汇率比较疲软且有下降趋势的货币,即"软币",否则应考虑订立保值条款来避免汇率变动的风险。或者,把币值可能变动的风险考虑到成交价格中去。

第五,根据成交商品的品种、数量、交货期限和市场行情变化等因素,灵活运用各种不同的作价办法,力争择优选用,避免承担价格变动的风险。

第六,参照国际贸易的习惯做法,注意佣金和折扣的合理运用,以便有效地利用中间代理商的购销渠道来扩大交易。

第七,如交货品质、交货数量有机动幅度或包装费另行计价,应一并定明机动部分作价和包装费计价的具体办法。

第八,鉴于合同中的价格条款是一项核心条款,它与其他相关条款有着内在联系,故价格条款的内容与其他相关条款的规定,应当彼此衔接,不能互相矛盾,以利合同的履行。

本 章 小 结

◆ **内容提要**

价格条款是涉及买卖双方利害关系的一项核心条款,它与合同中的其他条款有着密切的联系,其涵盖的内容很广泛,包括作价原则的贯彻,成交价格与作价办法的确定,贸易术语的使用,计价货币的选择,以及佣金与折扣的合理运用等多方面内容。特别是在价格掌握上,更需要权衡利弊,通盘考虑。具体地说,要求根据市场供求状况与价格变动趋势,自身经营意图,成交商品质量的优劣与数量的多少,交货时间与地点的不同,并结合其他各有关交易条件的具体规定,相应确定适当价格,以体现品质差价、数量差价、季节性差价、地区差价和公平合理的原则。

◆ **关键词**

成本核算　价格构成　价格换算　价格条款　佣金　折扣

◆ **思考题**

1. 我国进出口商品的作价原则是什么?在确定进出口商品价格时应考虑哪些因素?
2. 在国际货物买卖中,有哪些定价办法?在选用这些定价办法时应注意哪些事项?
3. 在我国出口贸易中加强成本核算的意义何在?如何计算出口商品盈亏率、出口商品换汇成本和出口创汇率?
4. 在我国进出口合同中如何正确选择计价货币?
5. 在国际货物贸易中如何正确运用佣金与折扣?

中国某公司(卖方)曾向西欧某中间商(买方)出售一批货物,合同规定佣金为5%。卖方按合同规定将货物装运出口后,收到了买方的全部货款。卖方经办人员竟误将全部货款当作佣金开具付佣的传票,以便公司财会人员向中国银行开立汇票,该传票虽先后经另一业务员和领导复核,但均未发现差错。后财会人员核对后,疑有差错,要求重新审核,而复核员答复并无差错。随后,中国银行开汇票时,觉得金额过大,怀疑有差错,便向公司复核员提出询问,复核员再次坚持并无差错。于是,中国银行便按原货款金额向国外中间商开出了支付佣金的汇票。外商收到该汇票后,吃惊的发现金额过大,实属错汇,乃将原汇票退回。幸亏这位中间商比较诚实,才未造成太大的经济损失,但是,对外却造成了不良印象。

试分析,为什么会出现这种事件?我们应从中吸取哪些教训?

第八章　国际货物运输

了解各种运输方式,掌握国际货物买卖合同中的装运条款,熟练缮制与运用有关装运单据。

合肥中欧国际货运班列将加密延伸

今后几年内,安徽将畅通对外开放大通道,打通对外联通缺失路段和瓶颈路段,实现与"一带一路"沿线国家互联互通。

在铁路上打造以合肥为中心、通达全国主要城市的快速客运铁路网,加密延伸合肥中欧国际货运班列,推动建立多层次、大容量的综合交通运输体系,构建"一带一路"的重要枢纽。同时,形成较为完善的普通铁路网,重点推动商丘—合肥—杭州、合肥—新沂—青岛、武汉—杭州等铁路建设。

水运方面,建设"一纵两横"高等级航道主骨架,优化沿江港口布局,畅通"海上丝绸之路"通道。重点推动长江、淮河干流整治和引江济淮航运工程,芜湖、马鞍山、合肥等重点港口建设。

航空运输则以合肥新桥国际机场为中心、支线机场为节点,发展连接"一带一路"重点城市的"空中走廊"。重点推动合肥新桥国际机场二期、芜宣机场、亳州机场、蚌埠机场等重点机场项目建设。此外,推动合肥、芜湖、黄山等综合交通枢纽建设,强化不同交通运输方式有机衔接。

资料来源:王君,吴奇.合肥中欧国际货运班列将加密延伸[N].合肥晚报,2017-02-13.

国际货物运输是国际贸易中不可缺少的一个重要环节。国际货物运输方式很多,并且具有线长、面广、中间环节多、时间性强、情况复杂多变、风险较大等特点,因此,合理选择与运用运输方式、订好合同中的装运条款和正确缮制与运用有关装运单据,有利于按时、按质、按量完成货物运输和顺利履行合同。

第一节　运　输　方　式

国际货物运输包括海洋运输、陆上运输、航空运输、江河运输及邮政运输等方式,其中海洋运输占比最大。

一、海洋货物运输

在各种基本的国际货物运输方式中,使用海轮或其他水运工具跨越大洋运输货物的海洋运输是最主要也是采用最为广泛的一种货物运输方式。现代国际贸易总量的 2/3 以上是靠海洋运输来实现的。海洋运输的特点具体体现在以下几个方面:① 载运量大;② 具有极大的通过能力;③ 运输成本低廉;④ 航速慢、运输时间长。

海洋运输是利用海轮在国内和国外港口之间通过一定的航线和航区进行的货物运输。从使用船舶的角度来说,海洋运输有班轮运输和租船运输之分,这是国际上目前普遍采用的两种主要的海洋运输经营方式。不同的经营方式适应了不同货源的特点和国际贸易的需要,也有利于远洋船舶运输能力的合理运用。与此同时,不同的经营方式对于船东与货主的权利、义务及风险承担的规定亦有区别。

(一) 班轮运输

班轮运输(Liner Transport),是指货主通过向班轮公司订舱,利用班轮来运送货物的运输经营方式。所谓班轮(Regular Shipping Liner,简称 Liner),是按照预定的航行时间表,在固定的航线上和若干个固定的港口之间往返载运货物的船舶,又叫定期船,也叫邮船。

1. 班轮运输的特点

班轮运输的特点可以概括为以下三个:

(1) 有"四个固定",即航线固定、港口(包括起运港、目的港和沿途停靠的装卸港)固定、船期(包括船舶到达和驶离各港口的日期)固定、运价固定。

(2) 在规定的停靠港口,不论货物数量多少,都可以接受装运。

(3) 根据航线、货源的特点,班轮上配备有特殊设备,以适应冷藏货、贵重物品、散装植物油和重件货等贸易货物的运输需要。

2. 班轮条件

班轮条件(Liner/Berth Term),是国际贸易合同中贸易术语之后所列的一种附加条件,目的是明确装卸货物由谁负责和装卸费用由谁承担。班轮运输规定的班轮条件,一般包括三方面的含义:

(1) 由承运人负责装船卸船,装船后出具班轮提单,提单上列举详细的提单条款,作为确定承托双方权利义务和承运人对货损免责的依据。

(2) 由承运人承担包括理舱费在内的装卸费用。

(3) 班轮的装卸时间按照装卸港口的习惯,货主与承运人之间不计算滞期费或速遣费。

3. 班轮运费的计算标准

(1) 按货物的毛重计收运费。一般以 1 公吨为计算单位,故称重量吨(Weight Ton)。在运价表中以"W"表示。

(2) 按货物的体积计收运费。一般以 1 立方米或 40 立方英尺为计算单位,故称尺码吨(Measurement Ton)。在运价表中以"M"表示。

(3) 按货物的毛重或体积从高计收运费。一般适用于机器及其零部件或小五金工具这类货物的收费,惯常做法是:如果 1 重量吨货物的体积超过 1 立方米,就按体积收费;若不足 1 立方米,则按毛重收费。在运价表中以"W/M"表示。

(4) 按货物的价格计收运费,常称为从价运费。

(5) 按货物的毛重、体积或价值三者中较高的一种计收运费。

(6) 按货物的件数计收运费。一般适用于包装固定,包装内的数量、重量、体积也固定不变的货物的收费,即按每袋、每包、每捆、每箱等计算。

(7) 按议价计收运费。一般适用于粮食、豆类、矿石、矿砂、煤炭等运量大、价值较低、装卸容易的大宗货物的收费。这类货物的运费在班轮运价表中不做出具体规定,由托运人在订舱时与承运人临时议定。在运价表中以"Open"表示。议价运费要比按等级计算的运费低。

(8) 最低运费。这是指在提单上所列的货物按毛重或体积计算出来的运费,未达到班轮运价表中规定的最低运费额时,承运人按最低运费计收。

在了解上述班轮运费计算标准的同时,托运人还应当注意以下规定:

① 不同的货物应分别包装,如果把不同的货物混装在同一包装内,那么全部运费就要按其中的高者计收。

② 同一票货物应采用相同的包装,如果包装不同,它们的计费标准及等级也就不同。

③ 对采用不同包装的货物应分列毛重及体积,以便分别计收运费,否则全部货物均按其中高者收取运费。

④ 对同一张提单上有两种或两种以上货物的,应分别列出各种货物的毛重及体积,否则全部货物均按其中高者收取运费。

4. 班轮运费的构成

班轮运费由基本运费和附加运费两部分构成。基本运费(Basic Freight)是构成全程运费的主要部分,它是指承运人对其承运的货物从起运港到卸货港应收取的运费;附加运费(Additionals or Surcharges)则是在基本运费之外根据一些特殊的情况而另外加收的运费。附加运费的名目繁多,常见的有以下几种:

(1) 超重、超长附加费,指的是对超重货物或超长货物所加收的附加费。由于对这类笨重货物的装卸和配载比较困难,需要增加开支,为此要加收运费。

(2) 绕航附加费,指的是因某种特殊原因致使船舶不能按正常航线航行而不得不绕航,从而导致航运开支增加,为此所加收的附加费。

(3) 转船附加费,指的是因在中途港将货物转船运至目的港而增加费用支出,为此所加收的附加费。

(4) 直航附加费,指的是在一批货量已达到规定直航数量(如规定每港每次至少为1000吨或1500吨)的情况下,根据托运人的要求将这批货物直接运达非基本港卸货,为此所加收的附加费。

(5) 选卸港附加费,指的是因托运人出于贸易上的原因不能在办理托运手续时确定具体卸货港,而需要在几个卸货港中进行选择,为此所加收的附加费。

(6) 变更卸货港附加费,指的是因托运人根据贸易中的情况变化而要求改变原定的卸货港,为此所加收的附加费。

(7) 燃油附加费,指的是因燃油价格上涨而加收的附加费。

(8) 港口附加费,指的是因某些港口的设备差,装卸效率低,或者港口收费高,从而增加航运成本开支,为此所加收的附加费。

(9) 港口拥挤附加费,指的是因港口拥挤,船舶不得不长时间等泊,从而造成船期损失,为此所加收的附加费。这也是一种临时性的附加费,一旦港口拥挤状况消除,该项附加费立即取消。

(10) 货币贬值附加费,指的是为弥补因运费的货币贬值而造成经济损失所收取的附加费。

附加费的计算办法主要有两种:一种按基本运费的一定比例计算;另一种则规定一个加收的金额。

班轮运费的基本计算公式如下:

$$运费 = 运输吨(重量吨或尺码吨) \times 基本费率 \times (1 + 附加费率)$$

(二) 租船运输

租船运输(Shipping Chartering),是指承租人向船舶出租人租赁船舶运送货物的运输经营方式。从广义来说,租船(Charter)包括租赁整船和租赁班轮的部分舱位两种情况,但一般指的是租赁整船。租船运输的特点可以概括为以下三点:

(1) 与班轮运输的经营特点相反,租船运输没有预定的船期表、航线、港口,航行时间也不固定,承租人只根据自身的需要与船舶出租人商谈条件并签订租船合同来安排运输事宜,包括确定船舶的航线和停靠的港口、运送的货物及航行时间等。租船运输也因此称为不定期船(Tramp)运输。

(2) 没有固定的运价。

(3) 一般是整船洽租,而且以装运货值较低、成交数量较大的大宗货物为主。

1. 租船运输方式

按照租船方式的不同,租船运输又可分为多种。在国际租船市场上,被广泛采用的租船方式主要有定程租船、定期租船和光船租船三种。

(1) 定程租船(Voyage Charter),又称航次租船,简称程租船,是指承租人按航程租赁船舶以装运约定的货物,并向船舶出租人支付运费的租船方式。

(2) 定期租船(Time Charter)简称期租船,是指承租人按一定期限租赁船舶,在租赁期内按租船合同规定的条件和航行区域自行调度及安排船舶的营运,并按期向船舶出租人支付租金的租船方式。

(3) 光船租船(Bareboat Charter),也叫空船租船,是指承租人向船舶出租人租赁不配备船员和装备,或者船员和装备配备不齐全的光船,在合同规定的期限内,由承租人自己配备船员和船上所需物料、燃料的供应,在约定的航行区域内独立营运,并按期预付租金给船舶出租人的租船方式。

2. 定程租船与定期租船的差异

定程租船与定期租船有许多不同之处,主要表现在下列几个方面:

(1) 定程租船是按航程租用船舶,而定期租船则是按期限租用船舶。有关船、租双方的责任与义务,以各自合同为准。

(2) 定程租船的船方直接负责船舶的经营管理,他除负责船舶航行、驾驶和管理外,还应对货物运输负责。但定期租船的船方,仅对船舶的维修、机器正常运转和船员工资与给养负责,而船舶的调度、货物运输、船舶在租期内的运营管理和日常开支,如船用燃料、港口费、税捐及货物装卸、搬运、理仓、平仓等费用,均由租船方负责。

(3) 定程租船的租金或运费,一般按装运货物的数量计算,也有按航次包租总金额计算的。而定期租船的租金,一般是按租期每月每吨若干金额计算。同时采取定程租船时往往要规定装卸期限和装卸率,凭以计算滞期费和速遣费;而采取定期租船时,则船、租双方不规定装卸率和滞期费、速遣费。

二、陆上运输

陆上运输包括铁路、公路和内陆水运三种运输方式。

(一) 铁路运输

铁路运输(Rail Transport)是指利用铁路进行进出口货物运输的一种方式,它具有运输量大,速度快,安全可靠,运输成本低,运输准确性和连续性强,受气候影响小的优点。

铁路运输可分为国际铁路货物联运和国内铁路货物运输两种。

(1) 国际铁路货物联运。在货物需要经过两个或两个以上国家铁路的运输过程中,使用一份运输票据,发货人发货后,由承运人负责货物的全程运输任务,这种运输就叫国际铁路货物联运。

(2) 国内铁路运输。我国出口货物经铁路运至港口装船,及进口货物卸船后经过铁路运往各地,均属于国内铁路运输的范畴。

(二) 公路运输

公路运输(Road Transportation)又称汽车运输,是一种现代化的"门到门"的运输方式。它不仅可以直接运进或运出对外贸易货物,而且也是车站、港口和机场集散中心进出口货物的重要手段,具有灵活简便、快捷直达的特点。其缺点是运量不大,费用偏高。我国与毗邻国家如俄罗斯、朝鲜、缅甸等均有公路相通,与这些国家的贸易可采用公路运输方式。此外,通过深圳文锦渡去香港的公路,将内陆公路运输与香港海、空运联系起来,便于内陆物资外运。

(三) 内陆水运

内陆水运(Inland Waterway)主要指内河运输。它是连接内陆腹地与沿海地区的纽带,在运输和集散进出口货物中起着重要的作用。

我国拥有四通八达的内河航运网,长江、珠江等主要河流中的一些港口已对外开放,它们在我国进出口货物的运输和集散过程中起着越来越重要的作用。

三、航空运输

航空运输(Air Transportation)是一种现代化的运输方式,具有运输速度快、货运质量高、航行便利、不受地面条件限制等优点,最适宜运送急需物资、鲜活商品、精密仪器和贵重物品。国际航空运输的方式主要有:① 班机运输;② 包机运输;③ 集中托运。

四、邮包运输

邮包运输(Parcel Post Transport)是一种较简便的运输方式。各国邮政部门之间订有协定和公约,通过这些协定和公约,各国的邮件包裹可以互相传递,从而形成国际邮包运输网。由于国际邮包运输具有国际多式联运和"门到门"运输的性质,加之手续简便,费用也不高,故其成为国际贸易中普遍采用的运输方式之一。

五、集装箱运输和国际多式联运

(一) 集装箱运输

集装箱是指具有一定规格强度的专为周转使用的金属货箱。以集装箱作为运输单位进行货物运输的方式,称为集装箱运输。它是一种现代化先进的运输方式,可用于海洋运输、铁路运输和多式联运等。目前海上集装箱运输已经成为国际贸易货物运输的一种主要方式。

(二) 国际多式联运

国际多式联运是在集装箱运输的基础上产生和发展起来的一种综合性的连贯运输方式,它一般是以集装箱为媒介,把海、陆、空各种传统的单一运输方式有机地结合起来,组成一种国际的连贯运输。构成国际多式联运应具备四个方面的条件:① 有一个多式联运合同,统负全程运输;② 必须是跨国境的至少两种不同运输方式的连贯运输;③ 使用一份包括全程的多式联运单据,并由多式联运经营人对全程运输负总的责任;④ 必须是全程单一运费费率,其中包括全程各段运费的总和、经营管理费用和合理利润。

第二节 装运条款

国际货物买卖合同中的装运条款,其内容的约定与合同的性质和运输方式有着密切的关系。由于我国进出口货物大部分通过海洋运输,而且对外签订的海运进出口合同,大部分为装运合同。按照国际贸易惯例解释,在装运港交货条件下,卖方应在装运港完成交货义务。因此,有关各项装运条款,应在海运进出口合同中具体订明,以利于合同的履行。

一、装运时间

装运时间(Time of Shipment),又称装运期,是买卖合同的主要条件。如卖方违反这一条件,不能按期装运或交货,则买方有权撤销合同,并要求卖方赔偿其损失。

装运时间的规定方法,通常有下列几种:

(1) 规定具体装运期限,如限某年某月内或某年某月某日以前装运。这种方法把装运时间确定在一段时间内,而非某一具体日期上。

(2) 收到信用证后若干天装运,如收到信用证后 45 天内装运。这种方法可以促使买方早日开证或按期开证。

(3) 即期装运,如规定即刻装运、尽速装运等。这种约定方法,容易引起争议,应慎重采用。

(4) 收到信汇、电汇或票汇后若干天装运。这种方法表明,在装运前买方即需预付货款,对买方不利。

规定装运期的注意事项:① 应考虑货源和船源的实际情况;② 装运期的规定要明确;③ 装运期的长短要适度;④ 以信用证方式结算时,装运期与开证日期应互相衔接起来。

二、装运港和目的港

装运港是指货物起始装运的港口。目的港是指最终卸货的港口。

1. 装运港和目的港的规定方法

在买卖合同中,装运港和目的港的规定方法有以下几种:① 在一般情况下,只规定一个装运港和一个目的港;② 在大宗交易情况下,根据需要可以规定两个或两个以上的装运港或目的港;③ 在交易磋商时,如明确规定一个或几个装卸港有困难,可以采用选择港的办法。

2. 规定国内、外装卸港注意事项

(1) 规定国外装卸港应注意的问题：① 不能接受我国政策不允许往来的港口为装卸港；② 装卸港的规定要明确具体，不要过于笼统；③ 不能接受以国名或内陆城市作为装卸港的条件；④ 要考虑港口装卸的具体条件；⑤ 要注意港口有无重名的问题。

(2) 规定国内装卸港应注意的问题：① 要考虑货物的流向和集散货物的方便，如选择接近货源地的口岸为装运港，接近用货部门或消费地区的口岸为卸货港；② 要考虑港口的设施和具体条件。

三、分批装运与转船

分批装运是指一笔成交的货物，分若干批装运。这里的"批"指的是同一船只、同一航次。在大宗货物交易中，买卖双方可根据交货数量、运输条件和市场销售需要、货源情况，在合同中规定"分批装运"条款。

转船(Transshipment)是指货物没有直达船或一时无合适的船舶运输，需通过中途港转运。买卖双方可以在合同中商订"允许转船"的条款。根据《跟单信用证统一惯例》规定，除非信用证有相反的规定，可准许转运。

四、装卸时间、装卸率和滞期费、速遣费

装卸时间(Lay Time)是指允许完成装卸任务所约定的时间，它一般以天数或小时数来表示。装卸时间的规定有各种不同的方法，我国各进出口公司一般都采用按连续 24 小时晴天工作日计算。采用此计算方法时，只要港口气候条件适于进行正常装卸作业，则昼夜 24 小时都应算作装卸时间。

装卸率是指每日装卸货物的数量，它一般应按港口习惯的正常速度来确定，因此，规定装卸率时，应从港口实际出发，掌握实事求是的原则。

滞期费、速遣费同装卸时间和装卸率有着密切的联系。未按规定的装卸时间和装卸率完成装卸任务，延误了船期，则应向船方支付一定金额的罚款，此项罚款称为滞期费，它是为了弥补船舶因滞期而发生的损失和费用。航次租船合同中，承租人(Charterers)实际使用的装卸时间比合同约定允许使用的装卸时间(Allowable Laytime)短，因而缩短了船舶为装卸作业而停留在港口或泊位的时间，使得船舶产生速遣。船东(Owners)因船舶产生速遣而需要按双方在合同中约定的速遣费率(Despatch Rate)向承租人支付的费用叫速遣费。航次租船实务中，速遣费率通常规定为滞期费率(Demurrage Rate)的一半。

第三节　运　输　单　据

运输单据是承运人收到承运货物后签发给托运人的证明文件，它是交接货物、处理索赔、理赔及向银行结算货款或进行议付的重要单据。在国际货物运输中，因运输方式不同，运输单据的种类也多种多样。

一、海运提单

海运提单(Bill of Lading, B/L)是船方或其代理人在收到其承运的货物时签发给托运人

的货物收据,也是承运人与托运人之间的运输契约的证明,在法律上它具有物权证书的效用,收货人在目的港提取货物时,必须提交正本提单。

海运提单的格式很多,每个船公司都有自己的提单格式,但基本内容大致相同,一般包括提单正面的记载事项和提单背面印就的作为确定承运人与托运人之间以及承运人与收货人及提单持有人之间权利和义务的运输条款。

承运人签发提单时,为了明确责任和维护自身的利益,对交运货物的外表状况不良或发现残损短少等情况,可在提单上加注批语。凡加注不良批语的提单叫不清洁提单(Unclean B/L)。一般情况下,银行只接受"表面状况良好"未加注任何不良批注的清洁提单(Clean B/L),而拒绝接受不清洁提单。

在提单的收货人栏内,如填明特定收货人名称,叫记名提单;没有指明任何收货人,谁持有提单,谁就可以提货,承运人交货只凭单不凭人的,就叫不记名提单或空名提单;如只填写"凭指定"或"凭某人指定"字样的,叫指示提单,这种提单可以背书转让,因而在国际贸易中广为使用。

二、铁路运输单据

铁路运输单据(Railway B/L)是铁路承运人收到货物后所签发的铁路运输单据,是收、发货人与铁路部门之间的运输契约。我国对外贸易铁路运输分为国际铁路联运和国内铁路运输两种,因此使用两种铁路运单,前者使用国际铁路货物联运运单,后者使用承运货物收据。

1. 国际铁路货物联运运单

该运单从始发站随同货物附送至终点并交给收货人,它不仅是铁路承运货物出具的凭证,也是铁路部门同货主交接货物、核收运杂费用和处理索赔与理赔的依据。

2. 承运货物收据

作为在特定运输方式下所使用的一种运输单据,承运货物收据既是承运人出具的货物收据,也是承运人与托运人签订的运输契约。

三、航空运单

航空运单是承运人与托运人之间签订的运输契约,也是承运人或其代理人签发的货物收据。航空运单还可作为承运人核收运费的依据和海关查验放行的基本单据。但航空运单不是代表货物所有权的凭证,也不能通过背书转让。收货人提货不是凭航空运单,而是凭航空公司的提货通知单。

四、邮包收据

邮包收据(Parcel Post Receipt)是邮包运输的主要单据,它既是邮局收到寄件人的邮包后所签发的凭证,也是收件人凭以提取邮件的凭证,当邮包发生损失或灭失时,它还可以作为索赔和理赔的依据,但邮包收据不是物权凭证。

五、多式联运单据

多式联运单据是在多种运输情况下所使用的一种运输单据。这种单据虽与海运中联运提单有相似之处,但其性质与联运提单有别。

本 章 小 结

◆ **内容提要**

国际货物运输是国际货物贸易中不可或缺的一个环节。为了确保及时有效地完成进出口任务,在对外洽商交易、订立合同和履约过程中,必须根据购销意图和实际情况,合理选择运输方式,切实订好买卖合同中各项装运条款,并缮制和运用各种有关的装运单据。

◆ **关键词**

国际货物　运输方式　运输条款

◆ **思考题**

1. 何谓班轮运输?班轮运输有哪些特点?
2. 装运期在合同中的法律地位如何?规定装运期的方法有哪些?
3. 何谓滞期费和速遣费?在合同中为什么要对其进行规定?
4. 在选择进出口货物的运输方式时,应考虑哪些因素?
5. 什么叫分批装运和转运?为什么在买卖合同中会出现分批装运和转运的条款?《跟单信用证统一惯例》对其有何规定?

某年,我国某公司按照FOB条件从国际市场购买一批大宗商品,交易双方约定的装运港,实际上是一个吃水浅、大船不能靠岸的港口,加之在买卖合同中,既未规定卖方负责装船,又未规定滞期速遣条款,结果,装运港的驳运费和发生的滞期速遣费,只好由中方承担,吃了哑巴亏,蒙受了经济损失。

请分析,我们应从中吸取哪些教训?

第九章　国际货物运输保险

了解保险的基本原则,掌握国际货物运输所面临的各种风险及由此可能产生的各种损失和费用,熟悉我国海运货物保险的险别、伦敦保险协会海运货物保险条款,并合理运用买卖合同中的保险条款。

甲板货短量索赔案

1995年12月,东莞新亚油脂有限公司从马来西亚进口一套棕榈油生产线设备,由ARKTIS SKY轮承运,从马来西亚巴生港运到中国东莞新沙港。油脂公司向保险公司投保了海洋运输货物一切险,保险金额为2750416美元,保险单规定采用中国人民保险公司1981年海洋运输货物保险条款。

1996年1月2日,货轮抵达新沙港。应油脂公司的申请,广东进出口商品检验局卸货前登船查勘,证实短少货物三件:脱臭器、脱气器和蒸汽洗涤器。短少的货物装于甲板上。

据船长出具的海事报告称,轮船1995年12月23日至1996年1月1日期间遇到九级以上的狂风、大浪,引起船舶激烈摇晃,大浪淹过舱盖和甲板货物,导致装载在甲板上的部分货物灭失。根据货物的订舱单记载,所有货物能无害且合法地装于甲板,船长有权选择装于甲板,风险和费用由货方承担。承运人签发的提单也记载:船东对装载于甲板上的货物所产生的损坏和灭失不承担风险和费用。

油脂公司向保险公司索赔,要求赔偿其灭失货物的损失497080美元,但保险公司认为油脂公司投保的是一切险,未加保舱面货物险,根据保险条款,一切险不包括舱面货物险,拒绝油脂公司的赔偿要求,后又向广州海事法院提起诉讼,法院认为本次事故是由于货物装于甲板造成的,不属于一切险的承保责任范围,驳回了油脂公司的诉讼请求。

第一节　国际货物运输保险的作用及基本原则

一、国际货物运输保险的作用

在国际货物贸易中,由于买卖双方处于不同的国家或地区,每笔成交的货物,从卖方交至买方手中,一般都要经过长途运输。在此过程中,货物往往会遇到各种各样的自然灾害和意外事故,这就不可避免地会给货物造成损失,货物所有人也会因此而遭受沉重打击,势必影响国际贸易的正常进行。国际货物通过投保运输保险,把风险转嫁给货物保险人,将可能发生的损失变为固定的费用,在货物遭到承保范围内的损失时,可以从有关保险公司及时得到经济上的补偿,为货主正常进行国际贸易活动提供了最重要的保证,从而有效地促进国际贸易的发展。

二、国际货物运输保险的基本原则

国际货物运输保险属于财产保险的范畴,它是以运输过程中的各种货物作为保险标的,被保险人(买方或卖方)向保险人(保险公司)按一定金额投保一定的险别,并交纳保险费。保险人承保以后,如果保险标的在运输过程中发生承保范围内的损失,应按照规定给予被保险人经济上的补偿。保险人和投保人在履行义务以及办理索赔和理赔工作时必须要遵守保险的基本原则。

(一) 保险利益原则

保险利益原则是保险行业中的一个基本原则,又称"可保利益"或"可保权益"原则。所谓保险利益是指投保人或被保险人对其所保标的具有法律所承认的权益或利害关系,即在保险事故发生时,可能遭受的损失或失去的利益。《中华人民共和国保险法》第12条规定:"保险利益是指投保人对保险标的具有法律上承认的利益。"

保险利益是构成保险法律关系的一个要件。保险利益是保险合同有效成立的要件,保险合同有效必须建立在投保人对保险标的具有保险利益的基础上,具体构成需满足三个要件:

(1) 可保利益必须是合法利益,对不法利益,如海上走私或违反国家利益、社会公共利益而产生的利益,无论投保人是善意还是恶意,都不能作为可保利益签订合同,虽然签订了合同,该合同也一律无效。

(2) 可保利益必须是可以用货币计量的经济利益,而不是恢复原样或物质补偿。当保险事故发生造成损失时,需要保险人保障的是投保人或被保险人在经济利益上的损失。如:国际货物在海洋运输过程中因遭遇恶劣气候全部灭失时,可获得不高于保险金额的经济损失赔偿。

(3) 可保利益必须是可以确定的和能够客观实现的利益,而不是仅仅凭主观臆测、推断可能实现的利益。"确定利益"指被保险人对保险标的的现有利益或因现有利益而产生之期待利益已经确定。所谓"能够实现"是指它是事实上的经济利益或客观的利益。如保险标的为一批运输货物,可保利益为该批货物能客观实现的经济价值。

(二) 最大诚实信用原则

最大诚实信用原则指国际货物运输保险合同的当事人应以诚实信用为基础订立和履行保险合同,主要体现在订立合同时的告知义务和在履行合同时的保证义务上。

在被保险人的告知义务上,我国《海商法》规定:合同订立前,被保险人应当将其知道的或者在通常业务中应当知道的有关影响保险人据以确定保险费率或确定是否同意承保的重要情况,如实告知保险人;如果被保险人故意未将重要情况如实告知保险人的,保险人有权解除合同,并不退还保险费。合同解除前发生保险事故造成损失的,保险人不负赔偿责任。

保证义务是指投保人或被保险人对在保险期限内的特定事项作为或不作为向保险人所

做的担保或承诺。对于保险合同中的保证条件,不论其重要性如何,被保险人均须严格遵守,如有违反,保险人可以自保证被违反之日起解除合同。

(三) 损失补偿原则

损失补偿原则指当保险标的物发生承保范围内的损失时,保险人应按照保险合同条款对被保险人所受的实际损失履行赔偿责任。国际货物运输保险合同属于补偿性的财产保险合同,保险人在进行理赔时,注意以下几个方面:第一,赔偿金额应以被保险人实际遭受的损失为准,但不能超过保险金额,在发生超额保险和重复保险的情况下,保险人只赔偿实际损失,因为保险的目的是补偿,而不能通过保险得利。第二,保险标的遭受的损失必须是保险合同承保范围内的损失,非承保范围内的损失不能得到保险人赔偿。如仅投保了一切险别时,若由于战争原因造成的损失就不能从保险人处获得赔偿,因为因战争使保险标的遭受的损失不在一切险的承保范围之内。

(四) 近因原则

近因是指引起保险标的损失的直接、有效、起决定作用的因素。保险人理赔时,赔偿与给付保险金的条件是造成保险标的损失的近因必须属于保险责任,若造成保险标的损失的近因属于保险责任范围内的事故,则保险人承担赔付责任;反之,若造成保险标的损失的近因属于责任免除,则保险人不负赔付责任。虽然我国保险法及海商法均没有对近因原则进行明文规定,但在国际货物运输保险实践中,近因原则是常用的确定保险人对保险标的的损失是否负保险责任以及负何种保险责任的一条重要原则。

第二节 海上货物运输保险承保的风险与损失

国际货物运输保险的种类很多,它包括海上货物运输保险、陆上货物运输保险、航空货物运输保险和邮包运输保险等,其中以海上货物运输保险起源最早,历史最久。因此,本章以介绍海上货物运输保险为主,海上货物运输保险人主要承保海上货物运输保险、海上费用及海上损失。

一、海上货物运输风险

(一) 海上风险

海上风险在保险界称为海难,包括海上发生的自然灾害和意外事故。但海上风险并不局限于海上航运过程中发生的风险,还包括发生在与海上航运相关的内陆、内河、内湖运输过程中的一些自然灾害和意外事故。

1. 自然灾害

自然灾害是指由于自然界的变异引起破坏力量所造成的灾害。海运保险中,自然灾害仅指恶劣气候、雷电、海啸、地震、洪水、火山爆发等人力不可抗拒的灾害。

2. 意外事故

意外事故是指由于意料不到的原因所造成的事故。海运保险中仅指搁浅、触礁、沉没、碰撞、火灾、爆炸和失踪等。

(1) 搁浅:是指船舶与海底、浅滩、堤岸在事先无法预料到的意外情况下发生触礁,并搁置一段时间,使船舶无法继续行进以完成运输任务。但规律性的潮涨潮落所造成的搁浅则不属于保险搁浅的范畴。

(2) 触礁：是指载货船舶触及水中岩礁或其他阻碍物（包括沉船）。

(3) 沉没：是指船体全部或大部分已经没入水面以下，并已失去继续航行能力。若船体部分入水，但仍具航行能力，则不视作沉没。

(4) 碰撞：是指船舶与船或其他固定的，流动的固定物猛力接触。如船舶与冰山、桥梁、码头、灯标等相撞等。

(5) 火灾：是指船舶本身，船上设备以及载运的货物失火燃烧。

(6) 爆炸：是指船上锅炉或其他机器设备发生爆炸和船上货物因气候条件（如温度）影响产生化学反应引起的爆炸。

(7) 失踪：是指船舶在航行中失去联络，音讯全无，并且超过了一定期限后，仍无下落和消息，即被认为是失踪。

(二) 外来风险

外来风险一般是指由于外来原因引起的风险。它可分为一般外来风险和特殊外来风险。

(1) 一般外来风险，是指货物在运输途中由于偷窃、雨淋、短量、渗漏、破碎、受潮、受热、霉变、串味、沾污、钩损、生锈、碰损等原因所导致的风险。

(2) 特殊外来风险，是指由于政治、军事、国家禁令及管制措施所造成的风险与损失。主要包括战争、罢工、拒绝交付货物等。如因政治或战争因素，运送货物的船只被敌对国家扣留而造成交货不到；某些国家颁布的新政策或新的管制措施以及国际组织的某些禁令，都可能造成货物无法出口或进口而造成损失。

二、海上费用

海上风险会造成费用上的损失，这种损失就是海上费用，海上费用包括施救费用和救助费用。

(一) 施救费用

施救费用是指被保险货物在遭受保险责任范围内的自然灾害和意外事故时，被保险人或船方或其他受雇人员为避免和减少损失，采取措施而支出的合理费用。这种费用属于自救费用的支出，又称单独海损费用，其产生需满足下列三个条件：第一，施救行为必须是由被保险人、雇员或受让人所采取的；第二，必须是承保范围内的施救费用；第三，施救费用应当是必要的、合理的。按照保险惯例，保险人对符合上述条件的施救费用负责赔偿，但根据保险损失赔偿原则，施救费用的赔偿金额最多不得超过保险金额。

(二) 救助费用

救助费用是指被保险货物在遭受了承保责任范围内的灾害事故时，由保险人和被保险人以外的第三者采取了有效的救助措施，在救助成功后，由被救方付给救助人的一种报酬。救助费用采用国际上习惯的"无效果无报酬"原则，救助成功，救助费用由保险人赔付，但必须具备以下三个条件：第一，被救助的船舶或货物必须处于不能自救的危险境地；第二，救助人必须是与保险人或被保险人无关的第三者；第三，救助行为必须有实际效果。

(三) 施救费用与救助费用的区别

(1) 采取行为的主体不同。施救是由被保险人及其代理人等采取的行为，而救助是保险人和被保险人以外的第三人采取的。

(2) 给付报酬的原则不同。施救不论有无效果，都予赔偿，而救助则是"无效果无报酬"。

(3) 保险人的保险责任不同。施救费用可在保险货物本身的保额以外，再赔一个保额；而保险人对救助费用的赔偿责任是以不超过获救财产的价值为限，亦即救助费用与保险货物本身损失的赔偿额两者相加，不得超过货物的保额，而且是按保险金额与获救的保险标的之价值比例承担责任。

三、海上损失

海上损失是指被保险货物在海洋运输中由于发生海上风险所造成的损坏或灭失，又称为海损。按照货物损失的程度，海损可分为全部损失与部分损失；按货物损失的性质，海损又可分为共同海损和单独海损，两者在保险业务中均属于部分损失的范畴。

(一) 全部损失

全部损失是指被保险货物在海洋运输中遭受全部损失。从损失的性质看，可分为实际全损和推定全损。

1. 实际全损

实际全损又称绝对全损，是指被保险货物完全灭失或完全变质，或者货物实际上已不可能归还被保险人的损失。构成被保险货物"实际全损"的情况有下列几种：

(1) 保险标的物全部灭失。例如，载货船舶遭遇海难后沉入海底，保险标的物实体完全灭失。

(2) 保险标的物的物权完全丧失已无法挽回。例如，载货船舶被海盗抢劫，或船货被敌对国扣押等，虽然标的物仍然存在，但被保险人已失去标的物的物权。

(3) 保险标的物已丧失原有商业价值或用途。例如，水泥受海水浸泡后变硬；烟叶受潮发霉后已失去原有价值。

(4) 船舶失踪达到一定时间。半年仍无音讯，则可视为全部灭失。

2. 推定全损

货物发生保险事故后，认为实际全损不可避免，或者为避免实际全损所需支付的费用与继续将货物运抵目的地的费用之和超过保险价值的损失，我们认为发生了推定全损。构成推定全损的情况有以下几种：

(1) 保险标的物受损后，其修理费用超过货物修复后的价值。

(2) 保险标的物受损后，其整理和继续运往目的港的费用，超过货物到达目的港的价值。

(3) 保险标的物的实际全损已经无法避免，为避免全损所需的施救费用，将超过获救后标的物的价值。保险标的物遭受保险责任范围内的事故，使被保险人失去标的物所有权，而收回标的物所有权，其费用已超过收回标的物的价值。

在推定全损的情况下，被保险人获得的损失赔偿有两种情况：一是被保险人获得全损的赔偿；另一种是被保险人获得部分损失的赔偿。若想获得全损的赔偿，被保险人必须无条件地把保险货物委付给保险人。

所谓委付是指被保险人在保险标的处于推定全损状态时，向保险人声明愿意将保险标的的一切权益，包括财产权及一切由此而产生的权利与义务转给保险人，而要求保险人按全损给予赔偿的一种行为。若被保险人不办理委付而保留对残余货物的所有权，则保险人将按部分损失予以赔偿。

（二）部分损失

部分损失指被保险货物的一部分在运输途中遭受损失或灭失，凡不属于全部损失的损失都为部分损失。部分损失根据货物损失性质可以分成共同海损和单独海损两类。

1. 共同海损

共同海损是指载货的船舶在海上遇到灾害或者意外事故，威胁到船、货等各方的共同安全，为了解除这种威胁，维护船货安全，或者使航程得以继续完成，由船方有意识地、合理地采取措施，所作出的某些特殊牺牲或支出某些额外费用，这些损失和费用叫共同海损。构成共同海损须具备以下条件：

(1) 共同海损的危险必须是真实存在的。只凭主观臆测可能会有危险发生而采取某些措施或可以预测的常见事故所造成的损失都不能构成共同海损。

(2) 共同海损的危险必须是船、货双方共同的。例如船在航行中搁浅，涉及船主和货主的共同利益。

(3) 所采取的救助措施必须是有意识的、合理的，牺牲具有特殊性。所谓有意识的，是指共同海损的发生必须是人为的、经过人的周密计划的，不是意外的；所谓合理的，是指在采取共同海损行为时，必须符合当时实际情况的需要，并在危急情况下能较好地解除危及船、货双方的危险。例如，为了使搁浅船只浮起，应该抛出较重的、价值较低的、便于抛出的货物。

(4) 共同海损所做的牺牲必须是非常性质的牺牲或发生的费用，并且是以脱险为目的。

由于共同海损的牺牲和费用是为了使船、货免于遭受损失而做出或支付的，因此，应该由船方、货方及承运方按获救的价值，以一定的比例分摊。这种分摊称为共同海损的分摊。在分摊共同海损费用时，不仅要包括未受损的利害关系人而且还须包括受到损失的利害关系人。按照理算规则，共同海损的分摊可按下列步骤进行：

① 确定共同海损分摊率：

共同海损分摊率＝共同海损损失的总金额÷共同海损分摊价值总额

② 确定各受益方应分摊的损失金额：

受益方应分摊的损失金额＝各受益方的分摊价值×共同海损分摊率

2. 单独海损

单独海损是指船舶在运行过程中发生的，仅仅涉及船或货单方面利益的损失。例如，由于触礁使船体部分撞坏，但船仍可航行。又如，由于暴风雨使海水入舱，机器设备严重锈蚀。单独海损仅涉及某一方面利益，因此，由损失方单独负责。

3. 共同海损与单独海损的区别及联系

(1) 造成海损的原因不同。共同海损不是承保风险直接造成的损失，而是为了解除或减轻这些风险而人为地造成的损失，单独海损则是承保风险所直接造成的船、货损失。

(2) 损失的承担责任不同。共同海损应由受益各方按解救共同危险最后结算的价值分比例分摊，单独海损一般应由受损方自己承担，但其可根据损失情况从保险人处获得赔偿。

单独海损和共同海损两者虽有区别，但两者联系紧密，都属于部分损失，而且单独海损的事故往往先于共同海损的行为而发生。

【课堂讨论】

有一货轮在航行中与流冰相撞，船身一侧裂口，舱内部分乙方货物遭浸泡。船长不得将船就近驶入浅滩,进行排水,修补裂口。而后为了浮起又将部分甲方笨重的货物抛入海中。乙方部分货物遭受浸泡损失了3万美元,将船舶驶上浅滩以及产生的一连串损失共为8万美元。该船舶价值为100万美元,船上载有甲乙丙三家的货物,分别为50万、33万、8万美元。那么,如何分摊损失?

分析:该案例中乙方部分货物遭受浸泡损失了3万美元属于单独海损,由受损方乙方自行承担,可根据情况向保险公司进行索赔。船舶驶上浅滩以及产生的一连串损失共为8万美元为共同海损,由船货4方共同分摊,具体分摊比例及分摊金额计算列表如9.1所示。

表9.1 相关数据

各有关方	标的物价值(万美元)	分摊比例	分摊金额(万美元)
船方	100	53.19%	4.255
货方甲	50	26.59%	2.127
货方乙	33	15.96%	1.276
货方丙	8	4.26%	0.342
总计	188	100%	8

第三节 我国海洋运输保险条款

我国现行货物运输保险条款是中国人民保险公司1981年1月1日修订的《中国人民保险公司海洋运输货物保险条款》,简称"中国保险条款"(China Insurance Clause,CIC),该条款参照国际保险市场习惯做法,并结合中国保险工作的实际而制定的。中国保险条款的主要内容包括保险公司承保责任范围(险别结构)、除外责任、责任起讫、被保险人的义务及索赔期限等。

一、责任范围(险别)

我国国际货物运输保险主要采用中国人民保险公司(The People's Insurance of China,PICC)制订的保险条款(China Insurance Clauses,简称C.I.C.)。其中海运货物保险可分为基本险和附加险两大类别。

(一) 基本险别

基本险亦称主险,是可以独立承保的险别。基本险分为平安险(Free from Particular Average,FPA)、水渍险(With Particular Average,WPA或WA)和一切险(All Risks)三种。

1. 平安险

平安险的责任范围包括:

(1) 在运输过程中,由于自然灾害和运输工具发生意外事故,造成被保险货物的实际全损或推定全损。

(2) 由于运输工具遭遇搁浅、触礁、沉没、互撞、与流冰或其他物体碰撞以及失火、爆炸等意外事故造成被保险货物的全部或部分损失。

(3) 只要运输工具曾经发生搁浅、触礁、沉没、焚毁等意外事故,不论这意外事故发生之前或者之后曾在海上遭遇恶劣气候、雷电、海啸等自然灾害造成的被保险货物的部分损失。

(4) 在装卸转船过程中,被保险货物一件或数件落海所造成的全部损失或部分损失。

(5) 被保险人对遭受承保责任内危险的货物采取抢救、防止或减少货损措施支付的合理费用,但以不超过该批被救货物的保险金额为限。

(6) 运输工具遭遇自然灾害或者意外事故,需要在中途的港口或者在避难港口停靠,因而引起的卸货、装货、存仓以及运送货物所产生的特别费用。

(7) 共同海损引起的牺牲、分摊费和救助费用。

(8) 运输契约订有"船舶互撞条款",按该条款规定应由货方偿还船方的损失。

2. 水渍险

水渍险英文原意是指单独海损负责赔偿。目前,水渍险的责任范围,除包括上列"平安险"的各项责任外,还负责被保险货物由于恶劣气候、雷电、海啸、地震、洪水等自然灾害所造成的部分损失。

3. 一切险

一切险的责任范围除包括"平安险"和"水渍险"的所有责任外,还包括货物在运输过程中,因一般外来原因所造成的被保险货物的全损或部分损失。实际上,一切险是平安险、水渍险以及一般附加险的总和。

上述三种基本险别,被保险人可以根据需要独立地选择其中一种投保。

(二) 附加险

在海运保险业务中,进出口商除了投保上述基本险外,还可根据实际需要选择投保附加险。但附加险是不能单独承保的险别,它必须依附于基本险项下,即只有投保基本险其中的一种之后,才可加保附加险。目前,我国海运货物保险的附加险有一般附加险、特殊附加险及特别附加险。

1. 一般附加险

(1) 偷窃提货不着险(Theft, Pilferage Non-delivery):保险有效期内,保险货物被偷窃,以及货物运抵目的地以后,整件未交的损失,由保险公司负责赔偿。

(2) 淡水雨淋险(Fresh Water Rain Damage):货物在运输中,由于淡水、雨水以及雪溶所造成的损失,保险公司都应负责赔偿。淡水包括船上淡水舱、水管漏水以及船舱内水汽凝结而成的舱汗等。

(3) 短量险(Risk of Shortage):负责保险货物数量短少和重量的损失。通常包装货物的短少,保险公司必须要查清外装包是否发生异常现象,如破口、破袋、扯缝等。

(4) 混杂、沾污险(Risk of Intermixture & Contamination):保险货物在运输过程中,混进了杂质所造成的损换。例如矿石等混进了泥土、草屑等因素而使质量受到影响。此外保险货物因为和其他物质接触而被沾污,例如布匹、纸第、食物、服装等被油类或带色的物质污染因而引起的经济损失。

(5) 渗漏险(Risk of Leakage):流质、半流质的液体物质和油类物质,在运输过程中因为容器损坏而引起的渗漏损失。如以液体装存的湿肠衣,因为液体渗漏而使肠发生腐烂、变质等损失,均由保险公司负责赔偿。

(6) 碰损、破碎险(Risk of Clash & Breakage):碰损主要是对金属、木质等货物来说的,破碎则主要是对易碎性物质来说的。前者是指在运输途中,因为受到震动、颠簸、挤压而造成货物本身的损失;后者是在运输途中由于装卸野蛮、运输工具的颠震造成货物本身的破裂、断碎的损失。

(7) 串味险(Risk of Odors):例如茶叶、香料、药材等在运输途中受到一起堆储的皮革、樟脑等异味的影响使品质受到损失。

(8) 受热、受潮险(Damage Caused by Heating & Sweating):例如船舶在航行途中,由于气温骤变,或者因为船上通风设备失灵等使舱内水汽凝结、发潮、发热引起货物的损失。

(9) 钩损险(Hook Damage):保险货物在装卸过程中因为使用手钩、吊钩等工具所造成的损失,例如粮食包装袋因吊钩钩坏而造成粮食外漏所造成的损失,保险公司在承保该险的情况下,应予赔偿。

(10) 包装破裂险(Loss for Damage by Breakage of Packing):因为包装破裂造成物资的短少、沾污等损失。此外,对于因保险货物运输过程中续运安全需要而产生的候补包装、调换包装所支付的费用,保险公司也应负责。

(11) 锈损险(Risk Sorest):保险公司负责保险货物在运输过程中因为生锈造成的损失。不过这种生锈必须在保险期内发生,如原装时就已生锈,保险公司不负责任。

2. 特殊附加险

特殊与特别附加险是指承保由于军事、政治、国家政策法令以及行政措施等特殊外来原因所引起的风险与损失的险别。中国人民保险公司承保的特殊附加险包括下列险别:

(1) 战争险(War Risk)。战争险是特殊附加险的主要险别之一,是保险人承保战争或类似战争行为导致的货物损失的特殊附加险。被保险人必须投保货运基本险之后,才能经特别约定投保战争险。战争险的承保责任范围包括:

① 直接由于战争、类似战争行为、敌对行为、武装冲突或海盗行为等所造成运输货物的损失。

② 由于上述原因所引起的捕获、拘留、扣留、禁制、扣押等所造成的运输货物的损失。

③ 各种常规武器(水雷、炸弹等)所造成的运输货物的损失。

④ 由本险责任范围所引起的共同海损牺牲、分摊和救助费用。但由于敌对行为使用原子或热核制造的武器导致被保险货物的损失和费用不负责赔偿;或根据执政者、当权者,或其他武装集团的扣押、拘留引起的承保航程的丧失和挫折而提出的任何索赔不负责赔偿。

(2) 罢工险(Strikes Risk)。罢工险是保险人承保被保险货物因罢工等人为活动造成损失的特殊附加险。罢工险的保险责任范围包括:

① 罢工者、被迫停工工人或参加工潮暴动、民众斗争的人员的行动所造成的直接损失,恐怖主义者或出于政治目的而采取行动的人所造成的损失。

② 任何人的敌意行动所造成的直接损失。

③ 因上述行动或行为引起的共同海损的牺牲、分摊和救助费用。海洋运输货物罢工险以罢工引起的间接损失为除外责任,即在罢工期间由于劳动力短缺或不能运输所致被保险货物的损失,或因罢工引起动力或燃料缺乏使冷藏机停止工作所致冷藏货物的损失。其责任起讫采取"仓至仓"条款。

罢工险与战争险的关系密切,按国际海上保险市场的习惯,保了战争险,再加保罢工险时一般不再加收保险费;如仅要求加保罢工险,则按战争险费率收费。所以一般被保险人在投保战争险的同时加保罢工险。

(3) 进口关税险(Import Duty Risk)。该险承保的是被保险货物受损后,仍得在目的港按完好货物交纳进口关税而造成相应货损部分的关税损失。但是,保险人对此承担赔偿责任的条件是货物遭受的损失必须是保险单承保责任范围内的原因造成的。

进口关税险的保险金额度根据本国进口税率确定,并与货物的保险金额分开,在保险单上另行列出。而保险人在损失发生后,对关税损失部分的赔付以该保险金额为限。投保进口关税险,往往是针对某些国家规定,进口货物不论是否短少、残损均需按完好价值纳税而适用的。

(4) 舱面险(On Deck Risk)。该附加险承保装载于舱面(船舶甲板上)的货物被抛弃或海浪冲击落水所致的损失。一般来讲,保险人确定货物运输保险的责任范围和厘定保险费时,是以舱内装载运输为基础的。但有些货物因体积大或有毒性或有污染性或根据航运习惯必须装载于舱面,为对这类货物的损失提供保险保障,可以加保舱面货物险。

加保该附加险后,保险人除了按基本险责任范围承担保险责任外,还要依舱面货物险对舱面货物被抛弃或风浪冲击落水的损失予以赔偿。由于舱面货物处于暴露状态,易受损害,所以保险人通常只是在"平安险"的基础上加保舱面货物险,以免责任过大。

(5) 黄曲霉素险(Aflatoxin Risk)。该附加险承保被保险货物(易产生黄曲霉素的花生、谷物等)在进口港或进口地经卫生当局检验证明,其所含黄曲霉素超过进口国限制标准,而被拒绝进口、没收或强制改变用途所造成的损失。按该险条款规定,经保险人要求,被保险人有责任处理被拒绝进口或强制改变用途的货物或者申请仲裁。

(6) 拒收险(Rejection Risk)。当被保险货物出于各种原因,在进口港被进口国政府或有关当局拒绝进口或没收而产生损失时,保险人依拒收险对此承担赔偿责任。但是,投保拒收险的条件是被保险人在投保时必须持有进口所需的一切手续(特许证或许可证或进口限额)。如果被保险货物在起运后至抵达进口港之前的期间内,进口国宣布禁运或禁止进口的,保险人只负责赔偿将该货物运回出口国或转口到其他目的地所增加的运费,且以该货物的保险金额为限。

同时,拒收险条款还规定:被保险人所投保的货物在生产、质量、包装、商品检验等方面,必须符合产地国和进口国的有关规定。如果因被保险货物的记载错误、商标或生产标志错误、贸易合同或其他文件存在错误或遗漏、违反产地国政府或有关当局关于出口货物规定而引起的损失,保险人概不承担保险责任。

(7) 交货不到险(Failure to Deliver Risk)。该险承保自被保险货物装上船舶时开始,在6个月内不能运到原定目的地交货。不论何种原因造成交货不到,保险人都按全部损失予以赔偿,但是,被保险人应将货物的全部权益转移给保险人,因为造成交货不到的原因并非运输上的,而是某些政治原因(如被另一国在中途港强迫卸货等),所以,被保险人在投保该险别时必须获得进口货物所有的一切许可手续,否则投保该险是无效的。同时,由于该附加险与提货不着险和战争险所承保责任范围有重叠之处,故保险公司在条款中规定,提货不着险和战争险项下所承担的责任,不在交货不到险的保险责任范围之内。

(8) 出口货物到香港(包括九龙在内)或澳门存仓火险责任扩展条款(Fire Risk Extension Clause For Storage of Cargo at Destination HongKong, Including Kowloon , or Macao,简称 F. R. E. C.);这是一种扩展存仓火险责任的特别附加险。它对于被保险货物自内地出口运抵香港(包括九龙)或澳门,卸离运输工具,直接存放于保险单载明的过户银行所指定的仓库期间发生火灾所受的损失,承担赔偿责任。该附加险是一种保障过户银行权益的险种。因为,货物通过银行办理押汇,在货主未向银行归还贷款前,货物的权益属于银行,所以,在该保险单上必须注明过户给放款银行。

相应地,货物在此期间到达目的港的,收货人无法提货,必须存入过户银行指定的仓库。从而,保险单附加该险条款的,保险人承担火险责任。该附加的保险期限,自被保险货物运入过户银行指定的仓库之时起,至过户银行解除货物权益之时,或者运输责任终止时起满30天时止。若被保险人在保险期限届满前向保险人书面申请延期的,在加缴所需保险费后可以继续延长。

二、保险责任的起讫

(一) 基本险的责任起讫期限

我国海洋货物运输保险条款对基本险的责任起讫采用国际保险业务管用的"仓至仓条款"(Warehouse to Warehouse 简称 W/W),基本内容如下:

(1) 从被保险货物运离保险单所载明的起运港(地)发货人仓库开始,一直到货物运抵保险单所载明的目的港(地)收货人的仓库时为止。当货物一进入收货人仓库,保险责任即行终止。

(2) 当货物从目的港卸离海轮时起满60天,不论保险货物有没有进入收货人的仓库,保险责任均告终止。

(3) 如上述保险期限内保险货物需转运到非保险单所载明的目的地时,则以该项货物开始转运时终止。

(4) 被保险货物在运至保险单所载明的目的港或目的地以前的某一仓库而发生分配、分派的情况,则该仓库就作为被保险人的最后仓库,保险责任也从货物运抵该仓库时终止。

(5) 若发生被保险人无法控制的延迟、绕航、被迫卸货、重装、转载或承运人终止运输契约等航程变更的情况,使保险货物运到非保险单所载明的目的地时,在被保险人及时通知保险人并在必要时加缴保险费的条件下,保险责任的有效性又有两种情况:第一种情况,若货物在当地出售,则保险责任至交货时为止,但无论如何均以全部卸离海轮后60天内为止。第二种情况,货物在60天内继续运往原保险单所载目的地,保险责任仍按前述期限终止。都效仿了海上运输货物的"仓至仓条款"的原则来限定各自保险责任期间。

在不同的贸易术语下,并不是说只要货损发生在"仓至仓"条款所涵盖的运输途中,且为承保责任范围内的风险所造成的,保险公司就会赔偿。关键是要看损失发生时,被保险人是否对货物具有可保利益。比如,在FOB、CFR条件下,海运货物保险由买方办理,买卖双方风险、责任划分均以装运港船上为界。虽然根据"仓至仓"条款,货损发生在其涵盖的运输途中,但是,买方对此段的货损不负责,对货物不具可保利益,就不能要求索赔。由此可见,在FOB和CFR条件下,保险责任起讫实际上是"船"至"仓"。因为虽由买方投保,但依照风险划分界限,买方一般不会办理货物装船前的保险。只有在CIF价格术语下,保险责任起讫才是真正的"仓"至"仓"。因为,此时保险由卖方办理,自货物运离起运地仓库到越过船舷为止,货损是由卖方承担的(拥有可保利益);卖方在货物装船后交单结汇时,将这种可保利益通过对提单和保险单的背书转让给银行,买方付款赎单后,可保利益也随即转让到其手中。这样看来,从起运港发货人仓库开始一直抵达目的港收货人仓库为止,整个过程中如果发生保险责任范围内的风险,被保险人都能从保险公司获得赔偿。

(二) 战争险的保险责任起讫

战争险的责任起讫采用"水面"条款,以"水上危险"为限,是指保险人的承保责任自货物装上保险单所载明的启运港的海轮或驳船开始,到卸离保险单所载明的目的港的海轮或驳船为止。如果货物不卸离海轮或驳船,则从海轮到达目的港当日午夜起算满 15 日之后责任自行终止;如果中途转船,不论货物在当地卸货与否,保险责任以海轮到达该港可卸货地点的当日午夜起算满 15 天为止,等再装上续运海轮时,保险责任才继续有效。

【课堂讨论】

有一份 FOB 合同,货物在装船后,卖方向买方发出装船通知,买方向保险公司投保了"仓至仓条款一切险"。货物在从卖方仓库运往码头的途中,被暴风雨淋湿了 10%货物。事后卖方以保险单含有仓至仓条款为由,要求保险公司赔偿此项损失,但遭到保险公司的拒绝。后来,卖方又请求买方以投保人的名义凭保单向保险公司索赔,也遭到保险公司的拒绝。

分析:保险公司是否理赔关键是要看损失发生时,被保险人是否对货物具有可保利益。本案例中虽然买方向保险公司投保了"仓至仓条款一切险",但货物在从卖方仓库运往码头的途中,货物损失的风险尚未从卖方转移至买方,即仍然由卖方承担货物损失的风险(拥有可保利益),而买方不享有对该货物的可保利益,因此保险公司可以拒绝理赔。

三、除外责任

除外责任指保险不予负责的损失或费用,一般都有属非意外的、非偶然性的或须特约承保的风险。为了明确保险人承保的责任范围,中国人民保险公司《海洋运输货物保险条款》中对海运基本险别的除外责任有下列 5 项:

(1) 被保险人的故意行为或过失所造成的损失。
(2) 发货人责任所引起的损失。
(3) 在保险责任开始前,被保险货物已存在的品质不良或数量短差所造成的损失。
(4) 被保险货物的自然损耗、本质缺陷、特性以及市场跌落、运输延迟所引起的损失和费用。
(5) 战争险和罢工险条款规定的责任及其险外责任。

四、被保险人的义务

我国海运货物保险条款规定了保险人的义务,在被保险人未履行这些义务而影响保险人利益的情况下,保险人有权对有关损失拒绝赔偿。被保险人的义务有以下 5 个方面:

(1) 及时提货的义务。当被保险货物运抵保险单所载明的目的港(地)以后,被保险人应及时提货,当发现被保险货物遭受任何损失,应即向保险单上所载明的检验、理赔代理人申请检验,如发现被保险货物整件短少或有明显残损痕迹应即向承运人、受托人或有关当局(海关、港务当局等)索取货损货差证明。如果货损货差是由于承运人、受托人或其他有关方面的责任所造成,应以书面方式向他们提出索赔,必要时还须取得延长时效的认证。

(2) 施救义务。对遭受承保责任内危险的货物,被保险人和本公司都可迅速采取合理的抢救措施,防止或减少货物的损失。被保险人采取此项措施,不应视为放弃委付的表示,本公司采取此项措施,也不得视为接受委付的表示。被保险人因采取施救措施而发生的费用,保险人应予以赔偿。

(3) 更正保险单内容的义务。如遇航程变更或发现保险单所载明的货物、船名或航程有遗漏或错误时,被保险人应在获悉后立即通知保险人并在必要时加缴保险费,本保险才继续有效。

（4）提供索赔单证的义务。在向保险人索赔时，必须提供保险单正本、提单、发票、装箱单、磅码单、货损货差证明、检验报告及索赔清单。如涉及第三者责任，还须提供向责任方追偿的有关函电及其他必要单证或文件。

（5）及时通知的义务。在获悉有关运输契约中"船舶互撞责任"条款的实际责任后，应及时通知保险人。这样做使得保险人能够在必要时自负费用以被保险人的名义对承运人的索赔进行抗辩，如果能够证明承运人没有尽到管货责任或者船舶不适航，承运人就不能免除对本船货损的责任。

一旦保险事故发生，被保险人应当立即通知保险人，并采取必要的合理措施，防止或者减少损失。被保险人收到保险人发出的有关采取防止或者减少损失的合理措施的特别通知的，应当按照保险人通知的要求处理。对于被保险人违反前款规定所造成的扩大损失，保险人不负赔偿责任。

五、索赔期限

索赔期限亦称索赔时效，是被保险货物发生保险责任范围内的风险与损失时，被保险人向保险人提出索赔的有效期限。

我国《海洋运输货物保险条款》规定索赔期限为2年，自被保险货物运抵目的港全部卸离海轮之日起计算。若逾期，则被保险人丧失向保险人提出索赔的权利。

第四节　伦敦保险协会海运货物保险条款

在国际海运保险业务中，英国是一个具有悠久历史和比较发达的国家。它所制定的保险规章制度，特别是保险单和保险条款对世界各国影响很大。目前世界上大多数国家在海上保险业务中直接采用英国伦敦保险协会所制定的"协会货物条款"（Institute Cargo Clause，简称 I. C. C.）。

一、协会货物条款概述

"协会货物条款"最早制订于1912年，后来经过多次修改，最近一次的修改是在1981年完成的，从1983年4月1日起实施。伦敦保险协会新修订的保险条款一共有6种：

(1) 协会货物条款(A)(Institute Cargo Clause A，简称 I. C. C. (A))。
(2) 协会货物条款(B)(Institute Cargo Clause B，简称 I. C. C. (B))。
(3) 协会货物条款(C)(Institute Cargo Clause C，简称 I. C. C. (C))。
(4) 协会战争险条款（货物）(Institute War Clause-Cargo)。
(5) 协会罢工险条款（货物）(Institute Strikes Clause-Cargo)。
(6) 恶意损坏条款(Malicious Damage Clause)。

伦敦保险协会修订公布的上述6种险别中，只有恶意损害险属于附加险别，故其内容比较简单，其他5种险别，都具有独立完整的结构，对承保风险及除外责任，均有明确的规定。因此，除A险、B险和C险可以单独投保外，必要时，战争险和罢工险也可征得保险公司的同意，作为独立的险别进行投保。

二、协会货物保险主要险别的承保风险与除外责任

(一) I.C.C(A)险的责任范围及除外责任

1. I.C.C(A)险的责任范围

根据伦敦保险协会对新条款的规定,I.C.C(A)采用"一切风险减除外责任"的办法,即除了"除外责任"项下所列风险保险人不予负责外,其他风险均予负责。

2. I.C.C(A)险的除外责任

I.C.C(A)险的除外责任有下列4类:

(1) 一般除外责任。如归因于被保险人故意的不法行为造成的损失或费用;自然渗漏、自然损耗、自然磨损、包装不足或不当所造成的损失或费用;保险标的内在缺陷或特性所造成的损失或费用;直接由于延迟所引起的损失或费用;由于船舶所有人、租船人经营破产或不履行债务所造成的损失或费用;由于使用任何核武器所造成的损失或费用。

(2) 不适航、不适货除外责任。这是指保险标的在装船时,被保险人或其受雇人已经知道船舶不适航,以及船舶、装运工具、集装箱等不适货。

(3) 战争除外责任。如由于战争、内战、敌对行为等造成的损失或费用;由于捕获、拘留、扣留等(海盗除外)所造成的损失或费用;由于漂流水雷、鱼雷等造成的损失或费用。

(4) 罢工除外责任。如罢工者、被迫停工工人造成的损失或费用,以及由于罢工、被迫停工所造成的损失或费用等。

(二) I.C.C(B)险的责任范围和除外责任

1. I.C.C(B)险的责任范围

根据伦敦保险协会对(B)险和(C)险的规定,其承保风险的做法是采用"列明风险"的方法,即在条款的首部开宗明义地把保险人所承保的风险一一列出。I.C.C(B)险承保的风险是:保险标的物的灭失或损坏可合理地归因于下列任何之一者,保险人予以赔偿:① 火灾或爆炸;② 船舶或驳船搁浅、触礁、沉没或倾覆;③ 陆上运输工具的倾覆或出轨;④ 船舶、驳船或运输工具同水以外的外界物体碰撞;⑤ 在避难港卸货;⑥ 地震、火山爆发、雷电;⑦ 共同海损牺牲;⑧ 抛货;⑨ 浪击落海;⑩ 海水、湖水或河水进入船舶、驳船、运输工具、集装箱、大型海运箱或储存处所;⑪ 货物在装卸时落海或摔落造成整件的全损。

2. I.C.C(B)险的除外责任

I.C.C(B)险与 I.C.C(A)险的除外责任基本相同,但有下列两项区别:

(1) I.C.C(A)险除对被保险人的故意不法行为所造成的损失、费用不负赔偿责任外,对被保险人之外任何个人或数人故意损害和破坏标的物或其他任何部分的损害,要负赔偿责任;但 I.C.C(B)对此均不负赔偿责任。

(2) I.C.C(A)把海盗行为列入风险范围,而 I.C.C(B)对海盗行为不负保险责任。

(三) I.C.C(C)险的责任范围和除外责任

1. I.C.C(C)险的责任范围

I.C.C(C)险承保的风险比 I.C.C(A)、(B)险要小得多,它只承保"重大意外事故",而不承保"自然灾害及非重大意外事故"。其具体承保的风险有:① 火灾、爆炸;② 船舶或驳船触礁、搁浅、沉没或倾覆;③ 陆上运输工具倾覆或出轨;④ 在避难港卸货;⑤ 共同海损牺牲;⑥ 抛货。

2. I.C.C(C)险的除外责任

I.C.C(C)险的除外责任与I.C.C(B)险完全相同。

在"协会货物条款"中,除以上所述的(A)、(B)、(C)三种险外,还有战争险、罢工险和恶意损害险三种。应注意的是,其"战争险"和"罢工险"不同于中国保险条款的规定——一定要在投保了三种基本险别的基础上才能加保,而是可以作为独立险别投保的。恶意损害险所承担的是被保险人以外的其他人(如船长、船员等)的故意破坏行为所致被保险货物的灭失和损害。它属于(A)险的责任范围,但在(B)、(C)险中,则被列为"除外责任"。

三、协会货物保险主要险别的保险期限

英国伦敦保险协会海运货物条款(I.C.C(A)、(B)、(C))与上节所述我国海运货物保险期限的规定大体相同,也是"仓至仓",但比我国条款规定更为详细。战争险的保障期限仍采用"水上危险"原则。同时,罢工险的保险期限与 I.C.C(A)、I.C.C(B)、I.C.C(C)的保险期限完全相同,即也采用"仓至仓"原则。

在我国进出口业务中,特别是以 CIF 条件出口时,有些国外商人如要求我国出口公司按伦敦保险协会货物条款投保,我国出口企业和中国人民保险公司也可通融接受。

第五节 进出口货物运输保险实务

在国际货物买卖合同中,为了明确交易双方在货运保险方面的责任,通常都订有保险条款,其内容主要包括保险投保人、保险公司、保险险别、保险费率和保险金额的约定等事项。

一、投保人的约定

在进出口贸易中,投保人和保险受益人是两个不同的概念。投保人是指与保险人订立保险合同,并按照保险合同负有支付保险费义务的人。保险受益人是指由被保险人或者投保人指定,在保险事故发生或者约定的保险期限届满时,依照保险合同享有保险金请求权的人。例如:按 CIF 条件成交时,一般卖方为投保人,若保险标的在海运过程中遭受损失,保险受益人为买方。但多数情况下,投保人和保险受益人为同一人,如按 FOB 条件成交时,投保人一般为买方,保险受益人也为买方。

进出口贸易中,究竟由卖方还是买方投保,取决于买卖双方约定的交货条件和贸易术语。例如,按 EXW 条件成交时,一般由买方投保;按 CIF 或 CIP 条件成交时,一般由卖方投保,由于成交价格中包括保险费,故在合同保险条款中,需要详细约定卖方负责办理货运保险的有关事项,如险别、保险费的支付和向买方提供有效的保险凭证等。按 FOB、CFR、FCA、CPT 条件成交时,合同保险条款一般规定"保险由买方自理"。如买方要求卖方代办保险,则应在合同保险条款中约定:"由买方委托卖方按发票金额的××%代为投保××险,保险费由买方承担。"

二、保险人的约定

保险人又称"承保人",是指与投保人订立保险合同,并承担赔偿或者给付保险金责任的保险公司。保险人和保险受益人的关系非常密切,所以按 CIF 或 CIP 条件成交时,作为保险

受益人的买方一般在合同中限定保险公司和所采用的保险条款,以利于日后保险索赔工作的顺利进行。

三、保险险别的约定

不同的险别对应不同的承保范围,保险费率也随之不同。在确定保险险别时应结合以下几个条件:货物本身的性质和特点、起运地和目的地的政治局势、货物的包装、运输工具所经过的路线、季节、气候等因素综合考虑选择最合适的险别,以减少保险成本。

按 CIF 或 CIP 条件成交时,保险费由卖方承担,包含在成交价格中,在双方未约定险别的情况下,按惯例,卖方可按最低险别即平安险或 I.C.C(C)予以投保。若买方要求加保战争险等附加险时,其费用可由买方负担。

四、保险金额的约定和保险费的计算

保险金额(Insurance Amount)是指被保险人向保险公司投保的金额,是保险公司承担的最高赔偿金额。同时又是保险公司收取保险费的计算基础。在出口业务中,若按 CIF 或 CIP 条件成交,按照国际保险市场习惯,由卖方投保,保险金额通常按 CIF 或 CIP 总值加 10% 计算。所加的百分率称为保险加成率,它作为买方的经营管理费用和预期利润。保险金额的计算公式为:

$$保险金额 = CIF 价或 CIP 价 \times (1 + 投保加成率)$$

保险费是指被投保人向保险人交付的费用。保险费率(Premium Rate)是由保险公司根据一定时期、不同各类的货物的赔付率,按不同险别和目的地确定的。保险费则根据保险费率表按保险金额计算,公式为:

$$保险费 = 保险金额 \times 保险费率$$

我国进口货物以进口货物的 CIF 价格为准,一般不再加成。如果按照 CFR 或 FOB 价格成交,则按照预约保险合同适用的特约保险费率和平均运费率直接计算保险金额。

按 CFR 条件进口,保险金额的计算公式为:

$$保险金额 = CRF 价 / (1 - 保险费率)$$

按 FOB 条件进口,保险金额的计算公式为:

$$保险金额 = FOB 价 \times (1 + 运费率) / (1 - 保险费率)$$

按 CIF 和 CPI 条件成交时,因保险金额关系到卖方的费用负担和买方的切身利益,故买卖双方有必要将保险金额在合同中具体订明。

五、保险单的约定

保险单证是保险公司和投保人之间订立的保险合同,是保险公司出具的承保证明,也是被保险人凭以向保险公司索赔和保险公司进行理赔的依据。在国际贸易中,如约定由卖方投保,通常还规定卖方应向买方提供保险单,如被保险的货物在运输途中发生承保范围内的风险损失,买方即可凭卖方提供的保险单向有限保险公司索赔。在国际贸易中,常见的保险单据主要有下列形式:

(一)保险单

保险单(Insurance Policy)又称大保单,是保险人和被保险人之间成立保险合同关系的正式凭证,是被保险人向保险人索赔或对保险人上诉的正式文件,也是保险人理赔的主要依据。在 CIF 合同中,保险单是卖方必须向买方提供的单据。样单如图 9.1 所示。

中国人民保险公司杭州市分公司
The People's Insurance Company of China
Hangzhou Branch

PICC

总公司设于北京一九四九年创立
Head Office Beijing   Established in 1949

货物运输保险单
CARGO TRANSPORTATION INSURANCE POLICY

发票号(INVOICE NO.)
合同号(CONTRACT NO.)   保单号次
信用证号(L/C NO.)   POLICY NO.

被保险人:Insured: _____

中国人民保险公司(以下简称本公司)根据被保险人的要求,由被保险人向本公司缴付约定的保险费,按照本保险单承保险别和背面所载条款与下列特款承保下述货物运输保险,特立本保险单。
THIS POLICY OF INSURANCE WITNESSES THAT THE PEOPLE'S INSURANCE COMPANY OF CHINA (HEREINAFTER CALLED "THE COMPANY")AT THE REQUEST OF THE INSURED AND IN CONSIDERATION OF THE AGREED PREMIUM PAID TO THE COMPANY BY THE INSURED,
UNDERTAKES TO INSURE THE UNDERMENTIONED GOODS IN TRANSPORTATION SUBJECT TO THE CONDITIONS OF THIS OF THIS POLICY ASPER THE CLAUSES PRINTED OVERLEAF AND OTHER SPECIL CLAUSES ATTACHED HEREON.

标 记MARKS&NOS	包装及数量QUANTITY	保险货物项目DESCRIPTION OF GOODS	保险金额 INSURED

总保险金额 TOTAL AMOUNT
INSURED: _____
                        启运期   装载运输工具:
保费:PERMIUM: AS ARRANGED
                             经   至
自FROM: _____VIA_____TO
承保险别
CONDITIONS:

所保货物,如发生保险单项下可能引起索赔的损失或损坏,应立即通知本公司下述代理人查勘。如有索赔,应向本公司提交保单正本(本保险单共有份正本)及有关文件。如一份正本已用于索赔,其余正本自动失效。
IN THE EVENT OF LOSS OR DAMAGE WITCH MAY RESULT IN A CLAIM UNDER THIS POLICY, IMMEDIATE NOTICE MUST BE GIVEN TO THE
COMPANY'S AGENT AS MENTIONED HEREUNDER. CLAIMS,IF ANY,ONE OF THE ORIGINAL POLICY WHICH HAS BEEN ISSUED IN ____
ORIGINAL(S) TOGETHER WITH THE RELEVENT DOCUMENTS SHALL BE SURRENDERED TO THE COMPANY. IF ONE OF THE ORIGINAL POLICY HAS BEEN
ACCOMPLISHED. THE OTHERS TO BE VOID.

中国人民保险公司杭州市分公司
The People's Insurance Company of China
Hangzhou Branch

Authorized Signature

地址(ADD):中国杭州体育场路27号人保大厦17-18楼
ADD:17-18, FLOORSPICC BUILDING,27,TIYUCHANG ROAD,HANGZHOU, CHIAN电话(TEL): (0571)85284216
邮编(POST CODE): 310004传真(FAX): (0571)85284217

图9.1　保险单样本

根据规定,保险单必须详细列明保险合同的全部事项,包括以下内容:
(1)保险人和被保险人。
(2)保险标的的名称、地址。
(3)保险金额。

(4) 保险期限。

(5) 保险费数额和缴费期限。

(6) 保险人名称及签章。

(7) 保险单签订日期。

(8) 保险条款及特别约定条款。

此外,还附有有关保险人责任范围以及保险人和被保险人的权利和义务等方面的详细条款。

(二) 保险凭证

保险凭证(Insurance Certificate)又称小保单。它是一种简化的保险合同,是保险人签发给被保险人,证明货物已经投保和保险合同已经生效的文件。其中如保险凭证上未列明的内容以保险单内容为准,但如有抵触,以保险凭证为辅。保险凭证具有与保险合同同等的效力,但在信用证规定提交保险单时,一般不能以保险单的简化形式代替。

本 章 小 结

◆ **内容提要**

国际货物运输保险是国际货物保险中不可缺少的重要环节。按照运输方式的不同,国际货物运输保险可分为海洋运输保险、陆上运输保险、航空运输保险和邮包运输保险,其中,海洋运输保险是发展历史最长,在实务中运用最广的保险。我国海洋货物运输保险条款包括三种基本险别,即平安险、水渍险和一切险。附加险别包括一般附加险和特殊附加险。保险责任的起讫根据险别的不同而有所区别。基本险别的责任起讫,均采用国际保险业所惯用的"仓至仓条款";而战争险的责任起讫不采用"仓至仓条款",仅限于水上危险。在国际货物买卖合同中,为了明确交易双方在货运保险方面的责任,应根据贸易条件和具体交易情况合理订立保险条款。

◆ **关键词**

海上货物风险 海上费用 海上损失 基本险 附加险 保险责任 索赔期限 保险单

◆ **思考题**

1. 在海运货物保险中,保险公司承保哪些风险、损失与费用?
2. 共同海损与单独海损有哪些主要区别?
3. 施救费用和救助费用有哪些主要区别?
4. 按照 CIF 条件成交时,依照国际惯例,如何确定投保人、保险险别及保险金额?

思考案例

我国 A 公司与某国 B 公司于某年 10 月 20 日签订购买 52500 吨化肥的 CFR 合同。A 公司开出信用证规定,装船期限为次年 1 月 1 日至 1 月 10 日,由于 B 公司租来运货的"顺风号"货轮在开往某外国港口途中遇到飓风,结果装船至次年 1 月 20 日才完成。承运人在取得 B 公司出具的保函的情况下签发了与信用证条款一致的提单。"顺风号"轮于 1 月 21 日驶离装运港。A 公司为这批货物投保了水渍险。次年 1 月 30 日"顺风号"轮途经巴拿马运河时起火,造成部分化肥烧毁。船长在命令救火过程中又造成部分化肥湿毁。由于船在装货港口延迟,使该船到达目的地时正遇上了化肥价格下跌。A公司在出售余下化肥时价格不得不大幅度下降,给A公司造成很大损失。

请根据上述事例,回答以下问题:

1. 途中烧毁的化肥损失属什么损失,应由谁承担?为什么?
2. 途中湿毁的化肥损失属什么损失,应由谁承担?为什么?
3. A公司可否向承运人追偿由于化肥价格下跌造成的损失?为什么?

第十章 国际结算

了解国际结算方式的最新发展;理解票据的特征和三种票据之间的关系;掌握汇票的格式和内容、当事人的关系、汇票的票据行为;掌握汇付、托收、信用证的结算流程和特征;根据实际业务情况对支付方式进行选择搭配、灵活运用于国际贸易结算实践。

分批装运某批次未按合同履行致使索赔案

银行该不该拒付?我方某公司向外国某商进口一批钢材,货物分两批装运,支付方式为不可撤销即期信用证,每批分别由中国银行开立一份信用证。第一批货物装运后,卖方在有效期内向银行交单议付,议付行审单后,即向该商议付货款,随后中国银行对议付行作了偿付。

我方在收到第一批货物后,发现货物品质不符合同,因而要求开证行对第二份信用证项下的单据拒绝付款,但遭到开证行拒绝。你认为开证行这样做是否有理?

开证行拒绝有理。因为我方要求开证行拒付,实质为撤销信用证,不可撤销信用证未经有关当事人同意不得撤销。开证行在单证相符时必须付款,不管货物是否与合同相符。有关品质不符,进口方应直接向出口方索赔。

第一节 票 据

一、票据定义

票据有广义和狭义之分。广义的票据是指商业上的权利单据,即用来表明某人对不在其实际控制下的资金或物资所有权的书面凭证。如股票、债券、仓单、提单、保险单等。

狭义的票据是由出票人签发,约定自己或命令他人在一定日期无条件支付确定金额的书面凭证。它是以支付金钱为目的的特定凭证。

国际结算中的票据就是指狭义的票据,它能够代替货币现金起流通和支付作用,从而抵消和清偿国际债权债务或者完成资金转移,因而是国际结算中的重要工具。

二、票据的特性

票据作为非现金结算工具,具有如下特点:

(1) 设权性。这是指持票人的票据权利随票据的设立而产生,离开了票据,就不能证明其票据权利。票据权利的发生,必须以票据的设立为前提。

(2) 流通性。这是票据的基本特性,表现在:票据权利是通过背书或凭交付两种方式进行转让;票据转让不必通知票据上的债务人;受让人获得票据后,就享有票据规定的全部法律权利。

(3) 无因性。票据是一种不要过问票据产生原因的债权凭证,这里的"原因"是指产生票据权利义务关系的原因,分两方面的内容:一是出票人与受票人之间的资金关系,二是出票人与收款人、票据背书人与被背书人之间的对价关系。票据的无因性有利于票据的流通。

(4) 要式性。这主要指票据的做成必须符合规定,票据上所记载的必要项目必须齐全且符合规定,处理票据的行为如出票、背书、提示、承兑、追索等的方式、程序、手续也须符合法律规定。

(5) 票据的可追索性。这是指合格票据遭到票据的付款人或承兑人拒付时,正当持票人为维护其票据权利,有权通过法定程序向所有票据债务人追索,要求取得票据权利。

三、汇票

(一) 汇票的定义

英国《票据法》的汇票定义为世界各国所普遍参照和引用。其关于汇票的定义是:一人向另一人签发的,要求他在即期或定期或可以确定的将来时间向某人或某指定人或持票来人,无条件支付一定金额的书面命令。

(二) 汇票的绝对必要项目

汇票是一种要式凭证,注重在形式上应具备绝对必要项目。样票如图 10.1 所示。只要这些项目齐全,符合票据法的规定,就具有票据的效力。我国票据法规定为 7 种。

Exchange for USD5000.00　　　　　　　　　　Hong Kong 10 July, 200x.
　　①　　　③　　　　　　　　　　　　　　　　　⑦

At 90 days after sight pay to the order of　A　bank
　　　⑤　　　　　　②　　　　　⑥

the sum of five thousand US dollars only.
　　　　　　　③

To B Bank,
　　London.
　　　④
　　　　　　　　　　　　　　　　　For C Company
　　　　　　　　　　　　　　　　　　Hong Kong.
　　　　　　　　　　　　　　　　　　　⑧
　　　　　　　　　　　　　　　　　　Signature

注:① 汇票字样;② 无条件支付命令;③ 确定金额;④ 付款人;⑤ 付款期限;⑥ 收款人;⑦ 出票地点和日期;⑧ 出票人。

图 10.1　汇票式样及要项

1. "汇票"字样的注明

汇票上必须标明"汇票"(bill of exchange, exchange 或 draft)字样,这样可使人易于识别它的性质,方便实务上处理。

2. 无条件支付命令

(1) 汇票是一项支付命令,而不是付款请求。必须用祈使句,不能用表示请求的虚拟句。例如:

Pay to A Company or order the sum of five thousand pounds only. ——有效汇票

I should be pleased if you pay to the order of B Company the sum of five thousand pounds only. ——无效汇票

(2) 汇票的支付命令是无条件的,即出票人要求受票人的付款必须是无条件的,付款人的支付不能以收款人履行某项行为或事件为前提条件。否则,该汇票无效。例如:

Pay to ABC Company or order the sum of five thousand pounds only providing the goods supplied in compliance with contract… ——无效汇票

但注明汇票起源交易、汇票付款后如何取得偿付等不能作为有条件支付的记载,汇票也是有效的。

3. 一定金额的货币

(1) 以确定的货币表示。汇票的支付标的必须是金钱,其金额必须是可以确定的。任何选择的或者浮动的记载或未定的记载如使用类似 or, about, between…and… 等都使汇票无效。

(2) 大写和小写。我国《票据法》规定,票据金额大小写金额必须一致,大小写金额不符,票据无效,银行以退票处理。

(3) 利息条款。汇票上注明按一定的利率或某一日市场利率加付利息,是允许的。但利息条款须注明利率、起算日和终止日。

(4) 其他。分期付款的条款必须具体、可操作;支付等值其他货币,要按一定的或可以确定的汇率折算后付款。

4. 出票日期

出票日期的作用:① 决定汇票的有效期。汇票的流通有其时效性,即有效期,其起算日为出票日期。② 决定汇票的到期日。对于出票后若干天(月)(At×××days after date)付款的汇票,付款到期日的确定就取决于出票日。③ 决定出票人的行为能力。如出票时法人已宣告破产清理,已表明他丧失相应的行为能力,则票据不能成立。

5. 收款人名称

收款人(payee)也称抬头人,是汇票出票时记载的债权人。可以表示为:

(1) 空白抬头,也称为来人抬头,该汇票不需背书,持票人凭交付即可转让汇票的权利。例如:pay to bearer/holder。这种汇票是认票不认人,因此在商业法规不完善、治安不好的地方要少用。

(2) 限制性抬头。这类抬头的汇票不得转让他人,只有票面上的收款人才有权取得票款。例如:① pay to John Smith only;② pay to John Smith not transferable;③ "Not Transferable"字样出现在汇票上。

(3) 指示性抬头。这类抬头的汇票可通过背书或交付的方式转让。这种抬头在实务中较多见。例如:pay to the order of A Co. /pay to A Co. or order.

6. 付款人名称

付款人(Payer)先是接受命令的人,也叫受票人(Drawee)。受票人只有对汇票作出承兑或付款,才成为承兑人或付款人。受票人在汇票上通常就表述为"To (drawee)"。

7. 出票人签名

汇票上要有出票人签名,以确认出票人对汇票的债务责任。我国《票据法》规定票据上的签字为签名或盖章或签名加盖章。英国《票据法》规定必须手签。目前按照国际惯例,涉外票据应采用手签方式。

(三) 汇票的相对必要记载项目

1. 出票的地点

依照国际惯例,票据成立与否采用行为地法律的原则,汇票是否完善有效就以出票地的法律为依据。出票地点应与出票人的地址相同。据《日内瓦统一法》规定,若汇票上未载明地点,则以出票人姓名旁边的地点为出票地点。

2. 付款期限(Time of Payment)或(Tenor)

汇票的付款期限可以分为两大类,即期付款和远期付款。

(1) 即期(at sight, on demand, on presentation)付款。即期付款也叫见票即付,提示汇票的当天为付款日,无需承兑。若汇票上无标明付款期限的,也为即期。

(2) 远期(at a determinable future time, time/usance/term bill)付款。在远期付款方式下,持票人向受票人初次提示汇票时,受票人只对汇票进行承兑(承诺付款),付款行为发生在将来可以确定的时间。

3. 付款地点

付款地点是指持票人提示票据要求付款的地点。如果汇票上未注明付款地点,跟在付款人后面的地址就作为付款地。

(四) 汇票的任意记载项目

1. "付一不付二"与"付二不付一"

出口商通过银行向进口商收款时开出的是一式二份的成套汇票(A Set of Bill)。两张汇票内容完全相同,且具有同等的法律效力。两张汇票分不同航班邮寄,先到的那张起作用,后到的就自动失效。

2. 需要时的受托处理人

托收是出口商先出运商品后收款的结算方式。为了防止在货到后进口商的拒绝承兑或拒绝付款,造成出口商的被动,出口商有必要在进口商所在地委托一家公司作为需要时的受托处理人。当汇票遭拒付时,持票人可向需要时的受托代理人联系,求助于他。若他愿意,即可参加承兑,到期日参加付款,又称预备付款人。

另外,汇票的任意记载项目还包括付款地点、担当付款行、利息与利率、用其他货币付款、提示期限等项目。

(五) 汇票的当事人及其责任

1. 基本当事人

出票人、受票人和收款人是汇票的必要的当事人,也是汇票尚未进入流通领域之前的基本当事人。

(1) 出票人(Drawer)。出票人是开出并交付汇票的人。汇票一经签发,出票人就负有担保承兑和担保付款的责任,直到汇票完成它的历史使命。在汇票被承兑前,出票人是汇票的主债务人;在汇票被承兑后,承兑人成为主债务人,出票人是汇票的从债务人。

(2) 受票人(Drawee)。受票人是按汇票上记载接受别人的汇票且要对汇票付款的人,在他实际支付了汇票规定的款项后也称为付款人(Payer)。他是接受付款命令的人(Addressee)。受票人未在汇票签名之前,可承兑,也可拒付,他不是必然的汇票债务人,并不必然承担付款责任。受票人承兑了汇票,就要对汇票承担到期付款的法律责任,而成为汇票的主债务人。

(3) 收款人(Payee)。收款人是收取票款之人,即汇票的受益人,也是第一持票人(Holder),是汇票的主债权人。收款人可以要求付款人承兑或付款;遭拒付时他有权向出票人追索票款;由于汇票是一项债权凭证,他也可将汇票背书转让他人。

2. 其他当事人

(1) 背书人(Endorser)。背书人是收款人或持票人在汇票背面签字,并将汇票交付给另一人,表明将汇票上的权利转让的人。

收款人或持票人可以通过背书成为背书人,并可以连续地进行背书转让汇票的权利。

(2) 被背书人(Endorsee)。即接受背书的人。当他再转让汇票时,就成为另一背书人。若不转让,则将持有汇票,就成为第二持票人。因此,他是汇票的债权人,最后被背书人必须是持票人(Holder)。他拥有向付款人和前手背书人直至出票人要求付款的权利。

(3) 承兑人(Acceptor)。受票人同意接受出票人的命令并在汇票正面签字,就成为承兑人。票据一经承兑,出票人退居从债务人的地位,而由承兑人成为主债务人。

(4) 参加承兑人(Acceptor for Honour)。参加承兑人是非汇票债务人对被拒绝承兑或无法获得承兑的汇票进行承兑的人。参加承兑人也是汇票的债务人。

(5) 保证人(Guarantor)。保证人是一个第三者对于出票人、背书人、承兑人或参加承兑人做保证行为的人,做"保证"签字的人就是保证人。保证人与被保证人负担相同责任。

(6) 持票人(Holder)。指收款人或被背书人或来人,是现在正在持有汇票的人。他是票据权利的主体,享有付款请求权、追索权和票据转让权。

(7) 正当持票人(Holder in Due Course)。正当持票人指经过转让而持有汇票的人。根据英国《票据法》规定,持票人应符合以下条件的,才能成为正当持票人:① 持有的汇票票面完整正常,前手背书真实,且未过期;② 持票人对于持有的汇票是否曾被退票不知情;③ 持票人善意地付过对价而取得汇票;④ 接受转让时,未发现前手对汇票的权利有任何的缺陷。

正当持票人的权利优于其前手,不受前手权利缺陷的影响,且不受汇票当事人之间债务纠葛的影响,能够获得十足的票据金额。

(六)汇票的种类

1. 按照出票人的不同,汇票可分为银行汇票和商业汇票

银行汇票(Banker's Bill)指出票人是银行的汇票。它一般为光票。

商业汇票(Commercial Bill)指出票人是公司或个人的汇票。它可能是光票,也可能是跟单汇票。

2. 按照承兑人的不同,汇票可分为银行承兑汇票和商业承兑汇票

银行承兑汇票(Banker's acceptance Bill)指由银行承兑的远期汇票,它是建立在银行信用基础之上。

商业承兑汇票(Trader's Acceptance Bill)指由个人商号承兑的远期汇票,它是建立在商业基础之上。由于银行信用高于商业信用,因此,银行承兑汇票在市场上更易于贴现,流通性强。

3. 按照付款时间的不同,汇票可分为即期汇票和远期汇票

即期汇票(Sight Bill or Demand Draft)即见票即付的汇票,它包括:票面上记载"at sight / on demand"字样的汇票,提示汇票即是"见票"。

远期汇票(Time Bill/Usance Bill)即规定付款到期日在将来某一天或某一可以确定日期的汇票。它可分为出票后定期付款汇票、见票后定期付款汇票、在其他事件发生后定期付款汇票、定日付款汇票和延期付款汇票5种情况。

4. 按照是否附有货运单据,汇票可分为光票和跟单汇票

光票(Clean Bill)即不附带货运单据的汇票。在国际贸易结算中一般用于贸易从属费用、货款尾数、佣金等的收取或支付。

跟单汇票(Documentary Bill)即附带货运单据的汇票。与光票相比较,跟单汇票除了票面上当事人的信用以外,还有相应物资做保障,因此该类汇票流通转让性能较好。

四、票据行为

一张票据从开立、正当付款到最后注销,需要经历一定的环节步骤,我们把这些环节步骤称为票据行为。票据行为有狭义和广义之分。

狭义的票据行为是以负担票据上的债务为目的所做的必要形式的法律行为,包括出票、背书、承兑、参加承兑、保证。其中出票是主票据行为,其他行为都是以出票为基础而衍生的附属票据行为。

广义的票据行为除上述行为外,还包括票据处理中有专门规定的行为,如提示、付款、参加付款、退票、行使追索权等行为。票据行为与票据形式和内容一样具有要式性,必须要符合票据法的规定。

(一) 出票

1. 出票的含义

出票(Issue)是指出票人签发汇票并将其交付给收款人的票据行为。出票是主票据行为,离开它就不可能有汇票的其他行为。一个有效的出票行为包括两个动作:① 制成汇票并签字(to draw a draft and to sign it);② 将制成的汇票交付给收款人(to deliver the draft to payee)。这两个动作缺一不可。

2. 出票的影响

汇票的出票行为一旦完成,就确立了汇票承兑前出票人是主债务人的地位和收款人的债权人地位,出票人要担保所开立的汇票会由付款人承兑和付款。

(二) 背书

1. 背书的含义

背书(Endorsement)是指持票人在票据背面签字,以表明转让票据权利的意图,并交付给被背书人的行为。它是指示性抬头的票据交付转让前必须完成的行为。

背书包括两个动作:① 在票据背面或粘单上记载有关事项并签名,根据我国《票据法》规定,背书必须记载签章、背书日期、被背书人名称等事项;② 交付给被背书人或后手。

2. 背书的种类

(1) 特别背书(Special Endorsement),又称为记名背书或正式背书。即持票人在背书转让时注明了被背书人的名称。背书内容完整、全面。例如:

```
（汇票背面）
Pay to XYZ Co. or order
        For ABC Import and Export Company , Fuzhou
            Li Hua(General Manager)
```

（2）空白背书(Blank Endorsement)，又称不记名背书。即背书人仅在背面签名，而不注明被背书人。做此背书后，被背书人要再转让，只需凭交付即可。例如：

```
（汇票背面）
        For ABC Import and Export Company , Fuzhou
            Li   Hua (General Manager)
```

（3）限制性背书(Restrictive Endorsement)。指背书人在票据背面签字、限定某人为被背书人或记载有"不得转让"字样的背书。例如：

```
（汇票背面）
Pay to John Smith only(or not transferable or not negotiable)
                    Li   Hua
```

经过限制性背书后，指示性抬头的汇票成为了限制性抬头的汇票，就不能继续背书转让其权利，同时，也只有限制性背书的被背书人才能要求付款人付款。

（三）提示

提示(Presentation)是指持票人将汇票提交给付款人，要求付款人按汇票指示履行承兑或付款义务的行为。有了提示行为才能实现收款人的收款权利。提示的形式有提示承兑和提示付款两种类型。

（四）承兑

1. 承兑的含义

承兑(Acceptance)是指远期汇票的受票人在票面上签字以表示同意按出票人的指示到期付款的行为。承兑行为的完成包括两个动作：写成和交付。例如，付款人在票面上作承兑：

Accepted（"承兑"字样）

John Smith（付款人签名）

28 Mar., 2017（承兑日期）

2. 承兑的影响

承兑构成承兑人在到期日无条件的付款承诺，在汇票承兑后，承兑人是该票据的主债务人，他要对所承兑的票据的文义负责，到期履行付款责任。

（五）付款

付款(Payment)是指即期票据或到期的远期票据的持票人向付款人提示票据时，付款人支付票款以消除票据关系的行为。付款人按正常程序付款后，付款人及票面上所有的票据债务人的债务责任都得以解除，汇票流通过程得以终结，汇票上所列明的债权债务最终得到清偿。

（六）退票

持票人提示汇票要求承兑时,遭到拒绝承兑或持票人提示汇票要求付款时,遭到拒绝付款,均称为退票(Dishonor),也称拒付。某些有条件承兑、拒绝付款、拒绝承兑、付款人死亡、破产、失去支付能力、避而不见等都要退票。

持票人在遭遇退票时,可以把被付款人拒付的情况通知前手,做成退票通知;还可以通过公证机构做成拒绝证书。

（七）追索

追索(Recourse)指汇票遭拒付时,持票人要求其前手背书人或出票人或其他票据债务人偿还汇票金额及费用的行为。持票人所拥有的这种权利就是追索权(Right of Recourse)。

（八）保证

保证(Guarantee/Aval)是非票据的债务人对于出票、背书、承兑、参加承兑等行为所发生的债务予以保证的附属票据行为。汇票的出票人、背书人、承兑人、参加承兑人都可以作为被保证人。

五、本票

（一）本票的法律定义

英国《票据法》对本票所下的定义是:本票是一人（债务人）向另一人（债权人）签发的,保证即期或定期或在可以确定的将来时间向某人或其指示人或持票人无条件支付一定金额的书面承诺。

（二）本票的必要项目

根据《日内瓦统一票据法》的规定,本票必须具备以下项目:

(1) 写明其为"本票(Promissory Note)"字样。
(2) 无条件付款承诺。
(3) 一定金额货币。
(4) 收款人或其指定人。
(5) 出票日期。
(6) 出票人签字。

以上可以看出,本票比汇票少了一个绝对必要项目——付款人,而是由出票人承担付款责任。即由"我"签发,"我"保证在指定日期支付一定金额给"你"的承诺书,可以看成是"我欠你"的借据。本票的式样如图10.2所示。

```
Promissory Note for USD1000                New York, 5 Jan. 2017
    (1)                    (7)                        (5)
At 60 days after date   we promise to pay   A Co. or order
       (6)                    (2)                (3)
the sum of one thousand US dollars only
            (7)
                                    For Bank of America, New York
                                                    Signature (4)
```

图10.2　本票式样及要项

(三) 商业本票和银行本票

按签发人身份的不同,本票分为商业本票和银行本票。

商业本票(Trader's Note)是以商号或工商企业作为制票人,用以清偿制票人自身债务的本票。它是建立在商业信用基础上,所以其使用范围渐渐缩小。商业本票按期限可分为远期本票和即期本票。

银行本票(Banker's Note)是由商业银行签发即期付给记名收款人或者付给来人的本票,它可以作为现金交给提取存款的客户。银行本票建立在银行信用基础上。银行本票也可以分为即期和远期两种,但远期使用得较少。

我国《票据法》所称本票仅限于银行本票,且为了正常的经济秩序,有利于国家实行有效的金融管理和宏观调控。

六、支票

(一) 支票的法律定义

英国《票据法》对支票所下的定义是:支票是银行存款户对银行签发的授权银行对某人或其指示人或持票来人即期无条件支付一定金额的书面命令。简而言之,支票是以银行为付款人的即期汇票。

与汇票的定义相比,支票的付款人一定是银行,期限一定是即期的。此外与汇票无本质的不同。所以凡适用于即期汇票的规定也适用于支票。

(二) 支票的必要项目

根据《日内瓦统一票据法》的规定,本票必须具备以下项目:

(1) 写明其为"支票(cheque)"字样。
(2) 无条件支付命令。
(3) 确定金额货币。
(4) 出票人名称和签字。
(5) 出票日期。
(6) 付款银行名称。

(三) 支票的种类

1. 来人支票和记名支票

来人支票(Cheque Payable to Bearer)又称不记名支票,其收款人是来人。凭单纯性交付即可转让。银行对持票人获得支票是否合法不负责任。

记名支票(Cheque Payable to Order)其收款人是记名当事人,经有关当事人背书后便可进行流通与转让。

2. 非划线支票和划线支票

非划线支票(Open Cheques)又称敞口支票,即一般没有划线的支票。它既可取现又可转账划拨。

划线支票(Crossed Cheques)又称平行线支票,即票面上有两条平行划线的支票。它只能通过银行转账划拨。非划线支票可通过划线或加注行名成为普通划线支票或特别划线支票。出票人、背书人或持票人均可在支票上划线,其目的在于防止支票丢失和被盗时被人冒领。

3. 银行支票和私人支票

银行支票(Banker's Cheque)即出票人是银行,表明出票银行作为客户在另一家银行开立账户而开出的支票。

私人支票(Personal Cheque)即出票人是私人的支票。

4. 保付支票和不保付支票

保付支票(Certified Cheque)即由付款行在支票上加盖"保付(CERTIFIED)"戳记并签字的支票。这时付款行就成为保付行,持票人可以不受付款提示期的限制,保付行承担绝对的付款责任,其他债务人可以一概免责。保付支票相当于得到付款行的付款确认,具有更好的信誉,更便于流通。不保付支票即普通的未经银行保付的支票。

第二节 汇 款

一、汇款概念及当事人

(一) 汇款方式的概念

汇款方式(Methods of Remittance),是汇出行(Remitting Bank)应汇款人(Remitter)的要求,以一定的方式,把一定的金额,通过其国外联行或代理行作为汇入行(Paying Bank),付给收款人(Payee)的一种结算方式。汇款是顺汇方式。既能适用于贸易结算,也可适用于非贸易结算,凡属外汇资金的调拨都是采用汇款方式。所以它是基本的结算方式,是银行的主要外汇业务之一。

(二) 汇款方式的当事人

(1) 汇款人(Remitter)即付款人,指向银行交付款项并委托银行将该款交付给收款人的人;在国际贸易中,汇款人即进口商。其责任是填写汇款申请书、提供汇出的款项并承担相关费用。

(2) 收款人或受益人(Payee/Beneficiary),指被汇款人委托银行交付汇款的对象;在国际贸易中,收款人即出口商。其权利是凭证取款。

(3) 汇出行(Remitting Bank),它是受汇款人的委托,汇出汇款的银行。通常是汇款人所在地的银行或进口方银行。其职责是按汇款人的要求通过一定的途径将款项汇交收款人。

(4) 汇入行(Paying Bank)或解付行,汇入行是受汇出行的委托办理汇款业务的银行。而将款项解付给受益人的银行是解付行。汇入行或解付行是收款人所在地的银行或出口方银行。其职责是证实汇出行的委托付款指示的真实性,通知收款人取款并付款;同时也有权在收妥头寸后再解付款项。

二、汇款的种类及业务流程

根据汇出行通知汇入行付款的方式,或支付委托书、汇款委托书的传递方式不同,汇款可以分为电汇、信汇和票汇三种方式。

(一) 电汇

电汇(Telegraphic Transfer,简称T/T)是汇出行应汇款人的申请,用加押电报(Cable)、电传(Telex)或通过SWIFT给在另一个国家的分行或代理行(即汇入行)指示解付一定金额给收款人的一种汇款方式。使用电传和SWIFT的居多。该方式最大优点是资金调拨速度快、安全,目前使用最普遍。在进出口贸易中,电汇业务流程如图10.3所示。

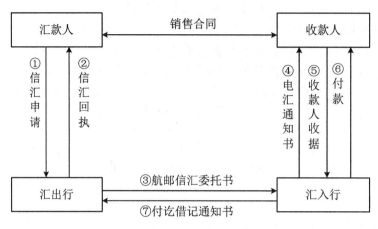

图10.3 电汇业务流程

(二) 信汇

信汇(Mail Transfer,简称M/T)是汇出行应汇款人的要求,以航邮方式将信汇委托书(M/T Advice)或支付委托书(Payment Order)寄给汇入行,授权其解付一定金额给收款人的一种汇款方式,其速度慢、费用低。目前实务中少用。在进出口贸易中,信汇业务流程如图10.4所示。

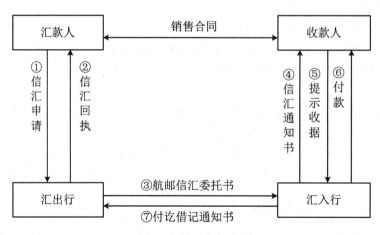

图10.4 信汇业务流程

可以看出信汇业务程序与电汇基本相同,仅在第三步不同:汇出行邮寄信汇委托书或支付委托书给汇入行,而不是采用电讯方式授权。

(三) 票汇

票汇(Remittance by Banker's Demand Draft,简称D/D)是汇出行应汇款人的申请,代汇款人开立以其分行或代理行为解付行的银行即期汇票(Banker's Demand Draft),支付一定金额给收款人的一种汇款方式。其特点是方便、灵活。票汇业务流程与电汇和信汇稍有不同,如图10.5所示。

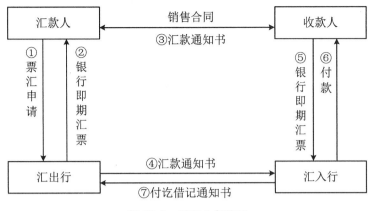

图 10.5　票汇业务流程

(四) 电汇、信汇、票汇三种汇款方式比较

1. 使用支付工具的比较

电汇使用电报、电传或通过 SWIFT 方式，用密押证实；信汇使用信汇委托书或支付委托书，用印鉴或签字证实；票汇使用银行即期汇票，用印鉴或签字证实。

2. 汇款人的成本费用比较

电汇因其使用现代化通信设施且银行不能占用客户资金，所以其成本费用较高；而信汇、票汇费用较电汇低。

3. 安全方面比较

电汇因在银行间直接通信，减少了中间环节，其安全性较高；信汇必须通过银行和邮政系统来完成，信汇委托书有可能在邮寄途中遗失或延误；票汇虽有灵活的优点，但有丢失或毁损的风险。因此信汇、票汇的安全性不及电汇。

4. 汇款速度的比较

电汇因使用现代化手段且优先级较高，成为一种最快捷的汇款方式。尽管其费用较高，但可用缩短资金在途时间的利息来抵补。信汇方式由于其资金在途时间长，手续多，所以日显落后，在实务中已基本不用；而票汇的速度不及电汇，但因其灵活简便的特点，其使用量仅次于电汇。

5. 取款灵活的比较

电汇、信汇的收款人只能向汇入行一家取款；而票汇项下，汇票的持票人可以将汇票卖给任何一家汇出行的代理行，只要该行有汇出行的印鉴，能核对汇票签字的真伪，确认签字无误后，就会买入汇票。

六、汇款在国际贸易中的应用

在国际贸易中，使用汇款方式结清买卖双方债权债务，主要有预付货款、货到付款和交单付现三种方式。

(一) 预付货款

预付货款(Payment in Advance)是指买方先将货款通过银行汇交卖方，卖方收到货款后，根据买卖合同规定，在一定时间内或立即将货发运至进口商的一种汇款结算方式。预付货款是对进口方而言的，对出口方来说，就是预收货款，又称"先结后出"。

这种方式对卖方最为有利,他甚至可以无偿占用进口商的资金,做一笔无本生意,根本没有什么风险,掌握了货物出口的主动权。

但对进口商是不利的,不仅进口商的资金被占用,会造成利息损失,影响自身资金周转;而且进口商在付款后要承担不能按时、按量、按质收到合同规定的货物的风险。

(二) 货到付款

货到付款(Payment after Arrival of the Goods)是出口商先发货,进口商收到货物后,立即或在一定期限内将货款汇交出口商的一种汇款结算方式。它实际上是属于赊账交易(Open Account Transaction),具有延期付款(Deferred Payment)性质。

对进口商有利:① 进口商不承担风险,货不到或货不符合要求就不付款,在整个交易中占据主动;② 往往在收到货后过一段时间再付款,所以可以占用出口商的资金;

对出口商不利:① 先发货,要承担买方不付款的风险;② 货款往往不能及时收回,资金被占用,造成一定损失。

货到付款在国贸中有售定和寄售两种方式:

(1) 售定(Be Sold Out)。售定是买卖双方签订合同,在合同中明确规定了货物的售价及付款时间等条款,进口商按实收货物数量将货款汇交出口商的一种汇款结算方式。

(2) 寄售(Consignment)。寄售指出口方(委托人,寄售方)将货运交给进口国的约定代销人(受托人)。当商品售出后,所得货款,由代销人扣除佣金和其他费用后交给寄售方,这种方式货价和付款时间均不确定。

第三节 托 收

一、托收方式的定义

托收(Collection)是由债权人(出口商)提交凭以收款的金融票据或商业单据,委托银行(出口国的银行)通过其在国外的分行或代理行,向债务人(进口商)收回款项的一种国际结算方式。

从定义可以看出,银行在托收业务中只是受托代理人,只提供完善的服务,并不保证收回货款。所以托收方式与汇款方式一样,都基于商业信用,能否收回货款,完全靠买卖双方商业信用。但同样是商业信用,汇款方式因不能银货当面两讫而存在较大风险,而跟单托收方式项下,出口商将作为物权凭证的货运单据(商业单据)与汇票(金融单据)一起,通过银行向进口商提示,进口商必须在付款之后或向银行书面表示负责付款,即承兑后才能掌握货权。所以托收方式实际上就是一手交钱一手交货的交易形式,大大降低了交易的风险。

托收是国际结算的基本方式之一。如图10.6显示,在托收业务中,资金的流动方向与结算工具的传递方向相反,因此,托收是逆汇方式。托收业务流程比汇款复杂,所费时间也更长。

二、托收方式的当事人

(一) 委托人

委托人(Principal)是将单据委托银行向国外付款人收款的人,即委托银行办理托收业

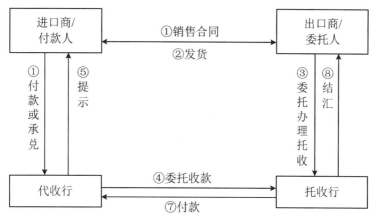

图 10.6 托收业务基本流程

务的当事人。他可能是出口商(Exporter)、卖方(Seller)、出票人(Drawer)、托运人(Consignor),也可以是托收汇票上的收款人(Payee)。

(二) 托收行

托收行(Remitting Bank)又称为寄单行,是指受委托人的委托而办理托收的银行。它是出口方银行(Exporter's Bank)。托收行一方面受委托人委托,受理托收业务;另一方面,通过寄单委托其国外联行或代理行,代向付款人收款。它可以作为托收汇票的收款人,也可以作为托收汇票的被背书人。

(三) 代收行

代收行(Collecting Bank)是指受托收行的委托,参与办理托收业务的银行,也是受委托向付款人收取款项的银行。代收行是进口方银行(Importer's Bank)。它可以是托收汇票的收款人,也可以是托收汇票的被背书人。

(四) 付款人

付款人(Drawee)是指代收行接受托收行的委托向其收取款项的人,也是委托人开立汇票的受票人。在他未兑付托收业务中的汇票票款之前,也就是汇票的受票人。在国际贸易中,他还是进口商(Importer)、买方(Buyer)。

(五) 提示行

提示行(Presenting Bank)是指向付款人提示汇票和单据的银行。它也是进口方银行。若代收行与付款人有直接的账户往来,则提示行与代收行是同一家银行。这种情况在实务中常见。否则,代收行使用它选择的一家银行作为提示行,这时提示行与代收行分别是两家银行。

(六) 需要时的代理人

需要时的代理人(Customer's Representative in Case of Need)是指委托人指定的在付款地的代理人。托收结算方式对于出口商来说意味着先发货后收款,一旦发生受票人对代收行提示的汇票拒付,货物到达目的港后就可能会因无人照料而受损(如延长了在进口国海关仓库存放时间而增加了仓储费用等)。为避免这一情况的发生,出口商可以在付款地事先指定一代理人,由代理人在发生拒付事件后代为料理货物存仓、投保、运回或转售等事宜。委托人在向托收行提交托收申请书时必须注明此代理人的权限。一般出口商直接请代收行作为需要时的代理人。

三、托收方式的种类

托收结算方式分为光票托收和跟单托收。

(一) 光票托收

光票托收(Clean Collection)是指金融单据的托收,即卖方仅开立汇票而不附带任何货运单据,委托银行收取款项的一种托收结算方式。它不涉及货权的转移或货物的处理,处理比较简单。一般只用于贸易从属费用和非贸易款项的收取。

(二) 跟单托收

跟单托收(Documentary Bill for Collection)是指伴随货运单据的托收,可能使用汇票,也可能因进口商为避免印花税的负担而不使用汇票。跟单托收最实质的要件是代表物权的货运单据。国际贸易中货款的托收大多采用跟单托收。

根据银行交单条件的不同,跟单托收可分为付款交单和承兑交单两种。

1. 付款交单

付款交单(Documents Against Payment,简称D/P)是指被委托的代收行必须在进口商付清票款以后,才能将货运单据交给进口商的一种托收方式。付款交单的特点是先付款后交单,付款人付款之前,出口商仍然掌握着对货物的支配权,因此其风险较小。

根据托收汇票付款期限的不同,付款交单又有即期和远期之分。

(1) 即期付款交单。即期付款交单(D/P at sight)指委托人开立即期汇票(向欧洲大陆国家的托收免开汇票,以发票替代),在代收行向付款人提示汇票后,付款人只有立即付清货款才能获得货运单据。其业务流程如图10.7所示。

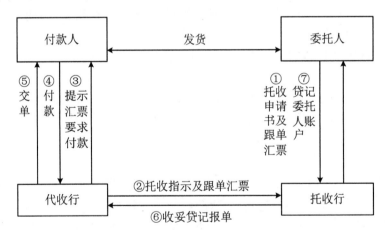

图10.7 即期付款交单操作流程

(2) 远期付款交单。以即期付款方式结算,可能造成进口商资金被占压。于是,进口商为了避免资金被占压,就自然要求推迟付款时间,即实行远期付款交单。远期付款交单(D/P at XX days after sight)是指委托人开立远期汇票,代收行在向进口商提示汇票时,进口商立即承兑汇票,代收行收回汇票并掌握货运单据,直至到期日,代收行再提示,进口商付款后,代收行才交出货运单据。其业务流程如图10.8所示。

有些国家或地区在法律中规定,将进口远期付款交单以承兑交单方式处理,从而增加了出口商的风险。因此,对使用远期付款交单应十分谨慎,可在托收指示中特别注明:"付款后才能交单"(deliver documents only after payment was effected)。

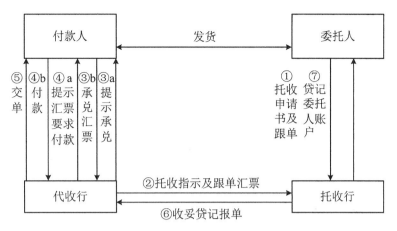

图 10.8　远期付款交单业务流程

2. 承兑交单

承兑交单(Documents Against acceptance,简称为 D/A)是指被委托的代收行根据托收指示,于付款人承兑汇票后,将货运单据交给付款人,付款人在汇票到期时履行付款责任的一种托收方式。它适用于远期汇票的托收。这种方式因为出口商在进口商承兑汇票后就不能控制单据而风险较大,承兑的期限越长,风险越大。在实际出口业务中,应避免或者严格控制采用承兑交单方式,在不得不使用承兑交单方式时(如推销滞销产品或产品竞争力较差等情况),也应尽可能缩短承兑的期限。其业务流程如图 10.9 所示。

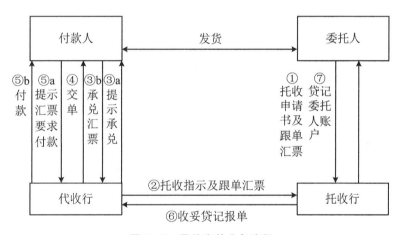

图 10.9　承兑交单业务流程

四、托收方式的特点

(一) 商业信用

与汇款方式一样,都属于商业信用,即进出口商双方能否取得合同规定的货物或按期收到合同规定的货款分别取决于对方的资信,没有第三者的保证。托收项下的银行对于托收过程中遇到的一切风险、费用和意外事故等不承担责任。

(二) 较汇款方式安全

比汇款方式安全。首先,对于出口商来说,进口商必须在付款之后,或进口商向银行书面表示负责付款,即承兑后,才能掌握货权,所以托收方式使得出口商在控制货权、安全收回货款方面比货到付款更有保证,比货到付款或赊销安全。其次,对于进口商来说,出口商按合同装运货物,进口商被提示单据时,说明了货物确实已经装运,才能付款或承兑。而且在承兑交单方式下,对进口商更为有利,因为承兑后即可赎单提货。

(三) 资金负担仍不平衡

托收项下,进出口商的资金负担仍不平衡。表现在:在进口商支付货款之前,货物占用的资金全部由出口商承担,所以出口商的资金负担较重,而进口商基本不负担资金。

(四) 手续较杂、费用较高

从托收和汇款方式的流程来看,托收的业务流程要比汇款更复杂,手续稍多些,费用自然要高些。

第四节 信 用 证

一、信用证的概念

(一) 定义

信用证(Letter of Credit,L/C)是开证银行应申请人要求,向受益人开立的有条件的付款承诺。国际商会在《跟单信用证业务指南》解释了这一定义:"信用证是银行有条件的付款承诺"。这里的"银行"指开立信用证的银行,"条件"是指受益人交来的单据与开证行开出的信用证中所要求的内容相一致,即"相符交单","付款承诺"就是开证行自己或授权另一家银行对受益人进行付款、承兑、保证、议付。

在信用证业务中,开证行将开证申请人(进口商)根据其与出口商(受益人)的商务合同的规定,对出口商提出以提交相关的单据形式,证实其严格履行合同的各项要求,从而保证了开证申请人的利益;而出口商则在提交全套符合信用证规定单据的条件下,得到开证行确定的付款承诺。这样,开证银行就成了交易双方的很好的中介:以信用证条款体现进口商的要求和利益,又以出口商满足信用证要求为条件,使出口商的利益也得到保障。因此,跟单信用证方式,是在商品交易双方商业信用的基础上,加上了开证银行的信用。

(二) 信用证的基本特点

1. 信用证是一项独立文件,或者说,是一项自足的文件,它不依附于贸易合同

UCP600 第 4 条规定:"就性质而言,信用证与可能作为其开立基础的销售合同或其他合同是相互独立的交易,即使信用证中含有对此类合同的任何援引,银行也与该合同无关,且不受其约束。因此,银行关于承付、议付或履行信用证项下其他义务的承诺,不受申请人基于其与开证行或与受益人之间的关系而产生的任何请求或抗辩的影响。"

简言之,在信用证业务中,当事人只受信用证条款的约束,不受贸易合同条款或开证申请书的约束。

2. 开证行负第一性付款责任

是指出口商交来的单据要符合信用证条款,开证行不管进口商是否能够付款,在相符交单的条件下都必须付款给受益人或被指定银行。开证行承担了第一性的、首要的付款责任,而不能以开证申请人的情况为由,拒绝付款;而且,开证行对受益人的付款是终局性的,没有追索权,从而体现了信用证的银行信用。UCP600 第 7 条 b 款规定:"开证行自开立信用证之时起,即不可撤销地承担承付责任。"

3. 信用证业务处理的对象是单据

UCP600 第 5 条规定:"银行处理的是单据,而不是单据可能涉及的货物、服务或履约行为。"只要受益人交来单据符合信用证条款,指定的银行就必须付款。因此,信用证交易把合同的货物交易转变成只管单据是否相符的单据交易。

二、信用证业务的当事人及关系

(一) 信用证业务的当事人

(1) 开证银行。开证银行(Issuing Bank)是指接受开证申请人的要求和指示或根据其自身的需要,开立信用证的银行。开证行一般是进口商所在地银行。

(2) 受益人(Beneficiary)。受益人是指信用证上所指定的有权使用该证的人,即出口人或实际供货人。

(3) 开证申请人(Applicant),或简称为申请人。开证申请人是指向银行申请开立信用证的人,即进口人或实际买方。

(4) 通知银行(Advising Bank)。通知银行是指受开证行的委托将信用证通知受益人的银行。通知行是受益人所在地的银行。

(5) 保兑银行(Confirming Bank)。通常称为保兑行,UCP600 第 2 条规定:"保兑行指根据开证行的授权或要求对信用证加具保兑的银行。""保兑指保兑行在开证行承诺之外做出的承付或议付相符交单的确定承诺。"未接受开证行对其开立的信用证加具保兑请求的银行,不能称为保兑行。

(6) 议付银行(Negotiating Bank)。议付银行是指根据开证行的授权买入或贴现受益人提交的符合信用证规定的汇票及/或单据的银行。

(7) 付款银行(Paying Bank)。付款银行是开证行授权进行信用证项下付款或承兑并支付受益人出具的汇票的银行。通常,付款银行就是开证行,也可以是开证行指定的另一家银行。如果开证行资信不佳,付款行有权拒绝代为付款。但是,付款行一旦付款,即不得向受益人追索,而只能向开证行索偿。

(8) 偿付行(Reimbursing Bank)。偿付行是开证行指定的对议付行或付款行、承兑行进行偿付的代理人。偿付行不接受和审查单据,因此如事后开证行发现单证不符,只能向索偿行追索而不能向偿付行追索。

(9) 承兑行(Accepting Bank)。远期信用证如要求受益人出具远期汇票的,会指定一家银行作为受票行,由它对远期汇票做出承兑,这就是承兑行。如果承兑行不是开证行,承兑后又最后不能履行付款,开证行应负最后付款的责任。承兑行付款后向开证行要求偿付。

(二) 信用证业务中的三组契约关系

跟单信用证业务的起因是进出口双方签订贸易合同,随着信用证的开立,形成了三组契约关系,并且信用证一经开立,这三组关系就各自独立。

(1) 开证申请人与受益人之间受买卖合同约束,申请人有义务按合同要求按时向受益人开出信用证;

(2) 开证行与开证申请人之间受开证申请书约束,根据《跟单信用证统一惯例》第 18 条规定,开证行开立信用证和委托其他银行协助完成此项业务,都是为了执行开证申请人的指

示,是代申请人办理的,申请人应支付所有的银行费用,并承担银行为他提供服务时所承担的风险;

(3) 开证行与受益人之间受信用证的约束,开证行在受益人交来的单据与信用证要求一致时,承担付款责任,而受益人必须严格按信用证的要求来交单。

(三) 信用证流程

以即期付款跟单信用证为例说明信用证的业务流程(见图10.10),且信用证所使用的货币是开证行所在国货币,出口商所在地有银行在开证行开有该货币的账户。

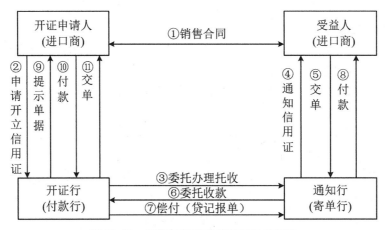

图10.10 即期付款跟单信用证工作流程

三、信用证的开证形式与内容

(一) 信用证的开证形式

根据信用证开立方式不同,可将信用证分为信开信用证和电开信用证。

1. 信开信用证

信开信用证就是开证行缮制成信函格式、并通过邮寄方式送达通知行的信用证。

2. 电开信用证

电开信用证就是用电讯方式开立和通知的信用证,电开信用证所用电讯方法一般可以是电报、电传或 SWIFT 方式。电开信用证可分为简电开本和全电开本。

(1) 简电开本信用证(Brief Cable),即将信用证金额、有效期等主要内容用电文预先通知出口商,目的是使出口商早日备货。

(2) 全电开本信用证(Full Cable),是开证行以电文形式开出的内容完整的信用证。开证行一般会在电文中注明"This is an operative instrument no airmail confirmation to follow.",后面不注"随寄证实书"字样。这样的信用证有效,可以凭以交单议付。由于电讯技术的发展,特别是各国从事国际结算的中等以上的商业银行基本上都参加了 SWIFT,全电开证已经成为普遍使用的方式。

(二) 信用证的内容

信用证上记载的事项必须明确、完整,否则会导致当事人之间的纠纷。信用证内容主要包括:

(1) 开证行名称。
(2) 信用证类型。

(3) 开证行的信用证编号。

(4) 开证地点和日期。

(5) 有效日期和地点。也称为到期日和到期地。

(6) 申请人。

(7) 受益人。

(8) 通知行。

(9) 金额。包括货币名称和具体金额。若金额前有About、Approximately、Circa等词语，表示允许有10%的增减幅度。

(10) 指定银行及信用证的可用性。所有的信用证必须清楚地表明，该证适用于即期付款、延期付款、承兑或议付的其中一种。方法是在所选中项目的小方格加注"X"来表示。

(11) 分批装运。

(12) 转运。可以在允许或不允许的方格内标上"X"。

(13) 买方投保。仅在信用证不要求提交保险单据，而且申请人表示他已经或将要为货物投保时，方可在此方格内标上"X"。

(14) 装运条款。

(15) 货物描述。货物数量前面有About、Approximately、Circa或类似词语，则数量有10%增减幅度，如以重量、长度、容积作为数量，则有5%增减幅度。

(16) 规定的单据。单据应按下述顺序列出：商业发票、运输单据、保险单据、其他单据。

(17) 商业发票。除非信用证另有规定，必须表面看来系由信用证指定的受益人出具，必须以申请人的名称为抬头，且无须签字；必须表明货物描述与信用证的描述相符。

(18) 运输单据。

(19) 保险单据。

(20) 其他单据。对上述单据之外的其他单据的要求，如商品检验证书、产地证、装箱单、重量单、已装运通知等。

(21) 特别条件。

(22) 交单期限。UCP600第6条d款第1项规定：信用证必须规定一个交单的截止日。规定的承付或议付的截止日将被视为交单的截止日。

(23) ① 通知指示（仅用于"致通知行的通知书"）。"X"标注将放在三个小方格中的一个，表示通知行是否被要求在通知信用证时：[1]不要加上它的保兑；[2]加上它的保兑；[3]如受益人要求时，它被授权加上其保兑。② 银行间的指示（仅用于"致通知行的通知书"）。开证行应在此处表明，依照UCP600第13条a、b及c款的规定，信用证所指定的付款、承兑或议付的银行为何处、如何及何时获得偿付。

(24) 页数。

(25) 签字。开证行在"致通知行的通知书"和"致受益人的通知书"上都要签字。

在实务操作中，信用证大多都是采取Telex、SWIFT等形式开具。Telex（电传）开具的信用证费用较高，手续繁琐，条款文句缺乏统一性，容易造成误解。SWIFT信用证内容具有方便、迅速、安全、格式统一、条款明确的特点，而在实务中被广泛使用。

四、信用证的种类

信用证种类很多，从不同的角度可划分不同的种类。一份信用证可以具有多种信用证的特征。如一份信用证它可以同时具备即期的、不可撤销的、加具保兑的、可转让的、可循环的特征。每一种信用证都是与进出口业务的实际需要紧密联系在一起的,在实际应用中注意选择适用。

(一) 按用途及是否随附物权单据,可分为光票信用证和跟单信用证

1. 光票信用证

光票信用证(Cash/Clean Credit)是指不随附单据的信用证,其主要用于非贸易项下,随着国际结算方式的不断演变和发展,其功能已被旅行支票和信用卡取代,现在已经很少见到。

2. 跟单信用证

国际贸易结算中使用的信用证绝大多数是跟单信用证(Documentary Letter of Credit)。跟单信用证的核心是单据,银行通过掌握物权单据来掌握货权,通过转移物权单据转移物权,根据单据提供贸易信贷,保证付款,促进国际贸易的发展。

(二) 不可撤销信用证

不可撤销信用证(Irrevocable L/C),是指信用证一经开出,即使开证申请人提出修改或撤销的要求,如果未征得开证行、保兑行(如有)以及受益人同意,信用证既不得修改也不能撤销。对不可撤销的信用证而言,只要受益人提供与信用条款相符的单据,开证行必须履行其付款责任。因此,不可撤销信用证较好地体现了跟单信用证作为一项合同,其当事双方——开证行与受益人的平等地位,对受益人收取货款较有保障。

(三) 按信用证是否有另一银行加以保证兑付,可以分为保兑信用证和不保兑信用证

1. 保兑信用证

保兑信用证(Confirmed L/C),是指开证行开出的信用证,由另一家银行保证对符合信用证条款规定的单据履行付款义务。换句话说,一份信用证上除了有开证银行确定的付款保证外,还有另一家银行确定的付款保证。

被授权对信用证加具保兑的银行可以不保兑该信用证,但必须将自己的决定及时告知开证行。

2. 不保兑信用证

不保兑信用证(Unconfirmed L/C),是指没有另外一家银行加以保证兑付的信用证,即仅有开证行承担付款责任。在国际上使用的信用证中绝大多数是不保兑信用证,因为只要开证行信誉好,付款是有保证的。

(四) 即期付款信用证、延期付款信用证、承兑信用证和议付信用证

1. 即期付款信用证

即期付款信用证(Sight Payment Credit)是指定一家银行凭受益人提交的单证相符的单据立即付款的信用证。这种信用证一般有"L/C is available by payment at sight"等类似词句,或者开证行在信用证上表明支付方式的栏目"by payment at sight"前的框格中打上"X"号。

2. 延期付款信用证

延期付款信用证(Deferred Payment Credit),是指开证行在信用证上规定货物装运后若干天付款或交单后若干天付款的信用证。这种信用证一般有"L/C is available by deferred payment at XX days after date of or sight…"等类似词句,或者开证行在信用证上表明支付

方式的栏目"by deferred payment at …"前的框格内打上"X"号。

使用这种信用证是基于买卖双方签订的远期合同。延期付款信用证不要求受益人开立汇票。因此,受益人就不可能利用远期票据贴现市场的资金,如需资金只能自行垫款或向银行借款。

3. 承兑信用证

承兑信用证(Acceptance Credit)是指规定出具远期汇票,受益人将远期跟单汇票提交给汇票付款行,经审单相符,该行在汇票上履行承兑行为,并在确定的到期日付款的信用证。开证行在信用证上表明支付方式的栏目"by acceptance of draft at …"前的框格内打上"X"号,就表明该信用证为承兑信用证。承兑信用证项下,受益人必须签发汇票,信用证应在随后条款中明确汇票的受票人和付款时间等内容,而受票人不能是开证申请人。

4. 议付信用证

开证行在信用证上表明支付方式的栏目"by negotiation"前的框格内打上"X"号,即表明该信用证为议付信用证。

议付信用证(Negotiable Credit)是指受益人在发运货物后可将跟单汇票或不带汇票的全套单据交给银行,请求其垫付票款的信用证。出口地银行经审单确认受益人已满足相符交单的要求,即可根据受益人的申请购买汇票、单据,垫款扣除从议付日到预计收款日的利息、议付费、单据邮寄及电讯等费用后将净款付给受益人,并背批信用证,然后按信用证规定单寄开证行,向开证行或偿付行索偿。

议付信用证分为两类:

① 限制议付信用证(Restricted Negotiable L/C),是指只能由开证行在信用证中指定的银行进行议付的信用证。

② 自由议付信用证(Freely Negotiable L/C),是指可以在任何银行议付的信用证,也被称为公开议付信用证(Open Negotiable L/C)。信用证中通常有如下文句:"This credit is available with any bank by negotiation"。根据自由议付信用证,受益人可持其相关单据那里就近向任何办理国际结算的商业银行提交,委托其办理结算。

(五)假远期信用证

假远期信用证(Usance Credit Payable at Sight),是指在买卖双方商定以即期信用证付款的交易中,开证申请人出于某种需要,要求受益人开具远期汇票,但受益人可以即期收到足额款项,由开证申请人承担贴现利息和有关费用的信用证。因此,假远期信用证也被称为买方远期信用证(Buyer's Usance L/C)。

假远期信用证与普通远期信用证和即期信用证、远期信用证的区别:

(1) 假远期信用证项下的买卖合同规定的支付条件一般为即期信用证付款。远期信用证的买卖合同的支付条件则明确规定以远期信用证方式付款。

(2) 假远期信用证和远期信用证均要求开立远期汇票,即期信用证则规定开立即期汇票或不使用汇票。

(3) 假远期信用证规定汇票的贴现利息及承兑手续费等费用,概由开证申请人负担。远期信用证的远期汇票由于收汇而产生利息、贴现利息等一般由受益人负担,即期信用证没有贴现利息等问题。

(六) 根据受益人对信用证的权利是否可转让,可以分为可转让信用证和不可转让信用证

1. 可转让信用证

可转让信用证(Transferable L/C)是指信用证的受益人(第一受益人)可以要求授权付款、承担延期付款责任、承兑或方针的银行(统称"转让行"),或当信用证是自由议付时,可以要求信用证中特别授权的转让行,将该信用证全部或部分转让给一个或数个受益人(第二受益人)使用的信用证。

在国际贸易实务中,可转让信用证的第一受益人通常是中间商,他们利用其国际交往关系向国外进口商出售商品,自己并非实际供货人。中间商与国外进口商成交后,将信用证转让给实际供货人办理装运交货,以便从中赚取差价利润。中间商要求国外进口商开立可转让信用证,是为了转让给实际供货人。

2. 不可转让信用证

不可转让信用证(Non-Transferable L/C)是指信用证项下的权利只能是受益人本人享有,不能以转让形式给他人使用。若受益人不能执行信用证条件,信用证只能作废。凡未注明"可转让(Transferable)"字样的信用证都是不可转让信用证。

(七) 背对背信用证

背对背信用证(Back to Back L/C),又称为对应信用证(Counter L/C)是指是中间商收到进口方开来的、以其为受益人的原始信用证(Original L/C,又称为主要信用证 Master L/C)后,要求原通知行或其他银行以原始信用证为基础,另外开立一张内容相似的、以其为开证申请人、开给另一受益人的新的信用证。在国际贸易中,主要是在信用证不允许转让的情况下,或者实际供货人不接受买方国家银行信用证作为收款保障时,出口中间商凭以他为受益人的、国外开立的信用证作为抵押品,要求他的往来银行开立以实际供货人为受益人的信用证。

可转让信用证与背对背信用证的区别:

(1) 可转让信用证是将以出口商为受益人的信用证全部或一部分转让给供货人,允许供货人使用。可转让信用证是一份信用证。而背对背信用证则与原证完全是两个独立的信用证,两者同时存在。

(2) 可转让信用证的权利转让要以开证申请人及开证银行准许为前提;而背对背信用证的开立则与原证开证申请人及开证银行无关。可转让信用证的受让人,即第二受益人,与第一受益人居于同等地位,均可获得开证银行的付款保证;而背对背信用证的受益人不能获得原证开证行的付款保证,只能得到背对背信用证开证银行的付款保证。

(八) 对开信用证

对开信用证(Reciprocal L/C)是指两张信用证的开证申请人互以对方为受益人而开立的信用证。开立这种信用证是为了达到贸易平衡,以防止对方只出不进或只进不出。第一张信用证的受益人就是第二张信用证(也称回头证)的开证申请人;同时,第一张信用证的开证申请人就是回头证的受益人。其信用证的通知行也往往就是回头证的开证行。

这种信用证一般用于来料加工、补偿贸易和易货交易。当对开信用证用于易货贸易时,两张信用证的金额相等或大体相等,而且两证的种类一样,两份信用证的有效期、最迟装运期和最迟交单期一样或相近,以督促双方同时或在相近时间内出运货物和向银行交单,通过相互对抵,完成结算。若对开信用证用于加工贸易,则两证金额必然有一定的差距,这差距

就是受委托加工方的加工费的毛收入。对开信用证两证可同时互开,也可先后开立。可以两张信用证同时生效,也可以信用证分别生效。

(九) 循环信用证

循环信用证(Revolving L/C)是指信用证的全部或部分金额使用后,仍可恢复原金额继续多次使用的信用证。国际贸易中买卖双方订立长期合同,分批交货,进口商为节省开证费用和减少手续,常利用循环信用证方式结算。它对出口商来说,也可以减少逐笔催证和审证手续,保证收回全部货款。

循环信用证有按时间循环和按金额循环两种:

(1) 按时间循环的信用证是受益人在一定时间内(如一个月)可支取信用证规定的金额,支取后在下次的一定时间内仍可再次支取。

(2) 按金额循环的信用证是受益人在一定的金额使用完毕后,仍可在信用证规定的条件下,恢复支取一定的金额。

此外,循环信用证还可分为积累循环信用证和非积累循环信用证。即上次未用完的余额可以移至下次合并使用的信用证为积累循环信用证(Cumulative Revolving L/C);上次余额不能移至下次合并使用的信用证为非积累循环信用证(Non-Cumulative Revolving L/C)。其具体的循环方式有三种:

(1) 自动循环使用:出口商可按月(或按一定时期)支取一定金额,不必等待开证行的通知,信用证就可在每次支款后自动恢复到原金额。

(2) 非自动循环使用:出口商每次支取货款后,必须等待开证行的通知,才能使信用证恢复到原金额,再加以利用。

(3) 半自动式循环使用:出口商每一次支取货款后,经过若干天,如果开证行未提出不能恢复原金额的通知,信用证即自动恢复原金额。

(十) 预支信用证

预支信用证(Anticipatory Credit)允许出口商在装货交单前可以支取部分或全部货款。由于预支款是出口商收购及包装货物所用,预支信用证又叫打包放款信用证(Packing L/C)。申请开立预支信用证的进口商往往需要开证行在信用证中加列预支条款,允许受益人预支信用证部分金额。提供预支款项的方式可以是以货款垫付或以议付方式预先购买受益人的单据。待受益人向垫款的银行提交信用证规定的单据时,垫款的银行可从正式议付金额中扣回原先垫款及垫款期间的利息,将所余的净额付给受益人。

第五节 国际保理

第二次世界大战之后,国际贸易中买方市场的普遍形成、信息产业的进步和电子通信技术的广泛应用,使国际保理业务很快得到发展。

一、国际保理的概念

国际保理(International Factoring)是指在国际贸易中出口商以赊销(O/A)、承兑交单(D/A)等信用方式向进口商销售非资本性货物时,由出口保理商和进口保理商共同提供的一项集出口贸易融资、销售账务处理、收取应收账款、买方信用调查与担保等内容为一体的综合性金融服务。在我国大陆，也有将这一业务称为保付代理、托收保理、承购应收账款等。

二、国际保理的功能

（一）信用控制(Credit Control)

在国际贸易中，掌握客户的资信状况是为了避免和减少潜在的收汇风险。不仅需要掌握新客户资信情况，对于长期的和经常性的老客户也要密切关注其资信变化。跟踪调查客户资信，根据变化情况制定切合实际的信用销售定额和采取必要的防范措施，对公司来说极为重要。而这些对绝大多数出口商来说都是力所难及的。保理商具有一般出口商所没有的优势，能够随时了解出口商每个客户的资信现状和清偿能力，使出口商在给予进口商商业信用时有所依据，确保对该客户的赊销能够得到顺利支付。

（二）出口贸易融资(Trade Financing)

保理业务最大的优点就是可以为出口商提供无追索权的贸易融资，且手续方便、简单易行，既不像信用放款那样需要办理复杂的审批手续，也不像抵押放款那样需要办理抵押品的移交和过户手续。一般保理商在票据到期日前预付给出口商80%～90%的货款（扣除融资利息），这样就基本解决了在途和信用销售的资金占用问题。若出口商将单据卖断给保理公司，就意味着一旦进口商拒付货款或不按期付款，保理公司只能自己承担全部风险，而不能向出口商行使追索权，因此，出口商可以将这种预付款按正常的销售收入对待，而不必像对待银行贷款那样作为自己的负债。

（三）收取应收账款(Collection from Debtor)

放账销售或提供买方信用已成为国际市场竞争的必要手段，但随之而来的就是应收账款的回收和追讨。面对海外的应收账款，由于在地区、语言、法律、贸易习惯等方面的差异，出口商往往心有余而力不足。帮助企业进行国际商务账款的信用管理，是国际保理的一个重要服务项目。企业与保理商签订长期的委托合同，开展国际信用管理的长期合作，是目前国际上的一种发展趋势。

（四）销售账务处理(Maintenance of the Sales Ledger)

出口商将应收账款转让给保理商后，有关的账目管理工作也移交给了保理商。由于保理商一般是商业银行的附属机构，或是与商业银行关系密切的机构，完全有能力向客户提供优良的账务管理服务。出口商将售后账务管理交给保理商代理后，可以减少财务管理人员及相应的开支和费用，集中精力于生产经营和销售。

（五）买方信用担保(Full Protection against Bad Debts)

保理商根据对出口商的每个客户资信调查的结果，逐一规定出口商对客户赊销的信用额度(Credit Limit)，或称信用限额。出口商在保理商核准的信用额度范围内的销售叫做已核准应收账款(Approved Receivables)，超过额度部分的销售叫做未核准应收账款(Unapproved Receivables)。保理商对已核准应收账款提供百分之百的坏账担保。如进口商因财务上无偿付能力或企业倒闭、破产等原因而导致不能履行合同规定的付款义务，保理商承担偿付责任。已经预付的款项不能要求出口商退款，尚未结清的余额也必须按约定照常支付，其损失只能用保理商承担。因此，只要出口商将对客户的销售控制在已核准额度以内就能有效地消除由买方信用造成的坏账风险。

三、国际保理类型及双保理机制

(一) 国际保理业务的当事人

国际保理业务的当事人有4个：

(1) 销售商(Seller)。即国际贸易中的出口商，对所提供货物和服务出具发票，将以商业发票表示的应收账款转让给保理商叙做保理业务。

(2) 债务人(Debtor)。即国际贸易中的进口商，对由提供货物或服务所产生的应收账款负有付款责任。

(3) 出口保理商(Export Factor)。这是与出口商签订保理协议，从而为出口商进口商资信调查，进而提供相应的信用担保，在担保的进口商信用额度内，对由出口商出具商业发票表明的应收账款叙做保理业务的一方。

(4) 进口保理商(Import Factor)。根据与出口保理商的协议，为出口保理商就近调查进口商的资信，并依调查情况提出进口商的信用额度，在该额度内代收已由出口保理商转让过来的应收账款，并有义务支付该项账款的一方。

(二) 国际单保理

国际保理有两种做法，即国际单保理(仅涉及一方保理商)和国际双保理(涉及买卖双方保理商)，前者有3个当事人，后者则有4个当事人。

国际单保理业务的具体做法：买卖双方经过谈判，决定采用保付代理结算方式时，由卖方向进口国的保理商申请资信调查，签订保付代理协议，进口保理商对进口商进行资信调查，确定有关信用额度。

出口商在信用额度内发货，将有关发票和货运单据直接寄交进口商，并将发票副本送交进口保理商。如果卖方有融资需求，进口保理商也可于收到发票副本后以预付款方式提供不超过发票金额80%的无追索权的短期贸易融资，剩余的20%的发票金额则在收到进口商(买方)付款之时，扣除有关费用及贴息后转入出口商的银行账户。

进口保理商负责应收账款的管理和催收，并提供100%的买方信用风险担保。进口商于应收账款到期日对进口保理商付款，进口保理商按保付代理协议规定的日期将全部款项扣除费用后，转入出口商银行账户。

单保理优点在单保理商保理模式下，进口保理商可以提供各种保理服务，这减少了双保理商的保理模式中的重复工作和资金周转环节。

(三) 双保理的业务流程

在国际保理业务运作机制中，双保理模式是最重要、运用最广泛的组织安排形式。图10.11反映了双保理形式的基本业务流程：

(1) 出口商申请与询价。
(2) 出口保理商选择进口保理商。
(3) 进口保理商调查并核定进口商的信用额度及报价。
(4) 出口保理商报价并与出口商签订保理协议。
(5) 出口保理商与进口保理商签订该项保理业务协议。
(6) 出口商与进口商签订贸易合同。
(7) 出口商发货。
(8) 出口商向出口保理商转让应收账款，并按协议从出口保理商获得货款的一定比例

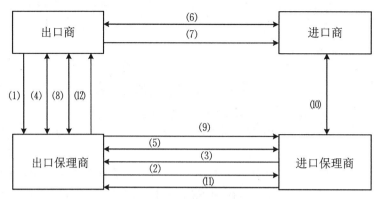

图 10.11 双保理业务流程图

的无追索权的融资。

(9) 出口保理商向进口保理商再转让应收账款。

(10) 进口保理商向进口商催收账款,并在进口商付清货款后,向进口商交单。

(11) 进口保理商扣减应得手续费后,向出口保理商划付款项。

(12) 出口保理商向出口商支付扣减各项手续费后的货款余额。

本 章 小 结

◆**内容提要**

国际货款的收付是理论性、实务性、可操作性很强的国际贸易实务内容。通过本章内容介绍国际贸易结算的工具和方式,结合票据法介绍了票据的特征、当事人、票据的行为、三种票据(汇票、本票、支票)的格式与内容,结合国际商会惯例对汇款、托收、信用证、国际保理等结算方式进行阐述,重点介绍各种实务操作的业务流程和特征。通过本章的学习,要求能够掌握国际结算的基本理论、基本知识和基本方法,并能灵活运用于国际贸易结算实践。

◆**关键词**

汇票　汇付　托收　信用证　国际保理

◆**思考题**

1. 汇票的法定必要项目有哪些?
2. 远期汇票的付款期限有哪几种?
3. 试比较本票与汇票的不同点。
4. 试比较分析电汇、信汇和票汇三种汇款方式的优缺点。
5. 简要分析一下 D/P 与 D/A 的特点。
6. 试比较可转让信用证与背对背信用证的异同点。
7. 国际保理业务的服务项目是什么?

 思考案例

我某进出口公司与欧洲某客户达成一笔圣诞节应季礼品的出口交易。合同中规定,以 CIF 为交货条件,交货期为 12 月 1 日以前,但合同中未对买方的开证时间予以规定。卖方

于11月中旬开始向买方催开信用证,经多次催证,买方于11月25日将信用证开抵我方,由于收到L/C的时间较晚,使我方于12月5日才将货物装运完毕,当我方向银行提交单据时,遭到银行以单证不符为由拒付。

问:
1. 银行的拒付是否有理?为什么?
2. 此案例中,我方有哪些失误?

第十一章 检验、索赔、不可抗力与仲裁

了解商品检验、索赔、不可抗力与仲裁的基本知识;理解进出口商检的程序、不同法律对违约行为的不同解释、索赔金额的确定等实务知识;熟悉货物的检验、索赔、不可抗力、仲裁等交易条件在签订进出口合同中的运用规范;掌握商检条款、索赔条款、不可抗力条款以及仲裁条款的拟定及其注意事项。

进口假冒伪劣商品难过"关"

2014年7月14日,广东顺德某外资公司向顺德检验检疫局申报一批入境调离货物,申报品名为电线,HS编码8544492900,重量235千克,货值1485美元。顺德检验检疫局依照相关规定对该批进口产品进行了抽样检验。结果显示,该批电线不符合标准要求,公司涉嫌进口劣质产品。此外,该批电线上有印制的CCC标志,但缺乏有效的CCC证书,也无法查询电线上所标示的生产企业,因此,该公司同时涉嫌进口假冒产品。经查,电线是这家公司在广州某市场采购、出口到印度的。在印度办理清关手续时,因无法提供印度BIS认证证书,被印度海关退回。该公司为挽回损失,以一般贸易的方式申报进口,试图在国内销售。依据《中华人民共和国进出口商品检验法实施条例》第19条规定,顺德检验检疫局对该批货物实施监督销毁,并对该企业行为展开立案调查;依据《中华人民共和国进出口商品检验法》第35条规定,作出罚款9135元的行政处罚。此外,该公司还将面临进口商的索赔。

资料来源:根据中国质量新闻网信息整理。

第一节 商 品 检 验

国际贸易买卖中的商品检验(Commodity Inspection),简称商检,是商品检验机构对卖方拟交付货物或已交付货物的品质、规格、数量、重量、包装、卫生、安全等项目所进行的检验、鉴定和管理工作。

一、商品检验的意义

商品检验是国际货物买卖中不可忽视的一个重要环节。有的国家把买方检验货物的权

利以立法的形式予以支持和保护。我国《商检法》第 5 条也规定：凡列入《商检机构实施检验的进口商品种类表》的进出口货物，凡是《中华人民共和国食品卫生法》和《中华人民共和国进出境动植物检疫法》中规定的进出口货物，凡装运出口易腐变质食品的船舱和集装箱，凡海运出口危险货物的包装容器等，都必须经过商检机构或者国家商检部门、商检机构指定的商检部门，进行法定检疫。该条款同时规定，凡列入《商检机构实施检验的进口商品种类表》的进出口货物，除非经国家商检部门审查批准免于检验的，凡未经检验的进口商品，不准销售、使用；凡未经检验合格的出口商品，不准出口。

《联合国际货物销售合同公约》第 38 条规定："买方必须在按实际情况可行的最短时间内检验货物或由他人检验货物。""如果合同涉及货物的运输、检验，可推迟到货物到达目的地后进行。"

英国《1893 年货物买卖法》(1797 年修订)第 34 条规定："除非双方另有约定，当卖方向买方交付货物时，买方有权要求在卖方交货前有合理的机会验货，以确定它们是否与合同规定的相符。买方在未有合理机会检验货物之前，不能认为买方已经接受了货物。"

值得注意的是，尽管各种有关货物检验的规定对"除非买卖双方另有约定，买方在接受货物之前应享有对所购买的货物进行检验的权利"达成了共识，但是，如果买方没有合理地利用机会检验货物，就视为自动放弃了检验货物的权利。另外，如果合同中的检验条款规定，以卖方的检验为准，此时，就排除了买方对货物的检验权。由此可见，商品检验及合同中的检验条款，对于促进商品买卖业务的顺利进行，是不可缺少的。

二、商检的程序

进出口商品的检验工作必须按照一定的程序来进行，具体包括报验、抽样、检验和签发证书等 4 个环节。其中报验是指对外贸易关系人就进出口商品向商检部门申报检验，报验时需填写"报验申请单"，并提供合同、信用证以及其他必要的资料；抽样是指商检机构接受报验后，及时派人员赴货物存放地点抽取检验样品；检验是商检机构工作的中心环节，指用一定的科学方法，根据商品的检验项目，对商品进行观察、分析和测试等，并根据检验结果签发相应的检验证书。

(一) 出口商品的报检程序

1. 商检机构受理报验

首先由报验人填写"出口检验申请书"，并提供有关的单证和资料，如外贸合同、信用证、厂检结果单正本等；商检机构在审查上述单证符合要求后，受理该批商品的报验；如发现有不符合要求者，可要求申请人补充或修改有关条款。

2. 抽样

由商检机构派员主持进行，根据不同的货物形态，采取随机取样方式抽取样品。报验人应提供存货地点情况，并配合商检人员做好抽样工作。

3. 检验

检验部门可以使用从感官到化学分析、仪器分析等各种技术手段，对出口商品进行检验，检验的形式有商检自验、共同检验、驻厂检验和产地检验。

4. 签发证书

商检机构对检验合格的商品签发检验证书，或在"出口货物报关单"上加盖放行章。出口企业在取得检验证书或放行通知单后，在规定的有效期内报运出口。

（二）进口商品的报检

根据进口商品登记规定，进口商品的检验分两大类，一类是列入《种类表》和合同规定由我国商检机构检验出证的进口商品。进口商品到货后，由收货、用货或其代理接运部门立即向口岸商检机构报验，填写进口货物检验申请书，并提供合同、发票、提单、装箱单等有关资料和单证；申请品质检验还应提供国外品质证书、使用说明书及有关标准和技术资料；凭样成交的，加附成交小样；申请残损鉴定的应提供残损单或海事报告等有关单证。检验机构接到报验后，对该批货物进行检验，合格后，在进口货物报关单上加盖印章，海关据此放行。另一类是不属上一类的进口商品，由收货、用货或代理接运部门向所在地区的商检机构申报进口商品检验，自行检验或由商检机构检验。自行检验须在索赔期内将检验结果报送商检机构，若检验不合格，应及时向商检机构申请复验并出证，以便向外商提出索赔。

（三）商检部门受理范围

1. 商检机构不受理检验的情况

（1）已超过合同规定的索赔期或质量保证期，失去索赔权。
（2）按规定在免赔范围之内的少量损失。
（3）缺少必要的单据及有关资料，无检验依据的。
（4）按进口货物检验分工，不属于商检机构检验范围之内的。

2. 需向商检机构申报检验的商品

（1）列入《种类表》之内的出口商品。
（2）买卖合同（包括信用证）规定由商检机构出证的。
（3）对外贸易关系人需要商检机构检验的。
（4）输入国政府规定需要我国商检机构检验的。

三、国际贸易买卖合同中检验条款的主要内容

国际货物买卖合同中的商品检验条款，其内容因商品的种类和特征的不同而有所差异。但是，通常情况下，都包括商检机构、检验时间和地点、检验证书，以及货物与合同规定不符时买方索赔的时限等内容。检验条款是国际货物买卖合同中不可或缺的一项重要内容。

（一）商检机构

国际贸易中有关商品检验工作，一般是由专业性的部门或企业来办理的。这些部门或企业的名称多种多样，如公证鉴定人（公正行）(Authentic Surveyor)、宣誓衡量人(Sworn Measurer)或实验室(Laboratory)等。尽管这些部门的名称叫法不一，但是，从它们的工作性质来说，统称为商检机构。

1. 国际商检机构

国际贸易中从事商品检验的机构的种类，有综合性的、专业性之分的；也有官方经营、同业公会经营、私人经营之分。

（1）官方机构。即由国家设立的检验机构。如美国粮谷检验署 FGES、美国食品药物管理局 FDA、法国国家实验检测中心、日本通商产业检查所、美国农业部动植物检疫署(APHIS)。

（2）非官方机构。由私人或同业公会、协会等开设的检验机构，如公证人、公证行[瑞士日内瓦通用鉴定公司(SGS)、美国保险人实验室(UL)、英国劳埃氏公证行(Lloyd's Surveyor)、日本海事鉴定协会、香港天祥公证检验行等]。

(3) 生产制造厂商。又叫工厂企业,如工厂企业设立的化验室、检测室等。

(4) 用货单位或买方。用货单位设立的化验室、检测室等。

在实际外贸交易中选择上述哪类商检机构检验商品,取决于各国的规章制度、商品性质及交易条件等。检验机构国别的选定一般与检验的时间和地点联系在一起的。在出口国工厂或装运港检验时,一般由出口国的检验机构检验;在目的港或买方营业所检验时,一般由进口国的检验机构检验;根据商品的不同,也可以由买方派人到工厂或出口地检验,或者由双方派人实行联合检验。

2. 我国的商检机构

我国的商检机构有:国家设立的部级单位——国家质量监督检验检疫总局及其在各地的分支机构;中国国家认证认可监督管理委员会;中国国家标准化管理委员会;专业检查机构;中国进出口检疫公司CCIC及其分公司,以民间第三者的地位,承办进出口商品检验和鉴定业务。

根据我国《商检法》和《商检法实施条例》的规定,国家商检部门及其设在各地的检验机构的职责有下述三项:

(1) 对进出口商品实施法定检验。商检部门根据国家法律、法规的规定,对重要进出口商品实行强制性检验。法定检验的商品范围:《商检机构实施检验的进出口商品目录》规定的商品(该目录是由国家商检部门制定、调整,列入目录的进口商品未经检验的不准销售和使用,出口商品未经检验合格的不准出口);《中华人民共和国食品卫生法》规定的应实施卫生检验的进出口商品;《进出境动植物检疫法》规定的商品;装运易腐烂变质食品的船舶和集装箱;出口危险货物包装容器的性能鉴定和使用鉴定;列入《国际海上危险货物运输规则》内的危险品。凡是属于法定检验范围的进出口商品,有关单位必须及时向商检机构办理报验,待检验发证放行后,方可进出口,以维护国家的信誉和利益。对于法定检验范围以外的进口商品,如发现质量不合格或者残损短缺,收货人需要向商检机构申请检验出证。

(2) 实施监督管理。国家商检部门、商检机构对进出口商品的收货人、发货人及生产、经营、储运单位以及国家商检部门、商检机构指定或认可的检验机构和认可的检验人员的检验工作监督检查和管理工作指导,使专检和群检相结合,是达到统一管理进出口商品检验工作的有效手段。根据我国的《商检法》的规定,对列入"种类表"的出口商品的生产企业,商检机构可以派出检验人员,参与监督商品出厂前的质量检验工作;对重要的进出口商品及其生产企业实行质量许可制度。同时,对检验合格的进出口商品,可以加施商检标志或者封识,全面把好进出口商品的质量关,以促使进出口商品符合外销合同规定,防止次劣商品进出口。

(3) 办理进出口商品的公证鉴定。商检机构根据对外贸易关系人的申请,或受国外检验机构的委托,以公正的态度办理对外贸易公正鉴定业务和国外检验任务,并签发各种鉴定证书。其业务范围非常广泛,主要包括:进出口商品的质量、数量、重量和包装鉴定;货载衡量、车辆、船舶、集装箱等运输工具的清洁、密固和冷藏效能等装运技术的检验;监视装载、积载鉴定、舱口监视、监视卸载以及货物残损、海损鉴定;商品的产地证明、价值证明以及其他业务。鉴定证书作为对外贸易关系人办理进出口商品交接、结算、计费、理算、报关、纳税和处理索赔争议的有效凭证。通过检验、鉴定做出结论和结果,提供有关数据,签发检验、鉴定证书或其他有关证明。目前,我国对外贸易鉴定工作由商检局及其指定的商检公司办理。鉴定业务不是强制性的,故不同于法定检验。

(二) 商检时间和地点

检验时间和地点是指在何时、何地行使对货物的检验权。涉及由买卖双方对货物的检验权、检验结果以哪一方提供的检验证书为准的问题。国际上一般都承认买方在接收货物之前有权检验货物。但是,买方在何时何地检验货物,各国法律并无统一规定。不过,检验的时间、地点往往与合同所使用的贸易术语、商品及其包装的性质、行业惯例、国家的法规有着密切的关系。为了使得交易顺利进行,防止产生争议,买卖双方应将检验时间与地点在合同的检验条款中具体标明。

在国际贸易中,选择检验时间和地点有以下几种做法:

1. 出口国检验

(1) 工厂检验(也称产地检验)。由出口国生产工厂的检验人员或按照合同约定的出口国生产工厂的检验人员会同买方验收人员,在货物离场前对其质量、数量、规格、包装等实施检验。卖方只承担货物离开产地或工厂前的责任,对于货物在运输途中所发生的一切变化,卖方概不负责。这是国际贸易中普遍采取的习惯做法。我国进口重要货物和大型成套设备,一般都是在出口国工厂进行检验、安装和测试,凡发现质量问题,由供货厂家立即解决。此种做法已经为我国《商检法》所确认。

(2) 在装运港(或地)检验。又称"离岸品质和离岸重量"(Shipping Quality and Weight),货物在装运港(或地)装运前或装运时,由双方约定的检验机构对商品的品质、数量(重量)等项内容进行检验鉴定,以其出具的检验证书作为最后依据。所谓最后依据,是指卖方取得商检机构出具的各项检验证书后,就意味着所交货物的品质和重量与合同的规定相符,买方无权对此提出任何异议,从而否定了买方对货物的复验权。除非买方能够证明,货到目的地时变质或短量是由于卖方未能履行合同的品质、数量、包装等条件,或因货物固有的瑕疵引起的。离岸品质和离岸重量所代表的是风险转移时的质量和重量,至于风险转移后,货物在运输途中所发生的货损,买方仍然有权向有关责任方索赔。

需要提醒的是,上述两种规定方法从根本上否定了买方的复验权,对买方极为不利。

2. 在进口国检验

(1) 目的港(或地)卸货时检验。目的港(或地)卸货时,由双方约定的检验机构对商品的品质、数量(重量)等项内容进行检验鉴定,以其出具的检验证书作为最后依据。也称为到岸品质和到岸重量(Landed Quality and Landed Weight)。若卸货时发现货物的品质、数量、包装等与合同不符,而责任属于卖方时,买方可以提出索赔,即卖方对运输途中的货物承担风险责任。卖方一般不愿采用此种做法。

(2) 用户所在地检验。检验时间和地点设在用户所在地,并以此作为卖方交货的最后依据。这种方法适用于密封包装或规格复杂、精密度高的货物。

上述两种方法,实际上是由卖方承担了货物在途中的品质、数量(重量)上的变化损失,因而对卖方不利。

3. 出口国检验和进口国复验相结合

(1) 在出口国检验,进口国复验。货物须于装运前由双方约定的装运港或装运地的检验机构进行检验,其检验证书作为卖方要求买方支付货款或要求银行支付、承兑或议付时递交的单据之一;在货物运抵目的港或目的地卸货后的一定时间内,买方有权复验。复验期限的长短,应视商品的性质和港口情况而定。复验证书如证明货物不符合合同规定且不属于承运人或保险公司的责任范围,买方有权在规定的时间内凭复验证书向卖方提出异议或索赔。也就是说,在出口国检验的结果是作为银行议付的依据,但不作为最后依据;在进口国复验的结果是作为向卖方索赔的依据。采取这种方法,复验机构、复验地点均应在合同中规定。该方法兼顾了买卖双方的利益,公平合理,是目前国际贸易业务中最常用的一种方法。我国进口合同中一般都采用这种办法。

(2) 装运港(地)检验重量、目的港(地)检验品质——离岸重量、到岸品质。在大宗商品交易的检验中,为了调和买卖双方在商品检验问题上存在的矛盾,常将商品的重量检验和品质检验分别进行。在这种方式下,装运港检验的重量作为最终交货和付款的依据;目的港检验的质量作为最终交货和付款的依据。

(三) 商检时效

上述商检地点条款中,商检的时间和地点是紧密结合在一起的。具体来说,外贸商检是有时效的,货物装运前经商检机构检验合格,出口方应在检验证书或放行单签发之日起60天内出口,否则必须向商检机构重新报验。进口商检一般在合同索赔期限内进行。在我国,一般进口商品应在货物到达报验地点3天内报验;法定检验的商品,应在索赔期限前2/3时段内报验。若货物到达报验地点已经临近索赔期限结束日,进口方应提前要求出口方延长索赔期。

(四) 商检证书

商检证书(Inspection Certificate)是指商品检验检疫机构对进出口商品检验、检疫或鉴定后,根据不同的检验结果或鉴定项目签发的各种检验证明、鉴定证书或其他证明文件。

1. 检验证书的种类

实际业务中,常用的商检证书有以下几种:

(1) 品质检验证书(Inspection Certificate of Quality)。运用各种检测手段,对进出口商品的质量、规格、等级进行检验后出具的证明。

(2) 重量检验证书(Inspection Certificate of Weight)。根据不同的计重方式证明进出口商品的重量。

(3) 数量检验证书(Inspection Certificate of Quantity)。根据不同计量单位,证明商品的数量。

(4) 包装检验证书(Inspection Certificate of Packing)。证明出口商品的包装情况。

(5) 卫生检验证书(Sanitary Inspection Certificate)。出口食用动物产品经检验后使用这种证书。如:肠衣、罐头食品、蛋品、乳制品等商品。

(6) 兽医检验证书(Veterinary Inspection Certificate)。证明动物产品在出口前经过兽医检验,符合检疫要求,如:冻畜肉、皮张、毛类、绒类、猪鬃、肠衣等商品,经检验后出具此证书。

(7) 原产地检验证书(Inspection Certificate of Origin)。证明出口商品的产地。

(8) 消毒检验证书(Disinfecting Inspection Certificate)。证明出口动物产品经过消毒,使用此种证书。如:猪鬃、马尾、羽毛、人发等商品。

(9) 价值证书(Certificate of Value)。证明产品的价值。

(10) 验残检验证书(Inspection Certificate on Damaged Cargo)。证明进口商品的货损情况,估定残损贬值程度,判定残损原因,供索赔时使用的一种书面文件。

(11) 载货衡量检验证书(Inspection Certificate on Cargo Weight and Measurement)。证明进口商品重量、体积吨位的证书,是计算运费、制订配载计划的依据。

(12) 验舱检验证书（Inspection Certificate on Tank/Hold）。证明出口商品的船舶清洁、牢固、冷藏效能及其他装运条件是否符合保护承载商品的质量和数量完整与安全要求的证书。

(13) 熏蒸检验证书（Inspection Certificate of Fumigation）。证明出口的动植物产品、木制品经过熏蒸和消毒处理，保证安全卫生。

(14) 温度检验证书（Inspection Certificate of Temperature）。证明冷冻商品的温度。

2. 检验证书的作用

检验证书是证明卖方所交货物的品质、数量、包装及卫生条件是否符合合同规定的依据；是卖方向银行议付货款的单据；是买方对货物提出异议，拒收货物，索赔的凭证；是证明货物卸货，运输中的实际状况，明确责任归属的依据；是通关验收的有效证件。

（五）检验标准和方法

检验标准是指对进出口商品实施检验所依据的标准，如对商品品质、规格、包装等项目的具体规定和要求；抽样、制样或检验方法及对检验仪器的具体规定和要求等。

1. 国际上对检验标准的分类

在国际货物买卖中，商品的检验标准可归纳为以下三类：

(1) 对买卖双方具有法律约束力的标准。常见的是买卖合同和信用证中规定的标准。

(2) 与贸易有关国家所制定的强制执行的法规标准。主要指商品生产国、出口国、进口国、消费国或过境国所制定的法规标准，如货物原产地标准、安全法规标准、卫生法规标准、环保法规标准、动植物检疫法规标准等。

(3) 国际权威性标准。是指在国际上具有权威性的检验标准，其中又包括国际标准（如ISO）、区域性标准化组织标准（如EC）、国际商品行业协会标准（如IEC）和某国权威性标准（如FDA）四种。

2. 我国商检机构对进出口商品实施检验的标准

根据《中华人民共和国进出口商品检验法实施条例》的有关规定，我国商检机构按下述标准对进出口商品实施检验：

(1) 法律、行政法规规定有强制性标准或者其他必须执行的检验标准的，按照法律、行政法规规定的检验标准检验。

(2) 法律、行政法规未规定有强制性检验标准或者其他必须执行的检验标准的，按照对外贸易合同规定的检验标准检验；凭样成交的，并应当按照样品检验。

(3) 法律、行政法规规定的强制性检验标准或者其他必须执行的检验标准，低于对外贸易合同约定的检验标准的，按照对外贸易合同约定的检验标准检验；凭样成交的，并应当按照样品检验。

(4) 法律、行政法规未规定有强制性检验标准或者其他必须执行的检验标准；对外贸易合同又未约定检验标准或者约定检验标准不明确的，按照生产国标准、有关国际标准或者国家商检部门指定的标准检验。具体操作中，对于进口商品来说，首先采用生产国标准；没有生产国标准的，采用国际标准；以上两个标准都没有的，采用进口国标准。对于出口商品来说，采用国家标准检验；无国家标准的，按部颁标准；无部颁标准的，按企业标准；无企业标准的，可参照同类商品的标准，或由国内生产部门与商检部门商定的标准进行。

3. 检验方法

在外贸业务中，商品的检验方法主要有感官检验法：凭检验人员的眼看、耳听、鼻闻、口尝、手摸等方法;物理检验法:利用力学、电学、声学、光学等仪器进行的检验;化学检验法:利用化学分析仪器对货物的化学成分、元素等检验;微生物检验法:对货物中的细菌、病菌、病毒、微生物进行检验。鉴于不同的检验方法得出的结果不尽相同,必须在合同中订明具体的检验的方法。

(六) 复验的时间和地点

复验的时间实际上就是索赔的期限。在买方有权复验的情况下,一般应在合同中规定复验期限。按照国际惯例,如果买方超出合同规定的期限进行复验后提出索赔,卖方有权拒绝赔偿。复验期限的长短通常由买卖双方根据商品的性质、运输条件、港口状况等共同商定。如果合同中对复验期限没做规定,则买方应在"合理的时间内"进行复验。复验地点一般设在货物的目的港或收货人的最终仓库。

三、订立进出口商品检验条款的注意事项

(1) 品质条款应明确、具体,不能含糊其辞,模棱两可,致使检验工作失去确切依据而无法进行,或只能按照不利于出口人的最严格的质量标准检验。

(2) 凡以地名、牌名、商标表示品质时,卖方所交合同货物既要符合传统优质的要求,又要有确切的质量指标说明,为检验提供依据。

(3) 出口商品的抽样、检验方法,一般均按国家的有关标准规定和商检部门统一规定的方法办理,如买方要求使用他方的抽样、检验方法时,应在合同中具体订明。

(4) 对于一些规格复杂的商品和机器设备等进口合同,应根据商品的不同特点,在条款中加列一些特殊规定,如详细具体的检验标准,考核及测试方法,产品所使用的材料及其质量标准,样品及技术说明书等,以便货到后对照检验与验收。凡样品成交的进口货,合同中应加订买方复验权条款。

(5) 进出口商品的包装应与商品的性质运输方式的要求相适应,并详列包装容器所使用的材料、结构及包装方法等,防止采用诸如合理包装、习惯包装等定法。如果采用这种定法,检验工作将难以进行。

【课堂讨论】

我方出口公司 A 向美国公司 B 以 CIF 纽约的条件出口一批土特产品,B 公司又将该批货物转卖给叙利亚公司 C。货到纽约后,B 公司发现货物的质量有问题。但是,B 公司仍然将原货转销至叙利亚。其后,B 公司在合同规定的索赔期限内凭叙利亚商检机构签发的检验证书,向 A 公司提出退货要求。该检验证书是否有效?

第二节 索 赔

一、索赔概述

(一) 争议的产生及原因

在国际贸易业务中,交易的一方认为对方未能部分或全部履行合同规定的义务而引起的纠纷,叫争议(Disputes)。交易中双方因违约引起争议的原因很多,大致可归纳为以下几种情况:

(1) 卖方违约。不按合同规定的交货期交货，或不交货，或所交货物的品质、规格、数量、包装等与合同(或信用证)规定不符，或所提供的货运单据种类不齐，份数不足等。

(2) 买方违约。在按信用证支付方式成交的条件下，不按期开证或不开证；不按合同规定付款赎单，无理拒收货物；在FOB条件下，不按合同规定如期派船接货等。

(3) 买卖双方均负有违约责任。合同条款规定不明确，致使双方理解或解释不统一，造成一方违约，引起纠纷。

从违约性质看，争议产生的原因：一是当事人一方的故意行为导致违约而引起争议；二是由于当事人一方的疏忽、过失或业务生疏导致违约而引起争议。此外，对合同义务的重视不足，也是导致违约、发生纠纷的原因之一。

(二) 索赔和理赔

所谓索赔(Claim)，是指遭受损害的一方在争议发生后，向违约方提出赔偿的要求，在法律上是指主张权利，在实际业务中，通常是指受害方因对方违约而根据合同或法律提出予以补救的主张。所谓理赔(Settlement of Claim)，是指违约方对受害方所提赔偿要求的受理与处理。索赔与理赔是一个问题的两个方面，在受害方是索赔，在违约方是理赔。

(三) 不同法律对违约行为的解释

1. 我国的法律规定

我国2016年《中华人民共和国合同法》最新版第107条规定，违约是"当事人一方履行合同义务或者履行合同义务不符合约定的，……"合同当事人一方迟延履行合同或者其他违约行为致使不能实现合同目的，对方当事人可以解除合同；当事人一方迟延履行主要债务，经催告后在合同期间内仍未履行的，对方当事人可以提出解除合同，如合同解除后，仍未履行的，终止履行；已经履行的，根据履行情况和合同性质，当事人可要求恢复原状，采取其他补救措施，并有权要求损害赔偿。

2. 英国的法律规定

英国的《货物买卖法》把违约分为"违反要件"和"违反担保"。"违反要件"是指违反合同中的主要条款，如卖方交货数量，品质不符合同规定，或不按时交货等。受害方一方在要求损害赔偿外，还有权解除合同；但也允许当事人不把另一方的违反要件作为解除合同的理由。

3. 美国的法律规定

美国法律把违约分为"重大违约"和"轻微违约"。"重大违约"指一方违约致使另一方无法获得该项交易的主要利益，受损方将有权解除合同，并提出损害赔偿。"轻微违约"指违约情况较轻微，并未影响对方在该项交易中取得的主要利益，受损方可要求赔偿，但不可解除合同。

4. 《联合国国际货物销售合同公约》的规定

1980年《联合国国际货物销售合同公约》从违约的后果和严重程度将违约分为"根本性违约"和"非根本性违约"两种。"根本性违约"是指"一方当事人违反合同的结果如使另一方当事人蒙受损害，以至于实际上剥夺了他根本合同规定有权期待得到的东西"。这种情况下受损方可以宣告合同无效，同时向违约方要求损害赔偿，如违约的情况为达到根本性违约的程度，则受损方只能要求损害赔偿而不能解除合同。

二、合同中的索赔条款

在国际贸易中，为使索赔条款有据可依，进出口双方在合同中一般都订有索赔条款，进出口合同中的索赔条款主要有两种规定方式:一是异议和索赔条款;另一个则是罚金(Penalty)。在一般的商品买卖合同中,多数只订异议和索赔条款,只有在买卖大宗商品和机械设备一类商品的合同中,除订明异议与索赔条款外,再另订罚金条款。此外,合同中还出现定金罚则条款。

(一)异议与索赔条款

异议与索赔条款(Discrepancy and Claim Clause)一般是针对卖方交货品质、数量或包装不符合合同规定而订立的。条款内容中,除规定一方如违反合同,另一方有权索赔外,还包括索赔的依据、索赔期限、赔偿损失的办法和赔付金额等项内容。

1. 索赔依据

主要规定索赔必须具备的证据和出证机构。索赔依据包括法律依据和事实依据两个方面。前者是指贸易合同和有关国家的法律规定;后者则指违约的事实真相及其书面证明,以证实违约的真实性。

2. 索赔期限

这是索赔方向违约方提赔的有效时限,逾期提赔,违约方可不予受理。因此,关于索赔期限的规定必须根据不同种类的商品做出合理安排。对于有质量保证期限的商品,合同中加订保证期。保证期可规定为1年或1年以上。

3. 索赔的方法和索赔金额

关于这个内容,除个别情况外,一般对此不作具体规定,而只在合同中做笼统的注明。因为违约的情况比较复杂,究竟在哪些业务环节上违约和违约的程度如何等,订约时难以预计,因此对于违约的索赔金额也难以预卜,所以在合同中不做具体规定。

具体索赔金额的度量,《联合国际货物销售合同公约》第74条规定规定:"一方当事人违反合同应付的损害赔偿额,应与另一方当事人因他违反合同所遭受的包括利润在内的损失额相等。"实际业务中,损失额有时难以确定,有时又比较模糊,作为受损方,要本着实事求是、公平合理的原则来计算索赔金额,且不可漫天要价。索赔金额的计算有以下几种方法:

(1)索赔金额应在合同被宣告无效的一段合理时间内,合同价格与替代货物的交易价格或转卖价格之间的差额。

(2)如果合同被宣告无效,而货物又有时价,索赔金额则是合同规定的价格与宣告合同无效时的时价之间的差额,而不能是合理时间之外转售或他购时的价格。

(3)如果卖方延迟交货,而恰值该货市价下跌,则合同规定交货时的交货地价格与实际交货时的交货地价格之差,连同由此给买方造成的实际损失,即为索赔金额。

(4)如果卖方交付的货物品质、包装不符合合同规定,那么,实际交付的货物价格与符合合同规定的货物时价之间的差额即为索赔价格。

(5)如果买方延迟派船接货,卖方同意保留合同,那么卖方因买方延迟派船而增加的仓租、利息、保险费就是合理的索赔金额。

(6)如果买方在接收货物后宣告合同无效,则以接收日的时价与合同价格之间的差额为索赔金额,而不是以宣告日的时价为准。

这里需要强调的是,买卖双方都有保全货物的责任,如果对方违约在先,自己又不采取措施保全货物,则索赔金额就不是货物的全部损失。

(二)罚款金额

罚款金额(Penalty Clause)也称"违约金条款",是预先在合同中规定,合同当事人未履行合同义务而向对方支付规定的一定数额的罚金。罚金实质上就是违约金。罚金条款一般适用于卖方延期交货,或者买方延迟开立信用证和延期接运货物等情况。罚金数额由交易双方商定,并规定最高限额。罚金的多少,以违约时间的长短而定。按一般惯例,罚金数额以不超过货物总金额的5%为宜。卖方支付罚金后,并不能解除其继续履行合同的义务。

关于罚金起算日期的计算方法,应在合同中订明。计算罚金起算日期的方法有两种:一种是以约定的交货期或开证期终止后立即起算;另一种是规定优惠期,即在约定的有关期限终止后再宽限一段时期,在此优惠期内仍可免于罚款,待优惠期届满后再起算罚金。

(三) 定金罚则

定金与预付款不同,定金是指合同一方当事人根据合同的约定预先付给另一方当事人一定数额的金额,以保证合同的履行,它是作为债权的担保而存在的;预付款是合同当事人预先付给对方一定数额的价款,即对合同义务的预先履行,其本身就是预付的价款或价款的一部分,而不是对合同履行的担保。

在买卖合同中,无论哪一方违约,都要承担与定金数额相等的损失。也就是说,如支付定金的一方违约,即丧失定金的所有权,定金则为另一方所有;如收取定金的一方违约,则除返还定金外,还需付给对方同等数额的款额。

三、索赔与理赔应注意的问题

(一) 索赔应注意的问题

(1) 实事求是,查明责任,明确违约责任人;合理界定索赔金额。

(2) 必须在合同规定的期限内提出索赔,若按照《联合国销售合同公约》规定,则索赔期为2年。

(3) 备齐索赔单证,如索赔清单、货物残短签证、提单、商业发票、费用单证以及事故货物鉴定书、证明货物价值的相关材料、卫生或动植物检验证明等其他单证。

(二) 理赔应该注意的问题

(1) 查实对方的索赔理由和证据。

(2) 对方索赔的证据和有关文件是否齐全、清楚、有无夸大损失等。

(3) 合理确定赔付方法,例如:赔付部分货物、退货、换货、补货、赔付相应的金额、对于索赔货物折价或按照残损货物百分比对全部货物降价等方法。

【课堂讨论】

某贸易商以CIF价格向我国某厂订购一批货物,在买卖合同中明确规定:如果工厂不能在7月底之前交运,则工厂应赔付货款5%的违约金。结果以至于该贸易商被其买方索赔货款的3%。

讨论:(1) 在这种情况下,该贸易商是否可以向我国工厂索赔?

(2) 如果可以,索赔5%还是3%?

第三节 不可抗力

一、不可抗力的含义及构成条件

不可抗力(Force Majeure)又称人力不可抗拒,它是指在货物买卖合同签订以后,不是由于订约者任何一方当事人的过失或疏忽,而是由于发生了当事人既不能预见、又无法事先采取预防措施的意外事故,以致不能履行或不能如期履行合同,遭受意外事故的一方可以免除履行合同的责任或延期履行合同。

不可抗力既是合同中的一项免责条款,也是一项法律原则。在英美法中有"合同落空"原则的规定。在大陆法系国家的法律中有"情势变迁"或"契约失效"原则的规定。虽然各国法律及国际公约对不可抗力的规定不尽相同,但均认为不可抗力事件的构成应满足以下条件:

(1) 事件是在合同成立以后发生的。
(2) 不是由于任何一方当事人的故意或过失造成的,必须是偶发的和异常的事件。
(3) 事件的发生及造成的后果是当事人无法预见,无法控制,无法避免的和不可克服的。

二、不可抗力的范围

不可抗力的事故范围较广,通常可分为两种情况:一种是由于"自然力量"引起的,如水灾、火灾、冰灾、暴风雨、大雪、地震等;另一种是由于"社会力量"引起的,如战争、罢工、政府禁令等。美国一般认为不可抗力指自然力量引起的意外事件,不包括社会力量引起的意外事件,所以又称意外事故条款。

由于不可抗力是一项免责条款,买卖双方"通常主要是卖方"都可以援引它来解释自身所承担的合同义务,这种援引在多数情况下是扩大不可抗力的范围,以减少自己的合同责任。对于自然力(Natural Force)引起的各种灾害,国际上解释基本一致。但是,对于社会原因引起的意外事件,在解释上存在一些分歧。例如:有的卖方除把各种自然灾害列入外,还把生产制作过程中的意外事故、战争预兆、罢工、怠工、货物集运中的事故、原材料匮乏、能源危机、原配件供应不及时等生产过程中的事故,以及航、陆运机构的怠慢、未按以预定日期出航等等,甚至包括世界市场上货物价格的涨跌,货币的升值和贬值等统统归入不可抗力的范围,以减少自己的合同责任。因此,在交易中应合理确定不可抗力的范围,以切实保护自己的利益。

三、合同中的不可抗力条款

国际货物买卖合同中不可抗力条款的内容不尽相同,但一般包括以下几点:

(一) 不可抗力事故的范围

根据不可抗力范围的确定方法不同,不可抗力条款主要有以下三种表述方式:

1. 概括式

在合同条款中不具体订明哪些意外事故属于不可抗力的范围,只作概括的规定。这种规定方法未说明不可抗力的具体内容和范围,难以作为解决问题的依据,一旦发生争议,不利于问题的解决。

例如:由于不可抗力的原因,致使卖方不能全部或部分装运,或延迟装运合同货物,卖方对于这种不能装运,或延迟装运本合同货物不负有责任。但卖方须以电讯方式通知买方,并须在××天内,以航空挂号信件向买方提交由中国国际贸易促进委员会(中国国际商会)出具的证明此类事件的证明书。

2. 列举式

在合同条款中详列不可抗力事故的范围,如地震、洪水、暴风雨、战争等。凡合同中未规定的,不能作为不可抗力对待。这种规定方法对于事故范围固然表述得明确具体,然而由于不可抗力事故很多,合同中难以一一列举,如果发生超出列举范围的事故,就不能当作不可抗力来对待,由此可能导致纠纷。

3. 综合式

将概括和列举两种方式结合使用,先一一列举若干种不可抗力事故,然后再加以笼统概括。例如,在列明双方已经取得共识的不可抗力事故,如战争、地震、水灾、火灾、暴风雨、雪灾等的同时,再加上"以及双方当事人所同意的其他意外事故"的文句。这种规定方法既明确具体,又具有一定灵活性,比较科学实用,在国际上被广泛采用。

例如:由于战争、地震、水灾、火灾、暴风雨、雪灾或其他不可抗力的原因,致使卖方不能全部或部分装运或延迟装运合同货物,卖方对于这种不能装运或延迟装运本合同货物不负有责任。但卖方须以电讯方式通知买方,并须在××天内以航空挂号信件向买方提交由中国国际贸易促进委员会(中国国际商会)出具的证明此类事件的证明书。

(二)不可抗力的后果

不可抗力事故所引起的后果有两种:一种是解除合同,另一种是延期履行合同。什么情况下解除合同,什么情况下延期履行合同,要看所发生的事故的原因、性质、规模及对履行合同所产生的影响程度而定,并明确地规定在合同中。

(三)不可抗力发生后通知对方的方式和证明

按照国际惯例,当发生不可抗力事故影响合同履行时,当事人必须及时通知对方,对方亦应于接到通知后及时答复,如有异议也应及时提出。尽管如此,买卖双方为明确责任起见,一般在不可抗力条款中还规定一方发生事故后通知对方的期限和方式。此外,当一方援引不可抗力条款要求免责时,都必须向对方提交一定机构出具的证明文件,作为发生不可抗力的证据。在国外,一般由当地的商会或合法的公证机构出具。在我国,是由中国国际贸易促进委员会或其设在口岸的贸促分会出具。

四、援引不可抗力条款处理事故应注意的事项

发生事故的一方当事人应按约定期限和方式及时将事故情况通知对方,对方也应及时答复;双方当事人都要认真分析事故的性质,看其是否属于不可抗力事故的范围;发生事故的一方当事人应出具有效的证明文件,以作为发生事故的证据;双方当事人应就不可抗力的后果,按约定的处理原则和办法进行协商处理。处理时,应弄清情况,体现实事求是的精神。

【课堂讨论】

2015年4月,我国某知名伞厂与澳大利亚客户签订了雨伞出口合同。买方开来的信用证规定:9月份装运交货。不料,8月份,该伞厂由于工人遗留烟头引发仓库起火,成品、半成品全部烧毁,以至于无法按时交货。

请讨论:我方公司可否援引不可抗力条款要求免交货物?

第四节 仲 裁

一、仲裁的概念和特点

(一) 仲裁的概念
国际贸易中,买卖双方签订合同后,在履约的过程中,由于自然原因和社会原因,难免引发争议。双方解决争议的方法通常有协商(Consultation,Negotiation)、调解(Conciliation)、诉讼(Litigation)和仲裁(Arbitration)四种。仲裁亦称公断,是指买卖双方按照在争议发生之前或之后签订的协议,自愿把它们之间的争议交给仲裁机构进行裁决,而裁决是终局的,对双方都有约束力,双方必须遵照执行。

(二) 仲裁的特点
在国际贸易中,解决争议的方式首先是协商和调解,当协商和调解无效时,只能通过仲裁和诉讼加以解决。仲裁作为独立于诉讼之外的解决商务纠纷的途径,和诉讼相比,具有不同的特点。

仲裁机构为民间组织,无强制管辖权;进行诉讼的机构为司法部门,有强制管辖权;进行仲裁必须事先签订仲裁协议,以双方当事人自愿为基础;诉讼不需要有协议,只要一方当事人提出即可,另一方当事人就必须应诉;仲裁的双方当事人有权各指定一名仲裁员,仲裁机构再指定一名仲裁员组成仲裁庭审理案件,诉讼的法官由国家任命,不能由诉讼当事人选定;仲裁程序简单,处理迅速,费用较低;仲裁的裁决为终裁,双方当事人必须遵照执行;而诉讼不服则可以上诉。

二、仲裁协议的形式和作用

仲裁协议是双方当事人在自愿的基础之上将争议交付仲裁机构解决争议的书面文件,是申请仲裁的必备材料。

(一) 仲裁协议的形式
仲裁协议有两种形式:一种是由双方当事人在争议发生之前订立的,表示同意把将来可能发生的争议提交仲裁解决的协议,这种协议一般都已含在合同内,作为合同的一项条款,即我们所说的仲裁条款(Arbitration Clause)。另一种是由双方当事人在争议发生之后订立的,表示同意把已经发生的争议交付仲裁的协议,这种协议称为提交仲裁的协议(Submission)。

这两种仲裁协议的形式虽然不同,其法律作用与效力是相同的。

(二) 仲裁协议的作用
根据多数国家仲裁法的规定,仲裁协议的作用具体表现在以下三个方面:

(1) 它表明双方当事人自愿提交仲裁,约束双方当事人只能以仲裁方式解决争议,不得向法院起诉。

(2) 是仲裁机构和仲裁员取得对有关争议案的管辖权的依据,它同时排除法院对有关案件的管辖权。世界上绝大多数国家的法律都规定不受理争议双方订有仲裁协议的案件。

(3) 申请执行的文件。仲裁裁决一经作出,如果一方不执行裁决,另一方当事人可以申请法院强制执行。申请执行的当事人除向法院提供仲裁裁决书外,还必须提供带有仲裁条款的贸易合同或纠纷发生后达成的仲裁协议的正本或副本(副本必须经合法的公证机关正式证明)。

仲裁协议的以上三方面作用是互相联系的。其中,排除法院对有关争议案的管辖权是很关键的,就是说,只要双方订立了仲裁条款或其他形式的仲裁协议,就不能把有关争议案件提交法院审理,如果任何一方违反协议,自行向法院提起诉讼,对方可根据仲裁协议要求法院停止司法诉讼程序,把有关争议案发还仲裁庭审理。

因此,双方当事人在签订合同时,如果愿意把日后可能发生的争议交付仲裁,而不愿诉诸法律程序,就应在合同中订立仲裁条款,以免一旦发生争议,双方因不能达成提交仲裁的协议而不得不诉诸法律。我国对外贸易实践也说明,在合同中订立仲裁条款比不规定要好。

三、仲裁条款的主要内容

在国际货物买卖合同中,仲裁条款的规定应该具体明确,不能过于简单,其主要内容包括仲裁地点、仲裁机构、仲裁程序、仲裁解决的效力和仲裁费用的负担等问题。

(一)仲裁地点

仲裁地点通常是指在哪个国家仲裁,它与仲裁所适用的程序法以及合同所适用的实体法关系甚为密切,是争议双方最为关心的问题。交易双方都力争在自己比较了解和信任的地方,尤其是力争在本国仲裁,因为当事人对本国的法律和仲裁规则都比较了解。在这个问题上,双方都不会轻易妥协和让步。在我国进出口买卖合同中,关于仲裁地点的规定一般采取下列三种方法之一:

(1)力争规定在中国仲裁。
(2)有时在被申请人所在国仲裁。
(3)在双方同意的第三国仲裁。

(二)仲裁机构

仲裁机构有两种可供选择:一种是由双方当事人在仲裁协议中规定一个常设的仲裁机构;另一种是由双方当事人指定仲裁员所组成的临时仲裁机构,当争议案处理完毕后,它将自动解散。目前我国有常设的仲裁机构,它是设在北京的中国国际经济贸易仲裁委员会及其分别设在深圳和上海的分会。世界许多国家也都常设国际贸易仲裁机构。国际上的仲裁机构有:国际商会仲裁院、英国伦敦仲裁院、英国仲裁协会、美国仲裁协会、瑞典斯德哥尔摩商会仲裁院、瑞士苏黎世商会仲裁院、日本国际商事仲裁协会以及香港国际仲裁中心等。

(三)仲裁程序

仲裁程序主要是规定进行仲裁的手续、步骤和做法,各国仲裁机构一般都有自己的仲裁程序规则,如我国新版2015年的《中国国际经济贸易仲裁委员会仲裁规则》规定,仲裁的基本程序大致如下:

1. 提出仲裁申请

申请仲裁时,申请人应当向仲裁委员会秘书局或分会秘书处提交仲裁申请书、书面仲裁协议、案件事实所依据的证据材料,并根据仲裁费用表预缴仲裁费。仲裁程序自仲裁委员会或其分会收到仲裁申请书及其他有关附件后,经审查认为申请仲裁的手续合法、完备,即予以立案,并立即向被申请人发出仲裁通知,仲裁程序自仲裁机构发出仲裁通知之日起开始。

2. 组成仲裁庭

争议案件提交仲裁后,有争议双方所指定的仲裁员组成仲裁庭进行审理并作出裁决。根据我国《仲裁法》的规定,仲裁庭的仲裁员应当为一人或三人。一人组成的仲裁庭为独任仲裁庭。三人组成的由双方当事人各指定一名,并由当事人共同指定或共同委托仲裁委员会主任指定第三名仲裁员,担任首席仲裁员。被指定或选定的仲裁员,如果与案件有利害关系,应当自行向仲裁委员会请求回避。

3. 仲裁审理

仲裁审理案件有两种形式:一是开庭审理即口头审理。即在约定的时间内,由仲裁庭直接听取双方当事人对案件的陈述和主张。仲裁庭开庭审理是不公开进行的,如果双方当事人要求公开审理,由仲裁庭作出是否公开审理的决定。二是不开庭审理,即书面审理。是指仲裁庭依据双方当事人及证人、专家等提交的相关书面资料进行审理并作出裁决。我国《仲裁规则》规定,仲裁庭对案件的审理包括开庭、搜集证据和调查取证,必要时还应采取保全措施。在我国仲裁庭组成后,会与仲裁委员会秘书处协商开庭审理的日期,秘书处将就开庭时间及开庭事项书面通知双方当事人。

4. 仲裁裁决

仲裁裁决必须以书面形式做出,裁决做出后,审理程序即终结。双方当事人应当自觉履行裁决书中规定的义务,任何一方不主动履行自己的义务,另一方均可依据法律的规定,向法院申请强制执行。我国《仲裁规则》规定,仲裁庭应该在组庭后9个月内做出仲裁裁决书。

(四)仲裁裁决的效力

仲裁裁决的效力主要是指由仲裁庭作出的裁决,对双方当事人是否具有约束力,是否为终局性的,能否向法律起诉要求变更裁决。仲裁裁决是终局的,对双方当事人均有约束力,不得向法院起诉,这是当前国际商事仲裁的一般规定和总的发展趋势。但是,各国的做法仍有不同。根据中国《仲裁规则》规定,仲裁裁决是终局的,对双方当事人均有约束力;任何一方当事人不得向法院起诉,也不得向其他任何机构提出变更裁决的请求;如败诉方不执行裁决,则胜诉方有权向法院起诉,请求法院强制执行。

(五)仲裁费用的负担

在仲裁协议中,一般规定仲裁费用由败诉方承担,但是也有的规定可以由仲裁庭酌情决定。

四、仲裁裁决的承认与执行

仲裁裁决对双方当事人均有法律上的约束力。但是,如一方当事人在国外,就涉及一个国家的仲裁机构所作出的裁决要由另一个国家的当事人去执行的问题。为了解决在执行外国仲裁裁决问题上的困难,国际上订立了多边国际公约,1958年6月10日联合国在纽约签订了《承认与执行外国仲裁裁决公约》(Convention on the Recognition and Enforcement of Foreign Arbitral Award)(又称1958年《纽约公约》)。该公约强调了两点:一是承认双方当事人所签订的仲裁协议有效;二是根据仲裁协议所作出的仲裁裁决,缔约国应承认其效力并有义务执行。我国于1986年加入《纽约公约》,入会时提出两项保留:一是互惠保留,中华人民共和国只在互惠的基础上对在另一缔约国领土内作出的仲裁裁决的承认和执行适用公约;二是商事保留,中华人民共和国只对根据中华人民共和国法律认定为属于契约和非契约性商事法律关系所引起的争议适用该公约。

五、国际货物买卖合同中的仲裁条款的常用格式

国际贸易的复杂多样性,导致在履约过程中的争议在所难免。为了避免资源的浪费,并营造和谐的商务环境,故当争议发生时候,应采用仲裁方式解决其纠纷,尽可能地不要进入诉讼程序。根据国际上的习惯做法,我国在订立国际货物买卖合同的同时,常用的仲裁条款有以下几种格式:

(一) 在我国仲裁的条款格式

凡因本合同引起的或与本合同有关的任何争议,双方应通过友好协商的办法解决;如果协商不能解决,均应提交北京中国国际经济贸易仲裁委员会。按照申请仲裁时该会现行有效的仲裁规则进行仲裁。仲裁的裁决是终局性的,对双方都有约束力。仲裁费用除非仲裁庭另有决定外,均由败诉方承担。

(二) 在被申请一方所在国仲裁的条款格式

凡因本合同引起的或与本合同有关的任何争议,双方应通过友好协商的办法解决;如果协商不能解决,应提交仲裁,仲裁通常在被申请人所在国进行。如在中国,由北京中国国际经济贸易仲裁委员会按照申请仲裁时该会现行有效的仲裁规则进行仲裁。仲裁的裁决是终局性的,对双方都有约束力。仲裁费用除非仲裁庭另有决定外,均由败诉方承担。

(三) 在第三国仲裁的条款格式

凡因本合同引起的或与本合同有关的任何争议,双方应通过友好协商的办法解决;如果协商不能解决,应按照××国××地××仲裁机构根据该仲裁机构现行有效的仲裁规则进行仲裁。仲裁的裁决是终局性的,对双方都有约束力。仲裁费用除非仲裁庭另有决定外,均由败诉方承担。

本 章 小 结

◆ **内容提要**

本章主要介绍了商品检验、违约索赔、不可抗力和仲裁等国际贸易交易条件。在我国进出口商检的实施范围内,主要进行商品的质量、重量、包装、残损、卫生等方面的检验;在合同中的商检条款中,要列明检验时间、检验地点、检验机构、检验证书、检验标准及其方法、复验时间和地点。在进出口合同履约过程中,一方违约给另一方造成经济损失,除不可抗力外,受损失的一方有权向违约方提出赔偿损失的要求,即索赔。索赔条款通常有两种,一种是异议和索赔条款,另一种是罚金条款,索赔条款中要订明索赔依据、索赔期限、索赔方法和索赔金额等。一方违约因不可抗力引起时,违约方可以免责。合同中的不可抗力条款应列明不可抗力的范围、后果以及不可抗力的通知和证明等内容。

国际贸易线广、面长,合同有时不能全面履行。当发生争议,双方不能通过协商或调解时,常通过国际经贸仲裁的方式解决。合同中的仲裁条款应该列明仲裁时间、仲裁机构、仲裁程序、仲裁的效力和费用等内容。

◆ **关键词**

商品检验 索赔 理赔 不可抗力 仲裁 仲裁协议

◆ **思考题**

1. 国际贸易中为什么重视商检环节?商检证书有何作用?
2. 分析仲裁协议的形式及其作用。

3. 不可抗力如何界定？其构成要件有哪些？
4. 仲裁条款包括哪些内容？

 思考案例

产品品质引起的纠纷案

我国某进出口C公司于2015年10月与美国A公司在中国签订了一笔出口钛白粉的合同。合同的品质条款规定：钛白粉纯度最低98%，以中国进出口商检局检验证书或卖方所出的证明为最后依据。此外，货物的重量为1000吨，单价为1150美元CIF纽约，总价为1150000美元，L/C付款，装运期为2015年12月31日前。合同还对其他条款作了具体限定。美国公司按照合同规定开来信用证，C公司按照信用证要求将货物装运并提交了有关单据，包括提单、保险单、发票、装箱单、商检证、产地证等。其中，商检证由我国江苏进出口商品检验局发出，其检验结果为：钛白粉纯度98.35%，检验结果均符合合同规定。

2016年3月，A公司提出所交货物品质有问题，3月26日，A公司又发来传真，称C公司所交的钛白粉与数月前提供的样品"有非常大的本质上的差别"，经用户使用后发现"生产出来的产品根本不能销售"，因此要求C公司派人去现场，并提出索赔或者换货的要求。2016年5月5日，A公司再次要求索赔，并将由美国UL出具的检验与化验报告副本传真给C公司。UL的检验报告称：据抽样检查，货物颜色有点发黄，内有可见的杂质。化验的结果：钛白粉纯度91.85%。据此，A公司在索赔函中称：① 货物色不正，很黄，与订立合同前发来的样品完全不符；② 杂质很多，粒度很大；③ 钛白粉含量没达到合同指标。

2016年5月28日，我国C公司对A公司索赔作了答复，其主要内容如下：① 卖方已经按照合同规定，由中国进出口商品检验局（CCIB）对货物的数量、质量进行检验并出具了商检证书；CCIB对货物取样检验后出具的证书表明此货完全符合双方订立的合同要求；② 卖方出口的钛白粉质量可靠，已经多次出口到十几个国家和地区，从未发生过产品质量方面的争议；③ 卖方已经将UL的检验报告转交CCIB，CCIB希望了解UL检验时的时间、地点、数量以及何种检验方法及其标准号；④ 希望双方本着友好协商的原则，共同处理好此事。

8月8日，A公司将UL的化验报告的传真件寄给C公司，该传真件指出是根据客户送交的样品做出的实验室分析。9月和10月，我国C公司又分别致函我国驻美国总领事馆商务处以及中国国家贸易仲裁委员会代表处，重述了上面的意见，并希望他们协商解决。

11月3日，A公司致函C公司，完全不同意C公司的主要论点，认为：① 检验证与合同完全不符；② 以假货冒充真货；③ UL化验是真实的，不存在任何问题。因此，A公司提出三项要求：① 买方退货，卖方退还货款；② 请UL取样，封样，寄回卖方，由中国进出口商检局化验，A公司接受化验结果；③ 邀请卖方派人来调查处理。以后双方又多次交涉，但未能解决问题。最后在我国领事馆商务处及贸促会代表处的协调下，由C公司赔偿A公司相当一部分损失结案。

根据上述案例，请你分析：
1. 合同中的品质条款是否具有法律效力？商检证书与品质条款有何关系？
2. 中国进出口商检局出具的商品检验证书与合同的品质条款是否一致？
3. 买方是否有复验权？其复验的法律效力如何？
4. 从本案中，品质条款订立的表示方法是否合适？本案给我国外贸企业带来哪些启示？

第十二章　国际商务谈判

理解国际商务谈判的概念、基本特征和原则；了解国际商务谈判的基本模式，掌握国际商务谈判步骤及要求；熟悉国际商务谈判不同阶段的策略和各种谈判技巧；了解不同国家的谈判礼仪和谈判风格；在了解和掌握国际商务谈判基本知识基础上，能够合乎规范地进行商务谈判活动，培养具备开展国际商务谈判的基本能力。

中欧光伏产品贸易摩擦的解决

2012年9月和11月，欧盟先后启动了对来自中国的光伏产品进行"双反"调查，并决定从2013年6月开始向中国征收临时反倾销税。为此，中国商务部组成专门的国际贸易谈判小组，在布鲁塞尔与欧盟委员会负责贸易事务的委员德古赫特就中欧光伏产品贸易摩擦问题进行磋商。在双方谈判过程中，欧方态度坚决，而中方代表也表现出不卑不亢，在罗列大量数据证据的基础上，提出如果欧盟果真对华光伏产品征收临时反倾销税，中国政府"将采取必要措施维护国家利益"，暗示中欧贸易争端有扩大升级风险。但同时也表示中国政府"仍将尽最大努力，希望双方达成共识，避免引发贸易战"。最终，双方就光伏产品贸易争端达成了"价格承诺"的解决方案，成功化解了贸易纠纷。

当前无论是国家间的政治、经济、军事的交往，还是企业间、个人间的沟通与合作，都离不开谈判，尤其在经济领域中。国际商务谈判是国际商务活动中不可缺少的重要环节，是签订国际买卖合同的必经阶段，是国内商务谈判的延伸和发展。伴随我国经济与世界经济的日益融合，其国际商务活动也越来越频繁，并已渗透到各个领域中，国际商务谈判的地位和作用越来越重要。谈判的成功与否直接关系到国际商务活动的效果，如贸易双方能否以最优利益达成最终交易等。

国际商务谈判是一项很复杂的工作，在涉及地域、适用法律、支付方式、行政干预等方面，它比国内商务谈判复杂得多。这是因为，交易双方分属不同的国家或地区，彼此间有着不同的社会制度、政治制度、法律体系、经济体制和贸易习惯，有着不同的文化背景、价值观念、信仰和民族习惯，而且还有语言和文字沟通方面的困难。当然，国际商务谈判与国内商务谈判在目的和基本模式等方面也存在着一定共性。

国际商务谈判是一项政策性、专业性、策略性和技术性很强的工作，其内容不仅包括商务与技术方面的问题，还包括法律与政策问题。由于交易谈判双方的立场及其追求的利益目标不尽相同,故国际商务谈判过程中往往充满尖锐复杂的利害冲突和反复讨价还价的情况。这就要求国际商务谈判人员能根据购销意图,针对交易对手的具体情况,施展各种行之有效的策略和技巧,正确处理和解决双方间的冲突和矛盾,最终达成双方都能接受的公平合理的协议。错误的方式、不恰当的策略选用,都可能会导致磋商失败,使双方蒙受损失。

因此,在整个对外经贸活动中,每次进出口贸易活动最终能否通过商务谈判实现自己的预期目标,谈判中如何提高谈判效率,妥善解决谈判中出现的各种问题,进而达成切实可行的"双赢"协议,具有十分重要的意义。凡从事对外经贸活动的人员,都应高度重视并切实做好这一环节的工作。

第一节 国际商务谈判的概述

一、国际商务谈判的概念与特点

国际商务谈判(international business negotiation),又称为对外经贸谈判、涉外商务谈判,是指在国际商务活动中,处于不同国家或地区的商务活动当事人,为了满足一定的利益需要,彼此间通过信息交流、沟通、磋商、妥协而达成交易目的的行为过程。它是在对外经贸活动中普遍存在的,用以调整和解决不同国家或地区政府、商业机构之间不可避免的经济利益冲突,实现共同利益的必不可少的一种手段。

国际商务谈判是国内商务活动的向外延伸,与国内商务谈判的本质是相同的,都是以获取经济利益为目的,以价格为谈判核心,以互利共赢为最终结果。但国际商务谈判还具有一定特殊性,主要表现在以下几个方面:

(一)涉外性明显

涉外性是国际商务谈判最显著的特点。国际商务谈判的主体分别来自两个或两个以上不同国家或地区的企业、公司或个人,其谈判人员代表着不同国家或地区的利益。国际商务谈判的结果会导致在贸易、金融、保险、运输等环节上发生资产的跨国流动。在国际商务谈判中,谈判各方所涉及的法律政策,必须按照国际惯例、法律条款、国际经济组织的各种规定和国际法来执行,并以国际商法为准则,以国际惯例为准绳,而这些都带有明显的涉外性特点。

(二)政策性强

国际商务谈判的涉外性特点决定了其具有较强的政策约束性。国际商务谈判不仅是一种商务交易的谈判,也是一项国际交往活动。由于谈判双方分处不同的国家或地区,谈判中往往会牵涉到国家间的政治、外交问题,处理不当必会给交易带来不利。因此,国际贸易谈判一定要贯彻执行相关国家对外贸易的有关方针政策和外交政策,以及对外经贸的法律和规章制度,谈判人员在谈判前必须了解相关国家的政策要求。

(三)跨文化性

国际商务谈判不仅是跨国交易的谈判,也是跨文化的谈判。不同国家的谈判者有着不同的文化、经济、政治及宗教背景,谈判双方的价值观、思维和行为方式、交往模式、语言和风俗习惯等各不相同。如在语言沟通中,美国人常会与日本人几乎同样数量的交谈重叠,但远比巴西人少。在非语言交际中,美国人的表现比日本人活跃,但比巴西人沉默。美国人比日本人保持更多的眼睛接触,但比巴西人少,而巴西人在触碰方面比美国人及日本人要多得多。因此,谈判者在进行商务谈判的过程中应注重了解和掌握双方跨文化差异点并加以注意。

(四) 谈判人员的综合素质要求高

由于国际商务谈判受到的影响因素复杂多样,且涉及面广,这就对从事国际商务谈判的人员提出更高的素质要求,一方面,要精通市场营销、贸易实务、商务谈判学、心理学、管理学、法学、财会学等相关专业知识。另一方面,在语言表述、谈判策略及技巧的运用、风险防范等方面要具备更高的水准。此外,对心理、礼仪和身体等方面的素质要求也极高。谈判人员在谈判前还需做好相应的准备,尤其是对交易相关资料的收集及谈判方案的制订等工作,以此更好推动谈判的顺利进行。

二、国际商务谈判的类型

国际商务活动中可交易的项目、品种极为广泛,涉及的谈判内容不同,谈判的形式也就不同。根据不同的标准,可将国际商务谈判分为不同的类型:

(1) 按谈判的内容,分为货物贸易谈判、技术贸易谈判、劳务贸易谈判、国际投资谈判、损害与赔偿谈判等。

(2) 按参加谈判的利益主体,分为双边谈判和多边谈判。

(3) 按谈判的地点,分为主场谈判、客场谈判和中立地谈判。

(4) 按谈判各方的态度,分为软式谈判、硬式谈判和原则式谈判。

(5) 按洽谈方式,分为口头谈判和书面谈判。

(6) 按谈判透明度,分为公开谈判和秘密谈判。

(7) 按谈判目的,分为接触型谈判、意向书与协议书谈判、合同谈判、索赔谈判。

(8) 按参加者类型,分为买方谈判、卖方谈判、代理谈判、多方合作谈判。

三、国际商务谈判的基本原则

任何谈判活动都是要依据既定的方针和原则进行。国际商务谈判原则是谈判过程中,谈判各方必须遵守的思想和行为准则,它是在国际商务谈判的实践中总结出来的谈判规则。正确认识和掌握国际商务谈判的基本原则,将有助于维护谈判各方合理利益,是谈判成功的基本保证。

(一) 守法诚信的原则

守法诚信原则为最基本原则。所谓守法,是要求谈判主体、谈判内容、谈判行为以及最终签署的各种文件必须合法,谈判各方应遵守国际法及尊重谈判对方所在国家的有关规定。而诚信则要求谈判双方在谈判中要以诚相见,以信取人。守法诚信原则,就是要求谈判人员在守法的同时,要进行诚信交流,谈判各方在谈判桌上一旦做出许诺,就要遵守、兑现,要言必信、行必果。那种为了达到经济利益,故意隐瞒自己企业实际情况,盲目答应对方苛刻要求,虚夸自己的生产能力等作法是不妥的,也违背了守法诚信原则,最终必将自食其果。

(二) 平等互利的原则

平等互利原则是进行商务谈判的出发点。所谓平等,是指在商务谈判中,无论各方的经济实力强弱,组织规模大小,其地位都是平等的。互利则是指谈判各方应在追求自身利益的同时,考虑并尊重对方的利益诉求点,争取互惠互利。在国际商务谈判中,平等互利原则就是要求谈判各方以平等身份进行,不可附带任何不公平条件或不合理要求,双方应在互相尊重的气氛下实现互利互惠的目标。

(三) 求同存异的原则

求同存异原则是指国际商务谈判各方要分清各自的最终利益所在,要把谈判的重点放在各方的利益上,而不是立场上,应以谋求共同利益为目标,各方从大局出发,正确对待双方之间的分歧,要能在利益分歧中寻求到互相的平衡点,求同存异,最终促成谈判的顺利进行。

(四) 灵活变通的原则

任何谈判都是一个不断思考、交换意见和彼此让步的过程。我们在把握自身利益目标的基础上,在遵循谈判基本原则的前提下,可以考虑采用多种变通途径,多种方法,灵活多样的处理各种突发情况,以保证谈判协议最终能得以顺利签署。

(五) 双赢的原则

双赢原则是国际商务谈判最终要实现的目标。在国际商务谈判中,谈判各方都应兼顾双方的利益。所谓双赢,就是通过谈判,双方都完成了预期目标,实现了各自的利益,心理上都达到了一定的满足感。在国际商务活动中,谈判的双方或多方都有着一定的共同利益,但他们之间也存在商业利益的冲突。应该承认,在商务活动中无时无刻不充满矛盾和冲突,如何运用有效的手段来化解矛盾和冲突是其中的关键,而双赢原则能通过不断化解矛盾冲突,以最终实现谈判者最大利益。

四、国际商务谈判工作的基本要求

国际商务谈判的特性和基本原则,决定了谈判者不能用从事国内商务活动的逻辑思维,去对待国际商务谈判的对手和遇到的问题,否则难以取得预期效果。因此,为了做好国际商务谈判工作,谈判者除了要掌握好商务谈判的基本原理和方法外,还必须注意以下几个基本要求:

(一) 树立正确的国际商务谈判意识

谈判者谈判意识的正确与否,将直接影响到谈判方案的制订,谈判策略的选用,影响到谈判中的行为准则。正确的国际商务谈判意识主要包括:谈判是协商,不是"竞技比赛";谈判中虽存在利益冲突,而良好的人际关系会对最终利益的实现起着推动作用;国际商务谈判既要着眼于当前的交易谈判,又要放眼未来,考虑今后的交易往来。

(二) 做好谈判前的调查和准备工作

国际商务谈判所受的影响因素复杂多样,这就要求谈判者在正式谈判之前做好相关的调查和准备工作。首先,要充分了解和分析潜在的谈判对手,明确对方企业和可能的谈判者的个人状况,分析对方政府介入的可能性,以及一方或双方政府介入可能带来的问题。其次,要调研商务活动的环境,包括国际政治、经济、法律、社会意识形态等,评估各种潜在的风险及可能产生的影响,做好相应防范风险的措施。再次,合理安排谈判计划,选择较有利的谈判地点。最后,反复分析论证,准备多种谈判方案,应对情况突变。

(三) 正确看待世界各国文化间的差异

国际商务谈判的跨文化性特点决定了谈判者在进行国际商务谈判中应正确认识和对待不同文化间的差异。尊重对方的文化是对国际商务谈判者最起码的要求。世界上不同国家和民族的文化没有高低贵贱的分别。文化习俗的差异,反映了不同文化中的民族与自然、地理环境等斗争的历史。因此,国际商务谈判人员要正确看待对方国家的文化,学会从对方角度出发,理解对方看问题的思维方式和逻辑判断方式。值得注意的是,在国际商务谈判中,以自己熟悉的文化"优点"去评判对方文化"缺点",是谈判的禁忌。

(四) 熟悉各国政策、国际商法和国际惯例

由于国际商务谈判的政策性强,故在谈判开始之前,谈判者应事先熟悉对方国家的政策,尤其是外交政策和对外经济贸易政策。此外,还应了解国际商法,遵循国际商务惯例,只有这样才能使双方最终取得好的结果。

(五) 具备良好的语言技能

语言是双方进行商务沟通的基础工具。掌握较好的语言技能,有利于提高双方的沟通效率,减少或避免沟通过程中的障碍和误解。世界上很多国家的人都认为,对方懂得自己的语言是对自己民族的尊重。例如法国人对国语相当热爱,对在法国不讲法语的外国人,他们的热情与欢迎程度就会明显降低。因此,掌握一定的语言技能,将有助于更好地了解对方的文化。

第二节　国际商务谈判的基本模式与流程

一、国际商务谈判的基本模式

由于国际商务谈判是双方或多方合作、协商的活动,因此,商务谈判是一个连续的过程,对其过程进行有效的安排与管理,能促进国际商务谈判取得最终成功。任何一种谈判都要经历一系列的过程和阶段,多年来,商务谈判学界都在力求找到国际商务谈判的成功模式,其中最具代表性的是 APRAM 模式(见图 12.1)。

```
进行科学的项目评估(Appraisal)
        ↓
制定正确的谈判计划(Plan)
        ↓
建立良好的信任关系(Relationship)
        ↓
达成可接受的协议(Agreement)
        ↓
协议的履行与关系的维持(Maintenance)
```

图 12.1　国际商务谈判 APRAM 模式

(一) 进行科学的项目评估(Appraisal)

项目评估是指在正式谈判前要对此次商务活动进行系统的分析和评估,包括对谈判对手的背景和环境、项目的经济和技术可行性、对方的文化商业习惯和谈判风格等方面进行较详细的分析研究,充分做好谈判前的各项准备工作。

(二) 制订正确的谈判计划(Plan)

即在明确自身目标与设身处地量化对方目标的基础上,通过对比找出本次谈判中双方利益一致和不一致的地方。对于利益一致的地方,在谈判之初应提出并由双方确认,这样就能在谈判开始之初就找到合作的平台与空间,提高和保持双方对谈判的兴趣和争取成功的信心,也为后面解决利益不一致的问题打下良好基础;而对双方利益不一致的问题,则要通过双方发挥思维创造力和协作能力,根据"成功的谈判应使双方利益需要得到满足"的原则,

相互协商并取得一致。

（三）建立良好的信任关系(Relationship)

在正式谈判开始之前,与谈判对方建立起良好的关系是以后谈判得以顺利进行的基础,这主要包括向谈判对方表现出关心、对对方周到热情的交流合作等方式以博得对方的信任,通过一些细节让对方感受到己方合作的诚意,以建立起双方的信任。

（四）达成可接受的协议(Agreement)

在谈判双方建立必要的信任关系后,即进入实质性谈判过程。这时,谈判者首先要弄清对方的谈判目标,其次应对彼此意见一致的问题加以确认,对意见不一致的问题做充分沟通,寻求一个双方都能接受的方案来解决,最终达成双赢的协议。

（五）协议的履行与关系的维持(Maintenance)

双方达成书面协议后,就要对协议进行认真的履行。为了使对方按时履行自己的义务,己方首先要信守协议,认真履行自己承担的责任义务,以表现出合作的诚意,也为后续双方良好的合作关系打下基础。如对方未能按时履约,以适当的方式和合适的手段提醒对方履约,也是非常重要的。此外,还应通过电话、上门拜访等方式来进一步维系双方的良好关系。

【课堂讨论】

请举例说明,你怎样评价一场商务谈判是否成功?

二、国际商务谈判的基本流程

APRAM模式是一个连续不断的运转过程,每个步骤相互联系,以实现利益双方谈判的持续合作。从APRAM模式中人们总结出了国际商务谈判必经的基本程序,并将其作为谈判人员工作的规范和要求。一般来说,一个规范的国际商务谈判活动需要经过前期准备阶段、开局阶段、报价阶段、磋商阶段、成交阶段和谈判后期阶段等基本阶段(见图12.2),其中开局阶段、报价阶段、磋商阶段和成交阶段是商务谈判的实质性谈判阶段,即正式谈判阶段,此为整个谈判过程的主体。

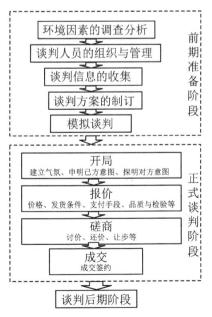

图12.2 国际商务谈判基本流程

(一) 前期准备阶段

即商务谈判正式开始前的阶段。谈判前的准备工作是国际商务谈判的基础。谈判人员在商务谈判中能否顺利实现预期目标,不仅取决于谈判中的策略和技巧的灵活运用,还有赖于谈判前细致的准备工作。充分的谈判准备有助于增强谈判的实力,建立良好的关系,并为谈判的顺利进行和取得成功创造良好的氛围。

国际商务谈判前期准备阶段具体工作包括:谈判环境因素的调查分析、谈判人员的组织与管理、谈判信息的收集、谈判方案的制订和模拟谈判。其中,谈判环境因素的调查分析是指谈判人员在谈判前必须对谈判的政治、经济、文化、法律等环境因素进行全面系统的调查与分析,做到"知己知彼",以避免后期失误的发生。谈判人员的组织与管理是对参加谈判的人员构成、分工及队员间的配合作出合理的安排,以增强国际商务谈判团队的谈判实力。谈判信息的收集则要求谈判者事先对包括市场、谈判对手的资料、科技信息、有关政策法规、金融等方面的信息进行较全面的收集、准备与分析。谈判方案的制订是根据所收集的信息,谈判人员在正式谈判前预先对谈判目标、议程、谈判策略等相关事项做出安排,它是谈判者行动的指南和方向。模拟谈判是将所制订的谈判方案进行模拟测试,即在谈判正式开始前,通过特定的情景设计、角色扮演,进行谈判临场的模拟,提出各种设想和臆测,从中找出那些被忽略或轻视的重要问题,进而修订和完善谈判方案。

(二) 谈判开局阶段

此阶段为正式谈判阶段的第一阶段。谈判双方见面后,在进入具体交易内容磋商之前,相互介绍、寒暄,并就谈判内容以外的话题进行交谈,这段时间即为谈判开局阶段。开局阶段所占用的时间较短,谈判的内容也与整个谈判主题关系不大或根本无关,但其作用重大,它是谈判双方的首次正式亮相和谈判实力的首次较量,直接关系到谈判的主动权。开局阶段的主要任务是建立良好的第一印象、营造合适的谈判氛围、谋求有利的谈判地位等。谈判内容、形式、地点不同,其谈判气氛也各不相同。有的谈判简洁明快、节奏紧凑、速战速决;有的咬文嚼字、慢条斯理、旷日持久。不过,更多的谈判气氛则介于上述两个极端之间,热中有冷,快中有慢,对立中存在友好,严肃中包含轻松。一般来讲,通过谈判气氛,我们可以初步感受到对方谈判者的谈判气质、个性和对本次谈判的态度,以及准备采取的方针。

(三) 谈判报价阶段

即发盘阶段,是谈判开局结束后至进行谈判磋商之前的阶段。在此阶段,谈判双方通常会交流各自谈判的意图和想法,提出自己的交易条件,并互探对方的虚实,协商谈判的具体流程,进行谈判情况的审核与倡议,对双方无争议的问题达成一致,对有争议的地方先做好评估和讨价还价的形势分析,为磋商奠定基础。

需要强调的是,这里的"价"不单指价格,还包括价格在内的诸如交货条件、支付手段、违约金或押金、品质与检验、运输与保险等一系列内容。报价可通过书面或口头形式,通常报价次序为卖方先报价。首次报价应遵循基本原则是,对卖方来讲,开盘价应为"最高的";对买方来讲,开盘价应为"最低的"。

(四) 谈判磋商阶段

即还盘阶段,是针对报价阶段中双方所存在有争议的内容以及由此产生的分歧进行讨价还价的阶段,它是整个谈判的核心阶段,也是谈判中最艰难、最紧张的阶段,同时也是谈判策略与技巧运用的集中体现阶段,会直接决定着谈判的结果。它具体包括讨价、还价、要求、抗争、异议处理、让步等诸多活动和任务。磋商阶段与报价阶段往往不是截然分开的,而是相互交织在一起的,即双方如果在价格问题上暂时谈不拢,又会回到其他问题继续洽谈,再次进行报价,直至最后达成意见一致。

(五) 谈判成交阶段

成交阶段是指双方在主要交易条件基本达成一致以后,到协议签订完毕的阶段。成交阶段的开始,并不代表谈判双方的所有问题都已解决,而是指提出成交的时机已经到了。实事上,这个阶段双方往往需要对价格及主要交易条件进行最后的谈判和确认,但是此时双方的利益分歧已经不大了,可以提出成交了。成交阶段的主要任务是对前期谈判进行总结回顾,进行最后的报价和让步,促使成交,拟定合同条款及对合同进行审核与签订等。

(六) 谈判后期阶段

是指谈判结束后的善后阶段。合同的签订代表着谈判告一段落,但并不意味着谈判活动的完结,谈判的真正目的不是签订合同,而是履行合同。因此,合同签订后的阶段也是谈判过程的重要组成部分。该阶段的主要任务包括对谈判进行总结,对谈判资料进行保存与维护,从而确保合同的履行与双方关系的维系。

第三节　国际商务谈判的策略与技巧

国际商务谈判的过程复杂多变,且易受到多种因素的影响,为使谈判的过程顺利并最终取得令人满意的谈判结果,实现既定目标,谈判双方必须在谈判过程中选用适当的、灵活多变的谈判策略和技巧。掌握一定的谈判策略和技巧,将有助于识破和化解对方的计谋,规避风险,以取到最优结果。国际商务谈判不同阶段所采用的策略和技巧都是有一定差别的,谈判者应注重区别对待。

一、开局阶段的策略和技巧

开局阶段的策略是谈判者在谈判开始时为谋求有利地位而采取的行动方式或手段。常见的典型开局策略主要包括协商式、坦诚式、谨慎式和进攻式几种。每一种策略都有自身明显的特点,谈判者应根据自身前期对谈判对手的了解适当选用。

协商式开局策略是指谈判者在谈判开局时,以协商、外交礼节性的语言进行意见的陈述,使对方对己方产生好感,创造出双方对谈判的理解充满"一致性"的感觉,近而使双方在友好和谐的气氛中达成共识。此策略较适用于双方实力相当或初次接触合作的双方。

坦诚式开局策略是指以开诚布公的方式向谈判对手陈述自己的观点或意见,尽快为谈判打开局面。这种策略比较适用于有长期业务合作关系,彼此信任度较高的双方。用这种方式开局,可以省去不必要的外交辞令,直接坦率地提出自己一方的观点、要求,反而更能使对方对己方产生信任感,因此也适用于实力不如对方的谈判者使用。

谨慎式开局策略则是以严谨、凝重的语言进行陈述,表达出对谈判的高度重视和明确态度,进而使对方放弃某些不合理的意图,以达到把握谈判的目的。此策略多用于已有过不愉快的商务合作经历的谈判双方。

进攻式开局策略是以强硬的语言或行为开局,借以制造心理优势,获得谈判对手的尊重,使谈判顺利进行下去。这种谈判策略可以扭转不利于己方的谈判气氛,但也可能会使谈判陷入僵局,故应谨慎使用。

在开局阶段,在选用合适的商务谈判策略基础上,精通一定的谈判技巧将有助于策略的顺利进行。开局阶段,谈判者可采用的技巧包括感情攻击法、盛情款待,以软化对方立场;以逸待劳;先声夺人和以静制动等。

二、报价阶段的策略和技巧

一般而言,报价阶段的策略主要体现在报价的先后、如何报价和怎样对待对方的报价三个方面,谈判者采用一定的策略可迫使对方尽可能地接受己方的价格要求。为此,此阶段常用的策略包括报价先后策略、价格起点策略、报价分解策略和报价差别策略等。

报价先后策略是针对谈判中先后报价各有利弊的特点进行的策略制定,先报价会使自身获得更大的主动权,造成价格出乎对方的预期,近而会打乱对方的原有部署,使其失去信心。

价格起点策略的做法为,报价时先报价一方,如卖方报价起点要高,即开盘价必须是"最高的",如买方报价起点要低,即开盘价必须是"最低的"。这种报价起点策略在运用时必须把握好"度",以确保开盘价合乎情理,否则,就会导致谈判破裂。

报价分解策略是指卖方在报价时要充分考虑买方的求廉心理,尽量使对方相信自己所提出的价格是低廉合理的。通常的做法是,卖方在谈判中,通过价格分解的方式来表明自己所报价格的真实性、合理性,以增强说服力,使买方接受此报价或缩小其压价的期望值。价格的分解主要集中于货物价格、技术费用、流通管理费用等方面,采用此策略需注意一定要做到层次分明,要有一定说服力的资料。

报价差别策略是对于同样产品,卖家根据客户性质、购买数量、交易时间、支付方式、急需程度等不同而采取不同的报价。如在某些大额货款交易中,卖方一般会给予现金支付货款的顾客一定的折扣优惠;对需求量不大的商品,则会报出较高价格。

本阶段可采用的谈判技巧有先苦后甜、先甜后苦、数字陷阱、巧设参照表等。

三、磋商阶段的策略和技巧

磋商阶段是谈判的关键阶段,也是双方讨价还价的阶段。谈判双方为了实现各自的利益,会采取各种谈判策略和技巧,通过沟通、论证、激辩、说服、反驳和逻辑推理等多种形式展开正面交锋。常用的策略包括投石问路、吹毛求疵、沉默寡言、声东击西、疲劳轰炸、欲擒故纵等。

投石问路策略是指谈判一方故意提出一些假设性问题,通过观察对方的回答和反应,打探、推测出对方的真实意图,并据此制订自己的下一步计划。例如,谈判中用"如果我方增加购买数额,贵方可否考虑优惠价格呢?"这种表述去试探是否还有降价的可能。这种策略是充分利用了信息不对称的优势和人们"做贼心虚"的心理,可以尽可能地了解到对方的打算和意图。

吹毛求疵策略就是谈判者在讨价还价过程中抓住对方的产品瑕疵或谈判人员的失误,故意挑剔、伺机打击,给对方造成心理压力,迫使对方降低预期价格水平,最终做出让步和优惠。使用这一策略的关键是要找准对方的"疵"。

声东击西策略是指谈判一方在谈判中为达到某种谈判目的和需要,故作声势地将磋商的议题引导到某些并非重要的问题上去,以使对方造成错觉,最终达到乘虚而入的目的。这一策略具有很强的灵活性,运用该策略时要充分分析对手的情况,确保"声东"的条件具有可信性。

疲劳轰炸策略是指谈判一方通过多回合的拉锯战或超长时间的谈判等方式，逐渐消磨谈判对手的锐气，使其身心疲劳、无力应对，从而扭转在谈判中的不利地位。在面对居高临下、咄咄逼人的谈判对手或是急于达成协议的谈判对手时，这种策略使用效果显著。

欲擒故纵策略是指谈判一方想要达成某种目的，故意通过各种措施，装出满不在乎的样子，从而压制对手价格，确保已方达到预期结果。该策略应用中关键是务必使假信息或假象要让对方相信，可以通过非官方、非正式渠道传播或第三方之口发布。

为此，该阶段可配用抛砖引玉、斤斤计较、先造势后还价、不开先例、出其不意、浑水摸鱼等谈判技巧使用。

四、成交阶段的策略和技巧

成交阶段是谈判的最后收尾阶段，此时双方需要达成的目标无外乎是力求协议的签订，尽量确保已取得的利益不丧失，并尽可能争取更多的利益。为此，该阶段的谈判者可采用的典型策略包括场外交易策略、权力有限策略和坐收渔利策略等。

场外交易策略是指双方在谈判以外的场合就存在分歧的问题达成共识。如一方安排一些旅游、酒宴、娱乐项目等，在缓解谈判气氛后争取达成协议的做法。运用这一策略时应注意谈判对手的不同商务习惯，如有的国家商人忌讳在酒席上谈生意。

权力有限策略的做法为，当谈判双方就某一问题进行协商时，一方希望另一方做出适当的让步时，另一方则向对方表示，自己授权有限，无法让步，或无法改变既定的事实。运用这一策略需注意不要让对方感到你没有决策权，不具备谈判的能力，近而失去与你继续谈判的兴趣，造成谈判的失败。

坐收渔利策略的做法就是买方把所有可能的卖主都请来，同他们讨论成交的条件，利用卖者之间竞争，各个击破，为自己创造有利的条件。该策略取自"鹬蚌相争，渔翁得利"。其策略实施成功的基础是制造和利用竞争，卖者的竞争越激烈，买者的利益就越大。在谈判中，我们应该有意识地制造和保持对方的竞争局面。

该阶段可配用的谈判技巧包括先入为主、请君入瓮、金蝉脱壳等，这些技巧的灵活运用会促进交易合同的顺利签订。

【课堂讨论】

在国际商务谈判不同阶段中，当谈判一方采用某种策略进行谈判时，你认为另一方应如何应对？请举例说明。

第四节　国际商务谈判的礼仪和风格

在国际商务谈判过程中，谈判者除了掌握一定的谈判策略和技巧外，对商务谈判礼仪和不同国家谈判风格的了解，也是一项非常重要的内容。如果能懂得国际商务礼仪，并对不同国家的谈判风格有所了解，就能营造出友好和谐的谈判氛围，赢得客户的尊重和欣赏，从而拉近双方距离，谈判中易找到双方均可接受、彼此受益的结合点，促进交易的最终完成。

一、国际商务谈判礼仪基本内容

商务谈判礼仪又称涉外礼仪,是人们参与国际交往所要遵守的惯例,是约定俗成的做法。它是长期的商务谈判交往过程中,满足迎合文化的适应性而形成的行为或活动的规范。商务礼仪在国际商务活动中极为重要,它能增进彼此友谊和相互信赖,是解决僵局的润滑剂,有助于将谈判导向成功的彼岸。谈判者在商务谈判中应遵循谈判礼仪三要素,即注重仪表风度、讲究语言艺术、遵守礼仪节度。

从商务谈判过程的角度出发,国际商务谈判礼仪主要包括迎送礼仪、会见礼仪、交谈礼仪、宴请礼仪和签约礼仪。

(一) 迎送礼仪

迎送礼仪是商务谈判礼仪中最基本的形式,是表达谈判一方情谊、体现礼貌素养的重要环节。这一礼仪包含两个方面:一方面,迎接礼仪,即对应邀前来的商务谈判的人士,在他们抵达时,一般都要安排相应身份的人员前去迎接;另一方面,送客礼仪,即谈判结束后,要安排专人欢送。一般来说,谈判一方对应邀前来参加谈判的人员,对将要来到和即将离去的客人,都要根据其身份、交往性质、双方关系等因素,综合考虑安排相应的迎送。

1. 确定迎送规格

迎送规格,应当依据前来谈判人员的身份和目的,我方与被迎送者之间的关系及惯例决定。一般是按对等原则来迎送的。比如,对方是总经理带团前来,我方也应派总经理级别的人员去迎接。若我方当事人因故不能出面,或不能完全对等接待时,可适当灵活变通,由职位和身份相当的人士作为替代者。同时,出于礼貌,应向对方具体做出解释。

2. 准确掌握对方抵离的时间

迎送人员必须及时准确地掌握对方抵离的时间。迎接时应提前到达迎接地点,以示对对方的尊重,绝不能让对方等候,以免给对方留下不好的印象。送别时应提前到达对方所住宾馆,陪同其前往机场或车站,或提前在机场或车站恭候对方,并与之道别。此环节需注意几点:必须双方商定时间;时间约定要精确;要适当留有余地;要反复确认;严格遵守时间。此外,有关迎送过程中相关手续和购买票证等事务,应指定专人办理,如办理车票、飞机票、出入境手续、行李托运等。

3. 做好接待的准备工作

每一次迎送活动,都应指定专人负责具体迎送事宜,或组织迎送工作小组具体办理。迎送人员应及时将有关迎送信息、计划和计划变更情况通知有关部门和有关人员。准备工作应包括确定迎送人员名单、安排交通工具、迎送机场布置、照相、摄影、陪车、安排住宿等内容。需强调一点,在安排接待时,应注意各国的风俗习惯,如安排给对方献花时应了解对方对花的禁忌。

(二) 会见礼仪

会见礼仪指的是见面之际应该遵循的礼节规范和行为准则,主要包括称呼、握手、介绍以及交换名片等礼仪。

1. 称呼礼仪

在国际商务交往中,称呼要求正式和规范。称呼时应使用尊敬的称呼,通常是"就高不就低"。一般情况下,在国际商务交往中,对商务人士可直接用职务来称呼,如"总经理""董事长""厂长"等;对政界人士可直接用行政职务来称呼,如"部长阁下";对行业内人士可直接用技术职称来称呼,如"工程师""律师"等。但注意在商务谈判中有些称呼和做法是不应采用的。如在商务活动中不称呼对方就直接开始谈话是非常失礼的行为。这种行为不仅使对方觉得不受尊重和重视,而且会觉得过于唐突,缺乏商务人士必备的素质。此外,诸如"哥们儿""兄弟""小姐"等的称呼,在正式商务谈判场合中是极不恰当的,会让人感觉你的素质不高,缺乏修养。

2. 握手礼仪

握手礼仪是大多数国家在商务谈判见面和离别时通用的礼节,是双方友好的意思表示。握手的动作貌似简单,却能起到增进双方亲密感的作用。一般情况下,应主动和对方握手,以示友好、感激或尊重。通常握手方式是:双方各自伸出右手,手掌呈垂直状态,五指并拢,稍微握一下,时间以3～5秒为宜。握手力度应适中,不宜过重或过轻,不能紧抓对方手不放或摇动不止。握手的顺序按礼宾次序,由身份和职位高低来决定。需注意的是,在与异性谈判人员握手时主动向女方伸手,或用左手与对方握手,是一些宗教国家的大忌。

【课堂讨论】

握手丢了一个合同案

某厂长去广交会考察,恰巧碰到销售部经理和印尼客户在热烈地洽谈合同。见厂长来了,销售部经理忙向客户介绍,厂长因右手拿公文包,便伸出左手握住对方的右手。谁知刚才还笑容满面的客人忽然笑容全无,并且就座后也失去了先前讨价还价的热情,不一会儿便声称有其他约会,匆匆离开了展位。

试分析未能顺利进行贸易磋商的原因,并举例说明各国见面时的礼仪。

改编案例自:刘宏. 国际商务谈判[M]. 大连:东北财经大学出版社,2009:199.

3. 介绍礼仪

谈判双方在进行见面介绍时,可采取两种介绍方式,一是自我介绍;二是第三方作介绍。自我介绍时应先将自己的姓名、职务告诉对方。若以第三方形式作介绍,介绍的顺序应遵循原则:先把年轻的介绍给年长的;先把职位低的介绍给职位高的;先把男性介绍给女性;先把客人介绍给主方。介绍时声音要适中,吐字清晰,语调准确,陈述简洁、清楚、明白。

4. 名片礼仪

使用名片,主要是作自我介绍之用。名片交换在不同国家重要程度不同。在国际商务谈判中,可根据相关国家的礼仪来决定名片如何交换。如在日本,交换名片应在双方行过鞠躬礼后,由客方先递名片;在美国,名片交换是非常随意的,甚至不需要交换。名片制作应为双语式的,在商务交往中,递交时应把英文面放上面。具体递交名片应注重不同国家的礼仪特点进行,如与东南亚国家商人交换名片,应用右手,而与日本商人则应双手递交名片。

(三) 交谈礼仪

交谈礼仪又称洽谈礼仪,是整个商务谈判活动的中心,此过程时间长、内容多,往往会涉及各方的真实利益,影响交易最终能否达成。每一位谈判者都应当掌握和讲究交谈礼仪,以便使商务谈判顺利进行并取得成功。交谈时的表情要自然,态度要和蔼可亲,表达得体;在交谈中,自己讲话时要留给别人发表意见的机会,别人讲话时应寻找机会适时地发表自己的看法;要善于聆听对方谈话,不要轻易打断别人的发言。谈话内容不要涉及疾病、死亡或个人隐私问题,如年龄、婚姻等,也不要询问对方的履历、工资收入、家庭财产、衣饰价格等私生活方面的问题;对方不愿回答的问题不要刨根问底;对方反感的问题应表示歉意并立即转移话题;不对某人评头论足;不讥讽别人;也不要随便谈论宗教问题。交谈时的距离也应注意,如与美国人、亚洲人交谈应保持一定距离;与阿拉伯人交谈应距离靠近;与欧洲人交谈距离应居中。

(四) 宴请礼仪

宴请和赴宴无论是在国际交往中,还是在一般社交活动中,或是在经济谈判活动中,都是常见的交际活动形式。在国际商务谈判中,宴请的方式主要有宴会、冷餐招待会、酒会、茶会和工作餐等,但具体采用何种宴请方式,通常要根据活动目的、邀请对象及经费开支等因素决定。

1. 宴请礼仪

在国际商务谈判中,宴请通常在整个谈判中安排3~4次为宜。其中,接风、告别各一次,中间可插1~2次,这由谈判内容和时间长短而定。宴请前,首先要确定规格,包括宴请名义、目的、人数、形式、价格等。宴请时要妥善安排席位。按国际惯例,桌次一般以离主桌远近而定,右高左低。座位的排列以主方为中心,以右为上,右主左次。迎客时可请主桌以外的客人先入座,贵宾后入座。

2. 赴宴礼仪

在接到邀请后,能否出席应从速回复,以便对方妥善安排,一旦决定出席,就不要随意改动;出席前应要梳妆打扮;出席时间应掌握好,迟到、早退、逗留时间过短都是失礼行为;入座前应听从主人的安排,入座后主人招呼方可进餐;进餐过程中应注意与邻座人的互动;如中途离席,应与主人说明情况,悄悄离场;散席时应向主办方致谢,并应对宴会作些赞美,切勿对饭菜发表贬损性评论。

(五) 签约礼仪

通过商务谈判,双方达成一致意见后,通常要签字确认双方达成的协议,这时会举行一个签约仪式。从礼仪上来讲,签约仪式应正式、严肃、认真。

1. 签约人员的确定

在举行正式签字仪式之前,各方应将确定好的参加签约仪式的人员,向其有关方面通报。签字人应视文件的性质由谈判各方确定,其身份应大体相当。出席签约仪式的陪同人员,应基本上是参加谈判的全体人员,如一方因某种原因需要未参与谈判的人员出席,另一方应予以同意,双方出席人数应大体相等。为了突出对各方的重视,各方也可对等邀请更高一层的领导人出席签约仪式。

此外,签约人员应注意自己的着装。如在出席签约仪式时,应穿着具有礼服性质的深色西装套装、西装套裙,要求配白色衬衫与深色皮鞋。签约中应注重仪表仪态、举止要落落大方,自然得体。

2. 必要的签约准备工作

即在国际商务谈判结束后,要做好签约文本的准备,如文本的定稿、翻译、校对、印刷、装订、盖火漆印等项工作,同时准备好签约使用的文具、国旗等物品。国际商务活动中,在与外商签订相应协议或合同时,应按照国际惯例,待签文本应同时使用宾主双方的母语。

3. 签字场地的布置

由于签字的种类不同,各国的风俗习惯不同,因而签字场地的布置也各不相同。通常签字场地有以下几种情况:常设专用的、临时的会议厅、会客室来代替等。在布置签字场所时应遵循庄重、典雅、整洁、大方的原则。座次的排列方式主要有并列式、相对式和主席式。签字桌上,应事先放置好待签协议文本、签字笔、吸墨器等签字时所用的文具,还应在签字桌上插放有关各方国家的国旗。国旗的插放顺序和位置,必须依照礼宾序列进行。例如,签署双边性协议时,有关各方的国旗必须插放在该方签字人座椅的正前方。

4. 签约仪式的程序

各国签约仪式的基本程序都大同小异,参加签约的双方进入签约厅后,按身份顺序排列入座。双方的助签人员分别站在各自签字人员的外侧,协助文本及指明签字处。在签完本方保存的文本后,由助签人员互相传递文本,再在对方保存的文本上签字,然后由双方签字人交换文本,相互握手。签订完毕后,双方通常会握手致意,并以香槟、红酒互敬等方式进行庆祝签约成功。

二、不同国家商务谈判的风格

谈判风格是指基于文化底蕴的不同,谈判者在多次的谈判过程中通过言行举止表现出来的不同于对方的谈判思想、策略和行为方式。在国际商务谈判中,各国间的文化差异会造成各方谈判人员在思维方式、风俗习惯、语言与表述方式等方面存在一定的差异。只有了解并正确处理,才能在国际商务交流中掌握主动,实现双赢。

(一) 中国人的商务谈判风格

中国人受儒家文化影响,其行为举止上非常注重礼节,重人情,讲关系,谈吐含蓄,不直接表露真实思想,比较保守,不轻易冒险,工于心计,足智多谋。内地的谈判人员多具有奉献精神,而港澳台地区的谈判人员注重实利,包括个人利益。在国际商务谈判中,中国人喜欢团队式参加谈判,但主谈者通常只有一人;不太注重团队精神;对客方习惯于以礼相待。谈判中,常会给对方留有余地,不喜欢发生正面摩擦和公开争论,常用谨慎的、不显眼的方式解决争议。中国人工作节奏不快,常会延长谈判时间,喜欢有条不紊、按部就班。对谈判问题的原则性和灵活性把握得很有分寸,注重利益均衡。在洽谈生意时,常要求在本国进行谈判,以控制议事日程,掌握谈判进展。

(二) 美国人的商务谈判风格

美国人有强烈的创新意识、竞争意识与进取精神,因此,在国际商务谈判中,美国商人自信心强,自我感觉良好,热情坦诚,性格外向,在谈判中会不断地向对方发表见解;注重利益,不兜圈子,谈判中通常比较直接,喜欢公事公办。精于施展策略,时间观极强,对整个谈判过程,他们精打细算地规划谈判时间的利用,希望每一阶段逐项进行,并完成阶段性的谈判任务。具体到各州又有些不同,如美国东部13个州的商人做生意头脑灵活,精于讨价还价;美国中西部12个州的商人喜欢交际,平易近人,重视信用;美国西部地区的商人性情比较急,很注重文字契约;美国南部各州商人性情较急,但待人诚恳,注重文字契约和商业信用。美国人极其重视合同或书面协议,总是认真仔细地订立合同,力求完美。合同的条款从产品特色、运送环节、质量标准、支付条件、责任分配到违约处罚、法律适用等无一不细致精确,以至显得冗长而繁琐。

(三) 法国人的商务谈判风格

法国人具有浓厚的国家意识和民族自豪感,因此,法国商人在进行商务谈判时坚持使用法语;商务交往中富有情趣和人情味,习惯于先用小生意试探,建立信誉和友谊之后,大生意便接踵而至;时间观念不强,对别人要求严格,但自己随便;谈判中偏爱横向谈判方式,即先为协议画出轮廓,然后达成协议。在谈判的讨价还价阶段,对细节问题不是很重视,但对合同的主要条款谈得非常认真、仔细。如果你为了做成生意对他们做出让步,并且接受他们硬性加进的某些索赔条款,一旦发生问题,他们会坚决对你起诉。但如果他们错了,则会装得若无其事。因此,与法国商人谈判,重要协议必须谨慎,并以书面形式确认签字。法国人比较重视个人力量,很少集体决策,决策迅速。他们不喜欢过多地谈及个人问题或生意秘密。值得注意的是,法国人习惯用手势来表达意思,但手势的含义与我国有一定的差异。

(四)德国人的商务谈判风格

德国人对工作一丝不苟、严肃认真、注重效率、讲究信誉,素质较高。他们对于想要出售或购买的产品有着很高的质量要求,因此,与德国人做生意,一定要让他们相信贵公司的产品完全可以满足他们的高标准要求。他们谈判前准备充分,资料收集详细,分析工作细致且极具条理性。谈判开始后,他们谈判果断,极注重计划性和节奏紧凑性,一开始就直入正题,谈判中常固执己见;他们非常重视和尊重契约,在签订合同前,会对每个细节都进行磋商,明确双方权利后才签字。他们注重诚信,会严格按合同办事。德国商人谈判很遵守时间,对谈判迟到的对手常常流露出厌恶和不信任的情绪。他们十分注重礼节、穿戴、称呼等。在交谈中,应避免提及个人隐私、政治以及第二次世界大战等话题。一旦彼此熟悉,建立商务关系且赢得他们的信任后,便能有希望长期保持合作。德国人不喜欢"一锤子"买卖,求稳心理强。

【课堂讨论】

不注意细节导致谈判失败案

德国某家企业欲从中国某公司进口农业机械设备一批,双方前期通过 E-mail 方式进行了业务洽谈,达成了一定意向。于是双方就合同细节约定在德方所在地进行商务谈判。由于中方公司对道路不熟悉,路上时间耽搁太久,以致到达会场时,时间已过了 15 分钟,此时德方谈判者已离场。当中方给德方电话时,德国明确表示不愿与之合作,双方交易告吹。

试分析未能达成交易的原因以及应吸取的教训。

(五)日本人的商务谈判风格

日本商人是最具个性、最具魅力、最成功的谈判者。他们具有强烈的集体意识,决策慎重,等级观念根深蒂固,讲究礼仪,好面子,谈判有耐心,不易退让,但注重谈判中建立和谐人际关系。他们在谈判前会精心策划,根据收集到的有关对方弱点、优势、个性等信息进行研究,制订出几套谈判方案,排出方案的次序,优选并力争实施最佳方案。参加谈判的人员分工明确,喜欢采用委婉、间接的谈判风格,常采用"投石问路""拖延"等策略,把谈判对手往自己方面引导,很少向对方直接提出建议。他们对交易条款中如商品的质量、性能、规格、数量、交货、付款等条件谈判得非常认真仔细。合同签订后,日本人非常重视履约,履约率很高。

(六)阿拉伯人的商务谈判风格

阿拉伯人具有宗教信仰,家庭观念强,性情保守,重朋友等特点,使其在商务谈判中呈现出不同的特点。阿拉伯商人重信誉,讲交情;谈判节奏慢;重视谈判的早期阶段。他们比较喜欢与老客户打交道;时间观念松散,谈判过程中喜欢随意中断。谈判目标层次鲜明,喜欢讨价还价。值得注意的是,阿拉伯人对政治话题较敏感,因此,在谈判过程中,要尽量避免涉及政治问题,还应远离女性话题,要注意他们的宗教习俗。

【课堂讨论】
因不了解对方习俗导致谈判失败案

中国某公司与土耳其客商洽谈了一笔纺织品业务,双方就具体内容进行了商务谈判,前期谈判进行得非常顺利,期间有一个简短的休息,中方公司为了表示出友好,主动与其进行闲聊,话语中无意提及到希腊与土耳其的纠纷,立刻引起了对方的不悦。在双方后期的商务谈判中,土耳其客商表现出强硬的态度,丝毫不愿让步,并一再流露撤出谈判的意图。最终双方无法就实质性问题达成一致意见,谈判宣告失败。

试分析此次谈判失败的原因及应吸取的教训。

本 章 小 结

◆ 内容提要

本章首先介绍了国际商务谈判的基本概念和特点,指出了国际商务谈判应遵循的基本原则。阐述了国际商务谈判中具有代表性的APRAM模式,介绍了国际商务谈判的基本程序及要求。在此基础上,就谈判各阶段常用的谈判策略和技巧进行了分析,并介绍了在国际商务谈判中谈判者应熟悉的礼仪和不同国家的谈判风格所存在的差异。掌握一定的国际商务谈判知识和方法,对于从事国际贸易的各方来说,都具有重要的指导和实践意义。

◆ 关键词

国际商务谈判　APRAM模式　模拟谈判　开局阶段　磋商阶段
迎送礼仪　交谈礼仪　宴请礼仪　签约礼仪　谈判风格

◆ 思考题

1. 为什么国际商务谈判非常重要?谈判前需做哪些准备?
2. 国际商务谈判的APRAM模式是如何运行的?与一般的谈判过程相比,它强调了哪些因素?
3. 国际商务谈判需经历哪些程序?请结合实例具体说明。
4. 请问如何正确制定国际商务谈判的策略?制定过程中需要考虑哪些因素?
5. 国际商务谈判礼仪包括的主要内容有哪些?不同国家的谈判风格主要差别在哪些方面?请举例说明。

中日三菱汽车赔偿案

因从日本三菱公司进口的5800辆三菱汽车质量不合格,中日双方在北京举行了关于经济赔偿的谈判。由于这场谈判涉及的金额巨大,因而谈判双方都派出了精明能干的谈判代表。

首先谈判的是汽车质量问题。日本谈判代表深知自己理亏,因而想大事化小、小事化了,以"有的""偶有"等语句避重就轻。中方谈判代表以详尽的检验数据和专家鉴定予以辩驳。在事实和科学面前,日方代表不得不同意付给中方汽车加工费7.76亿日元。

接下来谈判的是间接经济损失赔偿问题。这笔损失涉及数目最大,分歧也最大。日方在谈这项损失费时,也貌似事实以逐条报出,每报完一条,总要停一下,环视一下中方反应,仿佛给每笔金额数目都要圈上不留余地的句号。最后他们提出最多支付30亿日元。

中方代表一面针对日方的每一笔报价揭穿其所做手脚和"大约""预计"等含混不清的字眼；另一方面，对每一笔赔偿额的来源，有根有据，提出赔偿间接经济损失费为70亿日元。日方代表听到这个数字后，吃惊地当场说不出话来，反应了老半天才连连表示"差额太大。"又找了一堆理由做解释。而中方的态度非常明确，并指出："贵公司的低劣产品已给我国带来了巨大经济损失，此损失费是合情合理的。"

由于双方分歧太大，又各不相让，双方都沉默不语，谈判陷入了僵局。

这样一来对双方都不利。于是，中方代表首先打破僵局："中日贸易不是一两天的事，以后的日子还很长。我们相信贵公司绝不愿意失去中国这个最大的贸易伙伴和广阔的汽车市场，我们也不希望失去你们这样的朋友。如果贵公司有诚意维护自己的信誉，彼此均可以做出适当的让步。"

中方代表的话起了作用，日方代表有所松动："我公司愿意付40亿日元，这是最高的数目了。"

"我们希望贵公司最低支付60亿日元。"中方代表不想做出太大的让步。

谈判又出现了新的转机。经过反复磋商，日方最终以赔偿中方50亿日元并承担另外几项责任而告结束。

问题：1. 按内容和态度分，这是属于什么类型的谈判？
2. 中方的谈判代表采用了哪些谈判策略？
3. 双方为什么对谈判结果都比较满意？这个案例给我们什么启示？

改编案例自：刘宏. 国际商务谈判[M]. 大连：东北财经大学出版社，2009：36.

第十三章 国际贸易市场调研

了解国际贸易市场调研的概念和作用;掌握国际贸易市场调研的内容和类型;掌握国际贸易市场调研的程序;熟悉国际贸易市场调研常用的方法。

蔻驰凭调研引领时尚潮流

蔻驰以供应结实、耐用皮革商品而闻名全球。今天蔻驰被看做前沿的时尚品牌,它在世界主要奢侈品市场贸易额不断增加。该公司擅长在不同时期制造和销售最新款式的手提包。包括普拉达、古驰、香奈儿等奢侈品牌占据着主导地位,并且售价一般在几百美元,而蔻驰首创了"唾手可得的奢侈品"(Accessible Luxury)概念。蔻驰公司首席执行官,卢·佛兰克福特是如何实现这一转型的?该公司在多国设有各种不同的销售渠道和生产网络,这意味着其生产成本要比其他竞争对手平均低40%。但价格只是一方面原因,国际贸易市场中,广泛的消费者调研同样非常重要。蔻驰管理层依靠各百货公司、独立精品店和蔻驰网站等日常反馈。在对新设计的产品进行市场测试时,公司高度关注"数量"。公司手提包和配饰产品的首席设计师瑞德·科拉考夫(Reed Krakoff)解释道:"如果某些产品卖不动,我从不会说'嗯,那是因为人们不理解它'。如果人们不懂这款产品的话,那它就不该进店。"

没有调查就没有发言权。蔻驰置身于竞争激烈的时尚行业前列,表明消费者行为和进口国环境信息对促进出口贸易至关重要。国际贸易业务人员应重视市场调研,应充分利用现代化信息技术,熟悉国际贸易市场调研的程序和方法。

资料来源:http://china.coach.com/.

第一节 国际贸易市场调研概述

一、国际贸易市场概述

国际贸易市场调研顾名思义是以国际贸易市场为研究对象,特别是通过对外国贸易市场信息和资料的有效调研,来提高本国的外贸策略,并优化贸易条件。国际贸易市场是基础条件,因此,在学习国际贸易市场调研之前,我们有必要对国际贸易市场基础知识做进一步的了解。

(一) 国际贸易市场的概念

1. 国际贸易市场的含义

国际贸易市场(International Trade Market)又称世界贸易市场,它主要是指通过国际分工,将各个国家或地区联系起来的世界各国或地区的货物、服务和技术交换的场所。

2. 国际贸易市场产生的条件

国际贸易市场是在一定历史条件下和生产力高度发展的基础上,伴随着国际贸易规模的不断扩大而产生和发展的。

它的产生需要具备以下几个方面的条件:

(1) 世界上不同国家或地区存在大量的剩余劳动力,这样通过相对集中可进行专业化生产,从而形成规模化效应。

(2) 在这种专业化生产的推动下,出现了大量的可供交换的剩余产品,只有出现可供交换的剩余产品,国际贸易才会产生,国际贸易市场才能形成。

(3) 世界上不同政治实体(国家或特定地区)之间要具备铸就国际贸易市场所必需的贸易通道,只有贸易通道才能将世界不同国家或地区联系在一起进行商品和劳务的交换活动,进而才能形成最广泛意义上的世界贸易市场。

(二) 国际贸易市场的类型

国际贸易市场基于不同的视角可以进行不同的分类,总体上,我们可以对国际贸易市场概括为两类:

1. 依据地域划分

基于国际贸易地理格局或地域视角,国际贸易市场可以区分为外国贸易市场、国际区域贸易市场和世界贸易市场。这些市场由于所处的地理位置不同,其自然条件、经济发展水平、社会文化及民族风格等方面都存在巨大差异。其中,外国贸易市场是相对于某国而言的,其商品交换跨越国界而形成与外国相交易的市场,即国别贸易市场,如美国市场、韩国市场、日本市场等;国际区域贸易市场是商品交换关系进一步扩大,由若干个国家或地区构成的统一市场,如中日韩自由贸易区、欧盟、北美自由贸易区等;世界贸易市场即全球的统一市场,它是在世界范围内的所有国家或地区之间,在国际分工基础上交换商品、交换劳务和进行资源配置所形成的统一体。

2. 依据贸易客体对象划分

基于贸易客体对象视角,国际贸易市场可以区分为国际货物贸易市场、国际服务贸易市场和国际技术贸易市场。该分类表示国际贸易市场是国际贸易关系的总和,不仅存在狭义的商品贸易市场,而且还存在金融、旅游、劳务等服务贸易市场,同时也存在专利、商标和专有技术等技术贸易市场。

【课堂讨论】

试讨论分析当前国际贸易市场发展所呈现的新趋势和新特点有哪些?

二、国际贸易市场调研的概念和作用

(一) 国际贸易市场调研的概念

1. 国际贸易市场调研的含义

国际贸易市场调研(International Trade Market Research)是以外国贸易市场为主要对

象,本国外贸企业综合运用科学的调研方法与手段,有目的地、系统地、客观地收集、记录、分析和整理与国际贸易活动相关的信息和资料,从而把握目标贸易国的贸易市场动态,从而为外贸企业进行下一步的交易磋商和签订贸易合同提供可靠的依据。通俗地讲,国际贸易市场调研就是外贸企业通过有组织的活动,本着客观求实的原则,针对某种或某类产品的市场行情分析,来改善或优化本国本企业的贸易条件,为本企业获得更多贸易利益创造条件。

2. 国际贸易市场调研的特点

(1) 国际贸易调研活动策划所体现的特点。国际贸易市场调研要对整个调研过程进行分析和研究,进而得出结论,那么在执行整个调研过程中所体现的特点,对调研结论的精准性和可参考性具有重要意义。这些特点包括:调研方法具有科学性,调研程序具有系统性,调研数据分析具有客观性,调研目标具有针对性,调研信息具有一定的局限性等。上述特点表明国贸调研人员在调研时本着科学的原则,对调研活动周密策划,并对数据客观公正对待,有目标地进行专业性调研,最后还要对调研数据灵活应用,因为数据的效用有可能会导致贸易决策或贸易计划失误。

(2) 国际贸易市场调研内涵所体现的特点。首先,国际贸易市场调研本身是国际贸易交易磋商前的一个环节,是国际贸易实务操作的一部分,只有通过调研这一有效手段,才能发现贸易中存在的问题并进行风险规避;其次,国际贸易市场调研是一项跨越国界的复杂且技术性较强的系统实践活动,涉及经济学、管理学、统计学和国际贸易等多门类交叉学科知识,只有灵活掌握这些知识,并对调研活动周密部署和采用科学方法,才能得出建设性的调研结论;最后,国际贸易市场调研是调查与研究的紧密结合,两者互为表里,缺一不可,该特点表明国际贸易市场调研不要就调研而调研、就数据而数据,应当结合贸易问题进行针对性的调研,既要对市场调查,又要对数据进行针对性的研究和分析,这样才能得出可靠的调研结论。

(3) 区别于国内贸易市场调研的特点。国际贸易和国内贸易都需要进行交易前的准备这一贸易环节,即都需要进行市场调研,国际贸易市场调研和国内贸易市场调研在概念、作用、程序和基本方法上都是大致相同的,那么国际贸易市场调研区别于国内贸易市场调研的特点表现在以下几个方面:

首先,国际贸易市场调研的范围比国内贸易市场调研更广泛,并且国际贸易比国内贸易更需要充分、及时、准确的调研数据信息。国际市场调研与国内市场调研所需要的信息也不相同,因为不同的国家在文化、法律、政治、经济等方面存在着巨大的差异,出口商不像是在国内贸易调研这么简单,需要对各方面进行搜集研究和分析数据,稍有不慎,就有可能在贸易操作中出现问题,甚至导致亏损。

其次,国际贸易市场调研比国内贸易市场调研更困难。有些信息在国内调研时很容易得到,在国外调研很难得到或根本得不到。由于跨越国界调研,会在不同的政治环境、语言环境、法律环境、人文环境等条件下调研,更是给国际贸易调研人员增加了难度,从而使国际贸易市场调研的成本远远高于国内贸易市场调研的成本。

最后,国际贸易市场调研比国内贸易市场调研更复杂。由于各国在政治、经济、法律、社会、文化因素的差异性,使国际贸易市场调研策划的差异性更大;从不同国家得到的信息,由于各国统计方法、统计时间等因素存在差别,需经过整理换算后,才能使其具有可比性;国际贸易市场调研结果的可比性问题更加突出,国际贸易市场调研需要做出更多的决策,同样的调研方法,在一国有效,在另一国则可能无效或受到很大制约,即使在各国都有效,那么还是要对多个国家比较才能做出决策。

(二) 国际贸易市场调研的作用

1. 国际贸易市场调研的意义

国际贸易实务操流程主要包括三个阶段：交易前的准备阶段；交易磋商、订立合同阶段；履行合同和处理争议阶段。进出口双方在交易时都要经过这三个阶段，这样才能保障双方贸易顺利地进行并从中获取各自的贸易利益。其中，在交易前的准备阶段，出口方出口交易前的准备工作包括：国际市场调研；确定销售市场，建立业务关系；制订出口商品的经营方案；广告宣传和无形资产的保护等。进口方进口交易前的准备工作包括：进行市场调查；落实进口许可证和外汇；研究制订进口商品经营方案等。可见，无论进口还是出口，双方都需要对国际贸易市场进行调研，可见国际贸易市场调研的重要性。需要说明的是，进口方的市场调查主要侧重对拟进口商品本身的调查研究、贸易商的资信调查和对该种商品国外供给情况的调查研究，它只是国际市场调研的一个小环节，所以我们所说的国际市场调研更多的基于出口商角度。

哪里有市场，哪里就有商机。一个国家往往为了提高出口创汇能力而对出口商提供一些政策扶持，从而也提高外贸企业的国际竞争力，实现尽可能多的贸易盈余。但作为外贸企业仅靠国家扶持是不够的，作为外贸企业应充分对市场具备预警和敏感信号的识别能力，尤其在当今信息时代，谁对国际市场有充分的认识和把握，谁就掌握了贸易市场的先机而拥有商机。然而国际贸易市场调研正是获取国际市场信息的重要手段和有效方式，我们知道国际贸易市场调研是在调研数据资料的基础上系统地、客观地、全面地总结分析和研究，得出可靠的结论，做到知己知彼，百战不殆，从而为外贸企业做出正确的贸易计划或决策提供可靠有利依据。当前经济形势复杂多变，世界市场环境更是纷繁复杂，要想在激烈的贸易战中获胜，避免贸易中可能出现的各种问题，就必须有针对性地进行国际贸易市场调研，国际贸易市场调研是外贸企业进入国际市场的前提和基础，也是外贸企业获得成功和进一步发展的关键。

2. 国际贸易市场调研的作用

国际贸易市场调研对于顺利开展国际贸易和提高对外贸易效率具有重要的意义，国际贸易市场调研的作用主要体现在以下几个方面：

(1) 有利于外贸企业寻找贸易机会，锁定目标市场。外贸企业通过国际市场调研，对不同的市场特点和消费者行为模式有了大致的了解，然后对各种市场进行总结分析，确定属于自己销售产品的适销市场，最后根据市场情况做出正确的贸易计划，有条件时可以对市场进一步拓展。例如，海尔最初出口到美国市场的冰箱都在160立升以下，是世界级品牌不生产的缝隙产品。当时的美国冰箱企业GE、惠而浦都认为160立升以下的市场需求量不大，没有投入多少精力去开发市场，然而海尔通过调研发现美国的家庭人口正在变少，小型冰箱正在越来越受欢迎，独身者和留学生就很喜欢小型冰箱。海尔公司在通过充分的市场调研和信息分析之后，经过精确计算，着力开发小型节能冰箱，一经上市，即获得大量订单。

(2) 有利于外贸企业根据国际市场调研制订贸易计划，将产品打入目标市场。锁定目标市场之后，外贸企业下一步应开始考虑如何将产品打入该市场，这样出口商会存在一些顾虑，如目标市场对于该产品的需求状况如何？市场同业竞争状况又如何？贸易方式采取何种方式？贸易价格如何核算等？而国际市场调研所提供的市场信息将出口商的这些顾虑打消了。出口商会根据国际贸易市场调研的实际情况做出最佳贸易策略，甚至可以为政府制定政策提供参考,从而使外贸企业所出口产品能够稳步占领目标市场。

(3) 有利于外贸企业适时调整贸易策略,保障贸易顺利进行。国际贸易市场变幻莫测,随时可能会出现供求变化、价格变化和汇率风险等各种问题,而国际贸易市场调研整个过程是一个动态的过程,它能够反映国际市场的变化,从而企业通过国际市场调研所获得的信息也是动态的,这样企业可以根据调研所获得的最新市场信息,对本企业的外贸策略进行必要的评估和修正,以保障外贸企业贸易活动的安全运行。

(4) 有利于外贸企业分析和预测国际市场未来的发展趋势,把握市场先机。凡事预则立。国际市场在任何异常发生之前总会有预兆出现,通过国际市场调研我们可以发现国际市场异常变化呈现的预兆和非正常现象,从而使外贸企业对国际市场发展趋势进行预测,然后及时调整贸易策略或计划,规避风险,最终使企业在激烈的贸易市场竞争中掌握主动权,把握市场先机。

第二节　国际贸易市场调研的内容和类型

一、国际贸易市场调研的内容

国际贸易市场调研的内容较为广泛,与国内贸易调研相比,国际贸易调研的范围更广泛和复杂。国际市场调研不仅要对多个国家进行调研,搜集大量的数据资料,还要进行综合分析和研究,将各国政治因素、经济因素、人文因素和地理因素等全部考虑进去,再做出一个总结性的调研结论,这样才会对本国外贸策略提供有力依据。从国际市场进出口贸易角度而言,国际贸易市场调研主要包括国际贸易市场环境调研、国际贸易市场动态调研、国际贸易市场客户调研和国际贸易市场竞争调研四个方面。

(一) 国际贸易市场环境调研

国际贸易环境调研是国际贸易市场的外部影响因素,主要是基于外贸企业锁定目标市场而进行的,外贸企业通过对国际贸易市场环境的调研,可以充分认识当前的政治、经济、法律、资源环境和文化环境等状况,从而可以经过综合分析,最终确定最佳目标市场。

1. 国际贸易市场政治环境调研

(1) 调研目标国的政局是否稳定。从政治上来讲,一个国家有权管制在其内从事商贸活动的商业团体或商人。被调研国家的政治体制、民族主义、国家类型、政治制度、对外政策、外贸政策以及与我国的关系等方面都要做深入的调研,政治导向是否与本国有悬殊或存在国际关系局势紧张。这样肯定是不利于本国与该国进行贸易的。被调研国家政局是否稳定会影响到与该国贸易是否安全顺畅,世界因国内动乱或国际关系紧张导致的禁止贸易或限制贸易已屡见不鲜。

(2) 调研目标国的政治对贸易的干预程度如何。有些国家的外贸是以市场为主导的,政府只是在政策上进行一定程度的调控。但有些国家的外贸受到该国政治的干预程度特别强,这种政府主导的贸易市场客观上要求调研人员对目标国的领导人或主要政治人物及时关注,通过对其深入的了解来推断该国外贸政策的导向,从而"对症下药"地做出外贸对策。

2. 国际贸易市场经济环境调研

(1) 调研目标国的经济评价指标或经济发展情况。主要包括:国民生产总值、国民收入、工农业生产、物产资源、生产经营指标、物价指数、就业状况、工资指数、汇率变动、国际收支、外贸数据和招商引资等。

（2）调研目标国的经济政策。主要包括：国民经济发展规划、财政政策、货币政策、产业振兴政策及其他的经济政策。

（3）调研目标国的产业环境。20世纪20年代，国际劳工局最早对产业作了比较系统的划分，即把一个国家的所有产业分为初级生产部门、次级生产部门和服务部门。后来，许多国家在划分产业时都参照了国际劳工局的分类方法。中国将产业划分为：第一产业为农业，包括农、林、牧、渔各业；第二产业为工业，包括采掘、制造、自来水、电力、蒸汽、热水、煤气和建筑各业；第三产业分流通和服务两部分。调研时要关注各产业就业和产出情况，产业结构情况，工业制造业生产状况、劳工条件等，第三产业中交通运输方式和条件，服务业行业类别等情况。

（4）调研目标国的贸易环境。主要包括：对外贸易结构、贸易收支、对外贸易地理方向、进出口商品贸易额、国际支付能力、商检、民商法和海关制度以及与我国的贸易情况等基础资料，关税与非关税壁垒贸易保护措施、信用证结算、对外贸易经营者管理、贸易协定和外汇监管等对外贸易管制和外贸政策状况，主要贸易港口、港口设备、港口航线、港口惯例等货运条件，贸易习惯，国际商事仲裁制度，与贸易有关的法规和惯例等。

对目标国进行经济环境调研是外贸企业的一项不可或缺的重要任务，通过以上对经济评价指标的调研，我们可以了解目标国整个经济的发展情况；通过对经济政策的调研，我们可以把握目标国的政策导向，从而使我们与该国进行贸易时可以趋利避劣；通过对产业环境的调研，我们可以了解目标国的工业化程度和工业主打方向，另外还可以通过第三产业信息，确定贸易运输成本以及是否需要办理货运保险；通过对贸易环境的调研，我们可以根据目标国的贸易条件和贸易动向有针对性地做出相应的贸易对策，最终提高外贸企业的竞争优势。

3. 国际贸易市场法律环境调研

国际市场法律环境调研主要是调研目标国和国际上的涉及贸易的法律法规与惯例体系，进出口贸易属于跨国交易，不同的国家根据本国国情，制定了一系列与贸易相关的法律法规，如我们国家制定的对外贸易法、海关制度等均属于国内法。另外还有很多国家或地区联合制定与贸易相关的国际贸易公约、协定和惯例等，如《联合国国际货物销售合同公约》《跟单信用证统一惯例第600号出版物》《2010国际贸易术语解释通则》《托收统一规则》等。这些与贸易相关的国内法、国际法和国际惯例共同构成了一国对外贸易的法律环境，并制约着该国在国际贸易市场上的贸易活动。因此，进出口企业要想顺利开展国际贸易，而不会由于国内法、国际法或国际惯例的障碍而使贸易搁浅，就必须熟悉国际贸易市场法律环境。

4. 国际贸易市场资源环境调研

（1）调研目标国的自然资源环境。首先对目标国的地理条件进行调研，如该国的地理位置、国土面积、风土人情和气候等条件，均会对贸易产品是否适合在该国销售产生重要的影响。另外，要对目标国的农业、林业、牧业、副业、渔业和矿产资源等进行调研，目标国的资源禀赋情况决定了该国对某些商品是否有进出口的需要，从而使贸易国根据实际情况作出对应的贸易策略。

（2）调研目标国的人口资源环境。人口资源是形成国际贸易市场规模的一个最基本要素，是国际市场调研的重点。调研的主要内容包括人口结构、家庭规模、人口分布与密度等。

人口结构主要调查目标国的性别结构、年龄结构、职业结构、老龄化结构等方面,这样我们通过调研可以确定某些商品适合哪些人群,同时可以分析出不同的人口结构具有的消费偏好,家庭规模的多少也会影响到商品的需求,现在购物多以家庭为单位。而人口分布与密度反映了目标国市场的集中与分散程度,目前,世界人口密度高的地区分布在东南亚、中欧和美国的东北部等地区,故这些地方相对市场比较集中。所以通过人口资源环境的调研,我们可以确定目标国不同人口结构和家庭规模对产品的需求偏好状况,也能将贸易市场锁定集中区域,从而为贸易国是否在目标国开拓市场提供了决策依据。

(3) 调研目标国的技术资源环境。调研的主要内容包括目标国与贸易产品相关的科技水平、技术研发与合作、科研专利等课题项目和产业发展技术等。科技是第一生产力,一个国家的科技水平,能直接反映出该国的发展状况,关系到该国出口企业的生存。因此,贸易国在调研目标国科技水平的基础上,与本国科技水平相比较,差距过大就不适合在该国投放产品,因为不同的产品科技含量其价格会有差异,这种差异也决定了贸易国的产品竞争力。

5. 国际贸易市场文化环境调研

世界上不同的国家或地区由于地理位置、历史发展、种族、国民教育和社会发展模式的不同形成了跨国文化差异。然而这种文化差异同样会使国民对某些产品产生差异化需求,所以我们很有必要调研目标国的诸如语言文化、种族特性、宗教信仰、社会组织、风俗习惯和教育水平等社会文化,经过调研我们会发现,不同的语言障碍、不同种族对产品的不同消费需求、不同的宗教信仰、社会组织形成的文化主流、风土人情、受教育程度和消费观念等因素均会影响目标市场的选择。

(二) 国际贸易市场动态调研

伴随着经济全球化的深入发展,整个国际贸易市场呈现出一个复杂曲折而动态发展的过程。我们要想在国际贸易市场中占据一席之地,就必然要熟悉这个市场,尤其是正在变化发展着的动态国际市场,从而有针对性的筛选出目标国市场。市场动态调研主要调研市场的类型及其发展规模、市场的供求变化、市场的价格变化和市场的发展趋势等方面。

1. 国际贸易市场需求调研

在世界范围内的不同国家或地区,哪里有需求,哪里就会有相应的供给,因此也就会形成国际贸易市场,至于市场的发展情况如何,主要取决于目标国经济的发展水平和居民的收入水平,因此,作为贸易国对目标国的市场需求状况进行深入的调研就显得尤为重要。在有些国家,需求决定着供给,该国市场有什么样的需求就会有什么样的供给。贸易国通过对目标国市场人口资源、居民收入、需求偏好、购买力水平等方面的市场需求调研,可以预测该国市场的规模和需求结构,并可以进一步了解市场消费群体对产品在品质、规格、款式、颜色、包装和价格等方面的需求变化和可接受程度,调研人员可以从中确定目标国市场的适销商品,从而使贸易国针对目标国市场对产品潜在的需求和市场规模而做出最佳贸易策略。

2. 国际贸易市场供给调研

在某种程度上,国际市场上的供给也会创造相应的需求,比如说消费者通过在市场上对不同产品的了解,结合消费者的不同偏好,也会对产品产生供给性需求。另外,目标国市场上的供给状况、消费结构和同业竞争情况,也会影响到贸易国决定是否进入该市场。因此,贸易国应当对目标国市场产品的供应渠道、供应来源进行调研,同时对目标国同类产品国外供应商的生产经营能力、出口量、出口竞争能力和出口规模发展变化情况进行调研。这样,贸易国就会通过调研总结掌握目标国市场的供给情况和发展变化,并能分析出同业竞争的态势,从而有针对性地制定产品策略、价格策略等贸易对策。

3. 国际贸易市场价格调研

在国际贸易市场上,价格是影响企业产品的出口量和出口盈利能力大小的直接因素,因此,我们作为贸易国也应及时开展产品的价格调研,这样有利于企业制定合理的价格策略。然而价格的决定又会受到多种因素的影响,其影响因素主要包括商品的价值、供求状况、竞争状况、替代品和互补品价格的变动等方面。价格围绕价值上下波动正是价值规律作用的表现形式,因此要确定目标国市场上产品本身的价值。市场上的供求关系与产品的价格相互影响,当市场上供不应求时,价格往往上升;当市场上供求均衡时,形成的是均衡价格;当市场上供过于求时,价格会下降。另外,市场竞争、替代品和互补品的价格变动也会对价格产生不同程度的影响。所以,我们只有对可能影响价格的各种因素进行调研,才会根据各种因素预测国际贸易市场的价格走势,才能使贸易国在目标国市场同类产品的定价方法和定价策略及定价目标等方面有所把握。

(三) 国际贸易市场客户调研

客户是国际贸易市场重要的经济主体之一,客户、生产商、出口商和其他经济主体都是通过市场发生经济联系的。客户的资信情况、客户数量、结构、需求偏好和行为等会直接影响到市场的规模和需求结构,客户需求量的多少也会反映出目标国市场的潜在产品需求。因此,对客户调研也是市场调研的重点项目。

1. 客户调研

(1) 调研目标国市场客户的资信情况。对贸易客户资信调研是我们国际贸易市场调研的基本任务,也是我们从事对外贸易的前提。在进出口贸易中,买卖双方在履约过程中都会存在一定的风险。卖方出口贸易时会担心出现如下不利的情况:买方伪造单据骗取货物、买方拒绝收货或拒绝付款、买方采用信用证结算方式时签订软条款或开立与合同不符的信用证、约定信用证方式时因货物价格下跌而迟迟不开信用证、违约等信用风险。买方进口贸易时会担心出现如下不利的情况:卖方凭单无货骗取货款、拒绝发货、货物存在质量问题或短量、货物与合同不符、价格上涨时延迟履约和违约等信用风险。所以我们必须对贸易对象进行资信调研。

调研目标国市场客户的资信情况,主要是对贸易对象进行如下几个方面的调研:公司名称、地址、公司性质、发展史、领导体制和分支机构等企业组织情况;诚实守信、是否拖欠货款、延迟履约或违约等信用道德情况;贸易对象的经营范围、经营能力和贸易经验等业务情况;贸易对象的往来银行情况和与第三方贸易往来的资信情况等等。另外,目标国市场客户的政治态度、社会地位、客户与我国贸易的往来情况等也要进行调研,贸易国可以通过查阅资料、实地考察或通过我国驻外机构来了解目标国市场客户,这样可以从中选择合适的贸易对象。

(2) 调研目标国市场客户的规模和结构。主要是调研目标国市场客户总数、客户分布和密度等地区结构、客户性别结构、客户民族结构、客户年龄结构、客户文化水平结构和客户职业结构等方面,并及时关注客户规模和结构的变化趋势。这样,贸易国可以推测出该目标国的产品预期需求。

(3) 调研目标国市场客户消费者行为及其购买力水平。主要是调研目标国市场消费者购买产品动机、购买欲望、购买方式等方面,以及不同消费者收入水平所影响的购买力水平状况。另外,调研人员还要对在目标国的销售渠道、广告宣传、选择计价货币、售前售后服务以及产品在该市场规划前景等商品贸易可行性进行调研,这样贸易国通过调研可以确定目标国潜在的市场需求,并做出对应的贸易策略。

2. 客户需求量调研

调研目标国的客户需求量即消费者消费量,可以了解产品在目标国的消费该产品的数量,以及将来的消费量预期是什么趋势。主要是调研目标国市场的消费水平、质量要求、消费习惯、销售季节、产品销售周期等影响消费量的市场消费情况,具体就是调查某一段时期内消费总量是多少?消费群体是谁?消费群体地理分布怎样?消费产品的使用情况怎样?同业产品的竞争情况如何?这样,贸易国通过实地调研,可以了解该国对某类产品的消费量情况,进而预测市场的预期规模和变动趋势。

(四)国际贸易市场竞争调研

出口企业参与到国际贸易市场中,必然会与国际上其他同类企业产生竞争,很多企业为了提高自己的国际市场竞争力,往往会采取各种措施展开激烈的竞争。目标国的市场容量、供货主要来源、主要生产者、主要竞争者、主要消费对象等市场竞争情况都会对贸易国贸易行为产生影响。因此,作为贸易国在进出口前应当对当前国际贸易市场的竞争状态进行调研。国际贸易市场竞争调研主要包括企业自身竞争条件、市场竞争结构和市场竞争强度等方面。企业自身竞争条件即国际企业本身所具备的参与国际市场竞争的各方面的条件,包括企业的产品生产能力、技术研发与创新能力、产品的技术含量和品质保证、企业的经营管理水平和企业的外部有利因素等。市场竞争结构即在整个国际贸易市场范围内的同业竞争或能够生产替代产品的竞争企业数量,以及这些企业的产量、品质、服务、销售额和国际市场占有率等竞争实力情况。市场竞争强度即在一定的市场范围内由现实的竞争者和潜在的竞争者构成的竞争环境。市场竞争强度主要取决于市场竞争结构和竞争者的竞争行为。具体还是调研竞争对手的产品策略、价格策略、销售策略、渠道策略和产品售后服务等综合实力,以及竞争对手未来的发展趋势等。这样,贸易国就会根据该国国际贸易市场的竞争现状和动态发展态势,确定是否有足够的竞争力将产品投放到目标国市场,如果可以打入市场,则根据竞争状况制定相应的外贸对策。

【课堂讨论】

从某种角度来看,解释与说明调研结果的工作最好由企业管理人员和调研人员共同完成,试分析这样做的原因是什么?

二、国际贸易市场调研的类型

(一)根据市场调研的范围划分

根据市场调研的范围来划分,可以将国际贸易市场调研分为宏观综合性市场调研和微观专题性市场调研两种。

1. 宏观综合性调研

宏观综合性调研即从多个角度对整个市场的全局进行综合分析,包括目标国的政治、经济、文化、社会、法律、资源环境等各个方面。通过综合性调研,有助于企业了解和把握国际市场的整体基本情况,但综合性调研会消耗大量的人力、物力,甚至科技投入力度,成本较高,因而该类型调研一般在必要时采用。

2. 微观专题性市场调研

微观市场调研是相对于宏观综合性调研而言的，它将宏观市场进行细分，主要是企业为解决进出口贸易过程中所涉及的产品、商检、报关、运输和支付等某个具体问题而进行的专门调研。在产品方面，进口国消费者对企业现有产品的质量、性能、包装等方面的评价及反应如何？目标国运输条件如何？采用何种贸易术语比较有利？采用 DDP 贸易术语时对方国报关通关是否便利？所有这些微观具体问题都是需要调研的项目。

（二）根据市场调研问题的性质和目的划分

根据市场调研问题的性质和目的来划分，可以将国际贸易市场调研分为探测性调研、描述性调研、因果性调研和预测性调研四种。

1. 探测性调研

探测性调研一般适用于调研的初级阶段，贸易国对于贸易中可能出现的问题并不明确，可以说探测性调研是一种非正式调研。其主要目的通过探测调研的方式，对企业面临的贸易市场环境等进行初始调查，以便确定问题所在，从而为下一步解决问题确定调查的重点。探测性调研研究的问题和范围较大，方法上比较灵活，不需要做周密的调研计划，在调研过程可根据实际情况随时调整。

2. 描述性调研

描述性调研开始进入正式阶段的调研，它是国际贸易市场调研的重要部分。其主要目的是针对贸易中的专门问题提出解决方案，主要针对诸如国际市场占有率、消费者行为、产品贸易等因素，一般通过询问法来要求就某一专门问题提供方案，因此，调查研究的计划要比较周密，更强调资料的可靠性。

3. 因果性调研

因果性调研是调研的深入阶段，贸易国针对贸易中出现的问题，会分析为什么会产生这些问题，进而使调研进入了一个更深层次的阶段。其主要目的是找出关联现象或变量之间的因果关系，这种调研方法是以实验为基础的调研，因此又可以称之为实验调研。在市场研究的诸多方法中，实验法是因果关系研究的重要工具。进行因果性调研，必须明确因变量和自变量。通常，市场销售量、市场占有率、成本、利润等属于因变量，而自变量包括企业的内部可控制的价格、广告支出、管理费用、销售渠道、产品质量等变量和企业外部的不可控的有关政府法令、消费者收入、消费者偏好、竞争者价格与广告支出等变量。因果性研究就是围绕这些可控和不可控的自变量对因变量产生的影响来进行的。

4. 预测性调研

预测性调研是专门为了预测未来一定时期内某一环节的变动趋势及其对企业贸易过程的影响而进行的调研，尤其是针对目标国市场的需求状况和供给状况及其变动趋势的预测调研。这类调研的结果就是对事物未来发展变化的一个预测。比如，对行业市场销售前景的预测，对企业未来市场份额的预测等。如果贸易国对目标国市场的需求和需求变化趋势不了解或无从估计的话，就会导致所生产的产品在该市场上供不应求或供过于求，而这两种情况对贸易国来说都是损失，当然除此之外，还会面临很多不确定性风险，因此，贸易国进行预测性调研是很有必要的。

（三）根据市场调研资料收集的方式或来源划分

根据市场调研资料收集的方式或来源来划分，可以将国际贸易市场调研分为案头调研、实地调研和网络调研三种。

1. 案头调研

案头调研又称为第二手资料调研,它是从各种文书档案中检索出有用的信息资料,再加以分析判断确定对外贸易策略的一种以收集第二手资料为主的调研方式。案头调研是相对于实地调研而言的,通常是市场调研的第一步,为进一步的调研先行收集已经存在的市场数据。案头调研耗时短,时间精力和财力成本低,比较适合对目标国市场的宏观环境进行调研。其不利之处在于案头调研对第二手资料的依赖性太强,而第二手资料表现出三个缺点:① 许多市场缺乏详细资料;② 现有资料的可靠程度不稳定;③ 现有资料的可比性和通用性不易把握等。这使得文案调研方式在支持外贸决策的力度上受到影响。

案头调研的资料来源和收集渠道主要包括:① 企业内部资料;② 公共图书馆、大学、科研机构、融资机构、企事业职能部门所提供的有关目标国市场的调查资料、考察报告;③ 国外组织和商会、消费者组织等所提供的贸易统计资料、海关与关税制度,进口商、零售商和厂商名单以及编制的各种统计资料;④ 本国驻外机构,我国政府在许多国家设有商务处,可以提供各国的市场情报,包括该国市场的海关与关税制度,进口商、零售商、制造商的名录等;⑤ 国际组织刊印发行的可供市场调研参考的资料等;⑥ 联机检索情报系统所提供的数据库终端检索功能。

2. 实地调研

实地调研是由国际市场调研人员亲自搜集与调研项目相关的第一手资料的过程。第一手资料直接来源于国际市场,当案头调研不能满足调研目标的要求而不能取得调研有效数据时,实地调研方式给予了很好的弥补,不管是调研人员直接通过一定的方式进驻国际市场调研,还是调研人员间接通过一定方式获得来自国际市场的第一手资料,都要比案头调研的数据资料更具有价值。在国际市场调研中,第一手资料的收集状况,对于调研结果的真实性、可用性等方面均具有重要的意义。但相对案头调研而言,实地调研的成本很高,所以企业在采用这种方法收集信息时应谨慎行事。常用的实地调研的方法主要包括询问法或访谈法、问卷调查法、观察法、实验法、抽样调查法等方法,关于国际贸易市场调研的具体方法,我们将在第三节进行深入的系统学习。

3. 网络调研

信息化是当今时代不可逆转的发展潮流,而互联网的全球普及更是使全球进入了一个崭新的网络信息化时代。通过互联网,我们可以获得我们所需要的知识和信息,这使得互联网成为我们日常生活中不可或缺的信息化工具。互联网也成为许多贸易国进行国际贸易市场调研的重要工具,越来越多的公司会通过互联网来了解有关国家的市场信息、消费者需求信息和其他同业竞争行情等关键性信息资料。当然,互联网上的信息铺天盖地,其数据的真实性有待考证,但至少通过互联网可以很轻松地获取第二手市场信息资料。当然通过互联网调研,也可以通过国际贸易市场调研的一般方法,如在网络上采用询问或访谈法、网络问卷调查法、网络评价评估法、顾客网络互动交流法等,比起实地调研的方法更便捷高效,但也存在一定的不足,数据的真实性不如实地调研那样可靠,并且互联网仅仅针对能够上网的年轻网民,从而影响了调研数据的代表性。然而,随着信息化时代的发展,互联网必将会越来越普及,贸易国通过互联网这一工具进行调研的数据也将越来越精准,并且越来越具有参考价值。

第三节　国际贸易市场调研的程序和方法

一、国际贸易市场调研的程序

国际贸易市场调研是一项系统而复杂的工作，从市场调研各个工作环节的逻辑性来看，国际贸易市场调研主要包括以下五个步骤：确定调研问题和调研目标、制订调研计划、收集调研数据资料、整理和分析调研数据资料、撰写调研报告。

（一）确定调研问题和调研目标

在进出口贸易中，我们时常会遇到很多预知或不可预知的问题，如货物的装运、保险、商检、报关和结算等等。另外，进出口商对彼此的资信情况和生产经营能力等不一定都很熟悉，如果仓促地进行交易，很可能会出现较大的贸易风险，所以在交易前我们很有必要进行市场调研。我们进行市场调研时，可以针对以上所涉及的各种问题进行宏观综合性调研，也可以针对上述问题中的单个问题进行微观个体性调研，不管采用何种调研类型，我们都要对问题界定清楚，调研问题应明确、具体、中心突出和主次分明，这也是我们市场调研的目的和出发点，只有问题明确了，我们才会根据所要解决的问题进行深入的市场调研，从而也明确了我们的调研目标，我们可以基于出口、进口或开拓市场而进行调研。当然调研目标设定要合理，这样才能进行下一步的制订调研计划环节。

（二）制定调研计划

确定了调研问题和调研目标后，我们开始拟定调研项目，也就是将调研问题和目的明确具体化，然后开始制订周密的调研计划。

1. 明确国际贸易决策者所需要的信息

国际贸易决策者所需要的信息正是我们前面所学习的国际贸易市场调研的主要内容，它主要包括以下三个方面：① 贸易目标市场宏观经济环境信息，主要包括：政治制度、法律制度、外资和外贸政策、宏观经济情况、人口资源状况、自然资源禀赋情况、科技水平、社会文化状况等等；② 影响贸易组合决策的目标市场动态信息，主要包括：需求信息、供给状况、适销产品及相关产品状况、产品价格信息、分销渠道信息、促销渠道信息等等；③ 贸易目标市场上的竞争状况信息，主要包括：主要竞争对手、竞争者经营范围和营销策略、竞争者在东道国市场份额和政策待遇、竞争者在东道国的发展趋势等等。

2. 坚持国际贸易市场调研的核心目标

众所周知，国际贸易市场多样而复杂，没有明确的问题和目的进行调研，就会显得很盲目，工作量也大。故我们在进行国际贸易市场调研时必须坚持核心目标，国际贸易市场调研制订调研计划时要综合考虑与调研相关的各种因素始终围绕本次调研目的、要求和目标开展，应考虑本次调研的目的、调研对象、调研内容、地区分布和科学样本抽样方案等等。

3. 充分做好国际贸易市场调研的组织准备工作

国际贸易市场调研不同于国内贸易市场调研，国内贸易市场调研的政治、语言、文化、资源和市场环境都基本相同，但跨国贸易市场调研工作绝非易事，国际贸易市场所涉及的政治、法律、人文、社会和市场环境都不尽相同，有的国际贸易市场与本国贸易市场相比更是大相径庭。所以，在进行国际贸易市场调研前，应当充分地做好组织准备工作，合理组织和安排工作任务,组织工作一般包括:在调研前组织领导及人员配备情况;调研员的选派及岗前培训;调研工作进度;调研经费预算等等。

(三)收集调研数据资料

制订完调研计划后,下一步开始执行调研计划,实际上就是搜集、整理和分析数据资料的过程。一般情况,我们对国际贸易市场调研所收集的资料分为两类:一类是有关贸易市场的大概的基础资料,这些资料又称为二手资料,这些资料信息量大,但不够精准;另一类资料便是针对特定的市场调研问题,通过专业渠道收集的原始资料,这些资料又称为第一手资料,资料信息精准而可靠,相对二手资料而言,对贸易决策更具有参考价值。不管是哪一类资料,我们都应找到合适的收集方式,来达成我们的调研目标。

1. 第二手资料的收集

当我们实际调研收集数据资料时,我们会考虑到调研问题的重要程度,以及所耗费的时间和成本等因素,如果每一家公司都必须亲自进行市场调研,收集有关国家的所有信息,这项任务不仅在成本上是无法接受,而且本身也没有什么意义,故一般我们会先考虑搜集二手资料。那么二手资料都包括哪些资料?二手资料的存在方式有哪些?我们获得的二手资料的方式和途径是什么?这些问题都是我们在调研前需要思考和明确的问题。

国际贸易市场上的二手资料主要存在于政府、联合国、世界贸易组织、货币基金组织、世界银行、贸易协会、服务性组织、电子信息服务及商业性信息机构等其他国际组织所公布的数据资料,当然也会以企业内部的记录和报告形式存在,或者通过其他可获得途径间接获得的数据资料。二手资料的内容主要涉及目标国市场进口额、客户需求、居民与家庭收入水平、国民生产总值、对外贸易管制政策、外汇管制政策、关税与海关制度、政治体制、经济政策、投资政策、人口与资源环境和社会文化环境等等。二手资料的收集主要通过国外通讯社和报刊图书资料、国外的推销网、国内外综合的和各种专业的交易会或展览会、国外商业情报机构、研究机构、咨询公司和数据库、互联网等途径。

收集二手资料的过程中,我们应注意以下五点:① 数据的时间性上应反映现时或对将来有影响的数据;② 数据的准确性上应当落实之后才可以采用;③ 数据的全面性上应反映信息的整体和系统所产生的影响;④ 数据的区域性上要比较其适用性;⑤ 数据的代表性应当反映必然的和普遍的存在。尽管我们在搜集二手资料的过程中,为了使数据可靠而精准,尽力做到以上五个注意事项,但我们所搜集到的二手资料还是存在一定的问题。这些问题包括:资料的可获得性,并不是我们搜集什么就会得到什么,有些国家和地区的资料不到当地实际调查是不可能获取的;资料的可靠性,官方的统计资料有时过于乐观,它们更多地反映出民族自豪感而不是现实,而税收体制和逃避税收的心理也会对资料产生不利影响;资料的可比性,数据资料在不同的国家其适用性是不同的,尤其是两个国家发展差距较大时,该数据就不能同时采纳。要想验证数据资料的应用价值,就必须通过实地调研等方式去获得直接数据。

2. 第一手资料的收集

根据国际市场调研的目的和要求,结合上述第二手资料调研的局限性,当针对特殊调研问题和目的时,很可能二手资料不能达成调研的目标,这就需要进行原始资料的搜集。原始资料也称为第一手资料,它主要是调研人员通过目标市场上客户、中间商、销售商和竞争者等具体相关单位和个人实地调研直接获取的第一手资料。第一手资料的内容主要涉及新产品展销与设计、市场定位分析、消费者行为、价格分析、商标、包装、广告设计、寄售商、中间商、竞争商和竞争力等能反映目标市场直接信息的数据资料。第一手资料的收集方式主要是通过实地调查的形式，具体主要通过目标市场客户渠道、实地参加各种国际性会议、驻外商务机构或企业、目标市场建立联系的国内企业和科技单位等途径进行实地调研，实地调研的具体方法主要采用询问法或调查问卷法、观察法、实验法、抽样调查法等。

第一手资料的收集过程与第二手资料的收集过程相比，不仅成本增加，在难度和复杂性上都要更加突出。这样就会在调研过程中遇到一些问题，在国际市场调研时收集原始资料所遇到的问题大部分源于国与国之间的社会文化差异。这些问题主要包括：翻译精准度问题，由于不同国家会存在语言差异、文化程度差异等影响语言信息准确传达的因素；消费者传达有效观点信息的能力问题，不同消费者群体对调研的反应或行为表现会存在差异，进而导致所获取的信息不是那么客观而有效，有些受访者的回答带有偏见或不诚实等；被调研对象回答调研问题的意愿程度问题，有些国家的妇女永远不会同意接受一个男子或陌生人的采访，而在西方国家，人的年龄、收入、婚姻状况是不愿意回答的问题；实地调查中的取样问题，其最大的问题源于缺乏充分的人口统计资料以及得不到可以从中选取有意义样本的数据，因此调研人员不得不对总体的特点和参数进行估计而无法做出准确的估计等等。

总之，国际贸易市场调研是贸易之前必须做的工作，必须通过专业人员对所调研的数据进行分组、归类和综合分析，区别有效和无效数据，这样才能充分发挥市场调研的意义和作用。

（四）整理和分析调研数据资料

在国际贸易市场调研的过程中，不管是一手资料还是二手资料，必须对调研数据进行科学、系统的整理，经过逻辑审核、计算审核、统计分组和综合分析之后，方可使调研的数据资料可靠和实用，最终达到调研的目标。

1. 整理和分析数据调研人员的素质要求

国际贸易市场调研数据整理和分析工作较复杂而有难度，可能涉及复杂的统计方法与数学模型，为了能应对国际市场环境差异的复杂性，国际贸易调研人员必须具备以下的素质和能力：首先，国际贸易调研人员必须对调研对象所在市场的文化环境应有充分的认识和理解。不同国家和地区存在较大的文化差异，我们对目标国的社会习俗、思想观念、语言文字、人文风情、商业习惯等应当有基本的把握。其次，国际贸易调研人员必须对调研过程中的数据资料具有去其糟粕、取其精华而修正调研数据的创新创造能力。换句话说，调研人员应当针对调研过程中出现的各种情况具有灵活应对的素质能力。最后，在整理和分析二手资料的时候应保持严谨细致的态度。既不能采取拿来主义，未必所有数据都是有效的，也不能全盘否定，这样就会失去调研的价值和意义。当对调研数据有异议时，可以通过多种调研方式或其他途径来验证数据资料的可靠性和实用性。

2. 验证分析调研数据资料

在整理和分析调研数据的过程中，我们应该将第一手资料和第二手资料结合交叉进行检查和验证，并通过以下问题对数据资料进行验证分析：

（1）验证分析调研数据是何时收集的？即调研数据的时效性如何。通常，第一手资料的时效性较第二手资料的时效性要强，如果二手资料的时效性过于滞后，这样的资料是不能作为外贸企业进出口决策的依据，因为相对滞后的资料不能反映当前或将来的贸易市场动态，前期的市场调研也就无价值可言。

（2）验证分析调研这些数据的目的或出发点是什么？每一项调研都有其独特性和针对

性,我们所有的调研活动和数据资料的收集始终围绕我们调研的核心目标,达到研有所果、数据可用。如果我们收集的很多数据与我们的调研目的毫不相关,那么即使这些数据再真实可靠,就本次调研目的来说,也无实际价值。

（3）验证分析调研数据是谁收集的？这些资料又是怎么收集的？对于调研人员应慎重选派,并要进行充分的调研综合技能岗前培训,这能有效提高调研结果的可靠性。另外,调研人员不管是二手资料还是一手资料的调研都要讲程序重方法,尤其是二手资料应当有据可查,并与第一手资料相互印证,这样才能使调研数据真实可靠。

（4）验证分析根据已知的资料来源,所调研的数据是否与已知信息一致,是否合乎逻辑。检验二手资料是否与已知正确的其他资料一致是判断资料正确性的有效的常用方法。例如,调研人员可根据育龄妇女的人数与出生率来检验婴儿用品的销售量的有关数据是否正确,或者根据有关医疗设备的销售量来检验医院病床数量的数据是否合理。

（五）撰写调研报告

撰写调研报告是整个国际贸易市场调研的落脚点,调研报告是调研的最终战绩和成果。撰写调研报告时,应符合一定的要求。其格式应符合规范性,其内容要有据可依、简明扼要、真实而可靠,对于无关紧要的内容不要在报告中过多地赘述,文笔流畅简单易懂,结论要与调研目的相呼应,能够通过统计图表和数理模型的形式简明扼要地表达出来。这样写出的调研报告明确而有针对性,并富有逻辑性,便于决策者分析和采纳,从而使外贸企业在目标市场做出最佳外贸策略。

另外,我们要注意调研报告的撰写方法。一般调研报告的结构可分为三部分:前言、报告主体和附录。前言主要是指出调研的目的和内容,简述调研的步骤和方法,提出调研的预期目标等;报告主体主要是阐述调研的详细内容,论证调研的方法,通过对调研数据的整理和分析,得出具有建设性或参考价值的调研结论及决策建议;附录主要包括调研原始表格、调研问卷或记录、统计分析表格、数理模型计算结果、参考的相关数据和文献资料等。

二、国际贸易市场调研的方法

（一）国际贸易市场调研的常用方法

1. 观察法

观察法是市场调研人员到目标市场进行实地调研,通过工具、机器或直观等方法,对市场消费者、展销会、订货会等市场活动进行观察并如实记录的信息收集方法。即调研人员直接到现场,以第三者的身份不动声色地对被调查者进行直接或间接观察的调查方法。直接观察法是调研人员或到销售现场,或使用现场,或到供应现场观察被调查者。而间接观察是利用录音机、录像机、照相机及其他科学仪器十分隐蔽地对被调查者的某些行为进行记录,从而获得某些营销信息。观察法的最大优点是观察到的信息真实可靠,但缺点也很明显,即观察到的仅仅是表面信息,产生这些信息或行为的内在原因却没有表现出来。

2. 调查法

调查法是通过与信息收集对象进行直接交流来获取信息的方法。调查法是使用比较普遍且实用的一种方法。调查法主要包括询问调查法和抽样调查法。

（1）询问调查法。询问调查法主要是采取询问或调查问卷的方式向具有代表性的被调查者了解情况,从而可以获得原始信息资料的一种方法。该方法的特点是通过直接或间接的询问方式来了解被调查者的观点和意见。询问调查法根据询问方式的不同又可以分为问卷调查法、面谈调查法、电话调查法、邮寄调查法和网络在线调查法五种方式。

问卷调查法也称为问卷法,是调查者运用统一设计的问卷向被选取的调查对象了解情况或征询意见的调查方法。调研人员将所要研究的问题编制成问题表格,让被调查者通过各种方式作答,从而了解被调查者对某一现象或问题的看法和意见,所以又称为问题表格法。该方法比较常用,优点是调研对象广泛、调查全面、成本低、被调查者匿名性强,但也存在问卷回收率和有效性等的不足,涉及被调查者的态度和配合程度。面谈调查法主要是通过个人问询和集体座谈等方式,面谈调查法的优点是面谈中能够观察被调查者的态度,从而可以判断资料的可信程度。电话调查法主要是通过对被调查者电话联系调查的方式获取所需要调研的相关信息,电话调查有节省时间、地理范围广、不受地理距离的限制、费用低等优点,缺点是不容易得到被调查者的合作,电话普及率低的国家不适合采用此法。邮寄调查法是将设计好的书面询问表格邮寄给被调查者,然后收回的方法。优点是费用很低,地理范围可以很广,回答的结果比较真实,特别适合地理距离跨度大的国际营销调研,但缺点也较明显,即需要的时间长,更严重的缺点是回收率很低,一般只有1%~5%。网络在线调查法主要是通过网络在线锁定目标市场的被调研要素,如网络问卷、跟踪访问、电子邮件顾客管理与维护等调查方式,优点是便捷快速间接获得调研信息,但由于网络属于虚拟环境,所调查的数据的客观性和真实性有待考证。

(2)抽样调查法。抽样调查法主要是从被调查对象总体样本中按照随机原则抽取一部分单位作为样本,对所选取的部分样本进行调查,通过对抽取样本的调查数据分析,总结推理总体样本相关情况的一种调查方法。它不属于全面调查,但它是调研方法中最常用的一种方法。它根据抽样方式的不同可以区分为随机抽样调查和非随机抽样调查两种方式。随机抽样调查主要是通过简单抽样、类型抽样、系统抽样、分群抽样等方式;非随机抽样调查主要通过任意抽样、判断抽样和配额抽样等方式。该方法的优点是克服了易受主观因素的影响,抽样误差可计算,费用较少,具有较强的代表性和时效性,是比较科学的一种方法。因此,该方法使用较为广泛。

3. 实验法

实验法是将所选主题的刺激因素引入被控制的环境中,通过系统改变刺激程度来测定实验对象的行为反应,从而确定所选主题与刺激因素的因果关系的研究方法。例如从影响出口贸易量变动的因素中选定价格因素实验,在其他因素不变时,从出口贸易量的变动可以发现价格的影响。实验法在市场调研中应用广泛,可以对出口商品的品种、款式、包装、价格、广告等方面均可通过实验法确定贸易市场动态。该方法的不足之处是在大的贸易市场上进行实验,干扰因素多,成本也比较高。但是实验设计规划控制得好,它也能够科学客观地通过实验得出较为准确的客观数据,所以某些情况下的市场调研,采用实验法较好。

(二)国际市场调研组织

当前是一个信息化时代,面对全球复杂多变的国际贸易市场,国际竞争愈演愈烈,要想在市场中占有一席之地甚至鹤立鸡群,就必须了解市场,也就是对国际贸易市场进行调研。随着市场调研的重要性不断突出,出现了一批专业精湛、技术高超和素质优良的调研团队或机构,因此,调研人员如果通过以上所述的调研方法不能得出满意的调研结果,则可以通过借助专业调研机构的方法获得较为可靠的调研数据。根据目前国内外情况,市场调研机构一般包括市场调研公司、广告公司的调研部门、咨询公司和政府机构设立的调研部门四种。

1. 市场调研公司

市场调研公司是专门负责市场调研任务的机构。它可以分为综合性和专业性调研机构。综合性调研机构调研范围涉及面广,可承担多类型和行业的调研;专业性调研机构主要是在某一专业或行业领域比较精通,能够通过调研可以获得较有价值的调研数据。如美国兰德公司、斯坦福国际咨询研究所和尼尔逊市场调查公司等都属于国际著名的调研机构。

2. 广告公司的调研部门

一般是接受委托,承办调研并推广广告宣传的专业型公司,一般的广告公司均设有自己的调研部门。调研人员完全可以通过广告公司来达成自己的调研目标。

3. 咨询公司

咨询公司是指从事软科学研究开发并出售"智慧"的公司,又称为"顾问公司"。这类公司一般由资深的专家、学者和丰富实践经验的人员组成,为企业和一些部门的生产、出口提供一些建设性意见。

4. 政府机构研究部门

政府机构研究部门主要是根据整个国家宏观经济形势的发展和制定经济、行业政策的需要,对现实的市场经济状况进行调研。

本 章 小 结

◆**内容提要**

没有市场,就没有商机。然而国际贸易市场复杂而多变,外贸企业若想提高国际竞争力,就必须对市场具备预警和敏感信号的识别能力,就很有必要进行国际贸易市场调研,本文正是基于此展开论题。本文以国际贸易市场为研究对象,首先介绍了国际贸易市场调研的内涵、类型及其发展;其次阐述了国际贸易市场调研的内容和类型;最后论述了国际贸易市场调研的程序和方法。通过对调研内容及其方案的优化分析,以期有助于本国外贸企业在进出口贸易中制定最佳贸易决策。

◆**关键词**

国际贸易市场调研

◆**思考题**

1. 国际贸易市场调研与国内贸易市场调研相比有何特殊性?
2. 国际贸易市场调研的主要内容包括哪些?
3. 如何设计一个完整的国际贸易市场调研方案?
4. 国际贸易市场调研常用的方法有哪些?

《佛罗里达生活方式》被定位为一种高档的生活方式杂志,其目标市场是居住在大都市的许多佛罗里达州居民,如迈阿密、坦帕和奥兰多等。它将自己定义为:① 高质量的彩色图片;② 关注人、地点以及流行时尚;③ 强调年轻、活跃和精力旺盛;④ 高吸引力;⑤ 以佛罗里达州为主题;⑥ 由许多插入性广告。现在杂志的订阅量在20000本至25000本之间,并有一些在报摊进行销售,该杂志读者群的层次较高,尤其是一些专业人士,如医生,他们喜欢在会客室放置这种杂志。近来,杂志广告销售人员抱怨他们在寻找客户并进行销售时遇到了挫折,他们不知道接触哪些公司,调研人员认为这些信息存在于订阅者在人文统计方面的特征,而这在公司生活方式方面的文件及其他有关订阅者购买行为资料中是找不到的。问题:简要阐述该案例的市场调研问题是什么?

资料来源:http://doc.mbalib.com/view/f173283dc30fba46b35e28482fb83a3f.html.

第十四章　国际贸易磋商

了解国际贸易磋商前的准备工作;交易磋商的形式、内容及程序;了解国际货物买卖合同有效成立的条件;了解合同的修改和终止以及签订书面合同时应注意的问题;熟悉合同的形式与书面合同的签订;掌握合同成立的时间、合同生效的要件以及合同的基本内容。

发盘的生效与合同的成立

中国某公司 2015 年 7 月 17 日向外商发出要约,欲出售 300 吨的咖啡豆,每吨 CIF900 美元,要求 7 月 25 日以前答复。7 月 22 日国际市场上咖啡豆价格猛涨。7 月 23 日中方立即给外商发电告知,中方货物已售完。外商收电后,立即来电称急需咖啡豆,考虑给中方加价,要求仍按原数发货,中方回电要求加价到每吨 950 美元。外商不同意,双方产生争议,提交仲裁,依《联合国国际货物销售合同关于执行外国仲裁裁决的公约》解决。

仲裁庭认为:中方所发要约载有有效期限,依《联合国国际货物销售合同关于执行外国仲裁裁决的公约》规定是不可撤销的要约,即在 7 月 17 日至 7 月 25 日该要约对中方有法律约束力,而中方在有效期内先以无货为由,要求撤销要约,在得知对方要加价后,又告知对方有货了,出尔反尔,说明缺乏诚意,故裁决中方败诉。

第一节　国际货物买卖合同的含义与生效条件

一、国际货物买卖合同的含义

国际货物买卖合同(Contract for the International Sale of Goods),亦称国际货物销售合同,是指营业地处于不同国家或地区的当事人之间所订立的货物买卖契约。国际货物买卖就是通过洽商、订立和履行国际货物买卖合同来实现的。在这种合同中,卖方的基本义务是交出货物的所有权,买方的基本义务是支付货款。这是货物买卖合同区别于其他合同的一个主要特点。国际货物买卖合同的订立同其他合同一样,是双方当事人意思表示一致的结果。

二、合同有效成立的条件

如前文所述,一方的发盘经对方有效接受,合同即告成立。但合同是否具有法律效力,还要视其是否具备了一定的条件。不具法律效力的合同是不受法律保护的。至于一个合同须具备哪些条件才算有效成立,纵观各国的法律规定,主要可归纳为以下几条:

(一) 当事人必须在自愿和真实的基础上达成协议

商订合同必须是双方自愿的,任何一方都不得把自己的意志强加给对方,不得采取欺诈或胁迫的手段。《中华人民共和国合同法》第四章规定:"当事人依法享有自愿订立合同的权利,任何单位和个人不得非法干预。"第五十四条第二款规定:"一方以欺诈、胁迫的手段或者乘人之危,使对方在违背真实意思的情况下订立的合同,受损害方有权请求人民法院或者仲裁机构变更或者撤销。"

(二) 当事人应具有相应的行为能力

即双方当事人应具有商订国际货物买卖合同的合法资格。一般的要求是:作为自然人,应当是成年人,不是神智丧失者,且应有固定的住所。作为法人,应当是已经依法注册成立的合法组织,有关业务应当属于其法定经营范围之内,负责交易洽商与签约者应当是法人的法定代表人或其授权人。

(三) 合同的标的和内容都必须合法

合同的标的是指交易双方买卖行为的客体,也就是说,双方买卖的商品必须符合双方国家法律的规定,这个合同才是有效的。合同的内容也是如此。

(四) 必须是互为有偿的

国际货物买卖合同是双方合同,是钱货互换的交易,一方提供货物,另一方支付价金。如果一方不按规定交货,或另一方不按合同规定支付钱款,都要承担赔偿对方损失的责任。

(五) 合同的形式必须符合法律规定的要求

《联合国国际货物销售合同公约》对国际货物买卖合同的形式,原则上不加以限制。无论采用书面方式还是口头方式,均不影响合同的效力。我国合同法第十条规定:"当事人订立合同,有书面形式、口头形式和其他形式。法律、行政法规规定采用书面形式的,应当采用书面形式。当事人约定采用书面形式的,应当采用书面形式。"

第二节 国际货物买卖合同的形式与基本内容

根据我国合同法的规定:"当事人订立合同,有书面形式、口头形式和其他形式。法律、行政法规规定采用书面形式的,应当采用书面形式。当事人约定采用书面形式的,应当采用书面形式。"由此可见,当事人签订合同时,究竟采用什么形式,应根据法律、行政法规的规定和当事人双方的意愿行事。根据国际贸易的一般惯例做法,交易双方通过口头或书面形式达成协议后,多数情况下还需要签订一定格式的书面合同,以利于合同的履行。

一、合同的形式

在我国进出口业务中,书面合同主要采用两种形式:一种是条款较完备、内容较全面的正式合同(Contract),如进口合同或购买合同以及出口合同或销售合同。这种形式适合于大宗商品或成交金额较大的交易。另一种是内容较简单的确认书（Confirmation），如销售确认书和购买确认书。这种格式的合同适用于金额不大、批次较多的小土特产品和轻工产品或者已订有代理、包销等长期协议的交易。

这两种形式的合同，虽然在格式、条款项目和内容的繁简上有所不同，但在法律上具有同等效力，对买卖双方均有约束力。

（一）合同

合同的特点是内容比较全面，对双方的权利、义务以及发生争议后如何处理，均有较详细的规定。大宗商品或成交金额较大的交易，多采用此种形式的合同。我国在对外贸易中使用的合同，分为销售合同（Sales contract）和购买合同（Purchase Contract），又称出口合同（Export Contract）和进口合同（Import Contract）。这两种合同的格式和主要内容基本一致，主要包括商品的品名、品质、数量、包装、价格、装运、保险、支付、商检、索赔、仲裁、不可抗力等条款。在我国的对外贸易业务中，通常由我方填制合同正本一式两份，经双方签字后，买卖双方各自保存一份。合同有正本和副本之分，合同副本与正本同时制作，无须签字，也无法律效力，仅供交易双方内部留作参考资料，其份数视双方需要而定。

（二）确认书

确认书属于一种简式合同，它所包括的条款比合同简单，一般只就主要的交易条件做出规定，对买卖双方的义务描述得不是很详细。这种形式的合同适用于金额不大、批次较多的商品，或者已订有代理、包销等长期协议的交易。我国在外贸业务中使用的确认书，分为销售确认书（Sales Confirmation）和购买确认书（Purchase Confirmation）。这两种确认书的格式基本一致。当达成交易时，通常也由我方填制一式两份，经双方签字后，各自保存一份。它无正本与副本之分。

上述两种形式的合同，即正式的合同和确认书，虽然在格式、内容繁简、条款项目的设立和措辞上有所不同，但在法律上具有同等效力，对买卖双方均有约束力。在我国进出口业务中，各企业都有印有固定格式的进出口合同或成交确认书。当面成交的，即由双方共同签署；通过函电往来成交的，由我方签署后，一般将正本一式两份送交国外成交方签署后退回一份，以备存查，并作为履行合同的依据。

二、书面合同的签订

买卖双方经过交易磋商，一方发盘被另一方有效接受，交易即达成，合同亦告成立。但在实际业务中，按照一般习惯做法，买卖双方达成协议后，通常还要签订一份正式的书面合同，将各自的权利和义务用书面形式加以明确。

（一）签订书面合同的意义

1. 合同成立的证据

这对以口头协商达成的交易尤其重要。按照法律的要求，凡是合同必须提供其成立的证据，以说明合同关系的存在，且双方当事人一旦发生争议，提交仲裁或诉讼，如果是口头协议，"空口无凭"，不能提供充足证据，则很难得到法律的保护。因此，国际贸易中一般多要求签订书面合同，尽管有些国家的合同法并不否认口头合同的效力。

2. 履行合同的依据

国际货物买卖合同的履行涉及面广，环节复杂，若仅有口头协议，将会使履行合同变得十分困难。即使通过函电达成的协议，如不将分散于函电中的协议条款集中到一份文件上，也会给履行合同带来麻烦。因此,在实际业务中,双方一般都要求将各自的权利与义务用文字规定下来,作为履行合同的依据。

3. 合同生效的条件

一般情况下,合同的生效是以接受的生效为条件的。但有些国家的法律则规定,签订正式书面合同才是合同生效的条件。

(三) 合同的内容

书面合同的内容一般由下列三部分组成:

1. 约首

约首是指合同的序言部分,其中包括合同的名称、订约双方当事人的名称和地址(要求写明全称)。此外,在合同序言部分常常写明双方订合同的意愿和执行合同的保证。

2. 本文

本文是合同的主体部分,具体规定了买卖双方各自的权利和义务,一般通称为合同条款。如品名条款、品质条款、数量条款、价格条款、包装条款、装运条款、支付条款及商检、索赔、仲裁和不可抗力条款等。

3. 约尾

一般列明合同的份数、使用的文字及其效力、订约的时间和地点及生效的时间。合同的订约地点往往要涉及合同准据法的问题,因此要谨慎对待。我国的出口合同的订约地点一般都写在我国。

附:参考合同范本:

Purchase Contract Of Goods

签订日期(Date)　　　　　　　　合同编号(Contract No.)
　　　　　　　　　　　　　　　　签订地点(Signed at)

买方: The Buyer:
地址: Address:
电话(Tel):　　传真(Fax):　　电子邮箱(E-mail):

卖方: The Seller:
地址: Address:
电话(Tel):　　传真(Fax):　　电子邮箱(E-mail):

买卖双方同意按照下列条款签订本合同:

The Seller and the Buyer agree to conclude this Contract subject to the terms and conditions stated below:

1. 货物名称、规格和质量(Name, Specifications and Quality of Commodity):
2. 数量(Quantity):允许_____的溢短装(_____% more or less allowed)
3. 单价(Unit Price):
4. 总值(Total Amount):
5. 交货条件(Terms of Delivery) FOB/CFR/CIF _____
6. 原产地国与制造商 (Country of Origin and Manufacturers):
7. 包装及标准(Packing):

货物应具有防潮、防锈蚀、防震并适合于远洋运输的包装,由于货物包装不良而造成的货物残损、灭失应由卖方负责。卖方应在每个包装箱上用不褪色的颜色标明尺码、包装箱号码、毛重、净重及"此端向上""防潮""小心轻放"等标记。

The packing of the goods shall be preventive from dampness, rust, moisture, erosion and shock, and shall be suitable for ocean transportation/ multiple transportation. The Seller shall be liable for any damage and loss of the goods attributable to the inadequate or improper packing. The measurement, gross weight, net weight and the cautions such as "Do not stack up side down", "Keep away from moisture", "Handle with care" shall be stenciled on the surface of each package with fadeless pigment.

8. 唛头(Shipping Marks):

9. 装运期限(Time of Shipment):

10. 装运口岸(Port of Loading):

11. 目的口岸(Port of Destination):

12. 保险(Insurance):

由_____按发票金额110%投保_____险和_____附加险。

Insurance shall be covered by the _____ for 110% of the invoice value against _____ Risks and _____ Additional Risks.

13. 付款条件(Terms of Payment):

(1) 信用证方式:买方应在装运期前/合同生效后_____日,开出以卖方为受益人的不可撤销的议付信用证,信用证在装船完毕后_____日内到期。

Letter of Credit: The Buyer shall,_____ days prior to the time of shipment /after this Contract comes into effect, open an irrevocable Letter of Credit in favor of the Seller. The Letter of Credit shall expire _____ days after the completion of loading of the shipment as stipulated.

(2) 付款交单:货物发运后,卖方出具以买方为付款人的即期汇票,按即期付款交单(D/P)方式,通过卖方银行及_____银行向买方转交单证,换取货物。

Documents against payment: After shipment, the Seller shall draw a sight bill of exchange on the Buyer and deliver the documents through Sellers bank and _____ Bank to the Buyer against payment, i. e D/P. The Buyer shall effect the payment immediately upon the first presentation of the bill(s) of exchange.

(3) 承兑交单:货物发运后,卖方出具以买方为付款人的即期汇票,付款期限为_____后_____日,按即期承兑交单(D/A_____日)方式,通过卖方银行及_____银行,经买方承兑后,向买方转交单证,买方在汇票期限到期时支付货款。

Documents against Acceptance: After shipment, the Seller shall draw a sight bill of exchange, payable _____ days after the Buyers delivers the document through Seller's bank and _____ Bank to the Buyer against acceptance (D/A _____ days). The Buyer shall make the payment on date of the bill of exchange.

(4) 货到付款:买方在收到货物后_____天内将全部货款支付卖方(不适用于FOB、CRF、CIF术语)。

Cash on delivery (COD): The Buyer shall pay to the Seller total amount within _____ _____days after the receipt of the goods (This clause is not applied to the Terms of FOB, CFR, CIF).

　　(5) Beneficiary Bank(收款银行资料)：

Beneficiary's Account Number(收款人账号)：

Beneficiary's Account Name(收款人姓名)。

14. 单据(Documents Required)：

卖方应将下列单据提交银行议付/托收：

The Seller shall present the following documents required to the bank for negotiation/collection：

　　(1) 标明通知收货人/受货代理人的全套清洁的、已装船的、空白抬头、空白背书并注明运费已付/到付的海运/联运/陆运提单。

Full set of clean on board Ocean/Combined Transportation/Land Bills of Lading and blank endorsed marked freight prepaid/ to collect；

　　(2) 标有合同编号、信用证号(信用证支付条件下)及装运唛头的商业发票一式_____份。

Signed commercial invoice in _____ copies indicating Contract No., L/C No. (Terms of L/C) and shipping marks；

　　(3) 由_____出具的装箱或重量单一式_____份。

Packing list/weight memo in _____ copies issued by _____；

　　(4) 由_____出具的质量证明书一式_____份。

Certificate of Quality in _____ copies issued by _____；

　　(5) 由_____出具的数量证明书一式_____份。

Certificate of Quantity in _____ copies issued by _____；

　　(6) 保险单正本一式_____份(CIF 交货条件)。

Insurance policy/certificate in _____ copies (Terms of CIF)；

　　(7) _____签发的产地证一式_____份。

Certificate of Origin in _____ copies issued by _____；

　　(8) 装运通知(Shipping advice)：卖方应在交运后_____小时内以特快专递方式邮寄给买方上述第_____项单据副本一式一套。

The Seller shall, within _____ hours after shipment effected, send by courier each copy of the above-mentioned documents No. _____.

15. 装运条款(Terms of Shipment)：

　　(1) FOB 交货方式

卖方应在合同规定的装运日期前30天,以_____方式通知买方合同号、品名、数量、金额、包装件、毛重、尺码及装运港可装日期,以便买方安排租船/订舱。装运船只按期到达装运港后,如卖方不能按时装船,发生的空船费或滞期费由卖方负担。在货物越过船舷并脱离吊钩以前一切费用和风险由卖方负担。

The Seller shall, 30 days before the shipment date specified in the Contract, advise the Buyer by _____ of the Contract No., commodity, quantity, amount, packages, gross weight, measurement, and the date of shipment in order that the Buyer can charter a vessel/book shipping space. In the event of the Seller's failure to effect loading when the vessel arrives duly at the loading port, all expenses including dead freight and/or demurrage charges thus incurred shall be for the Seller's account.

(2) CIF 或 CFR 交货方式

卖方须按时在装运期限内将货物由装运港装船至目的港。在 CFR 术语下,卖方应在装船前 2 天以_____方式通知买方合同号、品名、发票价值及开船日期,以便买方安排保险。

The Seller shall ship the goods duly within the shipping duration from the port of loading to the port of destination. Under CFR terms, the Seller shall advise the Buyer by _____ of the Contract No., commodity, invoice value and the date of dispatch two days before the shipment for the Buyer to arrange insurance in time.

16. 装运通知(Shipping Advice):

一旦装载完毕,卖方应在_____小时内以_____方式通知买方合同编号、品名、已发运数量、发票总金额、毛重、船名/车/机号及启程日期等。

The Seller shall, immediately upon the completion of the loading of the goods, advise the Buyer of the Contract No., names of commodity, loading quantity, invoice values, gross weight, name of vessel and shipment date by _____ within _____ hours.

17. 质量保证(Quality Guarantee):

货物品质规格必须符合本合同及质量保证书之规定,品质保证期为货到目的港_____个月内。在保证期限内,因制造厂商在设计制造过程中的缺陷造成的货物损害应由卖方负责赔偿。

The Seller shall guarantee that the commodity must be in conformity with the quality, specifications and quantity specified in this Contract and Letter of Quality Guarantee. The guarantee period shall be _____ months after the arrival of the goods at the port of destination, and during the period the Seller shall be responsible for the damage due to the defects in designing and manufacturing of the manufacturer.

18. 检验(Inspection)(以下两项任选一项):

(1) 卖方须在装运前_____日委托_____检验机构对本合同之货物进行检验并出具检验证书,货到目的港后,由买方委托_____检验机构进行检验。

The Seller shall have the goods inspected by _____ days before the shipment and have the Inspection Certificate issued by _____. The Buyer may have the goods inspected by _____ after the goods arrival at the destination.

(2) 发货前,制造厂应对货物的质量、规格、性能和数量/重量做精密全面的检验,出具检验证明书,并说明检验的技术数据和结论。货到目的港后,买方将申请中国商品检验局(以下简称商检局)对货物的规格和数量/重量进行检验,如发现货物残损或规格、数量与合同规定不符,除保险公司或轮船公司的责任外,买方得在货物到达目的港后_____日内凭商检局出具的检验证书向卖方索赔或拒收该货。在保证期内,如货物由于设计或制造上的缺陷而发生损坏或品质和性能与合同规定不符时,买方将委托中国商检局进行检验。

The manufacturers shall, before delivery, make a precise and comprehensive inspection of the goods with regard to its quality, specifications, performance and quantity/

weight, and issue inspection certificates certifying the technical data and conclusion of the inspection. After arrival of the goods at the port of destination, the Buyer shall apply to China Commodity Inspection Bureau (hereinafter referred to as CCIB) for a further inspection as to the specifications and quantity/weight of the goods. If damages of the goods are found, or the specifications and/or quantity are not in conformity with the stipulations in this Contract, except when the responsibilities lies with Insurance Company or Shipping Company, the Buyer shall, within _____ days after arrival of the goods at the port of destination, claim against the Seller, or reject the goods according to the inspection certificate issued by CCIB. In case of damage of the goods incurred due to the design or manufacture defects and/or in case the quality and performance are not in conformity with the Contract, the Buyer shall, during the guarantee period, request CCIB to make a survey.

19. 索赔(Claim)：

买方凭其委托的检验机构出具的检验证明书向卖方提出索赔(包括换货)，由此引起的全部费用应由卖方负担。若卖方收到上述索赔后_____天未予答复，则认为卖方已接受买方索赔。

The Buyer shall make a claim against the Seller (including replacement of the goods) by the further inspection certificate and all the expenses incurred therefore shall be borne by the Seller. The claims mentioned above shall be regarded as being accepted if the Seller fail to reply within _____ days after the Seller received the Buyer's claim.

20. 迟交货与罚款(Late delivery and Penalty)：

除合同第21条不可抗力原因外，如卖方不能按合同规定的时间交货，买方应同意在卖方支付罚款的条件下延期交货。罚款可由议付银行在议付货款时扣除，罚款率按每_____天收_____%，不足_____天时以_____天计算。但罚款不得超过迟交货物总价的_____%。如卖方延期交货超过合同规定_____天时，买方有权撤销合同，此时，卖方仍应不迟延地按上述规定向买方支付罚款。

买方有权对因此遭受的其他损失向卖方提出索赔。

Should the Seller fail to make delivery on time as stipulated in the Contract, with the exception of Force Majeure causes specified in Clause 21 of this Contract, the Buyer shall agree to postpone the delivery on the condition that the Seller agree to pay a penalty which shall be deducted by the paying bank from the payment under negotiation. The rate of penalty is charged at _____% for every _____ days, odd days less than _____ days should be counted as _____ days. But the penalty, however, shall not exceed _____% of the total value of the goods involved in the delayed delivery. In case the Seller fail to make delivery _____ days later than the time of shipment stipulated in the Contract, the Buyer shall have the right to cancel the Contract and the Seller, in spite of the cancellation, shall nevertheless pay the aforesaid penalty to the Buyer without delay.

The buyer shall have the right to lodge a claim against the Seller for the losses sustained if any.

21. 不可抗力(Force Majeure)：

凡在制造或装船运输过程中，因不可抗力致使卖方不能或推迟交货时，卖方不负责任。

在发生上述情况时,卖方应立即通知买方,并在_____天内,给买方特快专递一份由当地民间商会签发的事故证明书。在此情况下,卖方仍有责任采取一切必要措施加快交货。如事故延续_____天以上,买方有权撤销合同。

The Seller shall not be responsible for the delay of shipment or non-delivery of the goods due to Force Majeure, which might occur during the process of manufacturing or in the course of loading or transit. The Seller shall advise the Buyer immediately of the occurrence mentioned above and within _____ days thereafter the Seller shall send a notice by courier to the Buyer for their acceptance of a certificate of the accident issued by the local chamber of commerce under whose jurisdiction the accident occurs as evidence thereof. Under such circumstances the Seller, however, are still under the obligation to take all necessary measures to hasten the delivery of the goods. In case the accident lasts for more than _____ days the Buyer shall have the right to cancel the Contract.

22. 争议的解决（Arbitration）:

凡因本合同引起的或与本合同有关的任何争议应协商解决。若协商不成,应提交中国国际经济贸易仲裁委员会深圳分会,按照申请仲裁时该会现行有效的仲裁规则进行仲裁。仲裁裁决是终局的,对双方均有约束力。

Any dispute arising from or in connection with the Contract shall be settled through friendly negotiation. In case no settlement is reached, the dispute shall be submitted to China International Economic and Trade Arbitration Commission（CIETAC）, Shenzhen Commission for arbitration in accordance with its rules in effect at the time of applying for arbitration. The arbitral award is final and binding upon both parties.

23. 通知（Notices）:

所有通知用_____文写成,并按照如下地址用传真/电子邮件/快件送达给各方。如果地址有变更,一方应在变更后_____日内书面通知另一方。

All notice shall be written in _____ and served to both parties by fax/courier according to the following addresses. If any changes of the addresses occur, one party shall inform the other party of the change of address within _____ days after the change.

24. 本合同使用的 FOB、CFR、CIF 术语系依据国际商会《2010 年国际贸易术语解释通则》。

The terms FOB、CFR、CIF in the Contract are based on INCOTERMS 2010 of the International Chamber of Commerce.

25. 附加条款（Additional clause）:

本合同上述条款与本附加条款抵触时,以本附加条款为准。

Conflicts between Contract clause here above and this additional clause, if any, it is subject to this additional clause.

26. 本合同用中英文两种文字写成,两种文字具有同等效力。本合同共_____份,自双方代表签字（盖章）之日起生效。

This Contract is executed in two counterparts each in Chinese and English, each of which shall deemed equally authentic. This Contract is in _____ copies, effective since being signed/sealed by both parties.

买方代表(签字)：
Representative of the Buyer
(Authorized signature)：

卖方代表(签字)：
Representative of the Seller
(Authorized signature)：

三、合同的修改和终止

合同一经订立,就成为具有法律效力的文件,对双方都有约束力。我国《合同法》第八条规定:"依法成立的合同,对当事人具有法律约束力。当事人应当按照约定履行自己的义务,不得擅自变更或者解除合同。"

但在实际业务中,合同签订之后,有时一方或双方当事人发现需要对合同的某些内容加以修改或补充。在此情况下,必须经过双方协商同意,才能对合同进行修改。

(一) 合同的变更

合同的变更是指在合同签订之后,尚未完全履行之前,双方当事人对合同的内容进行修改、增加或减少所达成的协议。

我国涉外合同法规定,合同的变更必须符合以下三个条件:

(1) 合同的变更必须经双方当事人协商同意。

(2) 变更合同的协议应当采用书面形式。

(3) 经国家批准成立的合同,其重大变更应当由批准机关批准。

合同的变更,不会影响当事人要求赔偿损失的权利,无论该损失是发生在合同变更之前,由于一方的违约给另一方当事人造成的损失,还是合同中对上述损失的补救办法做出的约定。

(二) 合同的终止

合同的终止是依照法律规定,合同双方当事人的权利和义务归于消失。

1. 合同终止的几种情况

(1) 自然终止,是指因合同履行完毕的终止。它是最常见、最主要的合同终止形式。

(2) 裁决或判决终止,是指因仲裁机构裁决或法院判决的终止。这也是一种常见的合同终止形式。

(3) 协议终止,是指合同当事人双方协商一致同意的终止。

2. 合同终止后的法律后果

(1) 合同终止后,不影响当事人要求赔偿的权利。有些合同虽然形式上已经履行完毕,但这种履行是否完全符合约定的条件,在合同履行后一个相当长的时间内难以确定,如工程承包合同。为了保证当事人的合法权益,合同法特做了此项规定。

(2) 合同约定的解决争议的条款不因合同的终止失去效力。合同约定的解决争议的条款,主要是指合同中订立的仲裁条款,也包括合同中约定的协商或调解解决争议的条款。

(3) 合同中约定的结算和清理的条款不因合同的终止而失去效力。合同中的结算和情理条款,是指在合同终止后,对合同所涉及的财产进行清算所做的规定。法律上宣告合同终止,同财产的清算结算是两回事。结算和清算是合同终止后的必然结果,只有按照合同约定的原则和程序,对财产进行结算和清算完毕后,合同在事实上才真正终止。

第三节　国际货物买卖合同的交易磋商

交易磋商(Business Negotiation),是指进出口双方就商品的各项交易条件进行谈判,以期达成交易的过程。在业务中,又被称作贸易谈判。在国际贸易中,交易磋商占有十分重要的地位,是国际贸易业务活动中最重要的环节。交易磋商的重要性体现在以下两个方面:① 交易磋商是国际贸易合同的基础;② 交易磋商关系到交易成败和经济效益。因此,在进出口交易磋商前,外贸人员必须认真做好交易前的各项准备工作。准备工作做到比较充分和细致,在商订合同的过程中也会比较主动和顺利。

一、交易磋商前的准备工作

(一) 出口交易磋商前的准备工作

1. 加强市场调研,选择适当目标市场

在出口交易磋商前,要加强对国外市场的调查研究,应通过各种途径广泛了解市场供销情况、价格动态、各国有关的贸易政策、法规、措施和习惯做法,以便从中选择适当的目标市场,并合理确定市场布局。

对国外市场的调研主要包括三方面的内容,即国别调研、商品市场调研和客户调研。国别调研主要内容包括:对交易对象国的政治、经济的总体状况的了解,如与我国外交关系,对象国的基本对外政策以及市场进入的难易程度,对进出口贸易有无许可制度,关税水平,国内的购买能力以及外汇充裕与否等。对于外贸公司来说,应以商品市场调研和客户调研为重点。商品市场调研是以具体出口商品为对象,了解哪些市场有销售这种商品的可能性;各有关市场对该种商品花色品种、规格、质量、包装装潢等的需求和偏好;各有关市场这类商品的容量、供求关系、价格和竞争商品情况等。在对市场充分调研的基础上,根据国家的外贸方针政策和扩大出口市场的需要和可能,适当选择和安排市场。原则上应全盘考虑,合理布局,市场既不宜过分集中,也不宜过分分散,还应不断开拓新市场。

2. 建立和发展客户关系

客户是我们的交易对象,在出口业务中,国外客户主要包括进口商、大百货公司(联销商店、超级市场)、厂商和经纪商等各种类型的商人。在交易前,应对客户的资信情况进行全面调查,对其进行分类和排队,选择出成交可能性最大的合适客户。

对客户的资信调查主要包括对其政治经济背景、支付能力、经营范围、经营能力、经营作风等内容的调查。调查途径可以通过国内外银行、商会、咨询公司、我驻外商务机构等渠道进行。还可以通过实际业务的接触和交往活动,通过举办交易会、展览、技术交流会、学术讨论会等进行了解。另外,在选择客户时,既要注意巩固老客户,也要积极物色新客户,以便在广阔的国际市场上,形成一个具有广泛基础和市场活力的客户网。

3. 制订出口商品经营方案

为了更有效地做好交易前的准备工作,使对外洽商交易有所依据,一般都需要事先制订出口商品经营方案。出口商品经营方案的内容因出口商品不同而不一。大致包括以下几方面:

(1) 货源情况。其中包括国内生产能力,可供出口的数量,以及出口商品的品质、规格和包装等情况。

(2) 国外市场情况。主要指国外市场需求情况和价格变动的趋势。

(3) 出口经营情况。其中包括出口成本、创汇率、盈亏率的情况,并提出经营的具体意见和安排。

(4) 推销计划和措施。包括分国别或地区,按品种、数量或金额列明推销的计划进度,以及按推销计划采取的措施,如对客户的利用、贸易方式、收汇方式的运用,对佣金和折扣的掌握等。

4. 办理商标注册

国际贸易中的大多数商品都是有品牌和商标的。按照许多国家有关的法律规定,商标和品牌必须在其国内依法注册,才能得到该国法律的承认和保护。

目前,世界各国对商标所有权或专用权的管理,大致有四种制度:一种是使用在先原则,即谁先使用某商标,就拥有该商标的所有权。因这种方法弊端较多,现已很少采用。第二种是注册在先原则,即谁先依法注册,就取得该商标在注册国家的所有权。第三种是混合原则,即原则上是以注册在先来确定商标所有权,但申请注册时须经公告一段时间,如无人提出异议,才给予承认和保护。第四种是双重原则,即如首先注册者和首先使用者分属两人时,商标所有权属于首先注册者,首先使用者自己仍可继续使用,但不得转让。

我国有的外贸公司对商标在国外注册的工作不够重视,有的商标在国外市场曾被他人抢先注册或假冒,从而使我方蒙受巨大经济损失。那么,我国出口商品商标如何在国外市场办理注册呢?一般是先在国内注册,以取得国内法律的保护。然后再委托中国国际贸易促进委员会商标处或国内友好客户代向国外办理注册。外国在我国申请商标注册,按规定应委托法定代理人中国国际贸易促进委员会代办。

此外,出口交易前的准备工作还包括出口成本核算,对出口商品的广告宣传等。

(二) 进口交易磋商前的准备工作

1. 落实进口许可证和外汇

目前,我国仍实行进出口许可证管理和外汇管制,故在进口交易磋商之前,应该事先办理一系列申报审核的手续,有些商品需要先向主管部门领取准许进口的批文之后,才能向对外经贸部门申领进口许可证。对各类外贸公司来说,进口业务分为自营进口和代理进口两种情况。在自营进口业务中,申领进口许可的手续由外贸公司自办,外汇也由自己负责解决;在代理进口业务中,申领进口许可证的手续和所使用的外汇,原则上都是由委托单位负责。具体办理进口业务的部门和人员,必须认真审核落实进口许可证件和外汇来源均无问题,才能同意着手办理。

2. 审核进口订货卡片

按照现行办法,在办妥许可证件和落实用汇来源之后,用货部门应填具进口订货卡片交给负责办理进口手续的外贸公司,作为外贸公司对外订立合同和办理有关工作的依据。进口订货卡片中,包括商品名称、规格质量、包装、数量、生产国别、估价单位和金额,要求到货时间、目的港和目的地等项内容。外贸公司办理进口业务的部门收到订货卡片后,应根据平时积累的资料和当时的市场情况,对订货卡片的各项内容进行细致审核,必要时可对商品的品牌、规格和进口国别等提出修改建议,经用货部门同意后进行修改。

3. 研究制订进口商品经营方案

对于大宗进口交易应认真制订书面的进口商品经营方案,作为采购商品和安排进口业务的依据。其主要内容大致包括下列几个方面:

(1) 数量的掌握。根据国内需要的轻重缓急和国外市场的具体情况,适当安排订货数量和进度,在保证满足国内需要的情况下,争取在有利的时机成交,既要防止前松后紧,也要避免过分集中。

(2) 采购市场的安排。根据国别(地区)政策和国外市场条件,合理安排进口国别(地区),在选择对我方有利的市场的同时,又要避免市场过分集中。

(3) 交易对象的选择。根据国际市场的价格,并结合采购意图,拟订出价格掌握的幅度,以作为洽商交易的依据。在价格的掌握上,既要防止价格偏高造成经济损失,又要避免价格偏低,导致完不成采购任务。

(4) 贸易方式的运用。在经营方案中,应根据采购的数量、品种、贸易习惯做法等因素,对贸易方式的采用提出原则性的意见。最常用的是单边进口方式订购。

(5) 交易条件的掌握。交易条件应根据商品品种、特点、进口地区、成交对象和经营意图,在平等互利的基础上酌情确定和灵活掌握。

二、交易磋商的形式和内容

交易磋商在形式上可分为口头和书面两种。

口头磋商主要是指在谈判桌上面对面商谈,如参加各种交易会、洽谈会以及贸易小组出访,邀请客户来华洽谈等。口头洽谈交易有利于及时了解交易对象的态度和诚意,尤其适合于谈判内容复杂、涉及问题众多的交易。

书面磋商是指通过通信方式来洽谈交易。随着现代通信技术的发展,书面洽谈也越来越简便易行,且其费用比较低廉,故是日常业务中常用做法。在实践中,上述两种形式往往是结合使用的。

电子商务是一种以互联网和信息高速公路为基础设施,以电子化的方式来建设全社会的"数字化神经系统",进行以信息为核心要素的商业再造和经济重塑的系统工程。它具有无店铺、无存货的经营方式、成本低廉的竞争策略、无时间限制的全天候经营、无国界无区域界限的经营范围以及精简化的营销环节等特点和优势。在国际贸易实际业务中又被称为无纸贸易,即通过电子数据交换,也就是按照协议,通过具有一定结构的标准信息,在计算机网络中进行交易。

以国际电子商务为基础的交易磋商不同于传统的磋商方式,整个磋商过程可以在网上完成。原来交易磋商中的单证交换过程在国际电子商务中演变成记录、文件和报文在网络中的传递过程。各种各样的电子商务系统和专用数据交换协议自动地保证了网络信息传递过程的准确性和安全性。各类商务单证、文件,如价目表、报价单、询盘、发盘、还盘、订单、订购单应答、订购单变更请求、运输说明、发货通知、付款通知等,在国际电子商务中都变成了标准的报文形式,提高了整个交易过程的速度,减少了漏洞和失误,规范了整个商品贸易的过程。但是同时也带来了系统复杂程度增加等一系列问题。首先是系统必须从技术上确认用户的订货要求没有欺诈和恶作剧行为;其次是确认供应方确实是合法单位并且保证他人不会盗取用户的银行卡信息从事其他违法活动。因此,这类系统往往在运行机制上较为复杂,通常要求交易各方事先在制定的网络认证中心进行有效性和合法性的注册。只有已注册的用户才能从事网上交易,并且在交易过程中系统将会提供动态链接认证和保密措施。因此这类业务常常发生在一些买卖交易频繁、买卖关系相对比较固定的贸易伙伴之间。

交易磋商的内容,涉及拟签订的买卖合同的各项条款,包括品名、品质、数量、包装、价格、装运、保险、支付以及商检、索赔、仲裁和不可抗力等。其中品名与品质、数量、包装、价格、装运和支付等 6 项交易条件,一般被认为是交易的主要条件,是每笔交易中必须逐条谈妥的。而其他交易条件,如商检、索赔、仲裁和不可抗力等,往往印成一张书面文件或者印在本公司合同的背面,作为"一般交易条件",事先送对方,经过双方协商同意后,即成为今后双方进行交易的共同基础,不需要每次都重复商洽。"一般交易条件"协议对缩短交易洽商时间,减少费用开支等均有益处,因此,在国际贸易中广泛采用。

三、交易磋商的程序

交易磋商的程序一般包括四个环节,即询盘、发盘、还盘和接受。其中发盘和接受是达成一笔交易所不可缺少的两个基本环节。

(一) 询盘

1. 询盘的含义及性质

询盘(Inquiry)又叫询价,是指交易的一方为了购买或销售商品,向对方询问买卖该商品的有关交易条件。询盘可由卖方提出,也可由买方提出。

询盘属于一般性的业务联系,只起到邀请对方发盘的作用,对交易双方没有法律上的约束力。

2. 询盘的形式

交易双方向对方发出询盘时,可采取口头形式,也可以采取书面形式。书面形式常采用询价单(Enquiry Sheet)进行询盘。现举两例电报询盘实例如下:

买方询盘:

中国松香 WW 级 100 公吨,8 月份装船,请报 CIF 伦敦价。

Please offer Chinese rosin WW grade 100 M/T August Shipment CIF London.

卖方询盘:

可供中国松香 WW 级,8、9 月份装船,请递盘。

We can supply Chinese rosin WW grade shipment Aug. /Sept. , Please bid.

在询盘过程中应该注意以下问题:

(1) 询盘虽然可以向多个交易对象发出,但不应在同一时期集中对外询盘,防止暴露我方销售或购买心切。

(2) 询盘对任何被询盘人在法律上均无约束力,但是在交易习惯上,应该避免出现只询盘不购买或不售货的现象,容易失掉信誉。

(3) 询盘虽然对双方无约束力,但如果在询盘的基础上进行了磋商,最后达成了交易,一旦履行时发生了争议,原询盘内容也可以成为解决争议的依据。

(4) 询盘不是每笔交易必经的程序,如交易双方彼此都了解情况,不需要向对方探寻成交条件或交易的可能性,则不必使用询盘。

(二) 发盘

1. 发盘的含义及性质

发盘(Offer,Quotation,报盘、发价、报价)是指买卖双方的一方(发盘人—offeror)向对方(受盘人——offeree)提出各项交易条件,并愿按照这些条件与对方达成交易,订立合同的一种肯定的表示。

发盘既是商业行为,又是法律行为,在合同法中称之为要约(condition)。一项发盘发出后,对发盘人便产生法律上的约束力,如果对方完全同意发盘内容,并按时答复,则双方合同关系成立,交易亦达成。

《联合国国际货物销售合同公约》对发盘的含义及性质有严格的规定:"向一个或一个以上的特定的人提出订立合同的建议,如果十分确定,并且表明发盘人在得到接受时承受约束的意旨,即构成发盘。一个建议如果写明货物并且明示或暗示地规定数量和价格或规定如何确定数量和价格,即为十分确定"[第14条第(1)款]。《联合国国际货物销售合同公约》还规定,凡不完全符合上述规定的,不能视为发盘,只能起邀请对方发盘的作用。

2. 发盘的形式

在实际业务中,发盘大多是由卖方提出,但在少数情况下,也可能是由买方提出,这种由买方提出的发盘称为递盘(Bid,出价)。

下面是一则电报发盘的实例:

兹发盘5000打运动衫规格按3月15日样品每打CIF纽约85美元,标准出口包装5至6月装运,以不可撤销信用证支付,限20日复到。

Offer 5000 dozen sport shirts sampled march 15th USD 85 Per dozen CIF New York Export standard packing May June shipment irrevocable sight L/C subject reply here 20th.

3. 发盘的构成条件

构成一项发盘一般应具备以下条件:

(1) 向一个或一个以上的特定的人提出。发盘(Offer)必须向特定的人提出,只有发盘中特定的人,方可作为受盘人对有关发盘表示接受而成立合同,该特定的受盘人可以是一个,也可以是一个以上的人,可以是自然人,也可以是法人,但不可以是泛指的广大公众。因此,交易一方在报纸杂志或电视广播所做的商业广告,即使内容完整,一般也不能构成有效的发盘,而只能视为邀请发盘(Invitation to Make Offers)。

(2) 发盘内容必须十分确定。所谓发盘内容的确定,是指发盘的条件是完整的,明确的和终局的(Complete, Clear and Final)。

按照我国外贸实践,一项条件完整的发盘,通常应包括品名、品质、数量、包装、价格、交货和支付等主要交易条件。但是,在实际业务中,一项发盘往往不是以上述所有主要交易条件完整的形式出现。造成这种发盘的主要交易条件表面上不完整而实际上是完整的原因有三方面:

① 买卖双方事先订有"一般交易条件"的协议。如在经对方确认的"一般交易条件"中包含着某些主要交易条件,那么,发盘的内容可予以简化。

② 援引来往函电先前的合同。在交易磋商中,发盘人在发盘时往往援引双方之间在过去或这一次洽商过程中来往的函电,或说明某些条件与先前达成的某一合同相同,借以省略发盘的内容。

③ 买卖双方在先前业务中已形成的某些习惯做法。这些习惯做法已为交易双方所熟知,双方对此具有共同理解,故发盘人在发盘中即使不列明这些条件,也不影响主要交易条件的完整性。

值得注意的是《联合国国际货物销售合同公约》第14条(1)款规定,一项订立合同的建议"如果写明货物并明示或暗示地规定数量和价格或规定如何确定数量和价格,即为十分确定"。据此,一项仅写明货物,规定数量和价格或如何确定数量和价格的发盘,在得到接受而成立合同时,合同的其余条件按惯例或按《联合国国际货物销售合同公约》第三部分关于货物销售的条款来决定。上述做法虽然在法律上是可行的,但在我国实际业务中则应尽量避免采用。

(3) 表明承受约束的意旨。一项发盘必须明示或默示地表明当受盘人作出接受时发盘人承受约束的意旨。所谓"承受约束",即承担按发盘的条件与受盘人订立合同的责任。明示地表明,例如说明是"发盘""发实盘""递盘""递实盘"或规定"有效至××(日期)"等。但是否使用上述词句,并不是辨别一方当事人是否具有"得到接受时承受约束意旨"的唯一依据。"承受约束的意旨"也可以默示地表明,这就要分析对方所作出表示的整个内容,并应适当地考虑到与事实有关的一切情况:如谈判情形、当事人之间确立的任何习惯做法,惯例和当事人其后的任何行为。

(4) 发盘须送达受盘人。发盘于送达受盘人时生效。发盘在未被送达受盘人之前,即使受盘人已由某一途径获悉该发盘,他仍不能接受发盘。所谓"送达(Reaches)对方",是指将发盘内容通知对方或送交对方本人,或其营业地址或通信地址,如无营业地址,则送交对方惯常居住地。

【课堂讨论】

香港某中间商 A,就某商品以电传方式邀请我方发盘,我方于 6 月 8 日向 A 方发盘并限 6 月 15 日复到有效。12 日我方收到美国 B 商人按我方发盘规定的各项交易条件开来的信用证,同时收到 A 中间商的来电称:"你 8 日发盘已转美国 B 商。"经查该商品的国际市场价格猛涨,于是我将信用证退回开证行,再按新价直接向美商 B 发盘,而美商 B 以信用证于发盘有效期内到达为由,拒绝接受新价,并要求我方按原价发货,否则将追究我方的责任。

请问:对方要求是否合理?为什么?

4. 实盘和虚盘

鉴于当前各国对发盘的约束力存在较大的分歧,为了避免在这个问题上产生误解,引起不必要的纠纷,我国各进出口公司根据外贸业务的经验,把发盘分为实盘和虚盘。

(1) 实盘。实盘(Firm Offer;Offer with Engagement),又称有约束力的发盘。实盘是表示发盘人有肯定订立合同的意图,受盘人一旦承诺,合同即告成立。实盘的特征有三:第一,发盘内容明确,发盘中无任何含糊其辞的字句。第二,发盘内容完整,发盘中各项主要交易条件齐全。第三,发盘无保留条件。例如:

可供 L-苹果酸 50 公吨,纯度不低于 99%,50 公斤纸板箱装,12 月份装运,每公斤 5 美元 CIF 纽约,不可撤销即期信用证付款。

Can supply 50 M/T L-Malic Acid at USD 5.0/kg CIF New York,99 PCT Min,packed in 50 kgs cartons, December shipment, irrevocable L/C at sight.

这是一个内容明确、完整,无保留条件的实盘。实盘就是法律中的"要约",必须满足构成发盘的条件。发实盘必须要承担相应的法律责任。运用实盘进行交易磋商时应注意三点:第一,实盘的含义不在于是否注明"实盘"字样,而在于是否具备上述必要条件。第二,应根据交易磋商的全部过程来判定其是否为实盘。第三,在有效期内,发盘人不得任意撤销或修改实盘的内容,并要受其约束。

需注意,我国习惯认为实盘必须具备品名、品质、数量、包装、价格、交货期、支付方式等七项内容才算交易条件完整,而《联合国国际货物销售合同公约》第 14 条第 1 款规定:"实盘如果写明货物并且明示或暗示地规定数量和价格或规定如何确定数量和价格,即为十分确定。"

(2) 虚盘。虚盘(Non-firm Offer,Offer without Engagement)是发盘人有保留地按一定条件达成交易的一种不肯定的表示。它通常具有肯定订约的表示、交易条件不完整、附有保留条件等特征。如发盘中写有"参考价"(Reference Price)、"以我方最后确认为准"(subject to final confirmation)、"以获得出口许可证为准"(subject to export license being approved)、"价格不经事先通知予以变动"(the price may be altered without prior notice)等。发虚盘的意图在于:试探对方交易态度、吸引对方递盘、使自己保留对交易的最后决定权。虚盘对发盘人没有约束力,发盘人可以随时撤销或修改发盘内容。从法律角度上看,虚盘不是一项要约,而是一个邀请发盘。

5. 发盘的有效期

发盘的有效期是指可供受盘人作出接受的期限。凡是发盘都是有有效期的,有的明确作出规定,有的不作明确规定。明确规定有效期的发盘,从发盘被送达受盘人时开始生效,到规定的有效期满为止。不明确规定有效期的发盘,是指在一般合理时间内有效。

在实际业务中,明确规定发盘有效期的方法主要有两种:

(1) 规定最迟接受的期限。例如:发盘限 10 日复到此处(offer subject reply reaching here tenth)。

(2) 规定一段接受的时间。例如:发盘十天内复(offer reply in ten days)。

按《联合国国际货物销售合同公约》规定,发盘人在电报或信件中订立的一段接受期间,从电报交发时刻或信上载明的发信日期起算。发盘人用电话、电传或其他可立即传达到对方的形式发盘,并订立一段接受期间,则从发盘到达受盘人时起算。在计算一段接受期间时,应将此间的正式假日或非营业日计算在内。但如果接受通知在接受期间的最后一天未能送达发盘人的地址,是因为正式假日或非营业日,则这段期间应顺延至下一个营业日。

对于没有明确规定有效期的发盘,应理解为在一段合理的时间内有效。但所谓"合理时间"究竟多长,国际上并无明确规定或解释。一般来说,与买卖货物的性质密切相关。凡有关买卖货物在国际市场上市价频繁波动的,发盘有效的合理时间应理解为短一些,而对市价比较稳定的货物,合理时间可理解为较长些。为了避免买卖双方对合理时间以及"即复""速复""急复"的时限理解不一而引起纠纷,发盘人在发盘时最好对有效期作明确的规定。

6. 发盘的撤回与撤销

"撤回"(Withdrawal)是指一项发盘在尚未送达受盘人之前亦即尚未生效之前,由发盘人将其取消。"撤销"(Revocation)则是指一项发盘在已经送达受盘人之后亦即开始生效之后,由发盘人将其取消。

发盘发出后,能否撤回及撤销呢?根据《联合国国际货物销售合同公约》第 15 条第(2)款的规定:"一项发盘,即使是不可撤销的,得予撤回,如果撤回通知于发盘送达受盘人之前或同时到达受盘人。"即发盘可以撤回的,只要发盘人以更快捷的通信方式使撤回通知早于或与发盘同时送达受盘人。

至于发盘的撤销问题,各国合同法的规定有较大分歧。英美法系国家的法律:英国法律规定,发盘一般在被接受前的任何时候得予撤销,只有经受盘人付出某种对价要求发盘人在一定有效期内保证不撤销的发盘属于例外。美国《统一商法典》规定:凡是由商人以书面形式做成的发盘,在规定的有效期内不得撤销,未规定有效期的发盘在合理时间内不得撤销,但无论如何不超过三个月。

但是,大陆法系国家的法律认为:发盘在有效期内不得撤销。《德国民法典》明文规定:订有具体有效期的发盘,在有效期内不得撤销;未规定具体有效期的发盘,按通常情况在有望得到答复以前不得撤销。

《联合国国际货物销售合同公约》协调和折中了各国法律的不同规定,在第 16 条中规定:

(1) 在未订立合同之前,如果撤销的通知于受盘人发出接受通知之前送达受盘人,发盘可以撤销。

(2) 但在下列情况下,发盘不得撤销:①发盘中写明了发盘的有效期或以其他方式表明发盘是不可撤销的;②受盘人有理由信赖该发盘是不可撤销的,而且已本着对该发盘的信赖行事。

7. 发盘的失效

发盘在被接受之前并不产生法律权利,并可在一定条件下于任何时候终止。发盘在下列四种情况下失效:

(1) 在有效期内未被接受而过期。明确规定有效期的发盘,在有效期内如未被受盘人接受即失效;未明确规定有效期的发盘,在合理时间内未被接受亦失效。

(2) 受盘人表示拒绝或还盘。只要受盘人对发盘表示拒绝或还盘,虽然规定的有效期尚未期满,发盘也告失效。

(3) 发盘人对发盘依法撤回或撤销。

(4) 法律的实施。发盘还可因法律的实施而终止。例如,发盘可由于发盘人或受盘人在发盘被接受前丧失行为能力,或因特定标的物的毁灭而失效。再如在发盘人发盘后,政府宣告发盘中的商品禁止进口或禁止出口,该发盘即因进口或出口禁令的实施而终止有效。

(三) 还盘

1. 还盘的含义及性质

还盘(Counter offer)是指受盘人不同意或不完全同意发盘人在发盘中提出的条件,为了进一步协商,对发盘人提出修改意见。还盘可以是针对价格,也可以是针对品质、数量、交货时间及地点和支付方式等交易条件。还盘的行为在买卖双方之间可以反复进行。

还盘是对发盘的拒绝,还盘一经作出,原发盘即失去效力,原发盘人亦不再受其约束。还盘等于是受盘人向原发盘人作出的一项新的发盘。还盘作出后还盘者便由原来的受盘人变成新发盘人,而原发盘的发盘人则变成新发盘的受盘人。新受盘人有权针对还盘的内容进行考虑,决定接受,拒绝或者再还盘。

2. 还盘的形式

还盘可以用口头方式或书面方式表达出来,一般与发盘采用的方式相符。现举还盘电报数例如下:

"你 10 日电收悉,还价每打 70 美元 CIF 纽约"

(Your cable 10th counter offer USD 70 Per dozen CIF New York.)

"你 15 日电 L/C60 天付款电复"

(Your cable 15th L/C 60 days cable reply.)

(四) 接受

1. 接受的含义及性质

所谓接受(Acceptance),是指受盘人接到对方的发盘或还盘后,同意对方提出的条件,愿意与对方达成交易,并及时以声明或行为表示出来。

接受同发盘一样,既属于商业行为,也属于法律行为,合同法中称之为承诺。接受产生的重要法律后果是达成交易,成立合同。

2. 接受的形式

在实际业务中,接受一般都是用函电、口头等形式表示,但在某些情况下,接受也可以用行为表示出来。《联合国国际货物销售合同公约》第18条第(2)款规定:"如果根据该项发盘或依照当事人之间确立的习惯做法或惯例,被发盘人可以做出某种行为,例如与发运货物或支付货款有关的行为,来表示同意,而无须向发盘人发出通知,则接受于该项行为做出时生效,但该项行为必须在上一款规定的期间内做出。"可见,接受可以用行为表示,但必须注意其前提条件,即发盘中规定允许如此,或双方当事人之间业已形成这样的惯例。

现举接受电报数例如下:

"你15日电我接受"(Your 15th cable accepted)。

"你10日电我确认"(Your 10th cable confirmed)。

"你10日电接受,信用证将由中国银行开出"(Your 10th accepted ,L/C will be opened by China Bank)。

3. 构成接受的必要条件

构成一项法律上有效的接受(Acceptance),概括起来有以下四项条件:

(1) 接受必须由受盘人作出。发盘是向特定的人作出的,因此,只有特定的人才能对发盘作出接受,而不能是第三者。由第三者作出的接受,实际上是一项新发盘,除非发盘人对该"接受"予以确认,否则合同不能成立。

(2) 接受必须表示出来。接受必须由受盘人以某种方式表示出来。如果受盘人在思想上已愿意接受对方的发盘,但保持缄默或不作出任何行为,不能构成接受。

(3) 接受必须在发盘有效期内送达发盘人。按照法律的一般要求,接受必须在发盘有效期内送达发盘人。在用信件或电报通知接受时,由于接受通知不能立即被送达发盘人,有一个接受何时生效的问题,即以接受通知发出时生效还是以送达时生效。对此,国际上不同法系的规定有着较大的分歧。

英美法系的法律认为,作为一般规则,接受必须送达发盘人才生效。但是,如果接受是用信件或电报作出时,法律例外地承认:当信件投邮或电报交发时,接受即生效。即使接受的函电在邮递途中延误或遗失,发盘人未能在发盘有效期内收到,也不影响合同的成立。当然,如发盘人在发盘中规定了接受答复到达的时限,受盘人必须将接受答复在发盘规定的有效期内送达发盘人,接受才能生效。

大陆法系的法律则认为:接受必须送达发盘人才生效,即使用信件或电报作出表示者也不例外。如果表示接受的信件或电报在邮递途中延误或遗失,该项接受无从生效,合同亦不能成立。

《联合国国际货物销售合同公约》规定:接受于表示同意发盘的通知送达发盘人时生效。如果接受通知在发盘的有效期内或在合理时间内,未曾送达发盘人,接受即为无效。但《联合国国际货物销售合同公约》又规定:如果根据该项发盘或依照当事人之间确立的习惯做法或惯例,受盘人可以做出某种行为来表示接受,而无须向发盘人发出通知,则受盘人在发盘有效期内做出某种行为时,接受即生效。

(4) 接受的内容必须与发盘相符。从原则上讲,接受的内容应该与发盘中提出的条件完全一致,才表明交易双方就有关的交易条件达成一致意见,即所谓"合意"(meeting of minds),这样的接受才能达成合同。如果发盘人在答复对方的发盘时虽使用了"接受"的字眼,但同时又对发盘的内容作出了某些更改,这就构成了有条件的接受(Conditional Acceptance),属于还盘的性质,不是有效的接受。《联合国国际货物销售合同公约》第19条第(1)款规定:"对发盘表示接受但载有增加、限制或其他更变的答复,即为拒绝该项发盘,并构成还盘。"

但是,这是否意味着受盘人在表示接受时,不能对发盘内容作丝毫的变更呢?根据《联合国国际货物销售合同公约》的精神,接受中所作的添加或不同条件的变更,可分为两种情况:在实质上变更发盘的条件,即实质性变更(material alteration)和在实质上并不变更发盘的条件,即非实质性变更(nonmaterial alteration)。凡对货物的价格、付款、质量和数量、交货地点和时间、赔偿责任范围和解决争端等的添加、限制或更改,均视为实质上变更发盘的条件。表示接受但含有实质性变更则构成还盘。对于非实质性变更,如要求增加提供重量单、装箱单、商检证等单据,要求增加提供装船样品或某些单据的份数等,除非发盘人在不过分迟延的时间内表示反对,仍构成有效接受,而使合同得以成立,并且合同的条件以该项发盘的条件以及在接受中所载的更改为准。

(5) 接受通知的传递方式应符合发盘的要求。发盘人发盘时,有的具体规定接受通知的传递方式,也有未作规定的。如发盘没有规定传递方式,则受盘人可按发盘所采用的,或采用比其更快的传递方式将接受通知送达发盘人。

4. 逾期接受

接受必须在发盘规定的有效期内送达,如发盘未规定有效期,须在合理时间内送达发盘人。如果接受晚于有效期或合理时间才送达发盘人,该项接受便成为一项逾期接受(Late Acceptance),或称迟到的接受,逾期接受一般无效。但是,根据《联合国国际货物销售合同公约》规定,在下列两种情况下,仍然有效:

(1) 如果发盘人毫不迟延地用口头或书面形式将该项逾期接受仍然有效的意见通知受盘人。

(2) 如果载有逾期接受的信件或其他书面文件表明,它在传递正常的情况下是能够及时送达发盘人的,那么这项逾期接受仍具有接受的效力,除非发盘人毫不迟延地用口头或书面方式通知受盘人,其认为发盘已经失效。

可见,逾期接受是否有效,主要取决于发盘人,所以,在接到逾期接受时,发盘人应及时通知受盘人,明确其对该逾期接受所持的态度。

5. 接受的撤回或修改

如前所述,接受于送达发盘人时生效。因此,接受作出后在未送达发盘人之前,如受盘人发现接受有误或发生情况突变或其他特殊情况对其不利,受盘人得以撤回接受(Withdraw an acceptance)。《联合国国际货物销售合同公约》第22条规定:"接受得予撤回,如果撤回的通知于接受原应生效之前或同时送达受盘人。"但是按照英美法的投邮生效原则,接受一经投邮立即生效,合同就此成立,故不存在接受的撤回问题。

接受得予撤回,但不得撤销。接受于送达发盘人时生效,接受生效时合同即告成立。可见,撤销一项已生效的接受,无异于撤销一项已成立的合同,而合同是不得被一方当事人擅自撤销的。

本 章 小 结

◆ 内容提要

国际贸易洽商过程包括交易前的准备工作、贸易磋商、合同的签订、变更和终止各环节内容。在这一阶段中,任何一个环节的工作若出现问题,都有可能造成洽谈失败或给合同履行带来严重的后果。选择目标市场、选择交易对象、制订出口商品的经营方案、进行成本核算等是交易前的准备工作。交易磋商的形式有口头和书面两种。在交易磋商过程中,涉及询盘、发盘、还盘和接受四个环节,其中发盘和接受是必不可少的两个步骤。合同订立要合法才能受到法律保护。合同条款是双方权利和义务的具体表现,要认真对待,无论哪方违反合同规定都要负法律责任。

◆ 关键词

发盘　接受　国际货物买卖合同　交易磋商

◆ 思考题

1. 构成一项法律上有效的发盘必须具备哪些条件?
2. 简述合同有效成立的条件。
3. 构成一项法律上有效的接受必须具备哪些条件?
4. 签订贸易合同应注意哪些问题?

思考案例

某年6月,甲国某公司准备向国际招标机构投标,由于缺少货源,向我国某外贸公司发来求购意向,我公司遂于6月25日向其发实盘并规定有效期至同年7月20日。对方为争取得标,6月30日向我公司发来传真,要求降价20%,我公司于7月2日回电拒绝。对方7月12日给我公司来电,同意接受我方6月25日发盘。此时我公司已将该批货物以高价转卖他国,无法向对方供货,对方遂派专人前来交涉,要求我方供货。问:我方应否向对方供货?

第十五章 进出口合同的履行

了解国际进出口贸易合同履行中的具体业务环节;熟悉出口、进口业务操作流程;掌握在具体贸易合同履行过程中的一些基本业务技巧,例如如何审核信用证、如何办理出口报关手续、如何办理外汇核销与出口退税手续。

对背信用证的使用

2010年8月,义乌A公司接到孟加拉国B公司皮带订单。订单约定采用信用证的付款方式,但该信用证是以法国C公司向B公司下订单时,开具的母信用证为基础开出的子信用证,受母信用证的限制(C公司向B公司下的订单包括a和b两个款式,因交期和质量原因,最终C公司取消了b款式的订单,只支付了a款式的货款)。考虑到子信用证的有效期,在发货之前,A公司要求B公司负责人延长子信用证的有效期,但B公司以母信用证未展期(往后推延预定的日期)为由,拒绝对子信用证进行展期,并明确回复要求A公司发货,同时接受因延期造成的瑕疵。货物运至孟加拉港后,B公司取走了货物,但最终出具信用证的D银行以A公司延期交付相应单据为由拒绝付款。A公司多次委托国内通知行电讯D银行要求支付,始终未果。2011年2月25日,A公司向义乌国际商事法律服务中心申请协助请求D银行付款。通过对案件的分析,义乌国际商事法律服务中心建议采用商会敦促履约的途径解决,并委托浙江省国际商会向孟加拉国D银行于2月28日出具了敦促履约函,敦促其尽快付款。

案例来源:http://www.ccpitzj.gov.cn/article/2412.html.

第一节 出口合同的履行

国际贸易的一个显著特点就是比国内贸易复杂,具体表现在货物出口时涉及的部门多,如商务主管部门、外汇管理部门、商检部门、海关、税务部门等;需要办理的业务也很多,如报检、报关、外汇核销、出口退税等。出口工作中的各个业务环节不是孤立的,而是环环相扣,在货物出口时无论哪一个环节出了问题,都会对货物出口的整体业务操作造成影响。

一、备货

在出口贸易中,卖方最基本的义务就是按照合同规定向买方交付货物,通常情况下,在出口贸易合同签订后,卖方收到买方支付的预付款、开来的信用证或有关履约保函后,就得着手准备外贸合同中规定的货物,这个工作称为备货。准确地说,备货就是卖方根据出口合同的规定,按时、按质、按量准备好应交的货物以保证及时出运或交付。

在实际贸易业务中,如果出口货物由卖方自己生产,则卖方应根据合同规定的交货时间,制订货物生产计划,并把生产计划及时安排到公司的生产日程中;如果出口货物由卖方采购自国内的另一供货商(出口货物的实际生产商),那么出口方就得及时联系供货商,做好出口货物的国内采购工作。为了保证备货的及时性,出口商应及时向生产部门或供货商安排生产和催交货物,然后仔细对照合同条款对货物的品质、数量、包装等状况进行验收。待货物进仓后,还要根据出口合同的规定再次进行整理,并在外包装上加刷唛码和其他必要标志。

总之,在备货工作中应注意以下几个问题:① 备货要及时,不要延误装运期限;② 货物的品质、规格等应与合同规定相符,高于或低于都不行;③ 货物的数量也要和合同规定的相符,如无溢短装条款(More or Less Clause),则出口货物多装或少装都不行;④ 包装的方式、方法和包装材料均应符合合同规定,包装上的唛头(Shipping Mark)也要符合合同规定。

二、落实信用证

出口商签订合同后,如果货款采用部分预付款结合信用证方式结算的话,那么出口商应在规定的时间内向进口商催收预付款和催开立信用证。在收到对方开来的信用证后,为了保证收汇的安全性,预防信用证"软条款",出口商应对照贸易合同条款仔细审核信用证。

(一)信用证的催开

在贸易实践中,有时是因为签约时间过早,为防止对方疏忽,而提醒对方需按时开立信用证;有时是因为外商未按期开证,特别是对于资信欠佳的客户未按期开证,出口方应及时催促对方开立信用证。

(二)信用证的审核

出口商在收到进口商开来的信用证时应对信用证内容进行仔细审核,因为在贸易实践中经常发生来证内容与合同规定不符的事情,有的是出于疏忽,有的是由于客户对我国的政策不了解,也有的是外商玩弄手段,故意设置结汇障碍。大多数不符单据的产生以及提交单据后被银行退回而导致不能顺利结汇的事件都是对收到的信用证事先检查不够造成的,对信用证不进行仔细审核往往使一些本来可以纠正的错误不能及时得到修改。因此,一般应在收到信用证的当天就对照有关合同条款仔细审查,这样可以及早发现错误并采取相应的补救措施。信用证检查和审核的要点如下:

1. 有下列情况之一的,不是一项有效的付款保证

(1)信用证明确表明可以撤销。此信用证由于无需通知受益人或未经受益人同意可以随时被撤销或变更,对受益人来说不能构成有效的付款保证,对于此类信用证,出口商一般不予接受。根据《UCP600》的规定,信用证都是不可以撤销的,即使没有标注不可撤销的字样。

(2)应该保兑的信用证未按要求由有关银行进行保兑。

(3) 信用证未生效。有条件生效的信用证,如信用证中规定"待获得进口许可证后才能生效",则该信用证不是一项有效的付款保证。

(4) 信用证密押不符。

(5) 信用证简电或预先通知由开证人直接寄送的信用证。

2. 在审核信用证时应特别注意下列情况

(1) 信用证中规定有关款项须在向银行交单后若干天内或见票后若干天内付款等情况。对此,应检查此类付款时间是否符合合同规定。

(2) 信用证在国外到期。规定信用证国外到期,有关单据必须寄送国外,由于受益人无法掌握单据到达国外银行所需的时间且容易延误或丢失,有一定的风险,因此通常要求在国内交单议付。

(3) 如信用证中的装运期和有效期是同一天,即通常所称的"双到期"。在实际业务操作中,应将装运期提前一定时间(一般在有效期前 10 天),以便有合理的时间来制单结汇。

(4) 检查信用证受益人和开证人的名称和地址是否完整和准确。受益人应特别注意信用证上的受益人名称和地址应与其印就好的文件上的名称和地址内容相一致,如果受益人的名称不正确,将会给以后的收汇带来障碍。

(5) 检查装运期的有关规定是否符合要求。与信用证所规定装运期不符的运输单据将构成不符点,银行有权拒付。

(6) 检查信用证规定的装运期是否合理。仔细检查能否在信用证规定的装期内备妥有关货物并按期出运,如收到来证时装运期太紧,无法按期装运,应及时与客户联系修改。

(7) 检查能否在信用证规定的交单期交单。如来证中规定向银行交单的日期不得迟于提单日期后若干天,如果过了限期或单据不齐有错漏,银行有权不付款。交单期通常按下列原则处理:① 信用证有规定的,应按信用证规定的交单期向银行交单;② 信用证没有规定的,向银行交单的日期不得迟于提单日期后 21 天。同时出口商应充分考虑办理下列事宜对交单期的影响:① 生产及包装所需的时间;② 内陆运输或集港运输所需时间;③ 进行必要的检验如法定商检所需的时间;④ 申领出口许可证/FA 产地证所需的时间(如果需要);⑤ 报关查验所需的时间;⑥ 船期安排情况;⑦ 到商会和/或领事馆办理认证或出具有关证明所需的时间(如果需要);⑧ 制作、整理、审核信用证规定的文件所需的时间;⑨ 单据送交银行所需的时间包括单据送交银行后经审核发现有误退回更正的时间。

(8) 检查信用证的通知方式是否安全、可靠。信用证一般是通过受益人所在国家或地区的通知/保兑行通知给受益人的。这种方式的信用证通知比较安全,因为根据国际商会丛刊第 500 号《跟单信用证统一惯例解释通则》的有关规定,通知行应对所通知的信用证的真实性负责。如果不是这样寄交的,应特别注意。

(9) 检查信用证的金额、币制是否符合合同规定。主要检查内容有:① 信用证金额是否正确;② 信用证的金额是否与事先协商的相一致;③ 信用证中的单价与总金额是否准确,大小写并用,内容是否一致。如数量上可以有一定幅度的伸缩,那么,信用证也应相应规定在支付金额时允许有一定变动幅度;④ 检查币制是否正确。如合同中规定的币制是"英镑",而信用证中使用的是"美元",这样的信用证就必须修改。

(10) 检查信用证的数量是否与合同规定相一致。除非信用证规定数量不得有增减,那么,在付款金额不超过信用证金额的情况下,货物数量可以容许有 5% 的增减。特别注意的是,以上提到的货物数量可以有 5% 增减的规定一般适用于大宗货物,对于以包装单位或以个体为计算单位的货物不适用。如：5000PCS 100％ COTTON SHIRTS（5000件全棉衬衫）由于数量单位是"件"，实际交货时只能是5000件，而不能有5％的增减。

（11）检查价格条款是否符合合同规定。不同的价格条款涉及具体的费用，如运费、保险费由谁承担。如：合同中规定是：USD50/PC FOB SHANGHAI 根据此价格条款有关的运费和保险费由买方即开证人承担；如果信用证中的价格条款没有按合同的规定作上述表示，而是做了如下规定：50/PC CIF NEW YORK USD 对此条款如不及时修改，那么受益人将承担有关的运费和保险费。

（12）检查货物是否允许分批出运。除信用证另有规定外，货物是允许分批出运的。值得特别注意的是，如信用证中规定了每一批货物出运的确切时间，则必须按此照办，如不能办到，必须修改。

（13）检查货物是否允许转运。除信用证另有规定外，货物是允许转运的。

（14）检查有关的费用条款。信用证中规定的有关费用如运费或检验费等应事先协商一致，否则，对于额外的费用原则上不应承担。银行费用如事先未商定，应以双方共同承担为宜。

（15）检查信用证规定的文件能否提供或及时提供。检查的内容主要有：①一些需要认证的单据特别是使馆认证等能否及时办理和提供。由其他机构或部门出具的有关文件如出口许可证、运费收据、检验证明等能否提供或及时提供；②信用证中指定船龄、船籍、船公司或不准在某港口转船等条款能否办到等；③检查信用证中有无陷阱条款。

（16）检查信用证中有无矛盾之处。例如：明明是空运，却要求提供海运提单；明明价格条款是FOB，保险应由买方办理，而信用证中却要求卖方提供保险单。

（三）信用证的修改

通过对信用证的全面审核，如发现问题，应分情况及时处理。对于影响安全收汇，难以接受或做到的信用证条款，必须要求国外客户修改。

1. 信用证修改的规则

（1）只有买方（开证人）有权决定是否接受修改信用证。

（2）只有卖方（受益人）有权决定是否接受信用证修改。

2. 修改信用证注意事项

（1）凡是需要修改的内容应做到一次性向客人提出，避免多次修改信用证的情况。

（2）对于不可撤销信用证中任何条款的修改，都必须取得当事人的同意后才能生效。

3. 对信用证修改内容的接受或拒绝表示形式

（1）受益人做出接受或拒绝该信用证修改的通知。

（2）受益人以行动按照信用证的内容办事。

收到信用证修改后，应及时检查修改内容是否符合要求，并表示接受或重新提出修改。对于修改内容要么全部接受，要么全部拒绝，部分接受修改中的内容是无效的。有关信用证修改必须通过原信用证通知行才真实有效，通过客人直接寄送的修改申请书或修改书复印件不是有效的修改。

三、租船订舱

在国际贸易中，货物的运输可以由卖方办理，也可以由买方办理，所以在出口合同的履行过程中，首先要确定货物运输的责任方。通常按照贸易合同使用的贸易术语来进行确定，例如，合同使用FOB术语，则由买方负责办理货物运输，合同使用CFR、CIF或类似贸易术语,则由卖方负责办理货物运输。通常在出口货物时,为了保证船货的顺利衔接,多采用由卖方负责办理货物运输的贸易术语。因此,为了保证在合同规定的装运期内完成装运,卖方在合同签订后应及时为货物办理租船订舱手续,确保货物及时装运。货物的运输可以由出口企业自己办理,也可以委托给专门的货运代理公司办理。

(一) 查看船期表,制订装运计划

为了揽货,船运公司都会定期公布船期表,在船期表中船运公司会对未来一段时间的航线、船期安排等事项做出说明。出口企业应根据外贸合同中的运输条款要求,查询船期表,提前制订好货物装运计划,避免仓促订舱,错过船期。

(二) 填写托运单,办理订舱手续

托运单(booking note B/N)俗称"下货纸",是托运人根据贸易合同和信用证条款规定填制的,向承运人办理货物托运的单证。承运人在收到托运人提交的托运单后结合船期表中规定的船舶的航线、船期、停靠港口、舱位等考虑,如果认为条件合适,就会接受托运。

(三) 货物集港装运

出口商在货物备齐,办理好出口通关手续后,为了保证按时完成装运,须在船舶靠港装货前,将货物运往港口货物堆场等待货物装船。

(四) 支付运费,换取提单

货物装船完毕后,托运人应及时向承运人支付运费,并凭大副收据向承运人或其代理人换取提单。在国际结算中,为了保证收货的安全性,进口方以及进口方银行通常要求出口商提交已装船清洁提单(clean on board B/L)。所以出口商在换取提单时一定要保证拿到的提单是清洁提单,否则会影响结汇的安全性。

四、办理出口通关手续

我国对货物出口活动实行全面管制,因此外贸企业在出口货物时需要办理各种出口通关手续,出口通关手续中以出口商品的报关和报检为重点。

(一) 制备出口用的各种单证

在办理各项出口通关手续时,都会不可避免地会使用到各种出口单证,如在出口报关中涉及出口货物报关单、商业发票、装箱单、出口许可证件等,在出口商检中涉及出口货物报检单、商业发票、装箱单、外贸合同等。办理的出口通关手续不同,需要准备的单证也存在差异,但是商业发票、装箱单等这些基本单证是办理各项出口手续时都须制备的单证。

1. 商业发票

(1) 商业发票的概念及作用。商业发票是卖方签发的用以载明货物的品质、数量、价格、金额等内容的文件,其主要作用是出口商向进口商出具的一个货物销售清单,也是海关对出口货物进行监管和征税的重要凭证。

(2) 商业发票的主要内容。商业发票作为一种价目清单,它的主要内容包括3个部分:发票的首文、发票的本文和发票的结尾。发票的首文主要包括发票应列示的一些基本情况,如发票的号码、发票的出票日期、进口商名称及详细地址、运输方式、装运地点和目的地等内容。发票的本文主要包括发票应列示的有关所售货物的数量、价格、金额等内容,如货物的数量,货物单价及总金额等。发票的结尾主要包括出口商的名称及进口商要求卖方有权签字人的签字,有时还包括出口商出具的证明或声明等内容。其结构和内容如图15.1所示。

CBMI

ORIGINAL

CBMI CONSTRUCTION CO., LTD.

ADDRESS: NO.7, XINGFU ROAD, FENGRUN DISTRICT, TANGSHAN CITY, HEBEI PROVINCE-P.R.CHINA

中材建设有限公司

COMMERCIAL INVOICE

商业发票

To: DOMICEM S.A.

ADDRESS: Av. Abraham /Lincoln esq. Jose' Amado Soler, Ensanche Serralles, Edif. Progressus, 2do Piso, Santo Domingo　Dominican Republic

Contract No.: 1/DOMICEM Invoice No.: CBMI-DOMICEM-01-9/2004		Invoice Date: May 25th, 2004 Estimated Shipping Date: Jun. 5th, 2004	
Transport Details: From Jingtang Port, China to Rio Haina, Dominican Republic			
Mark & Nos	Description of goods	Amount	
Contract No.: 1/DOMICEM Shipping mark Destination: RIO Haina Consignee Name of equipment and item No. Case No./Bale No. Gross/Net weight Measurement Shipper Manufacturer	Equipment under contract no. 1/DOMICEM of the 5th. August 2002 and its amendments. Apron feeder 8 sets FOB Price of ocean transport up to CIF Insurance Total supplies value on CIF basis	USD USD USD USD	282056.00 34541.00 621.00 317218.00

The above-mentioned amount includes seaworthy packing, ocean transportation and insurance.

Estimated Net Weight: 913785KG Estimated Gross Weight: 1007667KG	Country of Origin, Provenance and transport: People's Republic of China, Hebei Province.

Our Bank Name: BANK OF CHINA, TANGSHAN BRANCH
　　　　　　　Address:　No.67, West Xinhua Road, Tangshan City,
　　　　　　　　　　　　Hebei Province P.R.China
　　　　　　　Swift Code: BKCHCNBJ23H
Account No.:　10331008094014

图 15.1　商业发票样本

2. 装箱单

（1）装箱单的概念及作用。装箱单是用以说明货物包装细节的清单,装箱单详细记载了货物的包装方式、包装材料、包装件数、货物的规格、数量、重量等内容,是对商业发票的重要补充,在贸易中便于进口商和海关核查货物。

(2) 装箱单的缮制。在通关手续的办理过程中,一份报关单对应一份商业发票,一份商业发票对应一份装箱单。装箱单并无统一格式,只要能准确表达出上述内容并做到整洁、美观即可,装箱单的内容必须同报关单和商业发票的内容保持一致,否则报关的时候会出现不必要的麻烦。其结构和内容如图15.2所示。

CBMI

ORIGINAL

CBMI CONSTRUCTION CO., LTD.

PACKING LIST

To: DOMICEM S. A.

ADDRESS: Av. Abraham /Lincoln esq. Jose' Amado Soler, Ensanche Serralles, Edif. Progressus, 2do Piso, Santo Domingo Dominican Republic

Invoice No.: CBMI-DOMICEM-01-9/2004 BP No.:	Invoice Date: May 25th 2004 Estimated Shipping Date: Jun. 5th 2004
Transport Details: From Jingtang Port, China to Rio Haina, Dominican Republic	
Mark & Nos	Description of goods
Contract No. Shipping mark Destination: Consignee Name of equipment and item No. Case No. /Bale No. Gross/Net weight Measurement	Equipment under contract no. 1/DOMICEM of the 5th. August 2002 and its amendments. Apron feeder 8 sets Impulse bag filter XMC60-4 2 sets Impulse bag filter XMC60-5 7 sets Bag filter XMC70-7 4 sets Chain conveyer RUS900-18.7 1 set

Total 651 packages.
  The cargo are packed in the following manners:
  Apron feeder: 89 packages; bag filter: 69 packages; chain conveyer: 336 packages;
  Screw conveyer: 3 packages; bucket conveyer: 36 packages; fan: 86 packages
  Mini-fan: 27 packages; roots blower: 4 packages; Fan spare parts: 1 package	

Estimated Net Weight: 913785KG Estimated Gross Weight: 1007667KG Estimated Volume: 4811.353CBM	Country of Origin and Provenance: People's republic of China, Hebei Province

图15.2　装箱单样本

(二) 出口货物报关

报关是指进出境运输工具负责人、进出口货物收发货人、进出境物品的所有人或者其代理人向海关办理货物、物品、运输工具进出境相关手续的全过程。

1. 海关的性质

《海关法》第二条明确规定了海关的性质:"中华人民共和国海关是国家的进出境监督管理机关。"海关监督管理的对象是所有进出境的运输工具、货物、行李物品、邮递物品和其他物品。《海关法》所指的关境范围指除享有独立关境地位的地区以外的中华人民共和国全部领土。

出口货物自运到检验场所向海关申报起到出境前,必须置于海关的监管之下,在此期间未经海关许可,不得拆卸、提取、交付、转运、调换货物。海关对货物的监管程序主要为:接受申报、查验货物、征收税费、结关放行、后续管理。作为进出境货物的收发货人,相应的业务为:提出申报、接受查验、缴纳税费、凭单取货或出运货物、接受监管。

2. 出口报关操作

(1) 准备报关资料:

① 列出出口货物清单。出口货物清单通常由公司生产部门提供,报关人员在报关前应熟悉出口货物清单中所列货物的用途和性能,以便进行商品归类和应对海关的询问。

② 制作商业发票、装箱单、报关单等基本报关单证。《出口货物报关单》是出口企业办理货物出口报关的基本单证,企业报关人员应仔细按照报关单填制规范正确、完整地填制。报关单的格式是固定的,其格式和内容如图15.3所示。报关单填制完成后,就应对每票报关单制作相应的发票、装箱单,制作标准是简单、准确的,由于商业发票和装箱单是对出口货物的一个细致描述,因此商业发票和装箱单上的信息必须和报关单保持一致。

③ 打印装货单(俗称"下货纸")(S/O, shipping order)。装货单作为报关和装船单证,通常由公司自己制作,按照船代提供的格式打印,并交由船代审核签章。在制作S/O时,应确保收货人、名称、地址和通知方信息准确无误,因为S/O是制作提单的依据。通常一票报关单对应一份装货单。

(2) 报关操作步骤:

① 舱单录入。报关之前需要将准备好的报关设备信息和船舶信息通过舱单录入系统向海关预申报,海关审核通过后返回一个舱单号,作为报关时的一个必备数据。

② 报关单预录入。船到前一周,报关人员在备妥以上资料后,完成报关单申报数据的预录入。由于预录入数据的错误率较高,因此要求预录入人员在完成录入后打印出报关单样单,并对报关单样单进行仔细审核。俗话说得好"磨刀不误砍柴工",如果报上去的数据出现错误的话,修改起来比较麻烦,影响后续报关工作的顺利开展,因此报关人员应确保预录入数据的准确性。

③ 电子申报。预录入完成并审核无误后,即可要求预录入人员将数据向海关进行电子申报。电子数据传输到直属海关后,电脑会对数据自动进行审核。电脑审核主要是对货物对应的监管条件和基本信息进行初审。如果审核通过,会反馈"现场交单"信息,这就意为着报关员可向海关现场递交纸质单据,进行申报。如果显示为"退回修改"则意味着申报数据有误或缺少某些单证,报关员就得对报关单进行修改,重新录入申报。

④ 打印正式报关单。电子交单完成后,在预录入处打印出正式报关单一式二份,加盖公司报关章和报关员专用章。

⑤ 海关现场接单。报关员将准备好的相关单证递交海关"接单处",进行现场申报。海关接单后对报关单证进行初审,如无问题则将相关单证转入通关处进行进一步审核。通关处接到相关单证后会对报关单上的货物海关编码、金额、数量进行审核。这时海关会对货物提出一些问题,报关员应积极配合,有需要的话应出示相关证明文件。如海关审核无误则在报关单和装货单上加盖通关章,制作关封交港口海关进行现场查验。

⑥ 现场查验。海关查验科接到报关员递交的关封时,为了对报关信息的有效性进行审核,会对申报的货物进行现场查验。这时报关员必须到现场帮助海关工作人员开箱、搬移货物,回答海关提出的问题。

中华人民共和国海关出口货物报关单

预录入编号：　　　　　　　　海关编号：

出口口岸 唐山海关		备案号	出口日期	申报日期
经营单位 中材建设有限公司 1302910119		运输方式 江海	运输工具名称	提运单号
发货单位 中材建设有限公司 1302910119		贸易方式 一般贸易	征免性质	结汇方式 电汇
许可证号		运抵国(地区) 多米尼加共和国	指运港 RIO HAINA 港	境内货源地 唐山
批准文号		成交方式 CIF	运费 11200	保费 250	杂费
合同协议号 1/DOMICEM		件数 651	包装方式 其他	毛重(公斤) 1007667	净重(公斤) 913785
集装箱号		随附单据 合同,发票,装箱单		生产厂家
标记唛码及备注				
项号　商品编码　商品名称、规格型号　数量及单位　最终目的国　单价　总价　币制　征免				
01　8428.3990.20 中型板式喂料机　8台　多米尼加　2880　23040　美元　照章				
02　8421.3990 脉冲袋收尘　2个　多米尼加　5460　10920　美元　照章 　　　　　　　 XMC60-4				
03　8421.3990 脉冲袋收尘　7个　多米尼加　2332.857　16330　美元　照章 　　　　　　　 XMC60-5				
04　8421.3990 袋收尘器　4个　多米尼加　13025　52100　美元　照章 　　　　　　　 XMC70-7				
05　8428.3910 链式输送机　1台　多米尼加　27060　27060　美元　照章 　　　　　　　 RUS900-18.7				
税费征收情况				
录入员　录入单位	兹声明以上申报无讹并承担法律责任		海关审单批注及放行日期 (签章)	
报关员 单位地址 邮编　　　　电话	申报单位(签章) 　　　　　　　　填制日期		审单　　　　　审价	

图 15.3　出口货物报关单

五、信用证下出口制单结汇

货物装完船后,出口商应立即准备有关结汇单证,向银行交单议付。

(一)结汇单据的制作

结汇单据应根据信用证或合同的要求制作,常见的结汇单据有:汇票、商业发票、装箱单、运输单据(如海运提单、空运单、多式联运提单等)、保险单、产地证(一般原产地证和普惠制产地证)、检验证书等。

1. 汇票的制作

国际贸易中主要使用跟单汇票,作为出口方要求付款的凭证,汇票样式如图 15.4 所示。

```
No. C8-5012.    INV20908710

Exchange for USD10000                         Shanghai _____
    At _____ sight of this First of Exchange ( Second of the same tenor and date
unpaid ) pay to the Order of  China Bank, Shanghai Branch  the sum of

                 US DOLLARS TEN THOUSAND ONLY.
Drawn under Citi Bank
        L/C No. MPB/LC/99/11892          上海太阳工艺品贸易公司
                                         Shanghai Sun Handcraft Trade Co., Ltd
To:Citi Bank
    Room 30, the 40th floor Empire Building,
    Revenue Street, N.Y. , USA
```

图 15.4 汇票样单

制作汇票时应注意以下问题:

(1) 出票条款。信用证下的汇票,应填写出票条款,包括开证行名称,信用证号码和开证日期。

(2) 汇票金额。托收项下汇票金额应与发票一致。如果采用部分托收、部分信用证方式结算,则两张汇票金额各按规定填写,两者之和等于发票金额。信用证项下的汇票金额,如果信用证没有规定,则应与发票金额一致。

(3) 付款人名称。托收方式下的汇票,付款人为买方。信用证方式下,以信用证开证行或其指定的付款行为付款人。如果信用证未加说明,则以开证行为付款人。

(4) 收款人名称。汇票的收款人通常是银行。信用证方式下收款人通常是议付行;托收方式下可以是托收行,均做成指示性抬头。托收中也可将出口方写成收款人,然后由收款人背书给托收行。

2. 结汇用商业发票、装箱单的制作

结汇用商业发票的制作与报关用发票制作方法和格式相同,一个合同项下的出口货物只需制作一份商业发票。由于不同合同、不同运输工具名称、不同征免性质、不同许可证号的货物不能填报在一份报关单上,因此在制作报关用商业发票时,必须一票报关单对应一份商业发票。而在结汇时只需将各份商业发票数据汇总,制作一份总的商业发票即可。结汇用装箱单的制作与商业发票原理相同。

3. 运输单据的制备

运输单据因贸易方式的不同而不同,常用的运输单据有海运提单、海运单、航空运单、铁路运单、货物承运收据以及多式联运单据,运输单据应严格按照付款条件的要求制作。

4. 保险单证的制备

如果采用的贸易术语规定保险由出口商负责办理,那么出口商在货物装船前必须按合同或信用证的要求办理货物的保险事宜,并取得符合规定的保险单证。

5. 产地证明

产地证明是指出口国的政府机构或公证机构出具的,证明货物原产地或制造地的一种证明文书,是进口国海关计征进口税时,确定税率的主要依据。

进口商要求出口商向其提供产地证,主要有两个目的:一是满足进口国对来自不同国家或地区的商品实施差别关税待遇的需要;另一个是为了满足进口国实施进口限制的需要——针对来自不同国家的商品,进口国海关根据原产地证检查是否需要实施进口限制。

我国目前使用的原产地证主要有:

(1) 一般原产地证(Certificate of Origin)。一般原产地证主要用以证明货物的生产国别,进口国海关凭以核征进口税率的单证。在我国,一般原产地证由贸促会或出入境检验检疫局签发。它主要包括进口商的名称和地址、唛头和标记、货物描述及件数、签发机构对货物产地的证明、出具机构签字及日期。

(2) 普惠制产地证(GSP, Generalized System of Preferences Certificate of Origin, 简称GSP Form A)。普惠制是发达国家给予发展中国家的普遍的、非歧视的、非互惠的关税优惠制度。普惠制产地证就是用来证明货物产自这些受惠国的一种证明,普惠制产地证主要包括进出口双方当事人的名称及地址、货物的运输方式及路线、唛头及标记、货物描述及件数、产地类型、重量或体积、出口商声明及出具日期、商检机构声明及签发日期等内容。

我国的普惠制产地证只能由出入境检验检疫局出具,出口商于发货前制作商业发票、装箱单、填制产地调查结果单等,并凭以向当地主管出入境检验检疫局申领该证书。

6. 检验证书

检验证书(Inspection Certificate)是指根据贸易合同的规定,由买卖双方认可的检验机构出具的,用以证明货物品质、数量、重量和卫生条件等方面情况的文书。

检验证书一般由国家指定的检验机构出具,也可由买卖双方约定的检验机构或出口企业自行出具,具体按合同办理。检验证书一般都存在一定的有效期,因此在办理检验证书时,应考虑与装船期限的紧密结合,防止发生由于船期限制,导致必须等到有效期结束才能装船发运的事件。一般货物的检验证书有效期为60天,新鲜水果、蔬菜为2~3个星期,出口货物必须在有效期内装运,否则须重新检验。

7. 其他单证

不同的合同或信用证所需的单证也有所不同,常见的其他单证有:寄单证明、寄样证明、邮局收据、快递收据、装运通知等。

(二) 交单结汇

1. 交单

交单指出口商（信用证受益人）在规定的时间内向银行提交结汇规定的全套单据，收取货款的行为。交单必须在规定的交单期限内做出，否则会遭到银行的拒付。并且提交的单据必须与结汇要求单据严格保持一致，做到"单单一致，单证一致"（单据与单据之间一致，单据与信用证一致）。

交单的方式通常有两种：一种是两次交单或称预审交单，在运输单据签发前，先将其他已备好的单据交银行预审，发现问题及时更正，待货物装运后收到运输单据，可以当天议付并对外寄单；另一种是一次交单，即在全套单据收齐后一次性送交银行，此时货已装运。银行审单后如果发现不符点需要退单修改，耗费时日，容易造成交单的逾期而影响收汇的安全性。因此，企业在出口时应加强与银行之间的紧密配合，采用两次交单的方式，提高收汇的安全性。

2. 结汇

信用证下的出口单据经银行审核无误后，银行按信用证规定的付款条件，将外汇结付给出口企业。我国的出口中如果使用信用证结算方式的话，大多使用议付信用证，少量使用付款信用证和承兑信用证。

(三) 单证不符时出口商可采取的措施

在出口业务中，由于种种原因会造成单证之间的不一致，即单据存在不符点。因交单时间的限制，可能无法在规定的时间内更正，在实际操作中，受益人可采取以下措施进行处理：

(1) 凭保议付。受益人向议付行出具保函，声明如果遭到开证行拒付，则由受益人偿还议付行垫付的款项和费用，同时电请开证申请人授权付款。

(2) 表提。议付行把单据中的不符点开列在寄单函上，征求开证行的意见，由开证行接洽申请人是否同意付款。议付行在接到开证行的肯定答复后进行议付。如果开证申请人不予接受，开证行退单，议付行同样退单给受益人。

(3) 电提。议付行暂不向开证行寄单，而是用电传或传真通知开证行单据的不符点。如果开证行同意付款，再行议付并交单，受益人可及早收回单据，设法更正。

(4) 有证托收。如果单据出现严重的不符点，或信用证的有效期已过，受益人已无法利用手中的信用证，只能委托银行在向开证行寄单函中注明"信用证项下的单据作托收处理"，又称为"有证托收"。由于申请人已因单证不符合不同意接受，故有证托收往往遭到拒付，这种方法实际上是不得已而为之。

六、出口退税

(一) 出口退(免)税概念

出口退(免)税是对报关出口货物退还在国内各生产环节和流转环节按税法规定缴纳的增值税和消费税。它是各国在国际贸易中普遍采用，目的在于鼓励各国出口货物公平竞争的一种税收措施。比如我国企业出口一套价值100元的服装，该服装在出口前已按17%的增值税率征收了增值税，但由于增值税属于流转税，理应由最终消费者承担。这套服装并不在国内消费，而是由国外消费者消费掉了，那么这时该服装生产企业由于不能对这17元的增值税进行抵扣，无疑将加大企业的出口成本，削弱其产品在国际市场上的竞争力。我国为了鼓励出口，增强企业的国际竞争力，于1985年开始实施出口退税政策，并取得了非常显著的效果，极大地刺激了我国外贸的发展。

(二) 出口退(免)税的特点

(1) 出口货物退(免)税是一种收入退付行为。税收是按照法律规定强制地、无偿地从国民收入中筹集资金，即参与国民收入中剩余产品的分配。而出口退税作为税收的一种具体制度与税收的一般特性不同，它是货物出口后，将其在国内各环节征收的间接税退还给税收负担者的一种收入退付行为，它与税收筹集资金的目的恰恰相反。

(2) 出口货物退(免)税是间接税范畴的一项国际惯例。实行间接税制的国家，具体的间接税政策是各不相同的，但就间接税制度中出口零税率而言，各国是一致的。

(三) 出口退税的作用

出口退税是鼓励本国货物参与国际竞争的有力措施，实行零税率的作用在于避免对出口货物的双重征税，增值税的基本原则是税款最终由消费者负担，出口商品或劳务的最终消费者是进口国的购买者，进口国要对这类购买者征税。如果对出口货物不实行零税率，势必造成国际重复征税。货物以不含税价格打入国际市场，会提高其在国际市场上的竞争能力。因此出口退税政策的施行符合国际惯例，对促进我国经济的发展和外贸出口意义重大。

(四) 出口退(免)税的货物范围

我国《出口货物退(免)税管理办法》规定：对出口凡属于已征或应征增值税、消费税的货物，除国家明确规定不予退(免)税的货物和出口企业从小规模纳税人购进并持普通发票的部分货物外，都是出口货物退(免)税的货物范围，均应予以退还已征增值税和消费税或免征应征的增值税和消费税。可以退(免)税的出口货物一般应具备以下4个条件：

(1) 必须属于增值税、消费税征税范围的货物。

(2) 必须是报关离境的货物。所谓报关离境就是货物输出中国关境。凡是报关不离境的货物，无论出口企业以外汇结算还是以人民币结算，也不论企业在财务上作何处理，均不能视为出口货物予以退税。

(3) 必须在财务上作销售处理的货物。现行外贸企业财务会计制度规定：出口商品销售后，路运以取得承运货物收据或铁路联运运单，海运以取得出口货物的海运提单，空运以取得空运单并向银行办理交单结汇时作为销售收入的实现。出口货物销售价格一律以离岸价(FOB)折算成人民币入账。出口货物只有在财务上作销售处理后，才能办理退税。这是因为我国的出口退税只征对贸易性质的货物出口，对于非贸易性质的出口如对外捐赠、非卖展品不能进行出口退税。

(4) 必须是出口收汇并已核销的货物。

(五) 出口货物退(免)税凭证资料

出口货物退(免)税凭证资料，是指企业在办理出口货物退(免)税时按规定必须提交的各种有效凭证。主要包括：出口货物增值税专用发票、出口货物报关单、出口货物销售明细账、外销发票、税收(出口货物专用)缴款书或出口货物完税分割单及税务机关要求报送的其他凭证资料。

第二节 进口合同的履行

在国际商品贸易中，买方的最基本义务是按照合同规定接收货物并向卖方支付货款，但是在一笔进口贸易的具体履行过程中,买方的工作可能还涉及运输、保险、信用证、通关、索赔等具体的事项,这些工作环节多、涉及的面广,而且工作环节间联系紧密,需要企业外贸人员间和外贸各部门间密切配合,才能顺利完成。

一、申领进口许可证

出于维护国家经济利益、维持正常的贸易秩序,以及确保国内环境安全和人民健康的目的,我国对进出口贸易活动实行管制。对外贸易管制的一个重要组成即是进出口许可制度,按照国家的相关法律、行政法规的规定,部分商品在进口时需要向国家相关行政管理部门申领进口许可证,在取得许可证后,方允许进口。属于许可证管理的商品在进口通关环节须向海关提交进口许可证,海关凭以验放货物。因此,在签订进口合同之前一个重要工作就是确定该商品是否属于进口许可证管理商品。

(一)确认进口货物监管条件

进口商在签订合同之前通过查询《中华人民共和国进口税则》,根据商品编码查询规则,找到拟进口商品的正确商品编码,然后仔细审阅该商品编码对应的"监管条件"栏目,如果有"进口许可证"要求,则表示该商品在进口时需申领进口许可证。

(二)进口许可证管理与发放

进口许可证由我国商务部授权配额许可证事务局(简称许可证局)统一管理、指导全国各发证机构的签发工作。目前,我国的许可证发放采取三级分类签发制度:即由商务部许可证局、商务部驻各地特派员办事处和商务部授权的各省市的商务厅(局)审核、发放许可证。进口企业填写《进口许可证申请表》连同相关证明文件,向许可证管理部门申领进口许可证,经审核符合要求的,由发证机关签发《中华人民共和国进口货物许可证》,许可证一式四联,第一、二联交给领证单位,领证单位凭以办理对外订货和办理进口货物的进口通关、银行付汇手续。

二、开立和修改信用证

如果进口合同规定的货款结算方式为信用证,那么在合同签订之后,进口商应在合同规定的开证日期内向出口商开出信用证。

(一)进口商申请开立信用证

信用证的开立由作为开证申请人的进口商凭相关文件和证明(有关主管部门的审批文件、进口配额证或进口许可证、贸易合同等),到开证银行填写《开证申请表》,开证申请人应严格按照贸易合同规定的条款,在申请表中选择填报适当的项目,特别是涉及相关单据要求时,要逐项明确单据类别和具体要求。当信用证开立后,要进行审核确保与向银行提交的开证申请书一致,否则应当立即提请银行要求修改。

(二)进口商修改信用证

当受益人提出修改要求时,我方进口商(开证申请人)应根据合同和客观情况及时予以回复,要严格以合同为依据审慎对待,不能置之不理。如果同意受益人的修改要求,应及时向银行提出;如果不同意其修改要求,应及时告知并请对方按照信用证原条款执行。对于同一修改通知下的信用证内容,对方不能部分接受部分否定。一般情况下,卖方应当告知银行的态度。在实践中,如果卖方按照修改后条款提交单据,意味着其接受了修改后的条款,如果仍按原证条款交单,意味着其拒绝了修改,对此买方应当注意,有所准备。

三、安排运输与保险

在贸易实践中,采用的贸易术语不同,买卖双方的责任划分不同。比如采用FOB贸易术语进行贸易,则由进口商负责办理货物的运输与保险手续,采用CFR术语则由卖方办理货物运输,买方办理货物的保险,所以在贸易实践中一定注意贸易合同中的贸易术语使用情况。

(一)安排运输

如果使用的贸易术语要求买方自己办理货物的运输,则买方应注意及时确定货物的运输方式,目前外贸业务中绝大部分的商品都是通过海运运输。在进口合同的实际履行过程中,买卖双方应及时沟通,做好货物的交接工作。卖方在货物备好后,交货前的一定时间,应将预计交货的时间通知给买方,买方在接到通知后,应及时联系船运公司办理货物的租船订舱手续。租船订舱手续可以通过货运代理公司办理,如果货量比较大的话也可以直接同实际承运人联系办理。买方在租船订舱完毕后,应及时将船名、航次、预计到港装货时间等信息通知给卖方,以便卖方及时办理出口货物的通关手续,确保船货的顺利衔接。

(二)安排保险

如果采用的贸易术语规定由买方自己办理货物的运输保险,则在货物装船后,出口方应及时向买方发出装船通知,以保证买方能及时为货物办理运输保险。运输保险的办理方式主要有两种:一种是逐笔投保,即由进口企业在接到出口商的装运通知后,填写"运输险投保单",向保险公司申请办理投保。进口次数较少的企业一般采取这种形式办理保险。另一种是预约投保。对于进口货物比较频繁的外贸企业来说,逐笔投保的效率比较低下,为了简化投保手续,可以与保险公司签订货物运输预约保险合同。在合同中对保险的险别、保险费率、适用的保险条款等内容进行规定。进口商在接到卖方发出的装船通知后,只要将货物、运输的相关信息通知给保险公司,保险公司审核签章后就算办妥了保险手续。

四、审单、付款

凡是需要经过进口商审单后付款的,买方应当对卖方提交的单据进行严格审核。在信用证业务下的审单主要是由银行完成的,但通常银行也会将单据交给进口企业复核,企业应当注意在3个银行工作日内完成并通知银行。

五、进口通关

货物抵达目的港,收到船方发来的到货通知后,进口商应及时办理接货和进口通关手续。根据我国《海关法》的规定,进口货物在运输货物的运输工具申报进境之日起14日内向海关申报进口。逾期申报的,由海关从第15日起以货物的完税价格为依据,每日按0.5‰的比例征收滞报金,超过3个月仍未向海关申报的,由海关提取变卖。所以为了防止滞报金的发生,进口商在货物抵港后应及时办理货物的通关手续。货物的通关手续主要包括进口报关和进口报检两个部分,通关手续可以自己办理,也可以委托给专门的报关公司、报关行、货运代理公司办理。

六、进口索赔

索赔(Claim),指在进出口贸易中,因一方违反合同直接或间接给另一方造成损失,受损方向违约方提出赔偿请求,以弥补其所受损失的行为。进口货物常因品质、数量、包装不符合合同的规定,而需要向有关方面提出索赔。

(一) 明确索赔对象

在索赔时,造成损失的主体不同,索赔的对象就有差异,因此在索赔时必须先明确索赔对象。进口索赔的对象主要有以下三种。

1. 向卖方索赔

向卖方索赔的责任范围主要有:原装数量不足;来货的品质、规格与合同规定不符;包装不良、不当致使货物受损;不交货或不按时交货;其他因卖方原因给买方造成的损失等。

2. 向承运人索赔

向承运人索赔的责任范围主要有:货物数量少于提单所载数量;由于船方责任造成的货物残损。

3. 向保险公司索赔

向保险公司索赔的范围主要有:自然灾害、意外事故或运输过程中发生的非承运人负责的其他事故所招致的损失而且属于承保险别范围内者;凡轮船公司不予赔偿或赔偿金额不足以抵补损失的部分而又属于承保险别范围内者;其他外来原因造成,且亦属于承保险别范围内的损失。

(二) 索赔注意事项

1. 明确索赔金额

如合同预先规定有约定的损失赔偿金额的,应按约定的金额赔偿。如未约定有损失赔偿金额的,则应根据实际损失情况,按照赔偿金额与因违约而造成的损失相等的原则,确定适当的金额。

2. 索赔期限

对外索赔必须在索赔期限内进行,过期无效。在来不及提供证据或商品规格繁杂、项目又多时,可以要求相应延长索赔期限,同时声明保留索赔权利。

3. 索赔事实和证据

在索赔时必须掌握明确的事实和依据,否则,对方有权拒赔。因此在索赔时,要备好力证上述事实的证据,如索赔清单、商检局签发的检验证书、发票、装箱单、提单副本、保险单、磅码单正本或副本、船长签发的短缺残损证明等。

4. 争议解决方式

在解决双方的争议时,一般可通过友好协商、调解、仲裁和诉讼等途径来解决。在这些途径中首先选择友好协商,其次考虑调解或仲裁,不得已时才通过诉讼。在处理索赔时,应当熟悉和正确利用国际贸易惯例、有关法律,以促进成功索赔。

本 章 小 结

◆ **内容提要**

国际进出口贸易合同的履行涉及备货、运输、保险、通关手续、货款收付等方面,环节多、任务重。买卖双方在合同的履行过程中必须对各个业务环节中各自的工作重点予以明确,掌握必要的履约技巧,彼此间做好沟通与衔接,才能确保贸易合同的顺利履行。

◆ **关键词**

备货 落实信用证 出口报关 运输与保险 索赔

◆ **思考题**

1. 卖方在备货的时候应注意哪些事项?
2. 审核信用证时应重点审核哪些内容?
3. 常见的信用证陷阱条款有哪些?
4. 什么是出口退税?出口退税的作用是什么?

 思考案例

我国某出口公司与外商就某商品按 CIF 价、即期信用证付款条件达成一项数量较大的出口合同,合同规定当年 11 月份装运,但未规定具体开证日期,后因该商品市场价格趋降,外商便拖延开证。我方为防止延误装运,从 10 月中旬起即多次电催开证,外商终于在 11 月 16 日开来了信用证。但由于开证太晚,我方安排装运发生了困难,遂要求对方对信用证的装运期和议付有效期进行修改,分别推迟一个月。但是外商不同意,并以我方未能按期装运为由单方面宣布解除合同,我方也就作罢。

讨论:试分析我方如此处理是否适当,应从中吸取哪些教训?

第十六章 电子商务

了解电子商务的含义及特点;熟悉电子商务的常见类型;掌握电子商务在国际贸易中的应用。

中国进出口商品交易会(广交会)概况

电子商务是在信息技术的基础上组织商务活动,其在国际贸易中的应用大大降低了交易的成本,提高了交易效率。2017年,数字技术驱动电子商务产业创新,不断催生新业态新模式。大数据、云计算、人工智能、虚拟现实等数字技术为电子商务创造了丰富的应用场景,正在驱动新一轮电子商务产业创新。

2017年,我国电子商务交易规模继续扩大,并保持高速增长态势。国家统计局数据显示,2017年全国电子商务交易额达29.16万亿元,同比增长11.7%;网上零售额7.18万亿元,同比增长32.2%。数据显示,截至2017年底,全国网络购物用户规模达5.33亿,同比增长14.3%;全国快递服务企业业务量累计完成400.6亿件,同比增长28%。同年,中国跨境电子商务也深入发展,不断培育贸易新业态、新模式,释放外贸增长新动力。跨境电子商务在B2B、B2C等多个方向均呈现出活跃发展态势,产业规模和辐射带动领域不断扩大。据统计,2015~2017年中国跨境电商零售进出口额年均增长率在50%以上。2017年,经中国海关办理的跨境电子商务进出口清单达6.6亿票,是进出口货物报关单的8.4倍,进出口商品总额为902.4亿元,同比增长80.6%。其中出口为336.5亿元,进口为565.9亿元,同比分别增长了41.3%和120%。跨境电子商务出口日益成为中国商品出口的主要通道。

第一节 电子商务的概念、特点及功能

一、电子商务的概念

电子商务通常是指在全球各地广泛的商业贸易活动中,在因特网开放的网络环境下,基于浏览器或服务器应用方式,买卖双方不谋面地进行各种商贸活动,实现消费者的网上购物、商户之间的网上交易和在线电子支付以及各种商务活动、交易活动、金融活动和相关的

综合服务活动的一种新型的商业运营模式。

电子商务的形成与交易离不开以下4方面的支持：

（1）交易平台。第三方电子商务平台（以下简称第三方交易平台）是指在电子商务活动中为交易双方或多方提供交易撮合及相关服务的信息网络系统总和。

（2）平台经营者。第三方交易平台经营者（以下简称平台经营者）是指在工商行政管理部门登记注册并领取营业执照，从事第三方交易平台运营并为交易双方提供服务的自然人、法人和其他组织。

（3）站内经营者。第三方交易平台站内经营者（以下简称站内经营者）是指在电子商务交易平台上从事交易及有关服务活动的自然人、法人和其他组织。

（4）支付系统。支付系统（Payment System）是由提供支付清算服务的中介机构和实现支付指令传送及资金清算的专业技术手段共同组成，用以实现债权债务清偿及资金转移的一种金融安排，有时也称为清算系统（Clear System）。

二、电子商务的特点

从电子商务的含义及发展历程可以看出电子商务具有如下基本特征：

（1）普遍性。电子商务作为一种新型的交易方式，将生产企业、流通企业以及消费者和政府带入了一个网络经济、数字化生存的新天地。

（2）方便性。在电子商务环境中，人们不再受地域的限制，客户能以非常简捷的方式完成过去较为繁杂的商业活动。如通过网络银行能够全天候地存取账户资金、查询信息等，同时帮助企业大大提高服务质量。

（3）整体性。电子商务能够规范事务处理的工作流程，将人工操作和电子信息处理集成为一个不可分割的整体，这样不仅能提高人力和物力的利用率，也可以保证系统运行的严密性。

（4）安全性。在电子商务中，安全性是一个至关重要的核心问题，它要求网络能提供一种端到端的安全解决方案，如加密机制、签名机制、安全管理、存取控制、防火墙、防病毒保护等等，这与传统的商务活动有着很大的不同。

（5）协调性。商业活动本身是一种协调过程，它需要客户与公司内部、生产商、批发商、零售商间的协调。在电子商务环境中，它更要求银行、配送中心、通信部门、技术服务等多个部门的通力协作，电子商务的全过程往往是一气呵成的。

三、电子商务的功能

电子商务可提供网上交易和管理等全过程的服务。因此，它具有广告宣传、咨询洽谈、网上定购、网上支付、电子账户、服务传递、意见征询、交易管理等各项功能。

（1）广告宣传。电子商务可凭借企业的 Web 服务器和客户的浏览，在 Internet 上发布各类商业信息。客户可借助网上的检索工具迅速地找到所需商品信息，而商家可利用网上主页和电子邮件在全球范围内做广告宣传。与以往的各类广告相比，网上的广告成本最为低廉，而给顾客的信息量却最为丰富。

（2）咨询洽谈。电子商务可借助非实时的电子邮件、新闻组和实时的讨论组来了解市场和商品信息、洽谈交易事务，如有进一步的需求，还可用网上的白板会议（Whiteboard Conference）来交流即时的图形信息。网上的咨询和洽谈不受空间限制，为客户提供更为快捷和便利的异地交谈形式。

（3）网上订购。电子商务可借助 Web 中的邮件交互传送实现网上的订购。网上的订购通常都是在产品介绍的页面上提供十分友好的订购提示信息和订购交互格式框。当客户填完订购单后，通常系统会回复确认信息单来保证订购信息的收悉。订购信息也可采用加密的方式使客户和商家的商业信息不会泄漏。

（4）网上支付。在电子商务交易过程中，网上支付是重要的环节。客户和商家之间可采用信用卡账号实施支付。在网上直接采用电子支付手段将可省略交易中很多人员的开销。网上支付将需要更为可靠的信息传输安全性控制以防止欺骗、窃听、冒用等非法行为。

（5）电子账户。网上的支付必须要有电子金融的支持，即银行或信用卡公司及保险公司等金融单位为金融服务提供网上操作的服务。而电子账户管理是其基本的组成部分。信用卡号或银行账号都是电子账户的一种标志，其可信度需配以必要技术措施来保证，如数字凭证、数字签名、加密等，这些手段的应用也为客户的电子账户操作提供了重要的安全保障。

（6）服务传递。对于已付了款的客户应将其订购的货物尽快地传递到他们的手中。而有些货物在本地，有些货物在异地，电子邮件将能在网络中进行物流的调配。最适合在网上直接传递的货物是信息产品，如软件、电子读物、信息服务等，它能直接从电子仓库中将货物发到用户端。

（7）意见征询。电子商务能十分方便地采用网页上的"选择""填空"等格式文件来收集用户对销售服务的反馈意见，这样使企业的市场运营能形成一个封闭的回路。客户的反馈意见不仅能提高售后服务的水平，更使企业获得改进产品、发现市场的商业机会。

（8）交易管理。整个交易的管理将涉及人、财、物多个方面，企业和企业、企业和客户及企业内部等各方面的协调和管理。因此，交易管理是涉及商务活动全过程的管理。电子商务的发展，将会提供一个良好的交易管理的网络环境及多种多样的应用服务系统。这样，能保障电子商务获得更广泛的应用。

第二节　电子商务的分类

一、电子商务的大致分类方式

按照商业活动的运行方式，电子商务可以分为完全电子商务和非完全电子商务。

按照商务活动的内容，电子商务主要包括间接电子商务（有形货物的电子订货和付款，仍然需要利用传统渠道如邮政服务和商业快递车送货）和直接电子商务（无形货物和服务，如某些计算机软件、娱乐产品的联机订购、付款和交付，或者是全球规模的信息服务）。

按照开展电子交易的范围，电子商务可以分为区域化电子商务、远程国内电子商务、全球电子商务。

按照使用网络的类型，电子商务可以分为基于专门增值网络（EDI）的电子商务、基于互联网的电子商务、基于 Internet 的电子商务。

按照交易对象，电子商务可以分为：企业、消费者、代理商三者相互转化的电子商务（ABC），企业对企业的电子商务（B2B），企业对消费者的电子商务（B2C），企业对政府的电子商务（B2G），消费者对政府的电子商务（C2G），消费者对消费者的电子商务（C2C），以消费者为中心的全新商业模式(C2B2S),以供需方为目标的新型电子商务(P2D)。

二、电子商务按交易对象分类的具体介绍

(1) ABC。ABC(Agent、Business、Consumer)模式是新型电子商务模式的一种,被誉为继阿里巴巴 B2B 模式、京东商城 B2C 模式以及淘宝 C2C 模式之后电子商务界的第四大模式。它是由代理商、商家和消费者共同搭建的集生产、经营、消费为一体的电子商务平台。三者之间可以转化。

(2) B2B。B2B(Business to Business)。商家(泛指企业)对商家的电子商务,即企业与企业之间通过互联网进行产品、服务及信息的交换。通俗的说法是指进行电子商务交易的供需双方都是商家(或企业、公司),他们使用 Internet 的技术或各种商务网络平台(如拓商网),完成商务交易的过程。这些过程包括:发布供求信息,订货及确认订货,支付过程,票据的签发、传送和接收,确定配送方案并监控配送过程等。

(3) B2C。B2C(Business to Customer)模式是中国最早的电子商务模式,如今的 B2C 电子商务网站非常多,比较大型的有天猫商城、京东商城、一号店、亚马逊、苏宁易购、国美在线等等。

(4) C2C。C2C(Consumer to Consumer)是用户对用户的模式,C2C 商务平台就是通过为买卖双方提供一个在线交易平台,使卖方可以主动提供商品上网拍卖,而买方可以自行选择商品进行竞价。

(5) B2M。B2M(Business to Manager)是一种全新的电子商务模式。而这种电子商务相对于以上三种有着本质的不同,其根本的区别在于目标客户群的性质不同,前三者的目标客户群都是作为一种消费者的身份出现,而 B2M 所针对的客户群是该企业或者该产品的销售者或者为其工作者,不是最终消费者。

(6) B2G (B2A)。B2G(Business to Government)模式是企业与政府管理部门之间的电子商务,如政府采购、海关报税的平台、税务机关报税的平台等。

(7) M2C。M2C 是针对于 B2M 的电子商务模式而出现的延伸概念。B2M 环节中,企业通过网络平台发布该企业的产品或服务,职业经理人通过网络获取该企业的产品或服务信息,并且为该企业提供产品销售或为企业提供服务,企业通过经理人的服务达到销售产品或者获得服务的目的。

(8) O2O。O2O(Online to Offline)是新兴起的一种电子商务商业模式,即将线下商务机会与互联网结合在一起,让互联网成为线下交易的前台。这样线下服务就可以用线上来揽客,消费者可以用线上来筛选服务,成交可以在线结算,很快达到规模。该模式最重要的特点是:推广效果可查,每笔交易可跟踪。如美乐乐的 O2O 模式为例,其通过搜索引擎和社交平台建立海量网站入口,将在网络的一批家居网购消费者吸引到美乐乐家居网,进而引流到当地的美乐乐体验馆。线下体验馆则承担产品展示与体验以及部分的售后服务功能。

(9) C2B。C2B(Customer to Business)是电子商务模式的一种,即消费者对企业。最先从美国流行起来,该模式的核心是通过聚合分散分布的数量庞大的用户,形成一个强大的采购集团,以此来改变 B2C 模式中用户一对一出价的弱势地位,使之享受到以大批发商的价格买单件商品的利益。

(10) P2D。P2D(Provide to Demand)是一种全新的、涵盖范围更广泛的电子商务模式,强调的是供应方和需求方的多重身份,即在特定的电子商务平台中,每个参与个体的供

应面和需求面都能得到充分满足,充分体现特定环境下的供给端报酬递增和需求端报酬递增。

(11) B2B2C。B2B2C (Business To Business To Customers)是一种新的网络通信销售方式。第一个 B 指广义的卖方(即成品、半成品、材料提供商等),第二个 B 指交易平台,即提供卖方与买方的联系平台,同时提供优质的附加服务,C 即指买方。卖方可以是公司,也可以是个人,即一种逻辑上的买卖关系中的卖方。

(12) C2B2S。C2B2S(Customer to Business-Share) 模式是 C2B 模式的进一步延伸,该模式很好地解决了 C2B 模式中客户发布需求产品初期无法聚集庞大的客户群体而致使与邀约的商家交易失败的困境。全国首家采用该模式的平台:晴天乐客。

(13) B2T。国际通称 B2T(Business To Team),是继 B2B、B2C、C2C 后的又一电子商务模式。即为一个团队向商家采购。团购 B2T,本来是"团体采购"的定义,而今,网络的普及让团购成为了很多中国人参与的消费革命。网络成为一种新的消费方式。所谓网络团购,就是互不认识的消费者,借助互联网的"网聚人的力量"来聚集资金,提高与商家的议价能力,以求得最优的价格。尽管网络团购的出现只有短短几年的时间,却已经成为网民中流行的一种新消费方式。据了解,网络团购的主力军是年龄 25 岁到 35 岁的年轻群体,在北京、上海、深圳等大城市十分普遍。

第三节　电子商务对国际贸易的影响

国际互联网技术的普及,为企业提供了开拓国际市场、从事国际贸易的新平台和新手段。电子商务的应用对于扩大贸易机会、提高贸易效率、降低贸易成本、增强企业竞争力有着不可估量的作用。

一、创新国际贸易运行机制和贸易环境

电子商务建立在信息技术基础之上,交易双方可以直接通过电子数据的形式完成贸易磋商和合同履行。在电子商务模式下,无论是产品还是企业服务都会通过数字的形式呈现出来,国际贸易不再受时间和空间的限制。电子商务实际上是创造了一个虚拟市场,形成了全新的国际贸易运行机制和贸易环境。

电子商务的应用改变了纸质版的国际贸易形式,实现了国际贸易单据的数字化管理,解决了纸质版单据易丢失或破损的问题,降低了流通成本和交易费用,减少了中间环节,提高了单据查询和处理的效率,缩短了国际贸易交易的时间,提高交易效率。进出口商利用电子表格进行商品的报关、商检、保险、运输投保和结汇等工作,大大减少了人才、物力和时间消耗。

二、推动全球贸易进入普惠贸易新时代

电子商务降低了国际贸易的门槛,即便只是中小微企业也可利用电子商务虚拟贸易平台来参与国际贸易,形成了一种新形态——普惠贸易(inclusive trade)。所谓普惠贸易,主要体现在贸易的参与方从进出口商这种大企业、大公司已经扩大到中小微企业,甚至个人。这种贸易形式具有如下特征:① 传统贸易中的弱势群体能够参与到国际贸易中来;② 贸易流程更加方便透明,为社会所有阶层和群体提供全方位贸易服务;③ 参与国际贸易的渠道较为便利;④ 全球消费者能够方便购买来自全球任意地点的商品;⑤ 贸易中的参与主体都能

够从普惠贸易中获得利益。

碎片化、小单化、移动化已经成为当前跨境电子商务发展的关键词。诸如阿里巴巴速卖通、敦煌网等跨境电商平台的发展及成熟,让众多中小企业得以进入全球市场,这些企业通过跨境电商的方式,可以更容易地去创建自己的品牌,把产品直接卖给终端消费者。在此过程中,减少了很多中间环节,改变了传统贸易的形式,而这也正是中小企业发展的机遇所在。以中小企业为主力军的全球跨境电商,冲击了国际贸易长期被跨国企业主导的局面,成为全球贸易的新兴力量和新的增长点,也使全球贸易真正进入了普惠贸易的新时代。

三、创新国际营销模式

电子商务在国际贸易的应用也改变了国际贸易的营销方式和理念,产生了全新的国际贸易网络营销模式。网络营销具有互动式特点,一方面,电子商务可以帮助企业在短时间内搜集到客户的信息和资料,并对客户的需求展开分析研究,制定客户营销方案,有针对性地开展营销工作。另一方面,电子商务的应用可以让客户参与到国际贸易营销中,增强客户的自主意识,缩短了企业和客户之间的距离。此外,网络技术在电子商务中的应用还实现了客户营销的定制化,比如戴尔公司就是网络销售成功的代表之一。

在电子商务环境下,产品的营销过程也将变得更加便捷。首先,借助于发达的网络通信,商家可以在互联网上直接进行商品宣传,并获得很好的宣传效果,极大地降低了宣传成本。其次,在网络交易的环境下,购物者可以自主选择和查看网上的产品数据,省去了实体交易大量的人力配备,给商家节约了成本。此外,买家还可以借助电子商务所创造的平台与卖家进行实时沟通,详细了解商品的性能和质量等信息,在购物之后还可以对商品及商家的服务态度进行评价,客观上使得交易更加理性和快捷,便于买卖双方建立长期的合作关系。

四、简化国际贸易业务流程,有效降低贸易运营成本

传统外贸的业务流程是由生产企业、出口企业、进口企业、零售商、消费者等参与者完成,经过多个中间环节,终端商品价格大幅提高。而电商平台的出现,可以使生产企业或出口企业直接将商品出售给消费者,无需经过多个中间环节。以跨境电商为例,普遍采用无纸化贸易,利用电子数据交换技术将贸易中涉及的多方当事人(如商检、银行、海关、税务和外汇管理)高效连接在一起,取代了传统贸易复杂的业务流程。

借助于电商平台进行交易,可以帮助企业有效降低运营成本。电子商务使贸易伙伴通过网络进行交流,实现无纸化办公,降低人工费用、办公费用等管理成本;材料采购通过网络将各部门采购需求整合汇集,由总部统一批量订购,最大限度降低采购成本;销售需要大量投入资金和人力资源,而电子商务给企业带来新的销售模式和管理方法,降低了销售成本和产品营销费用;产品售后服务可以通过网络自动完成,在网上解决顾客常见问题,降低售后服务成本。

五、加速形成国际化大市场和良性贸易秩序

基于电子商务所创造的交易平台,国际贸易可以在这个平台上实现公平公开的交流。信息传递更加透明,交易方式也更加趋于安全和理性。电子商务平台是在互联网技术的条件下建立起来的,因此,在互联网的沟通下,电子商务平台上的交易者们能够在网络的世界里实现实时互访,实时的交流和通信,完全不受地域和空间限制,这也为国际贸易交流创造

了更多的可能性。在这种条件下,更加自由的贸易秩序将被建立,市场竞争将更趋于良性化,企业也将不受规模限制,在市场上获得更多的机会和认可。而交易双方也能够在电子商务平台上体验到更好的交易体验。

六、推进国际贸易监管方式创新

从跨境电商来看,跨境电商化整为零,将过去集装箱货物贸易变为小包快递,呈现碎片化、网络化、即时性特征,游离于现行监管体制之外。在保障跨境电商健康有序发展中,我国两类传统外贸监管方式"一般贸易"和"个人行邮"已经显得力不从心。这就倒逼管理机构改变原有重点监管大批集装箱货物贸易模式,逐步重视国际小件快递监管,加快实现海关与电商、第三方支付、物流商对接,将跨境电子商务纳入海关监管范畴。在税收稽查方面,跨境电商进口贸易主体的经营地点、国籍、来源地和课税对象不易确定,也增大了税务机关获取税收证据的难度。

电子商务推动国际贸易向"无纸化"和"网络化"方向发展,为了顺应全球普惠贸易的趋势,政府需要进一步加大力度创新国际贸易监管方式,实行电子化监管,提高监管效率。

本 章 小 结

◆ **内容提要**

电子商务通常是指在全球各地广泛的商业贸易活动中,在因特网开放的网络环境下,基于浏览器或服务器应用方式,买卖双方不谋面地进行各种商贸活动,实现消费者的网上购物、商户之间的网上交易和在线电子支付以及各种商务活动、交易活动、金融活动和相关的综合服务活动的一种新型的商业运营模式。它具有普遍性、方便性、整体性、安全性、协调性的特点,具有广告宣传、咨询洽谈、网上订购、网上支付、电子账户、服务传递、意见征询、交易管理等各项功能。当代电子商务的发展,对国际贸易的发展产生深远影响。

◆ **关键词**

电子商务　B2B　B2C　C2C

◆ **思考题**

1. 电子商务有哪些类型?
2. 电子商务具有哪些功能?
3. 电子商务对国际贸易产生哪些深远影响?

思考案例

2016年3月15日,央视3·15晚会曝光跨境电商进口儿童用品超三成不合格。2015年,国家质检总局对通过跨境电商渠道进口的儿童用品,包括玩具、服装、纸尿裤、餐厨具、湿巾等进行了质量抽查,总计抽样654批,检出不合格217批,不合格率为33%。其中,进口玩具共抽查124批,检出28批产品存在小零件容易导致儿童窒息、或物理安全性能不合格,产品主要来自泰国、韩国、德国、美国等国家。

2016年3月15日,央视3·15晚会曝光跨境电商进口儿童用品超三成不合格。
思考:我国跨境电商发展存在哪些主要问题?

参考文献

[1] 冷柏军.国际贸易实务[M].北京:中国人民大学出版社,2008.
[2] 张天桥.国际贸易实务[M].北京:北京师范大学出版社,2008.
[3] 韩玉军.国际贸易实务[M].北京:中国人民大学出版社,2007.
[4] 国际商会.国际贸易术语解释通则[M].北京:中国民主法制出版社,2011.
[5] 黎孝先,王健.国际贸易实务[M].6版.北京:对外经济贸易大学出版社,2016.
[6] 姚新超.国际贸易实务[M].北京:对外经济贸易大学出版社,2007.
[7] 秦超,陈颖.国际贸易实务教程[M].北京:高等教育出版社,2011.
[8] 吴百福,徐小薇,聂清.进出口贸易实务教程[M].7版.上海:格致出版社,2015.
[9] 梁树新,张宏.国际贸易实务案例评析[M].济南:山东大学出版社,2010.
[10] 国际商会.国际贸易术语解释通则[M].北京:中国民主法制出版社,2011.
[11] 冷柏军.国际贸易实务[M].北京:对外经济贸易大学出版社,2005.
[12] 夏合群,周英芬.国际贸易实务[M].北京:北京大学出版社,2012.
[13] 王燕,贺锋.国际贸易实务新编教程[M].广州:暨南大学出版社,2010.
[14] 李平.国际贸易规则与进出口业务操作实务[M].北京:北京大学出版社,2011.
[15] 丁行政,罗艳.国际贸易实务[M].北京:中国海关出版社,2013.
[16] 吕红军.进出口贸易实务[M].北京:对外经济贸易大学出版社,2012.
[17] 刘秀玲.国际贸易实务[M].北京:对外经济贸易大学出版社,2015.
[18] 黎孝先,石玉川.国际贸易实务精简本[M].6版.北京:对外经济贸易大学出版社,2016.
[19] 李雁玲,任丽明,韩之怡.国际贸易实务[M].北京:机械工业出版社,2015.
[20] 李秀芳.进出口贸易实务案例及问题解答[M].北京:电子工业出版社,2015.
[21] 冷柏军.国际贸易实务[M].3版.北京:高等教育出版社,2013.
[22] 陈文汗.国际贸易实务[M].北京:人民邮电出版社,2012.
[23] 徐景霖.国际贸易实务[M].9版.大连:东北财经大学出版社,2013.
[24] 王耀中,洪联英.新编国际贸易理论与实务[M].北京:高等教育出版社,2015.
[25] 傅海龙.国际贸易理论与实务[M].3版.大连:对外经济贸易出版社,2012.
[26] 董瑾.国际贸易理论与实务[M].北京:北京理工大学出版社,2014.

[27] 冯德连,查道中.国际贸易理论与实务[M].合肥:中国科学技术大学出版社,2015.

[28] 应世昌.新编国际货物运输与保险[M].2版.北京:首都经济贸易大学出版社,2011.

[29] 中国人民保险公司.中国保险条款(CIC)[Z].1981-01-01.

[30] 联合货物保险会.协会货物条款(ICC)[Z].2009-01-01.

[31] 庞红.国际贸易结算[M].北京:中国人民大学出版社,2016.

[32] 徐进亮,李俊.国际结算[M].北京:机械工业出版社,2016.

[33] 王学慧,王可畏.国际结算实验教程[M].合肥:中国科学技术大学出版社,2014.

[34] 黎孝先.进出口合同条款与案例分析[M].北京:对外经贸大学出版社,2003.

[35] 于国庆,郑海波.国际贸易理论和实务[M].北京:中国传媒大学出版社,2014.

[36] 卓骏.国际贸易理论和实务[M].北京:机械工业出版社,2012.

[37] 郑光贵.国际贸易理论和实务[M].大连:东北财经大学出版社,2005.

[38] 顾永才,王斌义.报检与报关实务[M].北京:首都经济贸易大学出版社,2015.

[39] 郑俊田,张红.海关实务[M].北京:对外经贸大学出版社,2010.

[40] 孙平.国际商务谈判[M].武汉:武汉大学出版社,2011.

[41] 李雪梅,张弼.国际商务谈判[M].北京:清华大学出版社,2011.

[42] 刘宏.国际商务谈判[M].大连:东北财经大学出版社,2009.

[43] 白远.国际商务谈判理论、案例分析与实践[M].北京:中国人民大学出版社,2015.

[44] 刘园.国际商务谈判[M].北京:中国人民大学出版社,2015.

[45] 张吉国.国际商务谈判[M].济南:山东人民出版社,2010.

[46] 莉莲·钱尼,珍妮特·马丁.跨文化商务沟通[M].6版.张莉,王伊芹,译.北京:中国人民大学出版社,2014.

[47] 冯宗宪,若夫·米尔斯,等.国际商务[M].北京:高等教育出版社,2011.

[48] 张波.国际贸易理论与实务[M].武汉:华中科技大学出版社,2013.

[49] 白远.国际商务谈判[M].北京:中国人民大学出版社,2015.

[50] 隆凯宁.国际商务[M].姚新超,等译.北京:机械工业出版社,2011.

[51] 基根.全球营销[M].傅慧芬,等译.北京:中国人民大学出版社,2015.

[52] 戴万稳.国际市场营销学[M].北京:北京大学出版社,2015.

[53] 甘碧群.国际市场营销学[M].北京:高等教育出版社,2006.

[54] 冷柏军.国际贸易实务[M].北京:中国人民大学出版社,2012.

[55] 陈文汉.国际贸易实务[M].北京:人民邮电出版社,2012.

[56] 陈岩.国际贸易实务[M].北京:中国人民大学出版社,2012.

[57] 刘秀玲.国际贸易实务与案例[M].北京:清华大学出版社,2015.

[58] 黎孝先,石玉川.国际贸易实务[M].北京:中国人民大学出版社,2012.